D1717836

IDW Sonderdruck

IDW Verlautbarungen zur Sanierung und Insolvenz

IDW VERLAG GMBH

6. Auflage

© 2024 IDW Verlag GmbH, Tersteegenstraße 14, 40474 Düsseldorf
Die IDW Verlag GmbH ist ein Unternehmen des Instituts der Wirtschaftsprüfer in Deutschland e. V. (IDW).

Gesamtherstellung: IDW Verlag GmbH, Düsseldorf
KN 12138

Die Angaben in diesem Werk wurden sorgfältig erstellt und entsprechen dem Wissensstand bei Redaktionsschluss. Da Hinweise und Fakten jedoch dem Wandel der Rechtsprechung und der Gesetzgebung unterliegen, kann für die Richtigkeit und Vollständigkeit der Angaben in diesem Werk keine Haftung übernommen werden. Gleichfalls werden die in diesem Werk abgedruckten Texte und Abbildungen einer üblichen Kontrolle unterzogen; das Auftreten von Druckfehlern kann jedoch gleichwohl nicht völlig ausgeschlossen werden, so dass für aufgrund von Druckfehlern fehlerhafte Texte und Abbildungen ebenfalls keine Haftung übernommen werden kann.

ISBN 978-3-8021-2970-4

Bibliografische Information der Deutschen Bibliothek
Die Deutsche Bibliothek verzeichnet diese Publikation in der Deutschen Nationalbibliografie; detaillierte bibliografische Daten sind im Internet über http://www.d-nb.de abrufbar.

www.idw-verlag.de

IDW Standard:
Anforderungen an Insolvenzpläne
(IDW S 2)

IDW Standard:
Anforderung an Sanierungskonzepte
(IDW S 6)

Fragen und Antworten:
Zur Erstellung und Beurteilung von Sanierungskonzepten
nach IDW S 6
(F & A zu IDW S 6)

IDW Standard:
Bescheinigung nach § 270d InsO
und Beurteilung der Anforderungen nach § 270a InsO
(IDW S 9)

IDW Standard:
Beurteilung des Vorliegens von Insolvenzeröffnungsgründen
(IDW S 11)

IDW Standard:
Anforderungen an die Bescheinigung nach § 74 Abs. 2 StaRUG und
Beurteilung der Voraussetzungen der Stabilisierungsanordnung
(§ 51 StaRUG) (IDW S 15)

IDW Prüfungsstandard:
Die Beurteilung der Fortführung der Unternehmenstätigkeit
im Rahmen der Abschlussprüfung
(IDW PS 270 n.F.)

IDW Stellungnahme zur Rechnungslegung:
Auswirkungen einer Abkehr von der Going-Concern-Prämisse
auf den handelsrechtlichen Jahresabschluss
(IDW RS HFA 17)

IDW Rechnungslegungshinweis:
Externe (handelsrechtliche) Rechnungslegung im Insolvenzverfahren
(IDW RH HFA 1.012)

IDW Standard:
Anforderungen an Insolvenzpläne (IDW S 2)

(Stand: 20.03.2024)

IDW Standard:
Anforderungen an Insolvenzpläne
(IDW S 2)

Stand: 20.03.2024[1]

---

[1] Verabschiedet vom Fachausschuss Sanierung und Insolvenz (FAS) am 20.03.2024. Billigende Kenntnisnahme durch den Hauptfachausschuss (HFA) am 20.05.2024.

1. Vorbemerkungen

1 § 1 Satz 1 InsO sieht die Möglichkeit vor, neben der gemeinschaftlichen Gläubigerbefriedigung durch Verwertung des Schuldnervermögens („Regelabwicklung") in einem Insolvenzplan abweichende Regelungen „insbesondere zum Erhalt des Unternehmens" zu treffen. Das in den §§ 217 bis 269 InsO geregelte Insolvenzplanverfahren bildete das Kernstück der Insolvenzrechtsreform von 1999. In das Gesetz zur weiteren Erleichterung der Sanierung von Unternehmen (ESUG) vom 01.03.2012 sind Erfahrungen mit Insolvenzplänen seit der Insolvenzrechtsreform eingeflossen. Dies betrifft insb. Regelungen zum Ablauf des Insolvenzplanverfahrens, die Konkretisierung der Voraussetzungen für die Einlegung von Rechtsmitteln und die Einbindung von Gesellschaftern als Beteiligte des Insolvenzplans (z.B. Debt-Equity-Swap).

2 Insolvenzpläne eröffnen im Rahmen der Gläubigerautonomie die Möglichkeit, abweichend von der gesetzlichen Regelabwicklung, eine für alle Beteiligten vorteilhaftere Variante der Interessenbefriedigung zu ermitteln und verbindlich festzulegen, die die Gläubiger – sollte das sog. Obstruktionsverbot zur Anwendung kommen (§ 245 Abs. 1 Nr. 1 InsO) – jedenfalls nicht schlechter stellen darf als ohne Insolvenzplan. Als Grundlage für einen derartigen Ausgleich der unterschiedlichen Interessen können Insolvenzpläne nur dienen, wenn sie die für die Entscheidungsfindung der Gläubiger erforderlichen Informationen vollständig und klar enthalten. In diesem *IDW Standard* wird verdeutlicht, welche Sachverhalte regelmäßig in Insolvenzplänen zu regeln sind und welche Gliederung des Insolvenzplans empfehlenswert ist.

3 Inhalt und Aufbau eines Insolvenzplans sind vom Gesetzgeber nur hinsichtlich der Grobstrukturierung in einen darstellenden und einen gestaltenden Teil (§§ 219 bis 221 InsO) sowie der in §§ 229 und 230 InsO genannten Anlagen, nicht jedoch im Einzelnen geregelt und werden in der Literatur zum Teil kontrovers diskutiert. Das Institut der Wirtschaftsprüfer in Deutschland e.V. (IDW) legt in diesem *IDW Standard* die Berufsauffassung dar, welche Anforderungen an einen Insolvenzplan zu stellen sind.

4 Der Wirtschaftsprüfer kann dabei in unterschiedlichen Funktionen auftreten: Zum einen kann er den Insolvenzplan oder Teile davon im Auftrag Dritter beurteilen. Zum anderen kommt neben einer vollumfänglichen Erstellung eines Insolvenzplans im Auftrag des Insolvenzverwalters oder Schuldners die Erarbeitung von Teilbereichen eines Insolvenzplans infrage, z.B. die Erstellung des darstellenden Teils, die betriebswirtschaftliche und/oder bilanzielle Abbildung von Restrukturierungsmaßnahmen oder die Erstellung der Quotenvergleichsrechnung. Im Rahmen von Quotenvergleichsrechnungen können „Fairness Opinions" nach *IDW S 8*[2] erstellt oder Unternehmensbewertungen nach *IDW S 1 i.d.F. 2008*[3] zur Beurteilung der übertragenden Sanierung als Alternative zur Sanierung über den Insolvenzplan durchgeführt werden.

---

[2] *IDW Standard: Grundsätze für die Erstellung von Fairness Opinions (IDW S 8)* (Stand: 17.01.2011).

[3] *IDW Standard: Grundsätze zur Durchführung von Unternehmensbewertungen (IDW S 1 i.d.F. 2008)* (Stand: 04.07.2016).

5   Die Erstellung eines Insolvenzplans ist eine interdisziplinär zu bewältigende Aufgabe, die insbesondere Kenntnisse des Insolvenzrechts voraussetzt. Abhängig vom konkreten Auftrag muss der Wirtschaftsprüfer unterschiedliche Anforderungen bei der Annahme, der Durchführung des Auftrags und der Berichterstattung erfüllen.[4] Soweit ein Wirtschaftsprüfer mit der Erstellung auch nur von Teilen eines Insolvenzplans beauftragt ist, sind die Anforderungen dieses *IDW Standards* für die beauftragten Teilbereiche maßgeblich.

2.   Ziele, Arten und Aufbau von Insolvenzplänen

2.1.   Ziele

6   Die in §§ 217 ff. InsO genannten Regelungen können abweichend von der Regelabwicklung eines Insolvenzverfahrens Gegenstand eines Insolvenzplans sein.

7   Im Fokus dieses Standards steht der Insolvenzplan zur Sanierung des Unternehmens (Geschäftsbetriebs) unter Beibehaltung des bisherigen Rechtsträgers. Die Sanierung des Unternehmens hat auch Pläne zum Inhalt, die eine übertragende Sanierung, die längerfristige Liquidation oder die Veräußerung des Geschäftsbetriebs nach der Sanierung behandeln. Nicht im Vordergrund der Betrachtung dieses *IDW Standards* stehen daher sog. verfahrensleitende Insolvenzpläne, Insolvenzpläne, deren Schwerpunkt die Ersetzungswirkungen des § 254a InsO sind oder Insolvenzpläne für Verbraucher (sog. IK-Verfahren).

8   Der Insolvenzplan ist als Sanierungsinstrument besonders geeignet, wenn nur bestimmte mit dem Erhalt des Rechtsträgers verbundene Rechtsverhältnisse auch für die Zukunft erhalten bleiben sollen (z.B. Lizenzen, Mietverträge). Mithilfe der Instrumente des Insolvenzrechts können somit einerseits nachteilige Rechtsverhältnisse leichter beendet werden (§§ 103 ff. InsO) und zugleich einzelne vorteilhafte Rechtsverhältnisse des zu sanierenden Unternehmens durch den Rechtsträgererhalt fortgesetzt werden, während bei einer übertragenden Sanierung (asset deal) Rechtsverhältnisse i.d.R. neu begründet werden müssen.

2.2.   Inhalt und Aufbau

9   Ein Insolvenzplan kann gemäß § 217 InsO die Befriedigung der absonderungsberechtigten und unbesicherten Insolvenzgläubiger, die Verwertung der Insolvenzmasse und deren Verteilung sowie die Verfahrensabwicklung und die Haftung des Schuldners nach der Beendigung des Insolvenzverfahrens abweichend von den Vorschriften der Insolvenzordnung vorsehen. Gemäß § 225a Abs. 3 InsO kann jede Regelung getroffen werden, die gesellschaftsrechtlich zulässig ist, insb. können Anteils- oder Mitgliedschaftsrechte übertragen werden.

10   Nach Maßgabe des § 219 Satz 1 InsO gliedert sich ein Insolvenzplan in den darstellenden Teil (unterrichtender Charakter) und den gestaltenden Teil (rechtlich verbindliche Regelungen), ggf. gemäß § 219 Satz 2 InsO ergänzt um die in den §§ 229, 230 InsO genannten Plananlagen.

---

[4]   Je nach Auftragstyp können etwa *IDW Standard: Anforderungen an Sanierungskonzepte (IDW S 6)* (Stand: 22.06.2023), *IDW Standard: Beurteilung des Vorliegens von Insolvenzeröffnungsgründen (IDW S 11)* (Stand: 13.12.2023), *IDW S 1 i.d.F. 2008* (Unternehmensbewertung) oder *IDW S 8* (Fairness Opinion) infrage kommen.

11   Da über das Vermögen des Rechtsträgers das Insolvenzverfahren eröffnet ist, ist die Krise des Unternehmens offenkundig. Wenn Forderungen von Gläubigern über einen Insolvenzplan restrukturiert werden, sind die Regeln zur Herauslage eines Sanierungskredits zu beachten, da bei einem Scheitern der Sanierung und einem sich dann ergebenden weiteren Insolvenzverfahren der Insolvenzverwalter Zahlungen auf die restrukturierten Forderungen anfechten kann. Dies betrifft ebenso Zahlungen auf Kredite i.S. des § 264 InsO.

12   Voraussetzung für eine Anfechtung von Zahlungen auf diese Forderungen ist gemäß § 133 Abs. 1 InsO der Benachteiligungsvorsatz des Schuldners und die Kenntnis des Gläubigers vom Benachteiligungsvorsatz. Unternimmt der Schuldner einen Sanierungsversuch, hat der Insolvenzverwalter für den Benachteiligungsvorsatz darzulegen und zu beweisen, dass dieser Sanierungsversuch untauglich war und der Schuldner dies erkannt oder billigend in Kauf genommen hat.[5]

13   Dieses Sanierungskonzept muss nach der Rechtsprechung des BGH zwar nicht den Anforderungen des *IDW S 6* entsprechen, um den Anforderungen des BGH zu genügen; ein Sanierungskonzept nach *IDW S 6* ermöglicht i.d.R. jedoch eine positive Prognose für eine erfolgreiche Sanierung im Sinne des BGH.[6]

14   Die Umsetzung des Sanierungskonzepts kann dabei zum Teil über den Insolvenzplan und zum Teil nach dessen rechtskräftiger Bestätigung erfolgen. Finanzwirtschaftliche Sanierungsmaßnahmen werden i.d.R. über den Insolvenzplan abgebildet, während leistungswirtschaftliche Maßnahmen i.d.R. noch im oder nach Aufhebung des Insolvenzverfahrens umgesetzt werden. So wird z.B. die Optimierung der Fertigungsabläufe und die damit häufig leider einhergehende Kündigung von Mitarbeitern noch im Insolvenzverfahren umgesetzt, während Maßnahmen z.B. im Bereich Markt und Wettbewerb eher nach Aufhebung des Insolvenzverfahrens umgesetzt werden. Die Umsetzung gerade dieser Maßnahmen ist ausschlaggebend für den nachhaltigen Erfolg der Sanierung und sollte im Insolvenzplan mit dem entsprechenden Grad an Verbindlichkeit festgelegt werden.

15   Bei dem Umfang des Sanierungskonzepts ist der Größe des zu sanierenden Unternehmens und der Überschaubarkeit (Komplexität) der Verhältnisse im Einzelfall unter entsprechender Erläuterung Rechnung zu tragen. So kann bspw. bei kleinen Unternehmen und natürlichen Personen (z.B. Freiberufler) der Umfang des Insolvenzplans oft deutlich reduziert werden.

16   Gemäß § 235 Abs. 3 Satz 2 InsO ist auf Anforderung des Insolvenzgerichts der Insolvenzplan durch den Planersteller vollständig oder in einer zusammengefassten Form mit seinem wesentlichen Inhalt den Gläubigern zuzustellen. Die Entscheidung, ob die zusammenfassende Form ausreichend ist, liegt im Ermessen des Gerichts. Insbesondere in größeren Insolvenzverfahren und bei umfangreichen Insolvenzplänen kann es sinnvoll sein, den Insolvenzplan den Gläubigern in einer zusammengefassten Form zu übermitteln. Die Zusammenfassung muss allerdings den einzelnen Gläubiger in die Lage versetzen, den Insolvenzplan ausreichend beurteilen zu können, um eine Entscheidung für die Abstimmung über den Insolvenzplan treffen zu können. In jedem Fall ist es ausreichend, im darstellenden Teil des Insolvenzplans die Kernbestandteile des Sanierungskonzepts (siehe Abschn. 5.2.1) abzubilden. Da

---

5   Vgl. BGH, Urteil v. 03.03.2022 – IX ZR 78/20, Rn. 74.
6   Vgl. BGH, Urteil v. 12.05.2016 – IX ZR 65/14, Rn. 19.

Gläubiger i.d.R. nicht über denselben Umfang der Informationen verfügen wie insb. der Geschäftsführer, können sie von einem erfolgversprechenden Sanierungskonzept ausgehen, wenn ihnen die Grundlagen der Sanierung schlüssig dargelegt werden.[7] Der Gläubiger kann darüber hinaus auch den vollständigen Insolvenzplan bei der Geschäftsstelle des Insolvenzgerichts einsehen.

3. Informationsgrundlagen der Insolvenzpläne

17 Der darstellende Teil von Insolvenzplänen wird i.d.R. im Wesentlichen auf der Grundlage der nachfolgend aufgeführten Unterlagen der internen und externen Rechnungslegung des Schuldners erstellt:

- Verträge und sonstige Unterlagen zu den wirtschaftlichen und finanziellen Grundlagen des Unternehmens sowie deren Analyse

- Sicherheitenverträge von besicherten Gläubigern

- Lieferbedingungen von Lieferanten

- Jahresabschlüsse und Lageberichte

- Sanierungskonzept

- Grobkonzept zur finanz- und wirtschaftlichen Sanierungsfähigkeit (gemäß *IDW S 9*[8]), soweit ein Verfahren nach § 270d InsO eingeleitet wurde,

- Fortbestehensprognose und Überschuldungsstatus gemäß *IDW S 11*.

18 Zusätzlich zu diesen bei vorbereiteten Plänen bereits vor Verfahrenseröffnung vorliegenden bzw. erstellten Unterlagen stehen für Insolvenzpläne, die nach Verfahrenseröffnung erstellt werden, weitere Daten zur Verfügung:

- Masseverzeichnis gemäß § 151 InsO als Inventar der aktivischen Massegegenstände mit i.d.R. doppelter Wertangabe als Fortführungs- und Liquidationswert

- Gläubigerverzeichnis gemäß § 152 InsO (angemeldete Forderungen gemäß Insolvenztabelle nach § 175 InsO einschließlich der bekannten, aber noch nicht angemeldeten Forderungen gemäß § 229 Satz 3 InsO)

- Vermögensübersicht gemäß § 153 InsO als aus Masse- und Gläubigerverzeichnis verdichtete Ist-Vermögensübersicht zum Zeitpunkt der Verfahrenseröffnung i.d.R. mit Fortführungs- und Liquidationswerten

- Insolvenztabelle nach §§ 174, 175 InsO.

19 Daten von voraussichtlich besonderer Bedeutung sind nur in den Insolvenzplan aufzunehmen, soweit sie ausreichend begründet sind. So sind z.B. Angaben in Jahresabschlüssen zur Werthaltigkeit von Forderungen oder Warenvorräten als Ausgangsbasis für eine integrierte Bilanz-, Ergebnis- und Liquiditätsplanung nach § 229 InsO zu hinterfragen.

20 Zwischen den einzelnen aufgeführten Informationsgrundlagen bestehen vielfältige Verzahnungen und Interdependenzen. Insbesondere bildet das Mengen- und Wertgerüst der externen

---

[7] Vgl. BGH, Urteil v. 12.05.2016 – IX ZR 65/14, Rn. 34.

[8] *IDW Standard: Bescheinigung nach § 270d InsO und Beurteilung der Anforderungen nach § 270a InsO (IDW S 9) (Stand: 18.08.2022).*

Rechnungslegung die Grundlage bspw. für die Vermögensübersicht nach § 229 InsO, das Gläubigerverzeichnis gemäß § 152 InsO sowie das Masseverzeichnis gemäß § 151 InsO.

21 Sollen die Gläubiger aus den Erträgen des fortgeführten Unternehmens befriedigt werden, wird dies in einer integrierten Vermögens-, Finanz- und Ertragsplanung gemäß § 229 InsO als Grundlage des Sanierungskonzepts dokumentiert. Um die integrierte Planungsrechnung abzuleiten, ist sicherzustellen, dass dem Insolvenzplan in einer Übersicht zu zwei Zeitpunkten das Vermögen und die Schulden gegenübergestellt werden. Aus dem Vermögensverzeichnis gemäß § 153 InsO, das als Vermögensübersicht regelmäßig fortgeschrieben werden sollte, lassen sich das Vermögen und die Schulden zum Zeitpunkt der Einreichung des Insolvenzplans ableiten. Aus der Plan- Vermögensübersicht (§ 229 InsO) können mittels Prognose das Vermögen und die Schulden zum Zeitpunkt des Inkrafttretens des Insolvenzplans bestimmt werden. Diese Übersicht basiert auf einer Prognose der Fortführung des Unternehmens mittels einer monatlichen Plan-Gewinn- und Verlustrechnung sowie einer monatlichen Plan-Bilanz, die das Vermögen und die Schulden zum Zeitpunkt des Inkrafttretens des Insolvenzplans weiterentwickelt.

4. Zeit- und Verfahrensablauf

22 Der Zeit- und Verfahrensablauf ist durch die Vorlage- und Berichtspflichten der Insolvenzordnung bestimmt:

- Vorlage bei Gericht mit Entscheidung über die Zurückweisung des Insolvenzplans innerhalb von zwei Wochen (§ 231 Abs. 1 Satz 2 InsO), wobei der Insolvenzplan durch den Schuldner schon mit Stellung des Insolvenzantrags eingereicht werden kann („Prepackaged Plan"; § 218 Abs. 1 Satz 2 InsO). Bevor die Frist des § 231 Abs. 1 Satz 2 InsO in Gang gesetzt wird, sollte dem zuständigen Richter gerade bei komplexeren Plänen das Angebot einer informellen Abstimmung über den Inhalt eines Insolvenzplanentwurfs (Vorprüfung) gemacht werden.

- Einholung einer Stellungnahme der in § 232 Abs. 1 Nr. 1 bis 3 InsO genannten Beteiligten (Gläubigerausschuss, Betriebsrat, Sprecherausschuss der leitenden Angestellten sowie Schuldner bzw. Insolvenzverwalter, abhängig davon, wer den Insolvenzplan vorgelegt hat) innerhalb von zwei Wochen (§ 232 Abs. 3 Satz 2 InsO); der gerichtlichen Vorprüfung kann es dienlich sein, die Stellungnahmen zeitgleich mit der Vorprüfung einzuholen. § 232 Abs. 4 InsO sieht zudem vor, dass das Gericht die Stellungnahmen bei seiner Vorprüfung berücksichtigen kann. Will das Gericht den Plan aufgrund des Inhalts der Stellungnahme zurückweisen, hat es die Stellungnahme insbesondere dem Planvorleger innerhalb von einer Frist von einer Woche zuzuleiten. Es sollte daher versucht werden, den möglichen Inhalt dieser Stellungnahme vor Einreichung des Plans zu antizipieren.

- Erörterungs- und Abstimmungstermin, der nicht später als einen Monat nach Niederlegung des Insolvenzplans angesetzt werden soll (§ 235 Abs. 1 Satz 2 InsO). Der Termin kann gleichzeitig mit der Einholung der Stellungnahmen bestimmt werden (§ 235 Abs. 1 Satz 3 InsO).

- Der Erörterungs- und Abstimmungstermin kann nicht vor dem Prüfungstermin stattfinden, sollte mit diesem aber i.d.R. verbunden werden (§ 236 InsO). Der Prüfungstermin wird im Eröffnungsbeschluss bestimmt, wobei der Zeitraum zwischen dem Ablauf der Anmeldefrist der Forderungen und dem Prüfungstermin mindestens eine Woche, höchstens zwei Monate betragen soll (§ 29 Abs. 1 Nr. 2 InsO). Die Anmeldefrist ist auf einen Zeitraum von mindestens zwei Wochen und höchstens drei Monaten festzusetzen (§ 28 Abs. 1 InsO).

Im Ergebnis ist der Erörterungs- und Abstimmungstermin frühestens drei Wochen nach Eröffnung möglich, wobei dies voraussetzt, dass das Insolvenzgericht die Prüfung über die Zurückweisung des Insolvenzplans bereits abgeschlossen und in dieser Zeit die Stellungnahmen nach § 232 InsO eingeholt hat.

Wird der Insolvenzplan im Erörterungs- und Abstimmungstermin von den Gläubigern angenommen und vom Gericht noch im Termin bestätigt, läuft die Rechtsmittelfrist von zwei Wochen (§ 253 Abs. 1 InsO, § 569 Abs. 1 Satz 1 ZPO i.V.m. § 4 InsO). Sodann treten – soweit keine sofortige Beschwerde zulässig erhoben wird – die Rechtskraft der Bestätigung und damit die im gestaltenden Teil festgelegten Wirkungen (§ 254 Abs. 1 InsO) ein. Sobald die Voraussetzungen des § 258 Abs. 2 InsO vorliegen, kann die Aufhebung des Insolvenzverfahrens beantragt werden.

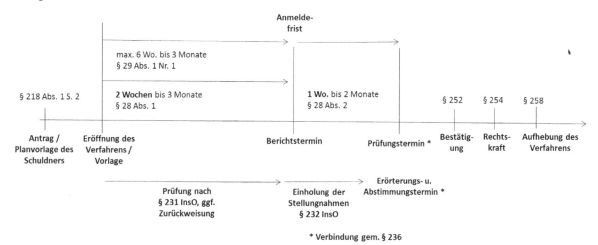

Abb.1: Ablauf Insolvenzanmeldung

Der geschilderte Ablauf ist in zeitlicher Hinsicht idealtypisch und wird so nicht immer umsetzbar sein.

5. Darstellender Teil

5.1. Inhalt und Aufbau

23   Als generelle Leitlinie für den Inhalt des Insolvenzplans ist die Vorgabe des Gesetzgebers in § 220 InsO zu berücksichtigen. Der darstellende Teil soll alle Angaben zu den Grundlagen und Auswirkungen des Insolvenzplans enthalten, die für die Entscheidung der Gläubiger über die Zustimmung zum Insolvenzplan und für dessen gerichtliche Bestätigung erheblich sind.

24   Der darstellende Teil hat Angaben über grundsätzliche Ziele und die Regelungsstruktur des Insolvenzplans, das Sanierungskonzept, die Beschreibung der Gruppen und die Zusammenfassung der Ergebnisse für die Gläubiger bei Annahme des Insolvenzplans sowie die Vergleichsrechnung, wie die Gläubiger ohne Insolvenzplan stehen würden (Quotenvergleichsrechnung), zu enthalten.

5.2. Sanierungskonzept

25 Die Aufteilung der Sanierungsmaßnahmen in Maßnahmen, die über den Insolvenzplan umgesetzt werden, und Maßnahmen, die erst nach Aufhebung des Insolvenzverfahrens umgesetzt werden, sollte sich in der Darstellung des Sanierungskonzepts im darstellenden Teil wiederfinden.

26 Sanierungsmaßnahmen werden i.d.R. über den Insolvenzplan umgesetzt, um die Möglichkeit der einfacheren Umsetzung mit Hilfe der Insolvenzordnung zu nutzen. So kann die Erfüllung von gegenseitigen Verträgen, die nicht oder nicht vollständig erfüllt sind (z.B. Leasingverträge), abgelehnt werden (§ 103 Abs. 2 InsO) oder ein Miet- oder Pachtverhältnis über Räume, welches der Schuldner als Mieter oder Pächter eingegangen war, kann gemäß § 109 Abs. 1 Satz 1 InsO mit einer verkürzten Frist von drei Monaten gekündigt werden. Über die Abstimmung der Gläubiger in den Gruppen und die Fiktion der Zustimmung über das Obstruktionsverbot (§ 245 InsO) können leichter Entscheidungen zur finanzwirtschaftlichen Restrukturierung herbeigeführt werden.

27 Im Insolvenzplan können zum anderen auch Sanierungsmaßnahmen zur Umsetzung nach Planbestätigung beschrieben und ggfs. verbindlich gemacht werden. Hier ist insb. an leistungswirtschaftliche Sanierungsmaßnahmen, wie z.B. Maßnahmen zur Verbesserung der Stellung des Unternehmens am Absatzmarkt, zu denken.

28 Das Sanierungskonzept als Teil des Insolvenzplans sollte vor Einreichung des Insolvenzplans quantitativ und qualitativ aktualisiert werden. Auch ist ein Sanierungskonzept, das zunächst zur Umsetzung außerhalb des Insolvenzverfahrens vorgesehen war, entsprechend anzupassen.

5.2.1. Anforderungen an das Sanierungskonzept

29 Alle für die Entscheidungsfindung der Gläubiger erforderlichen Informationen sind im Sanierungskonzept wie auch sonst im darstellenden Teil des Insolvenzplans in einer strukturierten Form bereitzustellen; dabei ist dem Aspekt der Entscheidungserheblichkeit besondere Bedeutung beizumessen. Die entsprechenden Ausführungen zu den nachfolgend aufgeführten Kernbestandteilen des Sanierungskonzepts sollen insb. übersichtlich, klar und verständlich sein.

30 Kernbestandteile des Sanierungskonzeptes als Teil des darstellenden Teils eines Insolvenzplans sind nach *IDW S 6* insb. folgende Aspekte:

- Basisinformationen über die wirtschaftliche und rechtliche Ausgangslage des Unternehmens in seinem Umfeld, einschließlich der Vermögens-, Finanz- und Ertragslage
- die Analyse von Krisenstadium und -ursachen
- Darstellung des Leitbilds[9] mit dem Geschäftsmodell des sanierten Unternehmens
- die Maßnahmen zur Bewältigung der Unternehmenskrise und Überwindung der Insolvenz

---

[9] Vgl. OLG Köln, Urteil v. 24.09.2009 – 18 U 134/05, WPg 2011, S. 442: „Nach den überzeugenden Darlegungen des Sachverständigen setzt ein Sanierungskonzept im Wesentlichen voraus: [...] Leitbild des sanierten Unternehmens [...]".

- ein integrierter Unternehmensplan.

31 Die Sicherstellung der Liquidität zur Ableitung der Fortführungsfähigkeit als erste Stufe des *IDW S 6* genügt den Anforderungen an ein Sanierungskonzept nach *IDW S 6* alleine nicht. Zusätzlich ist der Nachweis der Sanierungsfähigkeit[10] i.S. der nachhaltigen Wettbewerbsfähigkeit (Stufe 2) im Konzept zur Sanierung des Unternehmens erforderlich.

32 Ein fehlendes oder nicht zur durchgreifenden Sanierung geeignetes Konzept kann nicht durch eine Bestätigung des Insolvenzplans durch das Gericht ersetzt werden, da die nachhaltige Fortführungsfähigkeit vom Gericht nicht von Amts wegen geprüft wird.

33 Bestandteil jedes Sanierungskonzeptes nach *IDW S 6* ist immer eine positive insolvenzrechtliche Fortbestehensprognose als Voraussetzung der Beseitigung der Insolvenzeröffnungsgründe. Entsprechend sollte eine Gesellschaft nach Bestätigung des Insolvenzplans und Aufhebung des Insolvenzverfahrens nicht fortgeführt werden, ohne die Insolvenzgründe beseitigt zu haben. Daher ist im Insolvenzplan die Beseitigung der Eröffnungsgründe aufzuzeigen. Dies bedeutet, dass in Übereinstimmung mit *IDW S 11* darzustellen ist, wie Überschuldung und (drohende) Zahlungsunfähigkeit beseitigt werden. Gemäß § 19 Abs. 2 Satz 1 InsO bzw. § 18 Abs. 2 Satz 2 InsO ist der Ableitung der Tatbestände ein Zeitraum von 12 bzw. i.d.R. 24 Monaten zugrunde zu legen.

Durch die der Fortbestehensprognose zugrunde liegende integrierte Bilanz,- Ergebnis- und Liquiditätsplanung kann nachgewiesen werden, dass die Erfüllung sämtlicher auch nicht fälliger Masseverbindlichkeiten inkl. Steuerverbindlichkeiten nach § 55 Abs. 4 InsO als Voraussetzung der Aufhebung des Insolvenzverfahrens gewährleistet ist (§ 258 Abs. 2 Satz 2 InsO).

5.2.2. Darstellung der mit Bestätigung des Insolvenzplans wirksam werdenden Sanierungsmaßnahmen

34 Neben den im Sanierungskonzept definierten leistungswirtschaftlichen Maßnahmen sind insb. die finanzwirtschaftlichen Maßnahmen zur Sanierung des Unternehmens umfassend zu beschreiben, die über den Insolvenzplan im gestaltenden Teil rechtlich umgesetzt werden (z.B. Kapitalmaßnahmen, Rangrücktritt, Forderungsverzicht etc.). Dies umfasst auch die Auswirkungen der einzelnen Maßnahmen auf die Rechtsstellung der Beteiligten sowie die steuerrechtlichen Implikationen dieser Maßnahmen.

35 Darzustellen ist auch, inwieweit die Mitwirkung nicht am Insolvenzverfahren Beteiligter notwendig ist. Während der Insolvenzplan unmittelbar in die Rechtsstellung der Beteiligten eingreift, sind die ggf. aufschiebend bedingten Willenserklärungen der nicht am Insolvenzverfahren Beteiligten in den Anlagen zum Insolvenzplan (z.B. Zeichnungsschein zur Kapitalerhöhung) jeweils zu dokumentieren (vgl. auch § 230 Abs. 3 InsO).

36 In den folgenden Abschnitten wird die Abbildung des Debt-Equity-Swaps und des Forderungsverzichts mit Besserungsschein im Insolvenzplan beschrieben. Weiter wird aufgezeigt, wie Mängelgewährleistungsansprüche und streitige Forderungen im Insolvenzplan zu behandeln sind. Die genannten finanzwirtschaftlichen Sanierungsinstrumente und Sachverhalte sind beispielhaft nach ihrer praktischen Relevanz bei der Erstellung von Insolvenzplänen ausgewählt.

---

[10] Der BGH spricht von einer „dauerhaften Sanierung" (vgl. BGH, Beschluss v. 12.05.2016 – IX ZR 65/14, Rn. 29).

5.2.2.1. Debt-Equity-Swap

37 § 225a Abs. 2 InsO sieht ausdrücklich die Möglichkeit der Umwandlung von Forderungen von Gläubigern in Anteils- und Mitgliedschaftsrechte am Schuldner vor (Debt-Equity-Swap). Für die Bestimmung des der umzuwandelnden Forderung entsprechenden Unternehmensanteils ist eine Unternehmensbewertung erforderlich. Hierbei bietet es sich an, auf die Sanierungsplanung und damit auf den Wert des Unternehmens nach Umsetzung des Sanierungskonzepts abzustellen. Bei der Unternehmensbewertung sind unter Berücksichtigung der gegebenen Rahmenbedingungen die methodischen Grundsätze des *IDW S 1 i.d.F. 2008* zu beachten, wobei sich bei restrukturierungsbedürftigen Unternehmen insb. die sog. Brutto-Verfahren (DCF-Verfahren) in Form des WACC- oder des APV-Ansatzes eignen, da diese den Gesamtunternehmenswert unter Einschluss der Gläubiger berücksichtigen. Besonderes Augenmerk ist auf die Plausibilität und Belastbarkeit der Sanierungsplanung in einer derartigen Umbruchsituation vor dem Hintergrund der eingetretenen Insolvenz und dem dadurch erforderlichen Vertrauensaufbau gegenüber den Stakeholdern zu legen. Weiterhin von Bedeutung sind die Kapitalkosten, die eine Verzinsung der Ergebnisbestandteile der Planungsrechnung darstellen und die neben der Sanierungsplanung den Unternehmenswert erheblich beeinflussen. Die im Rahmen von Brutto-Verfahren zu diskontierenden Cashflows sind jene finanziellen Überschüsse, die grundsätzlich allen Kapitalgebern des Unternehmens, d.h. Eigen- und Fremdkapitalgebern, zur Verfügung stehen und auf deren Kapitalpositionen verteilt werden. Die Sanierungsplanung und die auf dieser Basis vorgenommene Unternehmensbewertung sollten, sofern möglich, über marktorientierte Verfahren (z.B. Multiplikatorverfahren) einer Plausibilitätskontrolle unterzogen werden, wobei auch hier der Umbruchsituation Rechnung zu tragen ist. Der werthaltige Teil der eingebrachten Forderung stellt gleichzeitig die Obergrenze dar, bis zu der das gezeichnete Kapital des Schuldners erhöht werden kann; im Regelfall wird eine Aufteilung in gezeichnetes Kapital und Agio vorgenommen.

5.2.2.2. Forderungsverzicht (mit Besserungsabrede)

38 Der Forderungsverzicht bedeutet den endgültigen Erlass (§ 397 BGB) einer Schuld durch den Gläubiger. Der Verzicht kann vom Eintritt eines in der Zukunft liegenden Ereignisses abhängig gemacht werden. Ist der Eintritt des Ereignisses Bedingung für den Erlass der Forderung, spricht man von einer aufschiebenden Bedingung (§ 158 Abs. 1 BGB). Der Eintritt einer auflösenden Bedingung führt demgegenüber zu einer Neuverpflichtung zum Zeitpunkt des Bedingungseintritts (§ 158 Abs. 2 BGB). Ist die auflösende Bedingung an einen Erfolg geknüpft, spricht man von einem Besserungsfall.

39 Inhaltlich werden im Folgenden die Fälle behandelt, in denen der Forderungsverzicht unter Bedingungen schon vor Stellung des Insolvenzantrags erklärt wurde oder als Sanierungsinstrument im Insolvenzplan eingesetzt wird.

40 Ist zum Zeitpunkt der Insolvenzeröffnung ein Forderungsverzicht mangels Bedingungseintritt (§ 158 Abs. 2 BGB) noch nicht eingetreten, ist die damit auflösend bedingte Forderung bei Anmeldung durch den Gläubiger in die Insolvenztabelle aufzunehmen. Auflösend bedingte Forderungen werden, solange die Bedingung nicht eingetreten ist, im Insolvenzverfahren wie unbedingte Forderungen berücksichtigt (§§ 175, 42 InsO). Bei Eintritt der Bedingung ist das

Erlöschen der Forderung in der Tabelle abzubilden. Ist die Forderung bereits zur Insolvenztabelle festgestellt und nimmt der Gläubiger sie nicht zurück, ist dagegen mit der Vollstreckungsgegenklage (§ 767 ZPO) vorzugehen.

41   Wenn ein Verzicht auf eine Forderung auflösend bedingt ist (§ 158 Abs. 1 BGB), bedeutet dies umgekehrt, dass die Forderung um dieselbe Bedingung aufschiebend bedingt ist. Die aufschiebend bedingte Forderung kann zur Insolvenztabelle angemeldet werden. Sie wird gemäß § 191 Abs. 2 InsO bei der Schlussverteilung nicht berücksichtigt, wenn die Möglichkeit des Eintritts des Besserungsfalls so fernliegt, dass die Forderung zur Zeit der Verteilung nicht werthaltig ist. Das bedeutet, dass der Eintritt der Bedingung höchst unwahrscheinlich ist.

42   Die Insolvenzordnung sieht gemäß § 227 Abs. 1 InsO die Befreiung von Verbindlichkeiten vor, die nach der im gestaltenden Teil des Insolvenzplans vorgesehenen Leistung an den Gläubiger verbleibt. Diese bleibt jedoch mit Verweis auf § 254 Abs. 3 InsO als unvollkommene Verbindlichkeit bzw. Naturalobligation bestehen.[11] Entsprechend gehen akzessorische Sicherungsrechte nicht unter und ihre Behandlung muss separat geregelt werden.

43   Gläubiger werden bei gleicher Quote regelmäßig eher bereit sein, im Insolvenzplan zur Sanierung durch Verzicht auf ihre Forderung beizutragen, wenn der Verzicht unter der auflösenden Bedingung der Besserung steht. Für nicht nachrangige Gläubiger, die dazu bereit sind, ist dann im gestaltenden Teil vorzusehen, dass ihre Forderungen erlassen werden (§ 397 BGB), auflösend bedingt um eine Besserung (§ 158 Abs. 2 BGB). Für diese Gläubiger ist dann eine eigene Gruppe zu bilden; ihr wirtschaftliches Interesse unterscheidet sich von demjenigen anderer Gläubiger.

44   Durch den Forderungsverzicht des Gläubigers ist die Verbindlichkeit in der Handelsbilanz des Unternehmens erfolgswirksam aufzulösen. Sofern ein Gesellschafter verzichtet, kann die Auflösung durch Einstellung in die Kapitalrücklage nach § 272 Abs. 2 Nr. 4 HGB auch erfolgsneutral erfolgen.[12] In der Plan-Bilanz ist die Verbindlichkeit nur insoweit wieder zu passivieren, wie der Besserungsfall voraussichtlich bereits eingetreten sein wird und die Verbindlichkeit damit wiederauflebt.

5.2.2.3. Ungewisse Forderungen

45   Bei ungewissen Forderungen handelt es sich um Forderungen, mit deren Geltendmachung in der Zukunft zu rechnen ist, die der Höhe oder dem Grunde nach aber ungewiss sind.

46   Eine relevante Fallgruppe sind Mängelgewährleistungsansprüche. Insbesondere bei Schuldnern, die im produzierenden Gewerbe tätig sind, stellt sich die Frage, wie mit Mängelgewährleistungsansprüchen umzugehen ist, die vor Insolvenzeröffnung begründet wurden, möglicherweise jedoch erst nach Eröffnung des Insolvenzverfahrens entstehen. Es handelt sich hierbei um Insolvenzforderungen.[13] Die hinter den Mängelgewährleistungsansprüchen stehenden Sachverhalte sind so zu beschreiben, dass die Forderungen einer Gruppe eindeutig zugeordnet werden können. Die Gruppe ist mit einer Quote zu dotieren.

---

[11]   Vgl. BGH, Urteil v. 19.05.2011 – IX ZR 222/08 sowie BFH, Urteil v. 08.03.2022 – VI R 33/19, Rn. 26.
[12]   Vgl. *IDW St/HFA 2/1996 i.d.F. 2013* zur Bilanzierung privater Zuschüsse, Abschn. 2.2.
[13]   Vgl. BGH, Beschluss v. 22.09.2011 – IX ZB 121/11.

47 § 229 Satz 3 InsO sieht vor, dass der dem Insolvenzplan zugrunde gelegte Finanzplan alle bei der Ausarbeitung bekannten Gläubiger zu berücksichtigen hat, auch wenn diese ihre Forderungen nicht angemeldet haben.[14] Bilanziell wird der Sachverhalt in einer Rückstellung unter Berücksichtigung der zu erwartenden Quote abgebildet, die die den anderen Gruppen zuzuordnenden finanziellen Mittel zunächst mindert. Wenn die finanziellen Mittel dem Schuldner nicht zufließen sollen, kann eine Regelung vorgesehen werden, dass nach Ablauf der Frist des § 259b InsO die Mittel den anderen Insolvenzgläubigern auf der Grundlage des Insolvenzplans zufließen. Die Rückstellung wird aufgelöst. Um eine zu starke Bindung finanzieller Mittel aufgrund der Bildung von Rückstellungen nach den Regeln des Bilanzrechts zu verhindern, sollte mit den jeweiligen Gläubigern eine vergleichbare Regelung angestrebt werden.

5.2.2.4. Streitige Forderungen

48 Auch für streitige Insolvenzforderungen sind nach den allgemeinen bilanzrechtlichen Regeln ggf. Rückstellungen unter Berücksichtigung der Höhe der Quote in der Gruppe zu bilden, der die Forderungen zugeordnet werden.

49 Unabhängig hiervon nehmen diese Forderungen bei Verteilungen nach dem Insolvenzplan, wenn für sie ein vollstreckbarer Titel oder ein Endurteil nicht vorliegt, gemäß § 189 InsO nicht teil, wenn dem Insolvenzverwalter nicht innerhalb von zwei Wochen die Erhebung der Feststellungsklage oder die Wiederaufnahme des früher anhängigen Rechtsstreits nachgewiesen wird. Erfolgt der Nachweis, wird gemäß § 189 Abs. 2 InsO der auf die Forderung entfallende Betrag zurückbehalten, solange der Rechtsstreit anhängig ist.

5.2.3. Den Beteiligten des Insolvenzplans offenzulegende Informationen

50 Nachvollziehbarkeit und Akzeptanz des Insolvenzplans setzen voraus, dass die Grundlagen einer über die reine finanzwirtschaftliche Sanierung hinausgehende leistungswirtschaftliche Sanierung zumindest in Grundzügen schlüssig dargelegt werden.[15]

51 Sofern die Gläubiger aus künftigen Erträgen des Unternehmens bedient werden sollen, muss gemäß § 229 Satz 1 InsO zwingend eine integrierte Bilanz-, Ergebnis- und Liquiditätsplanung (integrierter Unternehmensplan) erstellt werden, die jedenfalls mit ihrem wesentlichen Inhalt durch das Einsichtsrecht in die Gerichtsakte durch die Verfahrensbeteiligten oder die Zustellung des Insolvenzplans gemäß § 235 Abs. 3 Satz 2 InsO offengelegt wird.

52 Auch wenn eine Befriedigung aus künftigen Erträgen des Unternehmens nicht vorgesehen ist, ist ein Sanierungskonzept mit integrierter Unternehmensplanung regelmäßig sinnvoll, um im Vergleich mit dem in dem Sanierungskonzept abgebildeten zukünftigen Erfolg des Unternehmens den Wert des im Insolvenzplan abgebildeten Angebots an die Beteiligten beurteilen zu können. Dies gilt insb., da ohne eine Unternehmensplanung das Angebot i.d.R. nicht beurteilt werden kann.

53 Bei Offenlegung der für die Beteiligten des Insolvenzplans erforderlichen Unternehmensdaten ist auch das berechtigte Interesse des Schuldners zu beachten. Nachteilige Folgen aus der

---

[14] Vgl. BGH, Beschluss v. 07.05.2015 – IX ZB 75/14, Rn. 12.
[15] Vgl. BGH, Urteil v. 12.05.2016 – IX ZR 65/14, Rn. 34.

Veröffentlichung dieser umfassenden Informationen sind möglichst zu vermeiden. Demzufolge kann es erforderlich sein, den Beteiligten in Abstimmung mit dem Insolvenzgericht statt des vollständigen Insolvenzplans lediglich eine Zusammenfassung seines wesentlichen Inhalts (vgl. §§ 235 Abs. 3 Satz 2, 252 Abs. 2 InsO) einschließlich der Grundzüge des Sanierungskonzepts zu übersenden. Durch Verweis auf § 8 Abs. 3 InsO kann der Insolvenzverwalter bzw. der Sachwalter mit der Zustellung beauftragt werden. Eine erneute Zustellung des Insolvenzplans nach Bestätigung kann unterbleiben, wenn der Insolvenzplan unverändert angenommen wurde und dies allen Gläubigern mitgeteilt wird.

5.3. Gruppenbildung

54 Die Gruppenregelung gehört zum Kern des Insolvenzplans und die Gruppenstruktur ist so bedeutsam für den Inhalt des Insolvenzplans, dass im Einzelfall die Gruppenstruktur nach Einreichung des Insolvenzplans im Erörterungstermin nicht mehr geändert werden kann.[16] Gemäß § 222 Abs. 1 Satz 1 InsO sind Gruppen zu bilden, soweit Beteiligte unterschiedlicher Rechtsstellung betroffen sind. Dabei sind Beteiligte zum einen nach der Insolvenzordnung zwingend zu Gruppen zusammenzufassen. Zum anderen können Beteiligte mit gleichartigen wirtschaftlichen Interessen zusammengefasst werden. Gemäß § 231 Abs. 1 Nr. 1 InsO weist das Insolvenzgericht einen Insolvenzplan von Amts wegen zurück, wenn insb. die Vorschriften zur Bildung von Gläubigergruppen nicht beachtet sind.

55 Da Insolvenzpläne als Entscheidungsgrundlage für die Beteiligten aus sich heraus verständlich sein müssen, sollte im darstellenden Teil die Bildung der Gruppen (z.B. Begründung der Bildung von Gruppen, Beschreibung der einzelnen Gruppen) beschrieben werden. Im gestaltenden Teil werden die Gläubiger den einzelnen Gruppen zugeordnet und die Eingriffe in deren Rechtspositionen geregelt.

56 Aus dem Insolvenzplan muss sich ergeben, nach welchen Vorschriften und Erwägungen die Gruppen gebildet oder bei Soll-Gruppen ggfs. nicht gebildet wurden. Es muss dargelegt werden, aufgrund welcher gleichartigen wirtschaftlichen Interessen eine bestimmte Gruppe gebildet wurde und ob alle Beteiligten, deren wichtigsten insolvenzbezogenen wirtschaftlichen Interessen übereinstimmen, derselben Gruppe zugeordnet wurden.[17]

57 Gerade im Zusammenhang mit den Vorschriften der §§ 243 ff. InsO[18] , insb. der Fiktion der Zustimmung einer Gruppe durch das sog. Obstruktionsverbot in § 245 Abs. 1 InsO, zeigt sich die erhebliche Bedeutung des Instruments der Gruppenbildung. Die Art und Weise der Gruppenbildung ist daher häufig maßgeblich für das Ziel der Annahme des Insolvenzplans durch die Beteiligten (Gläubiger und ggf. Anteilseigner).

58 Im Rahmen der Gruppenbildung ist die vom Planersteller gewählte Vorgehensweise zur definitorischen Abgrenzung der einzelnen Gruppen nebst Begründung darzustellen. Dabei empfiehlt es sich, die Gläubiger den sodann nach Gläubigergruppen differenzierten Gläubigerverzeichnissen gemäß § 152 InsO zuzuweisen, um eine Eindeutigkeit der Gruppenzugehörigkeit sicherzustellen.

---

[16] Vgl. AG Hamburg, Beschluss v. 19.04.2016, Abschn. 1.1.2.

[17] Vgl. BGH NJW 2015, 2660 (2661), Rn. 10.

[18] Vgl. insb. § 245 InsO „Obstruktionsverbot" und § 251 InsO „Minderheitenschutz".

5.3.1. Nach der Insolvenzordnung obligatorisch zu bildende und ausdrücklich benannte Gruppen

59 Gemäß § 222 Abs. 1 InsO ist zwingend zwischen den absonderungsberechtigten Gläubigern (sofern durch den Insolvenzplan in deren Rechte eingegriffen wird, was i.d.R. aber schon durch eine Stundung des Absonderungsrechts erfolgt) und den nicht nachrangigen Insolvenzgläubigern zu unterscheiden. Zudem ist eine Gruppe für die Insolvenzgläubiger zu bilden, wenn in Rechte eingegriffen werden soll, die diesen aus Sicherheiten gegen unmittelbare oder mittelbare Tochtergesellschaften der Schuldnerin zustehen.

60 Grundsätzlich sind die nachrangigen Gläubiger i.S. von § 39 InsO ebenfalls als gesonderte Gruppe zu erfassen, soweit deren Forderungen nicht nach § 225 InsO als erlassen gelten sollen (§ 222 Abs. 1 Satz 2 Nr. 3 InsO). Dies dürfte praktisch jedoch der Regelfall sein, so dass nachfolgend die Gruppe der nachrangigen Gläubiger nicht gesondert betrachtet wird. Eine gesonderte Gruppe ist gemäß § 222 Abs. 1 Nr. 4 InsO für die an dem Schuldner beteiligten Personen zu bilden, wenn deren Anteils- oder Mitgliedschaftsrechte in den Insolvenzplan mit einbezogen werden.

61 Ergänzend regelt § 222 Abs. 3 Satz 1 InsO, dass für Arbeitnehmer eine besondere Gruppe gebildet werden soll, sofern sie als Insolvenzgläubiger mit nicht unerheblichen Forderungen am Verfahren beteiligt sind. Es ist jedoch auch zulässig, die Arbeitnehmer in eine andere Gruppe zu integrieren. Diese Gruppenbildung ist insb. zulässig, wenn der Zweck des § 222 Abs. 3 InsO erfüllt wird, den Einfluss der Arbeitnehmer auf die Abstimmung über den Insolvenzplan zu sichern. In jedem Fall ist festzulegen, welche Arbeitnehmer mit welchen Ansprüchen berücksichtigt werden.

62 Auch für Kleingläubiger kann gemäß § 222 Abs. 3 Satz 2 InsO eine besondere Gruppe gebildet werden. Eine Gruppe für Deliktsgläubiger kommt nur bei natürlichen Personen als Schuldner in Betracht.

5.3.2. Gruppenbildung nach gleichem wirtschaftlichem Interesse

63 Darüber hinaus können gemäß § 222 Abs. 2 InsO aus den Gläubigern mit jeweils gleicher Rechtsstellung weitere Gruppen, in denen Gläubiger mit gleichartigen wirtschaftlichen Interessen zusammengefasst werden, gebildet werden.

64 Zur verfahrensrechtlichen Absicherung des Insolvenzplans wird es sich regelmäßig empfehlen, die Kriterien für die Abgrenzung der einzelnen Gläubigergruppen nach wirtschaftlichen Gesichtspunkten mit dem zuständigen Insolvenzrichter vorab zu erörtern.

65 Kriterien für die Gruppenbildung nach wirtschaftlichem Interesse sind, dass die in einer Gruppe zusammenzufassenden Gläubiger das gleiche wirtschaftliche Interesse verfolgen und dass die Gruppen sachgerecht abzugrenzen sind. Die Abgrenzungskriterien sind offenzulegen. Es ist darzulegen, aufgrund welcher gleichartigen wirtschaftlichen Interessen eine bestimmte Gruppe gebildet wurde und ob alle Beteiligten, deren wichtigsten Interessen übereinstimmen,

derselben Gruppe zugeordnet wurden.[19] Diese Kriterien begrenzen das freie Ermessen des Planinitiators.

66 Das Kriterium der „sachgerechten" Abgrenzung bezieht sich auf den im Insolvenzplan abgebildeten Sanierungs- oder Liquidationsplan. Aus diesem werden sich i.d.R. Kriterien für eine sachgerechte Abgrenzung der Gläubiger ergeben.

67 Mit der Möglichkeit, Gruppen nach wirtschaftlichen Interessen bilden zu können, beabsichtigte der Gesetzgeber, die Auswirkungen des Insolvenzplans möglichst variabel bestimmen zu können, um dadurch die Masse im Interesse der Gläubiger optimal verwerten zu können.

68 Praxisrelevante Beispiele für eine „sachgerechte Abgrenzung" sind: Lieferanten; Kreditinstitute mit und ohne fortgeführte Geschäftsbeziehung; Fiskus (Finanzamt und Kommunen); die Bundesagentur für Arbeit; die Sozialkassen oder der Pensions-Sicherungs-Verein Versicherungsverein auf Gegenseitigkeit (PSVaG); Dienstleister; Gesellschafter bzw. verbundene Unternehmen (soweit nicht nachrangig); Gläubiger, deren Forderungen in Eigenkapital umgewandelt werden sollen (§ 225a InsO); ggf. Anleihegläubiger; Gläubiger mit Forderungen aus unerlaubten Handlungen.

69 Steuerforderungen unterscheiden sich in wirtschaftlicher Hinsicht von solchen, die aus regulärem kaufmännischem Handeln entstanden sind. Steuerforderungen entstehen qua Gesetz, sind nur eingeschränkt dispositiv, werden öffentlich-rechtlich festgesetzt und beigetrieben. Es kann daher sachgerecht sein, für diese Forderungen eine eigene Gruppe zu bilden, auch wenn es eine Gruppe mit nur einem Gläubiger wäre.[20]

70 Weitergehend kann nach Steuerarten und Steuergläubigern differenziert werden, bspw. Gemeinden als Gewerbesteuergläubiger einerseits und Bund/Länder als Körperschaftsteuergläubiger andererseits.

71 Der Bundesagentur für Arbeit werden regelmäßig übergegangene Forderungen aus geleistetem Insolvenzgeld gegen den Schuldner zustehen. Das Interesse der Bundesagentur für Arbeit als Gläubiger im Insolvenzverfahren unterscheidet sich von anderen Gläubigern, wie bspw. Lieferanten, dadurch, dass die Vorfinanzierung von Entgeltansprüchen der Arbeitnehmer primär dem Zweck dient, Arbeitsplätze zu erhalten. Zudem hat die Vorfinanzierung den sozialen Aspekt, die Arbeitnehmer vom Insolvenzrisiko jedenfalls teilweise zu befreien. Diese Interessenlage rechtfertigt es, für die Bundesagentur für Arbeit ebenfalls eine eigene Gruppe zu bilden.

72 Gleiches kann für Forderungen der Sozialkassen gelten. Weiter kann unterschieden werden zwischen rückständigen Arbeitgeber- und Arbeitnehmeranteilen, da unterschiedlich sanktioniert wird, wenn diese nicht gezahlt wurden.

73 Nach § 9 Abs. 4 Satz 1 BetrAVG ist für den PSVaG eine eigene Gruppe zu bilden, wenn die Fortführung des Unternehmens oder eines Betriebes vorgesehen ist, sofern der PSVaG nicht darauf verzichtet. Damit kann die (teilweise) Fortführung der betrieblichen Altersversorgung durch den Arbeitgeber ermöglicht und dem speziellen Regelungsbedarf aufgrund der i.d.R. erst nach Verfahrensaufhebung mittels Stichtagsgutachten exakt berechneten Forderung des PSVaG Rechnung getragen werden („forderungserhaltende Klausel"). Auch ist in der Praxis

---

[19] Vgl. BGH, Beschluss v. 07.05.2015 – IX ZB 75/14, Rn. 10.
[20] Vgl. BGH, Beschluss v. 07.05.2015 – IX ZB 75/14, Rn. 21.

in größeren Verfahren der PSVaG regelmäßig einer der größten, wenn nicht der größte Gläubiger. Wenn die Regelung des § 9 Abs. 4 Satz 1 BetrAVG verletzt würde, wäre der Plan in der Vorprüfung gemäß § 231 Abs. 1 Nr. 1 InsO wegen der Verletzung der Vorschriften über die richtige Bildung der Gruppen zurückzuweisen. Überdies ist auch eine [der] Inhaltsvorschrift[en] i.S. des § 250 Nr. 1 InsO verletzt, so dass auch die Bestätigung bei Verstoß dagegen zu versagen wäre.

74 Die Fortführung von betrieblicher Altersversorgung durch den Schuldner kann als Aufteilung der Leistungspflicht zwischen dem PSVaG und dem Arbeitgeber nach § 7 Abs. 4 Sätze 2, 3 BetrAVG erfolgen sowie auf Basis der sog. Besserungsklausel nach § 7 Abs. 4 Satz 5 BetrAVG. Letztere sieht vor, dass bei einer nachhaltigen Besserung der wirtschaftlichen Lage des Schuldners die vom PSVaG zu erbringenden Leistungen ganz oder zum Teil vom Schuldner wieder übernommen werden.

75 Der PSVaG bestimmt als alleiniger Gläubiger das Abstimmungsverhalten seiner Gruppe, sodass er seine Interessen besser durchsetzen kann. Auf der Ebene der Gesamtheit der Gläubiger ist seine Gruppe jedoch nicht privilegiert. Wie bei anderen Gruppen wird die Durchsetzung der Interessen durch das Obstruktionsverbot (§ 245 InsO) und das Schlechterstellungsverbot (§ 251 Abs. 1 InsO) zugleich begrenzt und geschützt.

5.4. Quotenvergleichsrechnung

76 Die bei Annahme des Insolvenzplans auf die einzelnen Gläubiger entfallenden Auswirkungen sind – differenziert nach den Gläubigergruppen – zusammenfassend darzustellen. In prägnanter Form ist dabei insb. auf Höhe und Art der von den Gläubigern zu erbringenden Leistungen (z.B. (Teil-)Verzicht, Stundung), dem sich daraus ergebenden „Erfüllungsgrad" des Schuldners sowie auf den Modus der Abwicklung (Fälligkeit) einzugehen. Grundlage der Quotenvergleichsrechnung sollte eine verlässliche sowie vollständige und im Zeitablauf aktualisierte Darstellung der Vermögensverhältnisse des Schuldners sein.

77 Im Hinblick auf §§ 245 Abs. 1 Nr. 1, 251 Abs. 1 Nr. 2 InsO (Gläubiger und Anteilsinhaber sollen durch den Insolvenzplan ohne ihre Zustimmung nicht schlechter gestellt werden, als sie ohne ihn stünden) ist durch die Vergleichsrechnung nachzuweisen, dass die Gläubiger nach den Regeln des Insolvenzplans mindestens so gestellt werden, wie ohne ihn.

78 Im Rahmen der Vergleichsrechnung sind realistische Handlungsalternativen zur Sanierung oder Liquidation dem Angebot nach dem Insolvenzplan gegenüberzustellen. Gemäß § 220 Abs. 2 Satz 3 InsO ist als Alternative zur Fortführung des Unternehmens über den Plan in der Regel eine Fortführung ohne Plan zu unterstellen. Dies gilt nicht, wenn ein Verkauf des Unternehmens oder eine anderweitige Fortführung aussichtslos ist (§ 220 Abs. 2 Satz 4 InsO). Die Voraussetzungen zur Umsetzung der Handlungsalternativen sind zu erläutern. Zum Verständnis des zukünftigen Überschusses aus der Fortführung empfiehlt sich der Verweis auf die entsprechende Plananlage gemäß § 229 InsO. Bei dem Quotenvergleich kann auf eine ausführliche Darstellung von Alternativen in Ausnahmefällen verzichtet werden, die absehbar zu einem niedrigeren Verwertungserlös führen (z.B. Zerschlagung einer sanierungsfähigen Einheit) als der Insolvenzplan. Bietet sich als einzige realistische Alternative die Zerschlagung des

schuldnerischen Unternehmens an, so sind bei der Beurteilung die Parameter der Zerschlagungsintensität und -geschwindigkeit im Rahmen des im Einzelfall Plausiblen so zu wählen, dass eine maximale Gläubigerbefriedigung erreicht wird.

79 Im Rahmen eines sog. Schutzschirmverfahrens gemäß § 270d InsO bzw. einer Insolvenz in Eigenverwaltung gemäß §§ 270, 270a InsO ist zu bedenken, dass dem Unternehmen damit die Möglichkeit gegeben wird, sich bei früher Antragstellung mit den Möglichkeiten des Insolvenzrechts zu sanieren. Diese Absicht kann in Konkurrenz zur Gläubigerbefriedigung durch Verwertung und Erlösauskehr im Rahmen einer übertragenden Sanierung stehen. Das Interesse eines Planinitiators kann im Widerstreit zum Interesse der Gläubiger an einer Verteilung des bei einer übertragenden Sanierung zu erzielenden Kaufpreises stehen.

80 Dieser Interessenwiderstreit kann es erforderlich machen, parallel zur Erstellung eines Insolvenzplans einen Verkaufsprozess (sog. Mergers & Acquisitions- oder kurz M&A-Prozess) einzuleiten („Dual-Track-Verfahren"). Die dadurch erreichte Konkurrenz kann für beide Fälle der Sanierung ein besseres Ergebnis für die Gläubiger ergeben, wobei dies nur dann infrage kommt, wenn der M&A-Prozess eine Alternative zu einem die Eigensanierung des Unternehmens umsetzenden Insolvenzplans ist. Dies setzt voraus, dass ein Verkauf im Rahmen einer übertragenden Sanierung („Asset Deal") tatsächlich und rechtlich möglich ist und nicht z.B. durch rechtsträgergebundene Lizenzen verhindert wird; in letztgenanntem Fall bliebe allenfalls ein Kapitalschnitt nach Durchführung des Insolvenzplanverfahrens als Gegenstand eines M&A-Prozesses.

81 Zu berücksichtigen ist, dass ein M&A-Prozess oft kostenintensiv ist, ggf. vertrauliche Unternehmensdaten etwaigen Mitbewerbern, die als Investoren auftreten, offenlegt und ggf. das Insolvenzverfahren verlängert, das im Interesse der Sanierung des Unternehmens schnell abgeschlossen werden sollte. Zu beurteilen ist auch, ob der Verkaufsprozess insb. als Alternative zur Insolvenzplanlösung von potenziellen Investoren mit der notwendigen Ernsthaftigkeit verfolgt wird.

82 Auch wenn der Wert des Unternehmens von der subjektiven Vorstellung eines potenziellen Erwerbers abhängt, kann eine Unternehmensbewertung einen Hinweis auf die Sinnhaftigkeit eines M&A-Prozesses als Alternative zur Insolvenzplanlösung geben. Diese Sinnhaftigkeit kann durch die erste Einschätzung eines erfahrenen Beraters zu den Voraussetzungen und möglichen Ergebnissen eines M&A-Prozesses ergänzt werden. Auf diesen Informationsgrundlagen sollte im Zweifel das Votum des (vorläufigen) Gläubigerausschusses oder auch der Gläubigerversammlung zu der Frage, ob ein M&A-Prozess durchgeführt werden soll, eingeholt werden.

83 Bei der Ableitung der zu erwartenden Insolvenzquoten und der Beurteilung der Handlungsalternativen ist sowohl der Fristigkeit der Zahlungen als auch deren Realisierungsrisiko angemessen Rechnung zu tragen. Dies geschieht im Regelfall anhand eines risikoadjustierten Barwertkalküls, wie es auch der Unternehmensbewertung nach IDW S 1 i.d.F. 2008 sowie der Bewertung von Fremdkapitaltiteln zugrunde liegt. Die berufsständischen Vorgaben zur Angemessenheitsbeurteilung von Transaktionspreisen sind im IDW S 8 geregelt. Die Vergleichswerte für die Handlungsalternativen ergeben sich einerseits aus den erwarteten barwertigen Veräußerungserlösen bei Verwertung bzw. sanierender Übertragung und andererseits für den Insolvenzplan aus den Barwerten der Zuflüsse unter Zugrundelegung der auf Plausibilität zu untersuchenden Planungsrechnungen, wie sie auch der Beurteilung der Sanierungsfähigkeit

gemäß *IDW S 6* zugrunde liegen würden. Neben den operativen Zahlungsmittelzuflüssen bzw. den Ausschüttungen aus dem Verkaufserlös sind im Rahmen der Vergleichsrechnung auch die jeweiligen Verfahrenskosten und (Verkehrs-)Steuerbelastungen zu berücksichtigen. Im Hinblick auf die bestehenden Unsicherheiten bezüglich der Zahlungsmittelzuflüsse in den Handlungsalternativen wird im Regelfall die Ableitung einer Bandbreite der Insolvenzquote in Abhängigkeit der Veränderung relevanter Planungsparameter zielführend sein.

84 Unsicherheiten bei der Behandlung (der Höhe) von Gläubigerrechten ist durch die Bildung von Rückstellungen Rechnung zu tragen. Grundlage des Insolvenzplans sollte daher eine möglichst insb. durch Abstimmung mit den Insolvenzgläubigern bereinigte Insolvenztabelle sein. Es ist zu erläutern, wie mit den Unsicherheiten bei wesentlichen Forderungen umgegangen wird, die noch nicht festgestellt wurden, oder mit deren Anmeldung noch gerechnet werden kann. Wenn auf Insolvenzforderungen eine feste Quote gezahlt werden soll, sind Rückstellungen zu bilden, über deren Verteilung nach einer Auflösung der Rückstellung eine Regelung getroffen werden sollte.

85 Die Herleitung der Höhe der Absonderungsrechte ist nachvollziehbar darzustellen. Bei der Berechnung der Quote der unbesicherten Gläubiger ist zu berücksichtigen, dass mit einer höheren Bewertung eines mit einem Absonderungsrecht belasteten Vermögensgegenstands in der Fortführungsvariante und Umschuldung des Absonderungsrechts die Ausfallforderung des absonderungsberechtigten Gläubigers niedriger und daher i.d.R. die Quote, die auf die unbesicherten Forderungen entfällt, höher ist.

86 Um den Zweck der Bestellung von gruppeninternen Drittsicherheiten, die Absicherung des Sicherungsnehmers gerade für den Fall der Leistungsunfähigkeit des Schuldners nicht zu unterlaufen, muss rechtlich sichergestellt sein, dass der sicherungsnehmende Insolvenzgläubiger nicht gezwungen werden kann, auf den Wert einer gruppeninternen Drittsicherheit zu verzichten. § 223a InsO sieht für diesen Fall eine Entschädigung für den verzichtenden Insolvenzgläubiger vor, die in der Quotenvergleichsrechnung zu berücksichtigen ist.

87 Die Quotenvergleichsrechnung ergibt, ob ein Beteiligter i.S. der §§ 245 Abs. 1 Nr. 1 InsO bzw. 251 Abs. 1 Nr. 2 InsO durch die Regelung des Insolvenzplans voraussichtlich schlechter gestellt wird, als er ohne den die Regelung des Insolvenzplans stünde. Sollte sich dieser Fall ergeben, weil z.B. bei Arbeitnehmern oder Lieferanten das Fortführungsinteresse überwiegt, so ist zu empfehlen, in Höhe der zu quantifizierenden Schlechterstellung finanzielle Mittel bereitzustellen, um eine Teilhabe von Beteiligten an diesen Mitteln gemäß § 251 Abs. 3 Satz 2 InsO außerhalb des Insolvenzverfahrens klären zu können. Dabei muss die Finanzierung der zum Ausgleich vorgesehenen Mittel durch Zuweisung auf einem Sonder- oder Treuhandkonto gesichert sein und durch diese zusätzlichen Mittel ein vollständiger Ausgleich der Schlechterstellung eindeutig erreicht werden können.[21]

88 In Anlage 2 ist ein Muster für eine Quotenvergleichsrechnung beigefügt.

---

[21] Vgl. BGH, Beschluss v. 20.07.2017 – IX ZB 13/16 (Leitsatz).

6. Gestaltender Teil

89 Im gestaltenden Teil des Insolvenzplans wird verbindlich festgelegt, wie die Rechtsstellung der Beteiligten durch den Insolvenzplan geändert werden soll (§ 221 InsO); §§ 222 ff. InsO enthalten hierzu einzelne Regelungen bezüglich der grundsätzlichen Gestaltungsmöglichkeiten bei der Erstellung des Insolvenzplans. Die Beteiligten, deren Rechtsstellung geändert werden kann, sind die absonderungsberechtigten, die Inhaber gruppeninterner Drittsicherheiten und die unbesicherten Insolvenzgläubiger sowie die Anteilseigner; bei einem Insolvenzplan bei Masseunzulänglichkeit treten die Massegläubiger mit dem Rang des § 209 Abs. 1 Nr. 3 InsO an die Stelle der nicht nachrangigen Insolvenzgläubiger (§ 210a InsO). Die Festlegung der (verbleibenden) Rechte der Beteiligten erfolgt in Gruppen (§ 222 InsO). Diese Gruppenbildung ermöglicht es, die besondere Interessenlage bestimmter Beteiligter im Insolvenzplan zu berücksichtigen.

90 Neben den schuldrechtlichen Regelungen können optional deren dinglicher Vollzug oder entsprechende dingliche Regelungen in den gestaltenden Teil des Insolvenzplans aufgenommen werden. Wenn Rechte an Gegenständen begründet, geändert, übertragen oder aufgehoben oder Geschäftsanteile an einer Gesellschaft mit beschränkter Haftung abgetreten werden sollen, gelten die in den Insolvenzplan aufgenommenen Willenserklärungen der Beteiligten als in der vorgeschriebenen Form abgegeben (§ 254a Abs. 1 InsO). So können dingliche Rechte unmittelbar geändert werden (§ 228 InsO). Es können mit Wirkung des Insolvenzplans zudem alle gesellschaftsrechtsrechtlich zulässigen Maßnahmen das Gesellschaftsverhältnis unmittelbar verändern (§ 225a Abs. 3 InsO). Die gleichzeitige Änderung dinglicher und gesellschaftsrechtlicher Verhältnisse empfiehlt sich sowohl aus Gründen der gesteigerten Übersichtlichkeit als auch unter Effizienz- und Kostenaspekten. Dies gilt zunächst, wenn Grundstücke und/oder GmbH-Anteile betroffen sind. Mit dem Beschluss zum Insolvenzplan im Abstimmungstermin sind jedoch auch die anspruchsvollen Formvorschriften zur Änderung der Kapitalverhältnisse von Aktiengesellschaften eingehalten. In jedem Fall ist darauf zu achten, dass die dinglichen Regelungen dem Bestimmtheitsgrundsatz genügen. Im Zweifel sollte eine Abstimmung mit dem Registergericht erfolgen.

6.1. Allgemeine Regelungen

91 Zunächst wird regelmäßig erläuternd auf Rechtswirkungen der nachfolgend abgegebenen Willenserklärungen, Vertretungsbefugnisse und ggf. Definitionen (z.B. „festgestellte Forderung") einzugehen sein.

6.2. Beschreibung der Zugehörigkeit zu den einzelnen Gläubigergruppen

92 Nachdem bereits im darstellenden Teil die Bildung der Gruppen der Beteiligten ausführlich hergeleitet wurde, sind nun die gemäß Insolvenzplan gebildeten Gläubigergruppen so genau zu fassen, dass einzelne Gläubiger widerspruchsfrei, damit vollstreckbar, den jeweiligen Gruppen zugeordnet werden können. Auf die Behandlung der Gläubigerrechte in den einzelnen Gruppen wird verwiesen.

6.3. Obstruktionsverbot

93 Gemäß § 244 Abs. 1 InsO muss jede Gruppe mit dem entsprechenden Quorum dem Insolvenzplan zustimmen. Der Sinn und Wert eines Insolvenzplanes besteht aber gerade darin, dass am Insolvenzverfahren Beteiligte (Gläubiger, Anteilsinhaber, Inhaber der Rechte aus gruppeninternen Drittsicherheiten) nicht ohne Grund gegen den Plan stimmen sollen. Daher sieht § 245 InsO ein sogenanntes Obstruktionsverbot vor. Gemäß § 245 InsO gilt die Zustimmung einer Gruppe als erteilt, wenn die Mehrheit der Gruppen dem Plan zustimmt (§ 245 Abs. 1 Nr. 3 InsO), und die Angehörigen in der Gruppe durch den Insolvenzplan voraussichtlich nicht schlechter gestellt werden als sie ohne den Plan stünden (§ 245 Abs. 1 Nr. 1 InsO).

94 Auch wenn die erforderlichen Mehrheiten nicht erreicht worden sind, gilt die Zustimmung einer Abstimmungsgruppe unter den Voraussetzungen des § 245 Abs. 1 InsO als erteilt. Danach müssen die Angehörigen dieser Gruppe u.a. angemessen an dem wirtschaftlichen Wert beteiligt werden, der auf der Grundlage des Plans den Beteiligten zufließen soll (§ 245 Abs. 1 Nr. 2 InsO).

95 Eine Gruppe der Anteilsinhaber ist angemessen am wirtschaftlichen Wert beteiligt, wenn gem. § 245 Abs. 3 Nr. 1 InsO kein Gläubiger wirtschaftliche Werte erhält, die den vollen Betrag seines Anspruchs übersteigen, und gemäß § 245 Abs. 3 Nr. 2 InsO kein Anteilsinhaber, der ohne einen Plan den Anteilsinhabern der Gruppe gleichgestellt wäre, bessergestellt wird als diese.

96 Es darf also ein Gläubiger nach dem Insolvenzplan nicht mehr erhalten als den Nominalwert seiner Forderung, da das Gesetz ausdrücklich vom Betrag des Anspruchs und nicht vom Wert des Anspruchs spricht. Zudem müssen in der jeweiligen Gruppe der bisherigen Anteilsinhaber alle gleichbehandelt werden. Ein Kapitalschnitt muss also z.B. alle Anteilsinhaber gleich treffen. Im Rahmen der folgenden Kapitalerhöhung können bisherige Anteilseigner oder auch neue Gesellschafter aufgenommen werden, weil die daraus folgende Verwässerung alle Gesellschafter gleich trifft.[22]

97 Eine angemessene wirtschaftliche Beteiligung für die Inhaber der Rechte aus der gruppeninternen Drittsicherheit gemäß § 245 Abs. 2a InsO ist gegeben, wenn die Inhaber für den Verlust der Drittsicherheit angemessen entschädigt werden.

98 Eine Gruppe der Gläubiger erhält eine angemessene wirtschaftliche Beteiligung gemäß § 245 Abs. 2 InsO, wenn kein anderer Gläubiger einen wirtschaftlichen Wert erhält, der den vollen Betrag seines Anspruchs übersteigt (§ 245 Abs. 2 Satz 1 Nr. 1 InsO) und kein Gläubiger, der ohne einen Plan gleichrangig mit den Gläubigern der Gruppe zu befriedigen wäre, bessergestellt wird als diese Gläubiger (§ 245 Abs. 2 Satz 1 Nr. 3 InsO). Wie bei den Anteilsinhabern darf also kein anderer Gläubiger mehr erhalten als den vollen Betrag seines Anspruchs und ein gleichrangiger Gläubiger darf nicht mehr erhalten als der betroffene Gläubiger.

99 Weder ein Nachranggläubiger noch ein Anteilsinhaber dürfen einen durch Leistung in das Vermögen des Schuldners nicht vollständig ausgeglichenen wirtschaftlichen Wert erhalten (§ 245 Abs. 2 Satz 1 Nr. 2 InsO). Einen nicht vollständig ausgeglichenen wirtschaftlichen Wert erhält der Anteilsinhaber, wenn er nicht mindestens den Wert den unbesicherten Gläubigern über

---

[22] LG Berlin Beschluss v. 20.10.2014 – 51 T 696/14, NZI 2015, 66, 70.

die Plan-Insolvenzquote zur Verfügung stellt, der sich aus einem durch den (vorläufigen) Gläubigerausschuss oder durch die Gläubigerversammlung frei gegebenen M&A-Prozess (Tz. 82) aus belastbaren Angeboten von Investoren ergibt.

100 Ist ein Verkauf des Unternehmens oder eine anderweitige Fortführung nachgewiesenermaßen aussichtslos (§ 220 Abs. 2 Satz 4 InsO), kann dem Schuldnerunternehmen marktseitig kein positiver Wert beigemessen werden. An diesen Nachweis sind hohe Anforderungen zu stellen.

101 Kann dieser Nachweis nicht geführt werden, ist eine Unternehmensbewertung vorzunehmen, die der besonderen Situation der Gesellschaft in der Insolvenz Rechnung trägt, vgl. hierzu Tz. 37. Da § 245 Abs. 2 Satz 1 Nr. 2 InsO einen Ausgleich für den Wertzuwachs z.B. für einen bereits bei Insolvenzeröffnung vorhandenen Anteilsinhaber vorsieht, ist dessen Einfluss auf den Unternehmenswert zu berücksichtigen. Gemäß § 245 Abs. 2 Satz 2 InsO kann der Anteilsinhaber auch seine Mitarbeit als Gegenleistung einbringen. Handelt es sich bei dem Schuldner um eine natürliche Person oder gibt es an der Geschäftsführung beteiligte Anteilsinhaber, muss eine Ausgleichsleistung nicht erbracht werden, wenn die Mitwirkung dieser Person infolge besonderer, in der Person des Schuldners liegender Umstände, unerlässlich ist, um den Planmehrwert zu verwirklichen. Zudem muss sich die entsprechende Person im Insolvenzplan zur Fortführung des Unternehmens sowie dazu verpflichten, die wirtschaftlichen Werte, die er während der Fortführung erhält, zu übertragen, wenn die Mitwirkung der Person aus einem von ihr zu vertretenden Grund vor Ablauf von fünf Jahren endet. Gerade bei kleineren Inhabergeführten Unternehmen kann die Fortführung des Unternehmens von der Person des Unternehmers häufig nur schwer getrennt werden. Die Regelung hilft in Ausnahmefällen einem Gesellschaftergeschäftsführer, der möglicherweise auch über persönliche Sicherheiten verhaftet ist, sein Unternehmen durchaus im Interesse der Gläubiger ohne Ausgleichszahlungen an die Gläubiger weiterzuführen, wenn der Unternehmenswert in voller Höhe auf die Leistung der Person zurückzuführen ist.

6.4. Veränderung der Rechtsstellung der Beteiligten

102 Die im darstellenden Teil beschriebene Veränderung der Rechtsstellung der Beteiligten soll durch vollstreckbare Formulierungen für Gläubiger der verschiedenen Gruppen jeweils detailliert festgelegt werden. (bspw. durch Erlass/Stundung von Forderungen, Änderung der Absonderungsrechte oder der Gesellschafterrechte, Modifikation der persönlichen Haftung des Schuldners und Veränderung von sonstigen Sicherheiten). Als vollstreckbar wird eine Insolvenzplanquote angesehen, wenn dem Gläubiger ein fester Prozentsatz auf seine Forderung zugesagt wird[23]. Ob auch sog. flexible Quoten zulässig sind, ist umstritten, jedenfalls ist es sinnvoll, diese vollstreckbar zu formulieren.

6.5. Ergänzende Regelungen

103 In Abhängigkeit von der jeweiligen Lage des Schuldners und den Intentionen des Planerstellers werden u.U. die Behandlung der angemeldeten Forderungen ergänzende Regelungen zu erörtern und erforderlich sein. Dabei kommen als weitere Regelungen z.B. Besserungsabreden und Vereinbarungen von Kreditrahmen gemäß §§ 264 ff. InsO in Betracht. Darüber hinaus

---

[23] AG Hannover Urteil v. 30.09.2016 – IN 607/14.

können sonstige Maßnahmen der Geschäftsführung, wie z.B. Investitionen und Maßnahmen zur Berücksichtigung des Minderheitenschutzes, dargestellt werden.

104 Der Insolvenzplan darf keine Präklusionsregeln vorsehen, durch welche die Insolvenzgläubiger, die sich am Insolvenzverfahren nicht beteiligt haben, mit ihren Forderungen in Höhe der vorgesehenen Quote ausgeschlossen sind.

105 Einen anhängigen Rechtsstreit[24], der die Insolvenzanfechtung zum Gegenstand hat, kann der Insolvenzverwalter auch nach Aufhebung des Verfahrens fortführen, wenn dies im gestaltenden Teil vorgesehen ist (§ 259 Abs. 3 Satz 1 InsO). Ein Insolvenzplan kann dem Insolvenzverwalter nicht die Befugnis verleihen, nach rechtskräftiger Bestätigung des Insolvenzplans und Verfahrensaufhebung eine Insolvenzanfechtungsklage zu erheben. Ein Insolvenzplan kann nicht vorsehen, dass ein anwaltlicher Treuhänder nach Verfahrensaufhebung eine Masseforderung zum Zwecke der Nachtragsverteilung zugunsten der Gläubigergesamtheit einzieht.[25]

106 Zulässiger Inhalt eines Insolvenzplans ist auch die Regelung über den Verzicht auf die Schlussrechnungslegung und konsequenterweise deren Prüfung gemäß § 66 Abs. 4 InsO, um die Aufhebung des Verfahrens möglichst umgehend nach der Rechtskraft der Bestätigung vornehmen zu können.

6.6. Wirksamkeitszeitpunkt/Überwachung der Planerfüllung

107 Neben der Klarstellung des Zeitpunktes des Inkrafttretens des Insolvenzplans (i.d.R. Zeitpunkt der Rechtskraft der Planbestätigung durch das Gericht gemäß §§ 248 ff., 254 Abs. 1 InsO) empfiehlt es sich, zur Vermeidung späterer Streitigkeiten die Rückstandsregelung nach § 255 InsO („Wiederauflebensklausel") durch Aufnahme einer Definition des „erheblichen Rückstands" transparent und handhabbar zu machen, ggf. auch das Wiederaufleben der Forderungen, auf die verzichtet wurde, gemäß § 255 Abs. 3 Satz 1 InsO auszuschließen.

108 Falls eine Überwachung der Planerfüllung gemäß §§ 260 ff. InsO erfolgen soll, wird regelmäßig die voraussichtliche Dauer sowie der Katalog der zustimmungsbedürftigen Rechtsgeschäfte gemäß § 263 InsO darzulegen sein.

109 Es empfiehlt sich, die Aufhebung des Insolvenzverfahrens auf einen bestimmten Zeitpunkt zu beantragen (§ 258 Abs. 3 InsO) bzw. mit dem Gericht abzustimmen. Dieser Zeitpunkt ist auch für den handelsrechtlichen Jahresabschluss maßgeblich.

7. Plananlagen

110 Maßgeblicher Zweck der nachfolgend erörterten Plananlagen ist die Information der Gläubiger im Hinblick auf deren Investitions-/Desinvestitionsentscheidung bei Zustimmung zum oder Ablehnung des Insolvenzplans sowie die Sicherstellung der Nachvollziehbarkeit des Insolvenzplans. Die Plananlagen dienen darüber hinaus dem Gericht im Rahmen seiner Entscheidung

---

[24] Die Planermächtigung erfasst nach h.M. nur bereits rechtshängige, also bereits zugestellte Klagen. Vgl. auch BGH v. 11.04.2013 – IX ZR 122/12, Rn. 11.

[25] BGH Beschluss v. 26.04.2018 – IX ZB 49/17.

über die Zulassung des Insolvenzplans gemäß § 231 InsO sowie dessen Bestätigung gemäß §§ 248 ff. InsO.

7.1. Allgemeine Plananlagen

111 Wirtschaftliche Unterlagen aus der jüngeren Vergangenheit, wie die (geprüften) Jahresabschlüsse der letzten drei (vorzugsweise fünf) Geschäftsjahre und die (geprüften) Konzernabschlüsse der letzten drei (vorzugsweise fünf) Geschäftsjahre sowie Gesellschaftsvertrag/Satzung des Unternehmens sollten dem Insolvenzplan nur beigefügt werden, wenn dies für ein besseres Verständnis seines Inhalts notwendig ist. Zweckmäßig ist es, Analysen auch zu Kennzahlen dieser Unterlagen zu historischen wirtschaftlichen Verhältnissen bereits im darstellenden Teil zu erläutern.

7.2. Plananlagen gemäß §§ 153, 229 InsO

112 Nach Maßgabe von §§ 153, 229 InsO sind betriebswirtschaftliche Planungsrechnungen im Rahmen der Insolvenzrechnungslegung ausdrücklich gesetzlich vorgeschrieben.

113 In chronologischer Reihenfolge sind zwischen Plananlagen auf den Zeitpunkt der Verfahreneröffnung und Plananlagen auf den Zeitpunkt des Inkrafttretens des Insolvenzplans zu differenzieren. Im Ergebnis handelt es sich mit dem Aufsatzpunkt Verfahrenseröffnung um eine integrierte Bilanz-, Ergebnis- und Liquiditätsplanung, in der die Besonderheiten der Verfahrensabschnitte jeweils berücksichtigt werden.

Plananlagen zum Zeitpunkt der Verfahrenseröffnung

- Die Vermögensübersicht gemäß § 153 InsO als Ist-Vermögensübersicht auf den Zeitpunkt der Verfahrenseröffnung zu Liquidationswerten und ggf. zu Fortführungswerten (§ 151 Abs. 2 Satz 2 InsO) beizugeben.

- Im Hinblick auf Ansatz und Bewertung in der Vermögensübersicht gemäß § 153 InsO sind die Grundsätze zur Überschuldungsprüfung gemäß *IDW S 11* entsprechend zu berücksichtigen.

- Handelsbilanz auf den Zeitpunkt der Verfahrenseröffnung als Schlussbilanz/Eröffnungsbilanz gemäß § 155 Abs. 2 Satz 1 InsO:

  Auf den Zeitpunkt der Verfahrenseröffnung ist gemäß § 155 Abs. 2 Satz 1 InsO eine Handelsbilanz als Schlussbilanz/Eröffnungsbilanz zu erstellen. Dabei ist insb. der Grundsatz des Bilanzzusammenhangs (§ 252 Abs. 1 Nr. 1 i.V.m. Abs. 2 HGB) zu beachten. Sämtliche handelsrechtliche Prinzipien, z.B. Anschaffungskosten-, Imparitäts-, Realisations- und Vorsichtsprinzip, sind zu beachten.

- Überleitungsrechnungen für den Zeitraum zwischen Verfahrenseröffnung und Inkrafttreten des Insolvenzplans:

  Es empfiehlt sich, durch nachvollziehbare Überleitungsrechnungen dafür Sorge zu tragen, dass die Unterschiede zwischen der Ist-Vermögensübersicht gemäß § 153 InsO und der Plan-Vermögensübersicht gemäß § 229 InsO sowie die Unterschiede zwischen der Handelsbilanz auf den Zeitpunkt der Verfahrenseröffnung und der Handelsbilanz auf den Zeitpunkt des Inkrafttretens des Insolvenzplans transparent und nachvollziehbar dargestellt werden.

Plananlagen zum Zeitpunkt des Inkrafttretens des Insolvenzplans

- Vermögensübersicht gemäß § 229 InsO als Plan-Vermögensübersicht auf den Zeitpunkt des Inkrafttretens des Insolvenzplans zu Planwerten (i.d.R. Fortführungswerte) und ergänzend zu Liquidationswerten

- Planbilanzen auf Basis des Handelsrechts auf den Zeitpunkt des Inkrafttretens des Insolvenzplans und für Zeitpunkte nach Inkrafttreten des Insolvenzplans

- Ergebnisplan (Plan Gewinn- und Verlustrechnungen) auf Basis des Handelsrechts für Zeiträume nach Inkrafttreten des Insolvenzplans

- Finanzplan (Plan Liquiditätsrechnungen) für Zeiträume nach Inkrafttreten des Insolvenzplans

114 Vorstehende Planungsrechnungen (Plan-Bilanzen, Ergebnisplan, Finanzplan) müssen integriert, also voneinander abgeleitet werden können, und bis zur plangemäß vorgesehenen Gläubigerbefriedigung fortgeführt werden; dabei sollten der Ergebnisplan und der aus den Plan-Bilanzen und dem Ergebnisplan abgeleitete Finanzplan nach einem identischen, phasenorientierten Zeitraster aufbereitet werden (z.B. Jahr 1 = monatsweise, Jahr 2 = quartalsweise, Jahr 3 = halbjahresweise, ggf. nachfolgende Jahre = jahresweise). Termine für Quotenzahlungen sind in jedem Fall planerisch festzulegen.

115 Gemäß § 229 InsO müssen die Anlagen nicht zur Verfügung gestellt werden, wenn die Gläubiger nicht aus den Erträgen des fortgeführten Unternehmens, sondern durch Einmalzahlungen des Unternehmens oder durch Zahlungen Dritter befriedigt werden sollen.

7.3. Ergänzende Plananlagen gemäß §§ 226, 230 InsO

116 Werden abweichend vom Gleichbehandlungsgrundsatz (§ 226 Abs. 1 InsO) den Beteiligten innerhalb einer Gruppe unterschiedliche Rechte angeboten, so sind dem Insolvenzplan gemäß § 226 Abs. 2 InsO die zustimmende Erklärung eines jeden Beteiligten beizufügen.

117 Gemäß § 230 InsO sind dem Insolvenzplan ggf. weitere Anlagen beizufügen:

- Zustimmung des Schuldners zur Fortführung des Unternehmens (§ 230 Abs. 1 InsO)

  Ist im Insolvenzplan vorgesehen, dass der Schuldner sein Unternehmen fortführt, und ist der Schuldner eine natürliche Person, so ist dem Insolvenzplan die Erklärung des Schuldners beizufügen, dass er zur Fortführung des Unternehmens auf der Grundlage des Insolvenzplans bereit ist, sofern nicht der Schuldner selbst den Insolvenzplan vorgelegt hat; Entsprechendes gilt bei Personengesellschaften und bei Kommanditgesellschaften auf Aktien für die Erklärung der persönlich haftenden Gesellschafter.

- Erklärung der betroffenen Gläubiger, falls Gläubiger Anteils- oder Mitgliedschaftsrechte oder Beteiligungen übernehmen sollen (§ 230 Abs. 2 InsO)

- Erklärung eines Dritten, falls der Dritte für den Fall der Bestätigung des Insolvenzplans Verpflichtungen gegenüber den Gläubigern übernommen hat (§ 230 Abs. 3 InsO).

- Zustimmung der verbundenen Gesellschaft, die die gruppeninterne Sicherheit einem Insolvenzgläubiger gestellt hat, in dessen Recht aus der Sicherheit der Insolvenzplan eingreift (§ 230 Abs. 4 InsO).

7.4.   Gläubigerverzeichnisse

118   Dem Insolvenzplan sollten insb. zur Verdeutlichung der Gruppenzugehörigkeit des einzelnen Gläubigers Gläubigerverzeichnisse nach den Gruppen 1 bis n beigefügt werden.

Anlagen

Anlage 1: Muster-Gliederung eines Insolvenzplans

1. **Darstellender Teil**

   1.1. Grundsätzliche Ziele und Regelungsstruktur des Insolvenzplans

      1.1.1. Art und Ziele des Insolvenzplans

      1.1.2. Regelungsansatz für absonderungsberechtigte Gläubiger, für nicht nachrangige Gläubiger und für nachrangige Gläubiger

   1.2. Wesentliche Angaben zum Verfahren (Daten, Beteiligte)

   1.3. Darstellung des Vermögens und der Verbindlichkeiten

      1.3.1. Vermögen (Fortführungs-/Zerschlagungswerte und freie Masse)

      1.3.2. Verbindlichkeiten (Insolvenzgläubiger)

   1.4. Sanierungskonzept

      1.4.1. Basisinformationen über die wirtschaftliche und rechtliche Ausgangslage des Unternehmens in seinem Umfeld, einschließlich der Vermögens-, Finanz- und Ertragslage

      1.4.2. Analyse von Krisenstadium und -ursachen

      1.4.3. Darstellung des Leitbilds mit dem Geschäftsmodell des sanierten Unternehmens

      1.4.4. Maßnahmen zur Bewältigung der Unternehmenskrise

      1.4.5. Zusammenfassung der mit dem Insolvenzplan umgesetzten Maßnahmen

         1.4.5.1. Vor und nach Insolvenzantragstellung bereits ergriffene Maßnahmen

         1.4.5.2. Mit dem Insolvenzplan beabsichtigte Maßnahmen

         1.4.5.3. Sanierungsmaßnahmen nach Planbestätigung/Überwachung der Planerfüllung

   1.5. Darstellung der Beseitigung der Insolvenzgründe

   1.6. Gruppenbildung

   1.7. Zusammenfassung der Ergebnisse für die Gläubiger bei Annahme des Insolvenzplans und einer alternativen Regelabwicklung (Quotenvergleichsrechnung)

      1.7.1. Ergebnis für absonderungsberechtigte Gläubiger

      1.7.2. Ergebnis für nicht nachrangige Gläubiger

      1.7.3. Ergebnis für nachrangige Gläubiger

2. **Gestaltender Teil**

   2.1. Gruppenbildung und -befriedigung

      2.1.1. Vollstreckbare Definition der einzelnen Gläubigergruppen

      2.1.2. Gruppe 1 bis

      2.1.n. Gruppe n

   2.2. Veränderung der Rechtsstellung der Beteiligten

      2.2.1. Plangestaltung für Gläubiger der Gruppe 1 bis

2.2.n. Gruppe n

2.3. Ergänzende Regelungen

    2.3.1. Inkrafttreten des Insolvenzplans

    2.3.2. Rückstandsregelung nach § 255 InsO

    2.3.3. Regelung zur Planüberwachung

    2.3.4. Ggf. Anfechtungsvorbehalt nach § 259 Abs. 3 Satz 1 InsO

    2.3.5. Regelung zum Verzicht auf die Schlussrechnungslegung nach § 66 Abs. 1 Satz 2 InsO

    2.3.6. Zustimmungsbedürftige Rechtsgeschäfte gemäß § 263 InsO

    2.3.7. Berichtigung von Fehlern gemäß §§ 221, 248a InsO

    2.3.8. Fortsetzung der Gesellschaft (wg. § 60 Abs. 1 Nr. 4 GmbHG)

    2.3.9. Regelung des Verzichts der Gläubiger / Freiwerden des Schuldners (vgl. § 227 Abs. 1 InsO)

    2.3.10.   Regelungen für Nachzügler/Verjährung nach § 259b InsO

2.4. Ggf. Bedingungen für die Bestätigung des Insolvenzplans (§ 249 InsO) Festlegung etwaiger Bedingungen: Hinterlegung von Rückstellungen (z.B. für Minderheitenschutz) auf Treuhandkonto; Kapitalerhöhung; verbindliche Auskunft der Finanzverwaltung zur Stundung und Erlass der Steuer auf den Sanierungsgewinn

3. **Plananlagen**

3.1. Plananlagen gemäß §§ 153, 229 InsO

    3.1.1. Zum Zeitpunkt der Verfahrenseröffnung

        3.1.1.1. Vermögensübersicht gemäß § 153 InsO

        3.1.1.2. Handelsbilanz

        3.1.1.3. Überleitungsrechnungen für Zeitraum zwischen Verfahrenseröffnung und Inkrafttreten des Insolvenzplans (integrierte Bilanz-, Ergebnis- und Liquiditätsplanung für den Zeitraum der Fortführung)

    3.1.2. Zum Zeitpunkt des Inkrafttretens des Insolvenzplans

        3.1.2.1. Vermögensübersicht gemäß § 229 InsO

        3.1.2.2. Plan-Bilanzen auf Basis des Handelsrechts für Zeitpunkte nach Inkrafttreten des Insolvenzplans

        3.1.2.3. Ergebnisplan (Plan-Gewinn- und Verlustrechnungen) auf Basis des Handelsrechts für Zeiträume nach Inkrafttreten des Insolvenzplans

        3.1.2.4. Finanzplan (Plan-Liquiditätsrechnungen) für Zeiträume nach Inkrafttreten des Insolvenzplans

3.2. Ergänzende Plananlagen gemäß §§ 226, 230 InsO

3.3. Gläubigerverzeichnisse

    3.3.1. Gläubiger der Gruppe 1 bis

    3.3.n. Gläubiger der Gruppe n

27

Anlage 2: Muster-Quotenvergleichsrechnung

Beschreibung		Plan (Wert) TEUR	Plan (Liquidität) TEUR	Übertragende Sanierung TEUR	Liquidation TEUR
Liquide Mittel gemäß Status		83	83	83	83
Forderungen aus L+L gemäß Status	1.	16	9	16	16
Wert Immobilie	2.	5.637		5.400	3.000
Wert bewegliches AV		80		80	80
Anfechtungsansprüche gegen Bank		159		159	159
Anfechtungsansprüche gegen Andere		26		26	26
Freie Masse vor Absonderung		**6.001**	**92**	**5.764**	**3.364**
Absonderungsrechte	3.	-5.637		-5.400	-3.000
Freie Masse nach Absonderung		**364**	**92**	**364**	**364**
Überschuss aus künftiger Unternehmensfortführung	4.				
Zufuhr Eigenkapital		250	250		
Zwischenergebnis		**614**		**364**	**364**
./. Verfahrenskosten gemäß § 54 InsO	5.	-48		-48	-33
./. Sonstige Masseverbindlichkeiten gemäß § 55 InsO	6.	-225		-225	-118

= Teilungsmasse		341		91	213
Zur Verteilung an die Insolvenzgläubiger		341	342	91	213
nicht nachrangige Insolvenzforderungen		868	868	1.375	3.435
Quote		**39%**	**39%**	**7%**	**6%**

Nebenrechnungen		**Plan (Wert) TEUR**		**Übertragende Sanierung TEUR**	**Liquidation TEUR**
Absonderungsrechte (Bsp.)					
Immobilien		5.637		5.400	3.000
BuG		0		0	0
Vorräte		0		0	0
Gesamt		**5.637**		**5.400**	**3.000**
Verfahrenskosten (Bsp.)					
Gerichtskosten		8		11	8
Insolvenzverwalter(Sachwalter)vergütung		35		32	20
Gläubigerausschuss		5		5	5
Gesamt	5.	**48**		**48**	**33**
Sonstige Masseverbindlichkeiten (Bsp.)					
Restrukturierungsaufwand	6.	202		202	95
Lohnsteuerverbindlichkeiten		6		6	6

Rückstellungen ausstehende Rechnungen		10		10	10
Rückstellung Prozesse		4		4	4
Rückstellung Gewährleistung		3		3	3
Gesamt	6.	**225**		**225**	**118**
nicht nachrangige Insolvenzforderungen (Bsp.)					
Bank	7.	0		507	2.567
Forderung Bank durch Anfechtung		159		159	159
Forderung Andere durch Anfechtung		26		26	26
Altverbindlichkeiten		673		673	673
Rückstellung § 259b Abs. 1 InsO		10		10	10
Gesamt	7.	**868**		**1.375**	**3.435**

Anmerkungen zur Quotenvergleichsrechnung

Grundsätzlich sind Vermögensgegenstände mit Wert aus der Veräußerung mit unterschiedlichen Szenarien (z.B. übertragende Sanierung und Liquidation) dargestellt. Bei den Werten zum Insolvenzplan (Plan-Wert) handelt es sich hingegen um Fortführungswerte. Daher ist in einer Spalte abgebildet, wie die Liquidität zur Bedienung der Quote dargestellt wird.

1. Von den Einzahlungen auf Forderungen können TEUR 9 zur Bedienung der Quote verwendet werden. Der Rest dient der Aufrechterhaltung des Geschäftsbetriebs.

2. Der Wert der Immobilien hängt von deren Werteinschätzung für die Fortführung und deren Kaufpreis im Wege einer übertragenden Sanierung bzw. der Liquidation ab.

3. Mit dem Wert der Immobilien korrespondiert die Bewertung des Absonderungsrechts daran.

4. Der Überschuss aus Betriebsfortführung ergibt sich aus einer integrierten Bilanz-, Ergebnis- und Liquiditätsplanung. Die Überschüsse dieser Planung werden hier als Barwert gezeigt. Das Risikokalkül bei der Ableitung des Barwerts ist zu dokumentieren.

5. Aufgrund der unterschiedlichen Art und Intensität der Tätigkeiten ergibt sich in den drei Szenarien jeweils eine unterschiedliche Höhe der Verfahrenskosten.

6. Dies gilt auch für die Restrukturierungsaufwendungen als wesentlicher Teil der Masseverbindlichkeiten.

7. Mit der unterschiedlichen Bewertung der Absonderungsrechte in den einzelnen Szenarien korrespondiert umgekehrt die Höhe der Ausfallforderung der in diesem Beispiel nur der absonderungsberechtigten Bank.

IDW Standard:
Anforderung an Sanierungskonzepte
(IDW S 6)

(Stand: 22.06.2023)

IDW Standard:
Anforderungen an Sanierungskonzepte
(IDW S 6)

Stand: 22.06.2023[1]

1. Vorbemerkungen

1 Das Institut der Wirtschaftsprüfer e.V. (IDW) legt in diesem *IDW Standard* die Berufsauffassung zu den Anforderungen an die Erstellung von Sanierungskonzepten dar, die vor dem Hintergrund der in Rechtsprechung, Theorie und Praxis vertretenen Auffassungen entwickelt worden ist. Die Ausführungen beinhalten wesentliche allgemeine Grundsätze. Jeder Sanierungs-

---

[1] Verabschiedet vom Fachausschuss Sanierung und Insolvenz (FAS) am 20.08.2009; billigende Kenntnisnahme durch den Hauptfachausschuss (HFA) am 09.09.2009. Änderungen vom FAS am 20.08.2012; billigende Kenntnisnahme durch den HFA am 26.10.2012. Änderungen vom FAS am 16.05.2018; billigende Kenntnisnahme durch den HFA am 08.06.2018. Verabschiedet vom Fachausschuss Sanierung und Insolvenz (FAS) am 22.06.2023. Billigende Kenntnisnahme durch den Hauptfachausschuss (HFA) am 13.10.2023.

fall erfordert seine eigene fachgerechte Lösung. Insoweit können die hier dargestellten Anforderungen nur den Rahmen festlegen, in dem die eigenverantwortliche Lösung des konkreten Einzelfalls gefunden wird.

2 Sanierungskonzepte werden aus unterschiedlichen Anlässen erstellt: Als Grundlage einer Finanzierungsentscheidung in der Krise des Unternehmens, als Entlastung von Gläubigern, die in Kenntnis einer (drohenden) Zahlungsunfähigkeit des Schuldners einer Teilzahlungsvereinbarung zustimmen[2], als Entlastung der Organe im Zusammenhang mit strafrechtlichen (z.B. §§ 283 ff. StGB) oder zivilrechtlichen Haftungsaspekten (§§ 15b InsO, 1 StaRUG), als Sicherung des Sanierungsprivilegs nach § 39 Abs. 4 InsO, als Grundlage für Verhandlungen mit Stakeholdern (z.B. im Zusammenhang mit Kapitalmaßnahmen[3] oder bei Covenants-Brüchen) oder als Grundlage für die Gewährung öffentlicher Beihilfen.

3 Die Sanierung eines Unternehmens kann nicht nur außergerichtlich, sondern auch im Rahmen eines Insolvenzverfahrens erfolgen (insb. in einem Insolvenzplanverfahren[4] – ggf. i.V.m. einer Eigenverwaltung). Hierfür gewährt die Insolvenzordnung zahlreiche Erleichterungen zur Entlastung von unwirtschaftlichen Verträgen und Dauerschuldverhältnissen. So besteht die Möglichkeit, die Gesellschafter in den Insolvenzplan mit einzubeziehen. Ferner erlaubt bspw. das Schutzschirmverfahren nach § 270d InsO, dass ein Schuldner bei drohender Zahlungsunfähigkeit oder bei Überschuldung – nicht aber bei Zahlungsunfähigkeit – innerhalb von drei Monaten frei von Vollstreckungsmaßnahmen in Eigenverwaltung einen Insolvenzplan ausarbeiten kann.[5] Die Sanierung des Betriebs ist auch durch eine übertragende Sanierung möglich.

4 Der BGH hat in verschiedenen Urteilen wesentliche Aspekte eines Sanierungskonzepts beleuchtet und hierfür Anforderungen definiert, die zumindest teilweise einer betriebswirtschaftlichen Auslegung bedürfen. Die Anforderungen des BGH stellen mithin notwendige Kernbestandteile eines Sanierungskonzepts dar, die in ein schlüssiges betriebswirtschaftliches Konzept eingebunden werden müssen, das den Umständen des konkreten Einzelfalls Rechnung trägt.

5 Dieser *IDW Standard* berücksichtigt daher sämtliche einschlägigen Entscheidungen des BGH, konkretisiert diese – soweit betriebswirtschaftliche Auslegungsfragen bestehen – und integriert sie, so dass die Grundlagen für ein vom BGH geforderten schlüssigen sowie erfolgsversprechenden[6] Sanierungskonzept geschaffen werden. Ein derartiges Konzept enthält in seinem ersten Teil Aussagen über wesentliche Unternehmensdaten, Ursachen- und Wirkungszusammenhänge sowie rechtliche und ökonomische Einflussfaktoren. Es beschreibt dann auf der Grundlage einer systematischen Lagebeurteilung die im Hinblick auf das Leitbild des sanierten Unternehmens zu ergreifenden Maßnahmen und quantifiziert deren Auswirkungen im Rahmen einer integrierten Vermögens-, Finanz- und Ertragsplanung (integrierte Planung). Das Sanie-

---

[2] Vgl. BGH, Urteil vom 12.05.2016 – IX ZR 65/14.

[3] § 37 WpÜG i.V.m. § 9 WpÜG-Angebotsverordnung; Steuerfreiheit des Sanierungsertrages.

[4] Vgl. *Entwurf einer Neufassung des IDW Standards: Anforderungen an Insolvenzpläne (IDW ES 2 n.F.)* (Stand: 27.09.2022)

[5] Zu den Anforderungen an die im Zusammenhang mit dem Schutzschirmverfahren zu erstellende Bescheinigung vgl. *IDW Standard: Bescheinigung nach § 270d InsO und Beurteilung der Anforderungen nach § 270a InsO (IDW S 9)* (Stand: 18.08.2022).

[6] Vgl. BGH, Urteil vom 12.05.2016 – IX ZR 65/14, Rz. 15.

rungskonzept muss hinsichtlich der vorgesehenen Beiträge der betroffenen Interessengruppen (vor allem der Gesellschafter, der Kreditgeber, des Managements und der Arbeitnehmer) sowie bzgl. der Umsetzung der erforderlichen operativen und strategischen Restrukturierungsmaßnahmen realisierbar sein.[7]

6   Die in diesem *IDW Standard* beschriebenen Anforderungen an die Erstellung von Sanierungskonzepten werden von Wirtschaftsprüfern unter Berücksichtigung von Besonderheiten des jeweiligen Auftrags bei der Erstellung von Sanierungskonzepten nach pflichtgemäßem Ermessen zugrunde gelegt.

7   Bei der Beauftragung ist deutlich zu kennzeichnen, ob es sich um ein Sanierungskonzept i.S. dieses *IDW Standards* handelt oder ob nur Teilbereiche eines solchen Konzepts Gegenstand der Aufgabenstellung sind, wie z.B. die Erstellung einer Liquiditätsplanung für Zwecke einer insolvenzrechtlichen Fortbestehensprognose nach § 19 InsO gemäß *IDW S 11*[8].

8   Die Grundsätze sind entsprechend anzuwenden, wenn ein von den gesetzlichen Vertretern (und ggf. ihren Beratern) vorgelegtes Sanierungskonzept begutachtet werden soll.

9   Dieser *IDW Standard* ersetzt den *IDW Standard: Anforderungen an die Erstellung von Sanierungskonzepten (IDW S 6)* i.d.F. vom 16.05.2018.

10   Hinweise und Einzelfragen, wie die Anforderungen an Sanierungskonzepte nach diesem *IDW Standard* umgesetzt werden können, sind im Fragen-und-Antworten-Papier *(F & A zu IDW S 6)*[9] zu finden.

2.   Grundlagen

2.1.   Kernanforderungen an Sanierungskonzepte

11   Kernbestandteile eines Sanierungskonzepts i.S. dieses *IDW Standards* sind:

- Die Beschreibung von Auftragsgegenstand und -umfang (vgl. Tz. 34 ff.)
- Basisinformationen über die wirtschaftliche und rechtliche Ausgangslage des Unternehmens in seinem Umfeld, einschließlich der Vermögens-, Finanz- und Ertragslage (vgl. Tz. 53 ff.)[10]

---

[7]   Vgl. BGH, Urteil vom 04.12.1997 – IX ZR 47/97, ZIP 1998, S. 251: „Ein [...] Sanierungsversuch setzt nämlich mindestens ein in sich schlüssiges Konzept voraus, das von den erkannten und erkennbaren tatsächlichen Gegebenheiten ausgeht und nicht offensichtlich undurchführbar ist."

[8]   *Entwurf einer Neufassung eines IDW Standards: Beurteilung des Vorliegens von Insolvenzeröffnungsgründen (IDW ES 11 n.F.)* (Stand: 27.09.2022).

[9]   *Fragen und Antworten: Zur Erstellung und Beurteilung von Sanierungskonzepten nach IDW S 6 (F & A zu IDW S 6)* (Stand: 16.05.2018).

[10]   Vgl. BGH, Urteil vom 12.05.2016 – IX ZR 65/14, Rz. 19 mit Verweis auf BGH, Urteil vom 04.12.1997 – IX ZR 47/97, ZIP 1998, S. 251: „Eine solche Prüfung muss die wirtschaftliche Lage des Schuldners im Rahmen seiner Wirtschaftsbranche analysieren [...] sowie die Vermögens-, Ertrags- und Finanzlage erfassen."

- die Analyse von Krisenstadium und -ursachen[11] sowie Analyse, ob eine Insolvenzgefährdung vorliegt (vgl. Tz. 61 f.)[12]

- Darstellung des Leitbilds (vgl. Tz. 63 ff.)[13] mit dem Geschäftsmodell des sanierten Unternehmens

- die Darstellung der Maßnahmen zur Abwendung einer Insolvenzgefahr und Bewältigung der Unternehmenskrise sowie zur Herstellung des Leitbilds des sanierten Unternehmens (vgl. Tz. 70 ff.)[14]

- ein integrierter Unternehmensplan (vgl. Tz. 74 ff.)[15]

- die zusammenfassende Einschätzung der Sanierungsfähigkeit (vgl. Tz. 97 „Muster für die Schlussbemerkung zur Zusammenfassung")[16].

Die Gliederung eines Sanierungskonzepts kann sich an dieser Darstellung der Kernbestandteile orientieren, ein Beispiel für eine Gliederung ist als Anlage beigefügt.

12   Nur auf der Grundlage aller Kernbestandteile kann eine Aussage zur Sanierungsfähigkeit abgeleitet werden; die Beurteilung nur einzelner Problembereiche und Maßnahmen reicht hierfür nicht aus. Hinsichtlich der Detailtiefe der Analysehandlungen und der Berichterstattung ist der Grundsatz der Wesentlichkeit zu beachten. Unter dem Aspekt einer nachhaltigen, i.S. einer durchgreifenden Sanierung[17] ist es erforderlich, neben der vollständigen Abarbeitung der Kernbestandteile das Zusammenwirken der Komponenten des Sanierungskonzepts zu beachten. Anstelle der isolierten Betrachtung einzelner Komponenten sind ganzheitlich die Querbeziehungen aller Komponenten des Sanierungskonzepts einschließlich des Leitbilds und der der Planung zugrunde liegenden Annahmen auf ihre Stimmigkeit hin zu analysieren und auszurichten.

---

[11] Vgl. BGH, Urteil vom 12.05.2016 – IX ZR 65/14, Rz. 19 mit Verweis auf BGH, Urteil vom 04.12.1997 – IX ZR 47/97, ZIP 1998, S. 251: „Eine solche Prüfung muß [...] die Krisenursachen [...] erfassen."; BGH, Urteil vom 15.11.2001 – 1 StR 185/01, ZIP 2002, S. 351: „Das Sanierungskonzept war [...] ohne eine genaue Analyse der Vergangenheit mit einem hohen, nicht abschätzbaren Risiko behaftet."

[12] Vgl. BGH, Urteil vom 12.05.2016 – IX ZR 65/14, Rz. 36: „Die Maßnahmen müssen eine positive Fortführungsprognose begründen".

[13] Vgl. OLG Köln, Urteil vom 24.09.2009 – 18 U 134/05, WPg 2011, S. 442: „Nach den überzeugenden Darlegungen des Sachverständigen setzt ein Sanierungskonzept im Wesentlichen voraus: [...] Leitbild des sanierten Unternehmens [...]".

[14] Vgl. BGH, Urteil vom 12.05.2016 – IX ZR 65/14, Rz. 43: „[...] von einer dauerhaften Beseitigung der Krisenursachen ausgehen durfte.", ebenda, Rz. 36, „[...] und die Rentabilität der unternehmerischen Tätigkeit wiederhergestellt werden kann."; BGH, Urteil vom 21.11.2005 – II ZR 277/03, ZIP 2005, S. 281 m.w.N.: „Danach müssen [...] die für ihre Sanierung konkret in Angriff genommenen Maßnahmen zusammen objektiv geeignet sein, die Gesellschaft in überschaubarer Zeit durchgreifend zu sanieren [...]".

[15] Vgl. BGH, Urteil vom 12.05.2016 – IX ZR 65/14, Rz. 30 „Es muss damit gerechnet werden können, dass mit dem Sanierungsplan die Wiederherstellung der uneingeschränkten Zahlungsfähigkeit erfolgt." OLG Köln, Urteil vom 24.09.2009 – 18 U 134/05, WPg 2011, S. 442: „Nach den überzeugenden Darlegungen des Sachverständigen setzt ein Sanierungskonzept im Wesentlichen voraus: [...] Planverprobungsrechnung [...]". OLG Celle, Urteil vom 08.10.2015 – 16 U 17/15, Rz. 23: „Erforderlich sind die dazu gehörigen Liquiditätsplanungen, die Plan-GuV und die Planbilanz für einen längeren Prognosezeitraum."

[16] Vgl. BGH, Urteil vom 21.11.2005 – II ZR 277/03, ZIP 2005, S. 281 m.w.N.: „Danach müssen [...] nach der pflichtgemäßen Einschätzung eines objektiven Dritten [...] die Gesellschaft (objektiv) sanierungsfähig [...] sein [...]".

[17] Vgl. BGH, Urteil vom 12.05.2016 – IX ZR 65/14, Rz. 30 „Es muss damit gerechnet werden können, dass mit dem Sanierungsplan die Wiederherstellung der uneingeschränkten Zahlungsfähigkeit erfolgt." OLG Köln, Urteil vom 24.09.2009 – 18 U 134/05, WPg 2011, S. 442: „Nach den überzeugenden Darlegungen des Sachverständigen setzt ein Sanierungskonzept im Wesentlichen voraus: [...] Planverprobungsrechnung [...]". OLG Celle, Urteil vom 08.10.2015 – 16 U 17/15, Rz. 23: „Erforderlich sind die dazu gehörigen Liquiditätsplanungen, die Plan-GuV und die Planbilanz für einen längeren Prognosezeitraum."

13 Mit zunehmender Insolvenznähe steigt die Notwendigkeit, schnell greifende Sofortmaßnahmen umzusetzen. Wird eine akute Illiquiditätslage festgestellt, müssen unverzüglich, d.h. innerhalb von längstens drei Wochen, Maßnahmen zu deren Beseitigung konkretisiert und umgesetzt werden. Dies setzt in einer **Vorstufe** der Auftragsdurchführung eine unverzügliche Beurteilung der Insolvenzantragsgründe i.d.R. gemäß *IDW S 11* voraus. Die Würdigung der insolvenzrechtlichen Konsequenzen muss nicht zwingend durch den Konzeptersteller erfolgen, sondern kann auch durch einen in Insolvenzsachen erfahrenen Dritten erfolgen, der zur rechtlichen Beratung befugt ist. In diesem Fall hat der Konzeptersteller das Ergebnis der Beurteilung gleichwohl zu plausibilisieren.

14 Liegt ein Insolvenzeröffnungsgrund vor, muss auf eine mögliche Antragspflicht hingewiesen werden. In vielen Fällen ist es sinnvoll, der Geschäftsleitung die Einholung rechtlichen Rats zu empfehlen. Die Hinweise sind zu dokumentieren. Der Konzeptersteller hat festzustellen, ob ein Grund vorliegt, seine Tätigkeit vorzeitig zu beenden oder zu versagen, z.B. wenn für ihn erkennbar wird, dass eine außergerichtliche Sanierung noch versucht werden soll, obwohl eine Insolvenzantragspflicht bereits vorliegt (§ 49 WPO).

15 Im Falle einer drohenden Zahlungsunfähigkeit oder Überschuldung – nicht aber bei Zahlungsunfähigkeit – bietet sich den gesetzlichen Vertretern die Möglichkeit, das Schutzschirmverfahren nach § 270d InsO einzuleiten und in einer Zeit von höchstens drei Monaten einen Insolvenzplan zu erstellen.[18] Bei drohender Zahlungsunfähigkeit besteht zudem die Möglichkeit, die Instrumente des StaRUG zu nutzen.

---

[18] Vgl. *IDW S 9.*

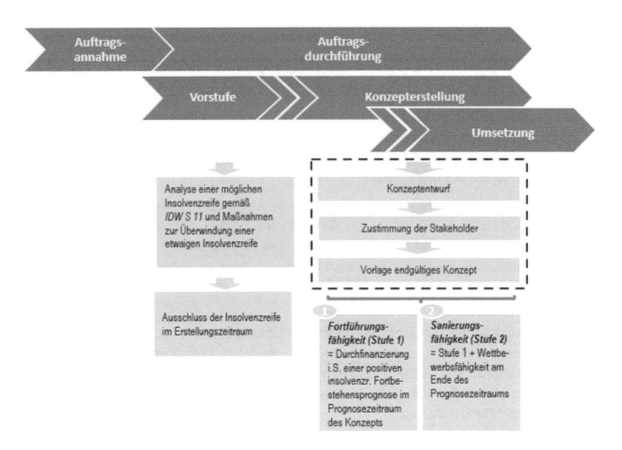

Abb. 1: Typischer Ablauf der Erstellung eines Sanierungskonzepts nach *IDW S 6*

16   Die Beurteilung der Insolvenzreife ist laufend zu aktualisieren: In der Zeit bis zur Vorlage eines Entwurfs des Sanierungskonzepts müssen Insolvenzantragspflichten wegen eingetretener oder eintretender Zahlungsunfähigkeit auszuschließen sein, z.B. mittels einer Überbrückungs-finanzierung zur Liquiditätssicherung.

17   Für eine positive Fortführungsfähigkeit muss im Planungszeitraum des Konzepts die Finanzie-rung des Unternehmens mit überwiegender Wahrscheinlichkeit sichergestellt werden (**Stufe 1).**

18   Sanierungsfähig ist ein erwerbswirtschaftliches Unternehmen nur dann, wenn eine Durchfi-nanzierung i.S. einer positiven insolvenzrechtlichen Fortbestehensprognose im Prognosezeit-raum des Konzepts vorliegt (Stufe 1) und darüber hinaus durch geeignete Maßnahmen auch nachhaltig die Wettbewerbsfähigkeit wiedererlangt werden kann (nachhaltige Fortführungsfä-higkeit i.S. einer Sanierungsfähigkeit; **Stufe 2)**. Maßgeblich für deren Beurteilung sind die wirt-schaftlichen und finanziellen Verhältnisse am Ende des Betrachtungszeitraums.

19   Die Einschätzung der Erfolgsaussichten einer Sanierung mit den Kriterien der nachhaltigen Fortführungsfähigkeit (Wettbewerbsfähigkeit) stellt ein Prognoseurteil und damit eine **Wahr-scheinlichkeitsaussage** dar, die durch Schwächen in der Umsetzung, Unwägbarkeiten des Marktgeschehens und nachträglich bessere Erkenntnisse hinfällig werden kann. Die Erfolg-saussichten werden zudem maßgeblich durch die Überzeugungskraft des Sanierungskon-zepts sowie die Kompetenz und Vertrauenswürdigkeit der handelnden Personen bestimmt.

20   **Nachhaltigkeit** – sowohl in zeitlicher Perspektive als auch hinsichtlich der Einhaltung von Um-welt-, sozialen und Corporate Governance-(„ESG"-) Anforderungen – ist Grundlage für einen

Sanierungserfolg auch i.S. eines bestmöglichen Gläubigerschutzes. Erst die Beachtung von Nachhaltigkeitsanforderungen ermöglicht es, die Vertrauensgrundlage zu den Stakeholdern des Unternehmens, insbesondere Kunden, Lieferanten, Kapitalgeber sowie Beschäftigte und ggf. Regulatoren zu stabilisieren, denn sie stärkt die Reputation des Unternehmens und damit die Wertschätzung seiner Produkte und Leistungen. Eine Vernachlässigung der Nachhaltigkeitsanforderungen hingegen schwächt das Unternehmen und seine finanzielle Basis und erschwert damit das Gelingen einer Sanierung.

21 Ausgehend von plausiblen Annahmen, die für die Sanierung wesentlich sind, muss für das Unternehmen aus Sicht des Erstellers zum Abschluss der Erstellung des Sanierungskonzepts eine positive Prognose[19] vorliegen, d.h. es muss mit **überwiegender Wahrscheinlichkeit** saniert werden können. Bei objektiver Betrachtung muss somit mehr für als gegen die erfolgreiche Sanierung sprechen. Dies gilt auch für Maßnahmen, die der Mitwirkung Dritter bedürfen. Soweit das Konzept ausnahmsweise auf einzelnen für die Beurteilung der Fortführungs- und Sanierungsfähigkeit wesentlichen Bedingungen basiert, deren Eintrittswahrscheinlichkeit auch nicht in einer Bandbreite beurteilt werden kann, kommt eine Ankündigung des Erstellers in Betracht, eine positive Aussage zur Sanierungsfähigkeit in die Schlussbemerkung aufzunehmen, sobald diese Bedingungen erfüllt sind.[20]

22 Der Erstellung eines Sanierungskonzepts können nur objektive oder zumindest objektivierbare Kriterien zugrunde gelegt werden. Der Begriff der **Sanierungswürdigkeit** schließt subjektive Wertungselemente aus der Sicht der einzelnen Stakeholder ein, ob sie aus ihrer individuellen Interessenlage heraus bereit sind, sich an einer Sanierung zu beteiligen. Die Entscheidungen der Stakeholder bilden jedoch den objektiven Rahmen für die möglichen Sanierungsmaßnahmen.[21]

23 Darzustellen ist auch, ob die **gesetzlichen Vertreter** beabsichtigen und in der Lage sind, die zur Sanierung erforderlichen und im Sanierungskonzept beschriebenen Maßnahmen umzusetzen. Zu berücksichtigen ist dabei, welche Maßnahmen die gesetzlichen Vertreter bereits eingeleitet haben. Schließlich hängt der Erfolg der Sanierung maßgeblich von der konzeptgemäßen Umsetzung der Sanierungsmaßnahmen, der kontinuierlichen Überwachung und der Fortschreibung des Sanierungskonzepts durch die gesetzlichen Vertreter der Gesellschaft ab. Soweit es für die erfolgreiche Begleitung und Umsetzung des Sanierungskonzepts externer Fachleute (z.B. Sanierungsgeschäftsführer) bedarf, ist hierauf hinzuweisen.

---

[19] Vgl. BGH, Urteil vom 12.05.2016 – IX ZR 65/14, ZIP 2016, Rz. 30: „Eine positive Prognose genügt, muss aber nachvollziehbar und vertretbar erscheinen."

[20] Ankündigungen von Berichten bzw. Vermerken werden auch für andere Leistungen vorgesehen, vgl. bspw. *IDW Prüfungsstandard: Bildung eines Prüfungsurteils und Erteilung eines Bestätigungsvermerks (IDW PS 400 n.F. (10.2021)* (Stand: 29.10.2021), Tz. A79.

[21] Vgl. BGH, Urteil vom 21.11.2005 – II ZR 277/03, ZIP 2005, S. 281 m.w.N.: „Danach müssen [...] nach der pflichtgemäßen Einschätzung eines objektiven Dritten [...] die Gesellschaft (objektiv) sanierungsfähig [...] sein [...]".

2.2. Sanierungsfähigkeit

24 Nach der höchstrichterlichen Rechtsprechung wird neben einer positiven insolvenzrechtlichen Fortbestehensprognose (Stufe 1: Fortführungsfähigkeit; vgl. Tz. 17.) eine durchgreifende Sanierung[22] gefordert, d.h. die Wiederherstellung der Rentabilität der unternehmerischen Tätigkeit,[23] als Voraussetzung, aus eigener Kraft im Wettbewerb bestehen zu können (nachhaltige Fortführungsfähigkeit bzw. Wettbewerbsfähigkeit – Stufe 2).[24]

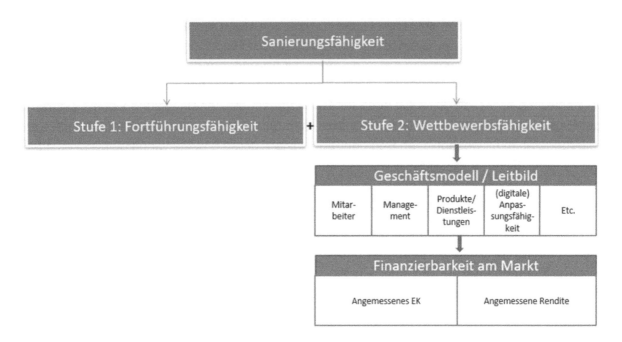

Abb. 2: Begriff der Sanierungsfähigkeit

25 Die Wettbewerbsfähigkeit gründet sich neben dem Mitarbeiterpotenzial (Wissen, Fähigkeiten, Loyalität und Motivation des Managements und der Belegschaft, die es ermöglichen, für die Kunden Werte durch marktfähige Produkte und Leistungen zu schaffen) regelmäßig auch auf die Wandlungs- und Adaptionsfähigkeit des Unternehmens (z.B. im Zusammenhang mit den Herausforderungen der Digitalisierung und der Einhaltung von Umwelt-, sozialen und Corporate Governance-("ESG"-) Anforderungen). Dazu muss die Unternehmensleitung über den Willen, die Fähigkeiten und die Möglichkeiten verfügen, mit den im Konzept ausgeführten Maßnahmen die Sanierungsfähigkeit zu erreichen.

---

[22] Vgl. BGH, Urteil vom 12.05.2016 – IX ZR 65/14, Rz. 43: „[...] von einer dauerhaften Beseitigung der Krisenursachen ausgehen durfte.", ebenda, Rz. 36, „[...] und die Rentabilität der unternehmerischen Tätigkeit wiederhergestellt werden kann."; BGH, Urteil vom 21.11.2005 – II ZR 277/03, ZIP 2005, S. 281 m.w.N.: „Danach müssen [...] die für ihre Sanierung konkret in Angriff genommenen Maßnahmen zusammen objektiv geeignet sein, die Gesellschaft in überschaubarer Zeit durchgreifend zu sanieren [...]".

[23] Vgl. BGH, Urteil vom 12.05.2016 – IX ZR 65/14, Rz. 43: „[...] von einer dauerhaften Beseitigung der Krisenursachen ausgehen durfte.", ebenda, Rz. 36, „[...] und die Rentabilität der unternehmerischen Tätigkeit wiederhergestellt werden kann."; BGH, Urteil vom 21.11.2005 – II ZR 277/03, ZIP 2005, S. 281 m.w.N.: „Danach müssen [...] die für ihre Sanierung konkret in Angriff genommenen Maßnahmen zusammen objektiv geeignet sein, die Gesellschaft in überschaubarer Zeit durchgreifend zu sanieren [...]".

[24] Vgl. Mitteilung der Europäischen Kommission: Leitlinien für staatliche Beihilfen zur Rettung und Umstrukturierung nichtfinanzieller Unternehmen in Schwierigkeiten (2014/C 249/01) im Folgenden: Leitlinien der EU, Tz. 52.

26   Wettbewerbsfähigkeit setzt Finanzierbarkeit am Markt voraus. Diese erfordert grundsätzlich eine angemessene Rendite sowie ein angemessenes Eigenkapital.

27   Eine branchenübliche Eigenkapitalausstattung sowie Renditefähigkeit ist ein starkes – aber nicht einziges – Indiz für die Angemessenheit. Ist der Turnaround im Sanierungskonzept aufgezeigt, erscheint es bei einer Beurteilung der Angemessenheit anhand der Branchenkennziffern ausreichend, dass sich die Renditefähigkeit und die Eigenkapitalausstattung im letzten Planjahr am unteren Ende der branchenüblichen Bandbreite orientiert.

28   Anhaltspunkte für eine angemessene Rendite können auch ratingorientierte Verfahren (insb. „Investment Grade") oder alternative Kennzahlen (z.B. Verhältnis der Nettoverschuldung zum überwiegend wahrscheinlichen Plan-EBITDA oder Plan-EBIT) sein, die sich im letzten Planjahr bei einem im Sanierungskonzept aufgezeigten Turnaround ebenfalls am unteren Ende einer Bandbreite orientieren können.

29   Bei der Beurteilung der Angemessenheit der Eigenkapitalausstattung können neben dem bilanziellen Eigenkapital in Ausnahmefällen auch wirtschaftliche Eigenkapitalbestandteile berücksichtigt werden. Dies ist der Fall, wenn die dem Unternehmen gewährten Finanzierungen entsprechend den Anforderungen des BGH nachrangig gegenüber anderen Gläubigern sind und dem Unternehmen einschließlich etwaiger Vergütungsansprüche für deren Überlassung ungeschmälert solange zur Verfügung gestellt werden, wie sie zur Herstellung eines angemessenen Eigenkapitals benötigt werden.

30   Es ist auf eine Gesamtbetrachtung des sanierten Unternehmens abzustellen und nicht auf eine einzelne Kennzahl, die ggf. durch Bilanzpolitik oder andere Maßnahmen beeinflussbar ist. Nicht ausreichend für eine durchgreifende Sanierung i.S. der Rechtsprechung ist jedenfalls die bloße Abwendung von Insolvenzgründen im Planungszeitraum, z.B. durch die bloße Sicherstellung der Durchfinanzierung im Planungszeitraum durch Anpassung der Finanzierungskonditionen auf ein nicht branchenübliches Niveau, wenn dadurch die Ursachen der Krise nicht beseitigt werden und in der Zukunft unverändert fortwirken würden.[25]

2.3.   Abhängigkeit des Sanierungskonzepts von Krisenursachen und vom Krisenstadium

31   Um die Ausgangslage umfassend zu erfassen und klar sowie übersichtlich im Konzept darstellen zu können, ist es erforderlich, dass die Krisenursachen den jeweiligen Krisenstadien zugeordnet werden. Krisenstadien sind:

- Stakeholderkrise
- Strategiekrise
- Produkt- und Absatzkrise
- Erfolgskrise
- Liquiditätskrise
- Insolvenzlage.

---

[25]   Vgl. BGH, Urteil vom 12.05.2016 – IX ZR 65/14, Rz. 40.

32 Diese Krisenstadien sind nicht unabhängig voneinander, sondern entwickeln sich in aller Regel als Krisenstadien aufeinander aufbauend. Von der aktuellen Krise ausgehend, ist daher im Einzelfall zu analysieren, welche vorgelagerten Krisenstadien im Sanierungskonzept auch zu berücksichtigen sind.

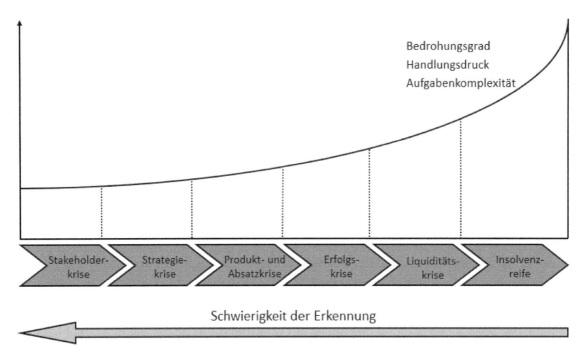

Abb. 3: Typischer Krisenverlauf

33 Das jeweilige Krisenstadium bestimmt die Inhalte und den jeweils gebotenen Detaillierungsgrad eines Sanierungskonzepts. Liegt bspw. bereits eine Liquiditätskrise vor, ist der Fokus in einem ersten Schritt auf die kurzfristige Sicherstellung der Liquidität zu richten (z.B. Überbrückungskredit). In einem weiteren Schritt sind die vorgelagerten Krisenursachen zu beseitigen. Liegt hingegen lediglich eine Strategiekrise vor, treten kurzfristige Finanzierungsmaßnahmen in den Hintergrund.

2.4. Festlegung des Auftragsinhalts und der Verantwortlichkeit

34 Das akute Krisenstadium prägt zusammen mit den Problemen der bereits durchlaufenen Krisenstadien maßgeblich die Festlegung des Auftragsinhalts. Zugleich erwachsen im Verlauf der Aufarbeitung dieser Stadien unterschiedliche Erwartungen an die Verantwortlichkeit des Erstellers von Konzepten zur Krisenbewältigung.

35 Soll mithilfe der Kapitalgeber (Gesellschafter, Kreditgeber, andere Gläubiger) eine akute Insolvenznähe beseitigt werden und dient das erstellte Konzept auch oder gerade zur Entscheidungsfindung dieser Personen, kann sich daraus eine Haftungsausweitung über den eigentlichen Auftraggeber hinaus ergeben (Dritthaftung). Daher muss bereits bei der Festlegung des Auftragsgegenstands sowohl für das beauftragende Unternehmen als auch für die Kapitalgeber und andere Dritte erkennbar werden, welche Aufgaben der Konzeptersteller übernimmt und welchem Zweck das Arbeitsergebnis dienen soll.

36   Bei Vereinbarung der Auftragsbedingungen ist es sinnvoll, dass der Konzeptersteller festlegt, unter welchen Voraussetzungen er mit einer Überlassung seines Arbeitsergebnisses an Dritte einverstanden ist und welche Haftung dann gegenüber den Dritten gelten soll.

37   Der Konzeptersteller muss sich den Zugang zu allen Geschäftsunterlagen vertraglich sichern und ein umfassendes Auskunftsrecht gegenüber der Gesellschaft zur Bedingung einer Auftragsannahme machen.[26] Je nach Lage des Einzelfalls ist es sinnvoll, sowohl im Auftrag als auch im Sanierungskonzept auf die Mitwirkungspflichten des Auftragsgebers und weiterer beteiligter Stakeholder einzugehen. Gleiches gilt für die Rahmenbedingungen, welche die Ausgangssituation prägen, sowie für die von der Unternehmensleitung und anderen Stakeholdern gesetzten Prämissen für das Sanierungskonzept. In die Auftragsbedingungen muss der Konzeptersteller zudem den Anspruch auf eine Vollständigkeitserklärung in Bezug auf die Vollständigkeit und Richtigkeit der zugrunde gelegten rechtlichen Rahmenbedingungen und wirtschaftlichen Ausgangsdaten aufnehmen. Gleiches gilt für die Erklärung der gesetzlichen Vertreter, dass sie willens sind, sämtliche dem Sanierungskonzept zugrunde gelegten Maßnahmen umzusetzen.[27]

38   Das Sanierungskonzept enthält eine Zusammenfassung der wesentlichen Ergebnisse. Hierzu wird der Konzeptersteller im Regelfall klarstellen bzw. ausdrücklich vereinbaren, dass eine derartige Zusammenfassung nur zusammen mit dem Bericht an Dritte weitergegeben werden darf, um Missverständnisse über Art und Umfang seiner Tätigkeit und die Tragweite seiner Erklärung zu vermeiden. Ob für einen Wirtschaftsprüfer im Falle einer parallelen Befassung als Abschlussprüfer ein die Unabhängigkeit gefährdender Ausschlussgrund besteht, ist im Einzelfall anhand der einschlägigen Vorschriften[28] pflichtgemäß zu prüfen. Die Erstellung eines Sanierungskonzepts oder von Teilen eines solchen Konzepts – insb. der Planung – ist mit der späteren Tätigkeit als Abschlussprüfer unvereinbar, da der Abschlussprüfer die Voraussetzung der Unternehmensfortführung (§ 252 Abs. 1 Nr. 2 HGB) zu beurteilen hat und dabei nicht eine von ihm selbst erstellte Unterlage zum Gegenstand der Prüfung machen darf. Wird das Konzept nicht vom Abschlussprüfer erstellt, sondern lediglich beurteilt, führt dies nicht zu einem Ausschluss als Abschlussprüfer.

2.5.   Sanierungskonzepte bei kleineren Unternehmen

39   Bei kleineren Unternehmen sind das Ausmaß der Beurteilung und die Berichterstattung an die ggf. geringere Komplexität des Unternehmens anzupassen.[29] Bei allen Aufgabenstellungen ist in dem Sanierungskonzept der Umfang des Auftrags kurz zu beschreiben. Für den Fall, dass

---

[26] Vgl. BGH, Urteil vom 04.12.1997 – IX ZR 47/97, ZIP 1998, S. 251 m.w.N., wonach auf die Beurteilung eines unvoreingenommenen – nicht notwendigerweise unbeteiligten –, branchenkundigen Fachmanns abzustellen ist, „dem die vorgeschriebenen oder üblichen Buchhaltungsunterlagen vorlagen [...]".

[27] Vgl. BGH, Urteil vom 12.05.2016 – IX ZR 65/14, Rz. 36.

[28] Vgl. §§ 319 ff. HGB, Berufssatzung WP/vBP (Satzung der Wirtschaftsprüferkammer über die Rechte und Pflichten bei der Ausübung der Berufe des Wirtschaftsprüfers und des vereidigten Buchprüfers in der zuletzt veröffentlichten Fassung vom 21.06.2016) sowie die nationalen und internationalen Prüfungsgrundsätze.

[29] Vgl. BGH, Urteil vom 04.12.1997 – IX ZR 47/97, ZIP 1998, S. 251 f.: „Das gilt [...] grundsätzlich auch für den Versuch der Sanierung eines kleineren Unternehmens, weil dabei ebenfalls Gläubiger in für sie beträchtlichem Umfange geschädigt werden können; lediglich das Ausmaß der Prüfung kann dem Umfang des Unternehmens [...] angepaßt werden."

es sich nicht um ein umfassendes Sanierungskonzept handelt, ist auf die nicht bearbeiteten Teilbereiche explizit hinzuweisen.

40 Die von der Rechtsprechung aufgeführten Eckpunkte eines Sanierungskonzepts stimmen mit den Kernbestandteilen dieses *IDW Standards* überein. Ein Sanierungskonzept nach diesem *IDW Standard* hat in jedem Fall die in Abschnitt 2.1 genannten Kernbestandteile zu umfassen, weil nur so die Anforderungen der einschlägigen, aktuellen Rechtsprechung erfüllt werden.[30] Die Kernbestandteile geben die Struktur für ein Sanierungskonzept vor und sichern in einem ersten Schritt dessen Qualität, da nur so alle wesentlichen Themenbereiche und Fragen einer Sanierung bearbeitet werden. Die zielgerichtete Umsetzung dieses *IDW Standards* auf die jeweiligen Erfordernisse des Einzelfalls sollte bei kleineren Unternehmen i.d.R. nicht zu unangemessenen Belastungen führen.

41 Eine im Sanierungskonzept aufgezeigte fundierte Analyse der wirtschaftlichen Lage des Unternehmens sowie der überwiegend wahrscheinlichen Umsetzbarkeit des Leitbilds des sanierten Unternehmens ist ein wesentlicher Treiber des Sanierungserfolgs. Es ist daher auch bei kleineren Unternehmen sicherzustellen, dass die Vermögens-, Finanz- und Ertragslage, Krisenursachen und Darstellung der Sanierungsmaßnahmen im Konzept als unverzichtbare Bestandteile in angemessenem Umfang enthalten sind. Bei kleineren Unternehmen sollte ebenfalls ein angemessener Blick auf die strategische Position und das Leitbild des sanierten Unternehmens gerichtet werden, um ggf. ein Verständnis für die zu erreichende nachhaltige Branchenrendite ableiten zu können. Da kleinere Unternehmen wenige oder nur ein Geschäftsfeld und eine überschaubare Anzahl von Produktgruppen und Produkten haben, fällt die Analyse – bspw. die Befassung mit dem Leitbild bzw. des Geschäftsmodells weniger umfänglich aus als bei größeren Unternehmen. Befinden sich kleinere Unternehmen in einer Marktnische, ist ggf. ein Branchentrend für sie unbeachtlich. Die erforderlichen Informationen können regelmäßig mit angemessenem Aufwand erarbeitet werden.

42 Eine dem Unternehmen angemessene integrierte Vermögens-, Finanz- und Ertragsplanung ist obligatorisch und wird von der Rechtsprechung vorausgesetzt.[31]

43 Fehlende Transparenz in der Kostenrechnung bzw. in dem Rechnungswesen oder geringe Eigenkapitalquoten können weitere typische Aufgabenfelder der Beurteilung sein. Zudem weisen kleinere Unternehmen meist spezifische Problemfelder auf. Hierzu gehören bspw. Abhängigkeiten von wenigen Kunden bzw. Lieferanten. Dies kann das Risiko der Sanierung in den Bereichen Einkauf und Verkauf beeinflussen, führt aber zu einem unterdurchschnittlichen Analyseaufwand. Dem typischerweise geringeren Analyseaufwand aufgrund geringerer Komplexität stehen jedoch oftmals Mehraufwendungen durch eine unzulängliche Datenlage und fehlendende Steuerungsinstrumente gegenüber.

---

[30] Vgl. Tz. 11, mit Verweis auf die BGH-Rechtsprechung.
[31] Vgl. BGH, Urteil vom 12.05.2016 – IX ZR 65/14, Rz. 35; OLG Celle, Urteil vom 08.10.2015 – 16 U 17/15, Rz. 23.

3.   Darstellung und Analyse des Unternehmens

44   Die Darstellung des Unternehmens umfasst die wesentlichen Eckpunkte der rechtlichen Verhältnisse und wirtschaftlichen Ausgangsdaten.[32] Sie ist auf die sanierungsrelevanten Sachverhalte auszurichten und wesentliche Grundlage für die Entwicklung des Leitbildes. Der Umfang der Analyse und Berichterstattung sollte sich vor allem auf solche vergangenheitsorientierten Sachverhalte beschränken, die für die Ableitung der Sanierungsmaßnahmen relevant sind. Der Schwerpunkt des Sanierungskonzepts muss aber in jedem Fall auf der künftigen Entwicklung des Unternehmens liegen.

45   Die Analyse des Unternehmens umfasst neben der Lagebeurteilung die Analyse der Besonderheiten des bereits eingetretenen Krisenstadiums und der Krisenursachen.[33]

3.1.   Anforderungen an die Qualität der Informationen

46   Die Erfassung aller wesentlichen Informationen sowie die Klarheit und Übersichtlichkeit der Darstellung der Ausgangssituation sind Grundvoraussetzungen für ein nachvollziehbares Sanierungskonzept. Gerade in der Krisensituation bcdarf die Verwendung von Informationen einer Einschätzung ihrer Glaubhaftigkeit und Richtigkeit.

47   Bei der Festlegung von Art, zeitlichem Ablauf und Umfang der zur Informationsgewinnung durchzuführenden Maßnahmen hat der Konzeptersteller pflichtgemäßem Ermessen zu berücksichtigen:

- Das Geschäftsmodell sowie das wirtschaftliche und rechtliche Umfeld des Unternehmens

- die Bedeutung von Geschäftsvorfällen und -maßnahmen in ihren Auswirkungen auf Ertrag, Liquidität und Vermögen

- die Möglichkeit falscher Annahmen und Schlussfolgerungen im Sanierungskonzept wegen fehlerhafter Informationen.

48   Für die Nutzung von Informationen anderer Prüfer oder Berater sind neben deren beruflicher Qualifikation und fachlicher Kompetenz die Bedeutung dieser Informationen für das Sanierungskonzept und deren Herkunft zu beachten.

49   Der Konzeptersteller muss sich auf Grundlage von Plausibilitätsbeurteilungen entscheiden, ob er die sich aus dem Finanz- und Rechnungswesen ergebenden Daten als Ausgangsinformationen für die Ist-Lage der Ableitung von Planzahlen zugrunde legen kann (z.B. Planungstreue bzw. Planungsgenauigkeit in der Vergangenheit). Dabei wird er berücksichtigen, ob und zu welchen Zeitpunkten relevante vergangenheitsbezogene Informationen geprüft oder prüferisch durchgesehen wurden.

---

[32]   Vgl. BGH, Urteil vom 04.12.1997 – IX ZR 47/97, ZIP 1998, S. 251: „Eine solche Prüfung muß die wirtschaftliche Lage des Schuldners im Rahmen seiner Wirtschaftsbranche analysieren [...] sowie die Vermögens-, Ertrags- und Finanzlage erfassen."

[33]   Vgl. BGH, Urteil vom 04.12.1997 – IX ZR 47/97, ZIP 1998, S. 251: „Eine solche Prüfung muß [...] die Krisenursachen [...] erfassen."; BGH, Urteil vom 15.11.2001 – 1 StR 185/01, ZIP 2002, S. 351: „Das Sanierungskonzept war [...] ohne eine genaue Analyse der Vergangenheit mit einem hohen, nicht abschätzbaren Risiko behaftet."

50 Stellt der Konzeptersteller im Rahmen seiner Arbeiten fest, dass die für das Sanierungskonzept wesentlichen Informationen nicht schlüssig nachvollzogen werden können, muss er weitergehende Beurteilungshandlungen anstellen.

51 Die Zuverlässigkeit der prognostischen Angaben und Wertungen in der Lagebeurteilung lässt sich durch ein geeignetes Planungssystem unterstützen; ggf. ist darauf hinzuwirken, dass ein solches System in dem Unternehmen implementiert wird.[34]

52 Es ist sicherzustellen, dass die Schlussfolgerungen für die Planung sachlich und rechnerisch richtig aus den Ausgangsdaten und den Annahmen entwickelt worden sind. Bei künftigen Vorhaben von wesentlicher Bedeutung (z.B. Veräußerung von Vermögenswerten) sowie bei Beiträgen Dritter (z.B. Kapitalerhöhungen, Aufnahme oder Umschuldung von Krediten, Forderungserlasse und -stundungen, Beiträge der Belegschaft) ist der Grad der Konkretisierung bzw. der erreichte Stand der Umsetzung anzugeben.

3.2. Basisinformationen über die Ausgangslage des Unternehmens

53 Ausgangspunkt für die Erstellung eines Sanierungskonzepts ist die vollständige Erfassung der für das Unternehmen wesentlichen Daten. Diese Daten sind unter Berücksichtigung ihrer Relevanz für das Sanierungskonzept in einer klaren und übersichtlichen Form darzustellen. Dabei sind auch die Informationsquellen zu nennen.

54 In Abhängigkeit von ihrer Bedeutung für das Sanierungskonzept gehören hierzu die wesentlichen Angaben zur bisherigen Unternehmensentwicklung. Dazu gehören Angaben zu den

- organisatorischen, rechtlichen und steuerlichen Verhältnissen,
- finanzwirtschaftlichen Verhältnissen,
- leistungswirtschaftlichen Verhältnissen,
- personalwirtschaftlichen Verhältnissen.

55 Im Falle der Erstellung eines Sanierungskonzepts für einen Konzern sind nicht nur die wirtschaftliche Struktur des Konzerns, sondern auch die finanz- und leistungswirtschaftlichen Verflechtungen innerhalb des Konzerns, insb. die Sicherstellung der Zahlungsfähigkeit der Konzerngesellschaften zu berücksichtigen.

3.3. Analyse der Unternehmenslage

56 Die Lagebeurteilung im Sanierungskonzept zeigt u.a. auf Basis einer Risiko- und Chancenanalyse (z.B. SWOT) Sachverhalte und Zusammenhänge auf, die sich aus den vorliegenden Informationen nicht unmittelbar ergeben. Die Analyse externer Faktoren ist vor allem darauf ausgerichtet, Chancen und Risiken des Unternehmens im Markt zu identifizieren, während bei der Analyse unternehmensinterner Faktoren die Stärken und Schwächen des Unternehmens selbst im Vordergrund stehen. Es kommen dazu sowohl verschiedene Methoden der Aufbereitung quantitativer als auch Verfahren zur Ermittlung qualitativer Merkmale in Betracht.

---

[34] Vgl. *IDW Praxishinweis 2/2017: Beurteilung einer Unternehmensplanung bei Bewertung, Restrukturierungen, Due Diligence und Fairness Opinion* (Stand: 02.01.2017).

57 Die wettbewerbsrelevanten Ressourcen und Fähigkeiten sind mit ihren Stärken und Schwächen zu erfassen. Dabei geht es insb. um die Qualität und Nutzbarkeit der vorhandenen Management-, Belegschafts-, Beschaffungs-, Produktions-, Vertriebs-, Technologie-, Innovations- und Finanzierungspotenziale sowie die Verfügbarkeit der benötigten Ressourcen (in Bezug auf Rohstoffe, Vorprodukte sowie Energie). Daraus lässt sich eine Beurteilung der bisherigen strategischen Ausrichtung und der möglichen Effizienzsteigerungen und Kostensenkungen in einzelnen Funktionsbereichen der Wertschöpfungskette ableiten. Gleichzeitig ergeben sich daraus die Ansatzpunkte für erforderliche Veränderungen in der Organisation der Führungs-, Informations- und Entscheidungsprozesse.

58 Daher sind auch die Mitglieder der Führungsebenen in die Analyse einzubeziehen, und zwar nicht nur im Hinblick auf die Verschaffung notwendiger Informationen, sondern auch bzgl. ihrer unternehmerischen und fachlichen Kompetenz. Die Einbeziehung des Managements in die Lagebeurteilung ist auch bedeutsam für die Entwicklung, Akzeptanz und Durchsetzung geeigneter Sanierungsmaßnahmen.

59 Im Rahmen der externen Analyse wird das Umfeld des Unternehmens durch die gesamtwirtschaftliche Lage sowie das rechtlich-politische, gesellschaftliche und wissenschaftlich-technische Umfeld beschrieben. Es bildet den Rahmen für die jetzige und künftige Unternehmenstätigkeit. Es gilt daher, die Einflussfaktoren zu identifizieren, die starken Bezug zur Geschäftstätigkeit des Unternehmens haben und deswegen für die erfolgreiche Neustrukturierung wesentlich sind. Entscheidend ist dabei die Analyse der für das Unternehmen in seiner Branche charakteristischen Wettbewerbssituation, deren Entwicklung im Planungszeitraum sowie deren quantitative Auswirkung auf die Ertragssituation.[35]

60 Die interne und externe Analyse des Unternehmens umfasst – in Abhängigkeit des Geschäftsmodells – auch eine Beurteilung, ob das Unternehmen den Herausforderungen der Digitalisierung und der Einhaltung von Umwelt-, sozialen und Corporate Governance-("ESG"-)Anforderungen voraussichtlich gewachsen ist.

3.4. Feststellung der Krisenursachen und der Krisenstadien

61 Die Erstellung eines Sanierungskonzepts muss die Identifizierung der Krisenursachen und Krisenstadien umfassen.[36] Insbesondere ist die Ursache einer drohenden Insolvenz darzulegen, auch ob diese lediglich aus Problemen auf der Finanzierungsseite resultiert, oder ob der Betrieb unwirtschaftlich, insb. nicht kostendeckend oder sonst mit Verlusten arbeitet.[37]

62 Als charakteristische Arten einer Krise lassen sich die Stakeholder-, Strategie-, Produkt- und Absatzkrise sowie die Erfolgs- und die Liquiditätskrise bis hin zu einer Insolvenzlage unterscheiden. Nur ein Sanierungskonzept, in dem die Probleme aller bereits durchlaufenen Krisenstadien aufgearbeitet werden, kann eine sachgerechte Aussage über die Sanierungsfähig-

---

[35] Vgl. BGH, Urteil vom 04.12.1997 – IX ZR 47/97, ZIP 1998, S. 251: „Eine solche Prüfung muß die wirtschaftliche Lage des Schuldners im Rahmen seiner Wirtschaftsbranche analysieren [...]".

[36] Vgl. BGH, Urteil vom 04.12.1997 – IX ZR 47/97, ZIP 1998, S. 251: „Eine solche Prüfung muß [...] die Krisenursachen [...] erfassen."

[37] Vgl. BGH, Urteil vom 12.05.2016 – IX ZR 65/14, Rz. 35.

keit eines Unternehmens treffen. Nicht identifizierte und behobene Krisenursachen wirken weiter und führen dazu, dass z.B. die Erfolgs- und Liquiditätskrise nur vorübergehend überwunden werden, ohne dass eine nachhaltige Sanierung erreicht ist.[38]

4. Ausrichtung am Leitbild des sanierten Unternehmens

63 Kernbestandteil eines Sanierungskonzepts ist das Leitbild des sanierten Unternehmens. Das Leitbild umschreibt die Konturen eines Unternehmens, das in wirtschaftlicher Hinsicht nachhaltig eine Wettbewerbsfähigkeit aufweist, mithin wieder attraktiv für Eigen- und Fremdkapitalgeber (geworden) ist.

64 Es dient zugleich der Identifizierung geeigneter Sanierungsmaßnahmen, die erforderlich sind, um sich im Wettbewerb mit seinen Leistungen (Produkten oder Dienstleistungen) gegenüber seinen Wettbewerbern zu behaupten.

65 Das Leitbild umfasst damit ein realisierbares, zukunftsfähiges Geschäftsmodell.

Als zu beschreibende Eckdaten eines Geschäftsmodells kommen insb. in Betracht:

- Die wesentlichen Geschäftsfelder des Unternehmens mit
    - ihren Produkt-/Marktkombinationen,
    - der zugehörigen Umsatz-/Kostenstruktur und
    - den hierfür erforderlichen Prozessen und Systemen
- die Ressourcen und Fähigkeiten, die es zu entwickeln und zu nutzen gilt.

Für das Leitbild kommen ergänzend hinzu:

- Die langfristigen Zielvorstellungen und Grundstrategien – soweit für das Geschäftsmodell wesentlich einschl. der digitalen und der ESG-Strategie – des Unternehmens
- die angestrebte Wettbewerbsposition bzw. die angestrebten Wettbewerbsvorteile für den Kunden
- die zu beachtenden gemeinsamen Wertvorstellungen, Grundregeln und Verhaltensweisen, die in ihrer Gesamtheit den Kern der Unternehmenskultur bilden und das interne Miteinander sowie das Auftreten nach außen maßgeblich prägen.

66 Die digitale Strategie des zu sanierenden Unternehmens ist bei vielen Geschäftsmodellen entscheidend für den Sanierungserfolg; sie ist ein zentraler Treiber von Alleinstellungsmerkmalen im Wettbewerbsumfeld und fördert die Resilienz gegen disruptive Veränderungen im Markt. Elementare Bestandteile der digitalen Strategie sind u.a. digitale Absatzmöglichkeiten, digitale Geschäftsprozesse und Vorkehrungen zur Abwehr von Cyber-Angriffen; ohne solche Vorkehrungen können die Zukunftsfähigkeitsfähigkeit des Geschäftsmodells und damit auch der Sanierungserfolg signifikant beeinträchtigt werden.

67 Ebenso kann die Einhaltung von Umwelt-, sozialen und Corporate Governance-("ESG"-) Anforderungen die Voraussetzung für den dauerhaften Fortbestand des Unternehmens sein. Umwelt-Anforderungen ("Environmental") betreffen im Wesentlichen die Folgen des Geschäftsmodells auf den Klimawandel durch Emissionen, Ressourcen-, Energie-, Wassereffi-

---

[38] Vgl. BGH, Urteil vom 12.05.2016 – IX ZR 65/14, Rz. 40 m.w.N.

zienz, etc. Soziale Anforderungen („Social") beinhalten Kriterien wie faire Vergütung, Arbeitsnormen im Unternehmen und entlang der Lieferkette sowie der Beitrag des Unternehmens in der Gesellschaft. Corporate Governance-Anforderungen („Governance") umfassen transparente und wertorientierte Leitlinien zur Unternehmensführung einschließlich der Aufsicht. Die Einhaltung der ESG-Anforderungen bedingt u.a. eine angemessene Kommunikation mit den Stakeholdern, erweiterte Berichterstattungspflichten und die Integration von ESG-Risiken in den allgemeinen Risikomanagementprozess. Eine Nichtbeachtung dieser Kriterien kann zu erheblichen Straf- (z.B. durch Regulatoren) oder Reputationsrisiken (z.B. durch unzufriedene Kunden), mangelnder Akzeptanz bei den Stakeholdern (z.B. Kapitalgebern) oder eingeschränkten Finanzierungsmöglichkeiten (z.B. wegen Abschlägen im Rating oder Nichterfüllung von bankinternen Kreditvergabekriterien) führen.[39]

68 Diese Bestandteile des Leitbilds sind nach dem Kriterium der Stimmigkeit zu analysieren und auszurichten.

69 Im Laufe der Konzepterstellung kann das Leitbild anhand der gewonnenen Erkenntnisse auch zusammen mit den Stakeholdern weiterzuentwickeln sein, um ggf. auch einen Beitrag zu dem für die Krisenbewältigung unerlässlichen Stimmungsumschwung leisten zu können.

5. Sanierungsmaßnahmen für die Bewältigung der Unternehmenskrise

70 Das jeweilige Krisenstadium bestimmt Inhalte und Maßnahmen des Sanierungskonzepts. Die Sanierungsmaßnahmen zielen entsprechend der Dringlichkeit zunächst auf die Beseitigung von Insolvenzgründen ((drohende) Zahlungsunfähigkeit und Überschuldung), d.h. auf die Sicherstellung der Zahlungsfähigkeit des Unternehmens (Liquiditätssicherungsprogramm) und auf die vermögensmäßige Schuldendeckung. Anschließend ist die Gewinnzone durch ein effizientes Kostensenkungs- und Effizienzsteigerungsprogramm zu erreichen. Schließlich zielen die Sanierungsmaßnahmen auf die strategische (Neu-)Ausrichtung des Unternehmens, um zur Stärkung der Wettbewerbsfähigkeit Erfolgspotenziale und dadurch Wachstumspotenziale zu erschließen.

71 Die nachhaltige Sanierung verlangt ein Konzept zur Stärkung bzw. Wiedergewinnung der Wettbewerbsfähigkeit und kann sich daher nicht mit Kurz- und Mittelfristmaßnahmen begnügen.

72 Je weiter die festgestellte Unternehmenskrise fortgeschritten ist, umso wichtiger wird es, auch Sanierungsstrategien im Rahmen eines möglichen Insolvenzverfahrens bzw. einer Restrukturierung nach StaRUG zu beurteilen und einer außergerichtlichen Sanierung gegenüberzustellen.

73 Für den Sanierungserfolg ist die Einhaltung der zeitlichen und finanziellen Vorgaben von entscheidender Bedeutung. Es sind daher im Sanierungskonzept für die Umsetzung der einzelnen Maßnahmen deren finanziellen Effekte, die zeitlichen und finanziellen Erfordernisse sowie die für die Umsetzung Verantwortlichen zu nennen.

---

[39] Vgl. IDW Positionspapier: „Sustainable Finance als Teil der nachhaltigen Transformation", Stand 30.09.2020.

6. Integrierte Sanierungsplanung

74 Die integrierte Sanierungsplanung beschreibt, ausgehend vom Zeitpunkt der Sanierungskonzepterstellung, mit welchen Maßnahmen das Leitbild des sanierten Unternehmens erreicht werden soll. Neben der Darstellung von Maßnahmen sind deren finanziellen und zeitlichen Effekte in eine integrierte Finanzplanung (Ergebnis-, Finanz- und Vermögensplan) aufzunehmen und anhand der Entwicklung geeigneter Kennzahlen im Planungszeitraum zu plausibilisieren.[40]

75 Durch die rechnerische Verprobung wird zugleich die Finanzierbarkeit der beabsichtigten Sanierungsmaßnahmen, deren Effekte und die jederzeitige Durchfinanzierung im Planungsverlauf nachgewiesen.

6.1. Darstellung der Maßnahmeneffekte

76 Neben der Beschreibung der einzelnen bereits eingeleiteten und geplanten Maßnahmen sind auch die voraussichtlichen Wirkungen dieser Maßnahmen auf die künftige Ergebnis-, Finanz- und Vermögensentwicklung des Unternehmens darzustellen. Zumindest für das laufende und das folgende Planjahr werden die Maßnahmeneffekte möglichst monatlich beschrieben und quantifiziert, während für die Folgejahre viertel- bzw. halbjährliche Planangaben ausreichend sind.

77 Im Sanierungskonzept ist anzugeben, welche konkreten Maßnahmen für dessen Umsetzung bereits eingeleitet und mit welchem Grad diese bereits realisiert sind. Für die Sicherung und Kontrolle der Umsetzung sollen die hierfür jeweils Verantwortlichen genannt werden (vgl. Tz. 73).

78 Das Sanierungskonzept kann Maßnahmen umfassen, die von der Mitwirkung Dritter abhängen und bei denen zum Zeitpunkt der Erstellung eine rechtlich bindende Verpflichtung noch aussteht.

Hierbei handelt es sich z.B. um folgende Sachverhalte:

- Die Zinszahlungen für die von der XY-Bank gewährten Darlehen werden nach einer vorläufigen Vereinbarung mit der Bank bis zum ... ausgesetzt.

- Die Gesellschafter beabsichtigen, eine Zuzahlung in das Eigenkapital der Gesellschaft in Höhe von ... vorzunehmen.

- Die Gesellschaft beabsichtigt den Verkauf einer Teileinheit, wobei erste Gespräche mit Interessenten schon begonnen haben.

- Mit der Arbeitnehmervertretung soll ein Sanierungsbeitrag in Form des Verzichts auf Weihnachtsgeld, Urlaubsgeld etc. verhandelt werden.

79 Eine belastbare integrierte Sanierungsplanung kann nur dann realisiert werden, wenn das Maßnahmenbündel in seiner Gesamtheit betrachtet wird. Statt einer isolierten Betrachtung einzelner Maßnahmen müssen somit alle Querbeziehungen innerhalb eines Maßnahmenbündels berücksichtigt werden. Denn im Regelfall ist die unternehmerische Krise gerade auf ein

---

[40] Vgl. *IDW Praxishinweis 2/2017.*

Zusammenkommen von unterschiedlichen Faktoren zurückzuführen. Somit ist die Stimmigkeit eine notwendige Bedingung für den Erfolg der Sanierung.

6.2. Aufbau des integrierten Sanierungsplans (Vermögens-, Finanz- und Ertragsplan)

80   Der im Sanierungskonzept verankerte Sanierungsplan ist integriert als Vermögens-, Finanz- und Ertragsplan zu erstellen. Dabei wird, ausgehend von den betrieblichen Teilplänen (Absatzplanung, Investitionsplanung, Personalplanung etc.) und unter Berücksichtigung der abgeleiteten Maßnahmen, eine Plan-Gewinn- und Verlustrechnung, eine Plan-Bilanz und darauf aufbauend ein Finanzplan entwickelt. Zumindest für das laufende und das folgende Planjahr ist der Sanierungsablauf monatlich zu beschreiben und zu quantifizieren, während für die Folgejahre auch viertel- bzw. halbjährliche oder ganzjährige Planangaben ausreichend sein können.

81   In der Erläuterung der Planung sind die für die Sanierung wesentlichen Annahmen besonders hervorzuheben.

82   Zur Berücksichtigung der Planungsunsicherheiten kann es zudem sachgerecht sein, Sensitivitäts- oder Alternativrechnungen durchzuführen oder mit einer quantitativen Risikoeinschätzung die Einhaltung von Liquidität, die Aufrechterhaltung einer vorgegebenen Eigenmittelquote oder weiterer sog. Covenants (z.B. die Einhaltung von Kennzahlen, Auflagen und Bedingungen während der Kreditlaufzeit) abzuschätzen. Im Falle der Begutachtung eines Sanierungskonzepts ist klarzustellen, auf welche – aus Sicht des Gutachters als überwiegend wahrscheinlich eingeschätzte – Planung bzw. Sensitivitäts- oder Alternativrechnungen sich die Bestätigung der Sanierungsfähigkeit bezieht.

83   Bei der zahlenmäßigen Darstellung des geplanten Sanierungsablaufs sind auch bedeutsame steuerrechtliche Aus- und Folgewirkungen zu berücksichtigen, die im Zusammenhang mit Sanierungsmaßnahmen stehen. Zudem sind voraussichtliche Kosten der künftigen Beratung sowie der Kontrolle der Umsetzung der Sanierungsmaßnahmen einzubeziehen.

84   Aus dem Finanzplan ergibt sich zugleich, zu welchem Zeitpunkt und in welcher Höhe Finanzmittel, die für die Sanierung nicht benötigt werden, zur Befriedigung der Gläubiger genutzt werden können. Bei der Bemessung der nötigen Finanzmittel sollte ein adäquater Risikopuffer berücksichtigt werden.

85   Die Analyse der Planabweichungen sowie die Planfortschreibung sind nicht Bestandteil des Sanierungskonzepts. Auf die Erforderlichkeit dieser Tätigkeiten sowie einer fortgesetzten Beratung während der gesamten Sanierungsphase wird jedoch hingewiesen.

6.3. Kennzahlen

86   Die integrierte Planung ist insb. um solche Kennzahlen zu ergänzen, die die Tragfähigkeit des Sanierungskonzepts bzw. die Aussage zur Sanierungsfähigkeit stützen. Hinzu kommen etwaige vertraglich vereinbarte Kennzahlen im Rahmen sog. Covenants zur Beurteilung der Durchfinanzierung.

87 Die Entwicklung der Kennzahlen und deren Kommentierung verdeutlichen den geplanten Sanierungsverlauf und stellen Kontrollgrößen für den Grad der Zielerreichung des Sanierungskonzepts dar. Sie liefern zugleich Eckpunkte für die Beurteilung des Sanierungskonzepts durch Dritte.

7. Dokumentation

88 Die Arbeitspapiere des Konzepterstellers zum Sanierungskonzept müssen – soweit sich dies nicht bereits aus der Berichterstattung ergibt – es einem sachkundigen Dritten ermöglichen nachzuvollziehen, auf welche Dokumente, Fakten und Annahmen sich der Konzeptersteller gestützt hat.

89 Der Konzeptersteller wird regelmäßig eine Vollständigkeitserklärung von der Geschäftsführung und ggf. weiteren Auskunftspersonen einholen, deren Informationen für das Sanierungskonzept wesentlich sind. Das Einholen der Vollständigkeitserklärung entbindet den Konzeptersteller nicht davon, sich entsprechend seiner Rolle selbst ein Urteil über die Grundlagen des Sanierungskonzepts zu bilden. Der Konzeptersteller hat auch eine Stellungnahme der gesetzlichen Vertreter über die Umsetzbarkeit und den Willen zur Umsetzung des Konzepts einzuholen.[41] Auf diese Erklärung ist im Bericht zu verweisen.

8. Berichterstattung

90 Der Konzeptersteller hat – unter Berücksichtigung der Grundsätze der Wesentlichkeit und Klarheit – über die Durchführung seines Auftrags in berufsüblicher Form schriftlich zu berichten. Hierbei sind die für die Ableitung und Begründung der Sanierungsfähigkeit relevanten Sachverhalte darzustellen.

91 Im Bericht ist Folgendes klarzustellen:

- Die dem Sanierungskonzept zugrunde liegende integrierte Planung basiert auf zukunftsorientierten Informationen, die notwendigerweise Unsicherheiten unterliegen. Die Erstellung von zukunftsorientierten Informationen verlangt zu einem großen Teil Schätzungen und die Berücksichtigung von Erfahrungswerten. Selbst wenn die der Planungsrechnung zugrunde liegenden Prämissen zu einem großen Teil eintreten, können die tatsächlichen Ergebnisse von der Planungsrechnung abweichen, da andere vorhergesehene Ereignisse häufig nicht wie erwartet eintreten oder andere nicht erwartete Ereignisse die Ergebnisse beeinflussen können.

- Nicht Gegenstand des Auftrags ist es, die dem Sanierungskonzept zugrunde liegenden Ausgangsdaten und Informationen nach Art und Umfang einer betriebswirtschaftlichen Prüfung i.S. des § 2 Abs. 1 WPO (z.B. einer Jahresabschlussprüfung) zu prüfen.

92 Auf die Grundlagen des Auftragsgegenstands und der Auftragsbedingungen sowie auf ggf. zusätzlich vereinbarte Regelungen über die Einbeziehung Dritter und die Haftung gegenüber

---

[41] Vgl. BGH, Urteil vom 09.10.2006 – II ZR 303/05, ZIP 2006, S. 2171: „Aus dem Gesetzeswortlaut des § 19 Abs. 2 InsO folgt außerdem zweifelsfrei, dass eine günstige Fortführungsprognose sowohl den Fortführungswillen des Schuldners bzw. seiner Organe als auch die objektive [...] Überlebensfähigkeit des Unternehmens voraussetzt."; BGH, Urteil vom 18.10.2011 – II ZR 151/09, ZIP 2010, S. 2401: „Dem Vorbringen des Beklagten ist nicht zu entnehmen, dass er subjektiv den Willen zur Fortführung des Unternehmens [...] hatte [...]".

Dritten ist einzugehen. Abhängig vom Auftragsumfang und der Komplexität des Unternehmens folgen Gliederung (vgl. Anlage) und Inhalt der Berichterstattung den in diesem *IDW Standard* dargelegten Grundsätzen.

93   Die Berichterstattung enthält die wesentlichen Annahmen, Feststellungen, Zwischenergebnisse und Schlussfolgerungen und als Schlussbemerkung zur Zusammenfassung eine Einschätzung, ob das Unternehmen – auch im Hinblick auf die Plausibilität der wesentlichen Annahmen – sanierungsfähig ist,[42] d.h., dass auf Basis des Sanierungskonzepts bei objektiver Beurteilung ernsthafte und begründete Aussichten auf eine erfolgreiche Sanierung in einem überschaubaren Zeitraum bestehen.[43] Spätestens bei Vorliegen einer Ertrags- oder Liquiditätskrise ist es erforderlich, auf die positive insolvenzrechtliche Fortbestehensprognose gesondert einzugehen.

94   Sind nur einzelne Teilbereiche eines Sanierungskonzepts Gegenstand des Auftrags, folgt daraus eine entsprechende Beschränkung der Berichterstattung und der Zusammenfassung. Wird bspw. die Renditefähigkeit von den Stakeholdern nicht für erforderlich gehalten, kann ein sog. Fortführungskonzept ausreichend sein. In der Zusammenfassung ist kenntlich zu machen, dass es sich nicht um ein umfassendes Sanierungskonzept i.S. dieses *IDW Standards* handelt.

95   Die Berichterstattung verfolgt grundsätzlich das Ziel, den Empfänger in die Lage zu versetzen, die Ausgangssituation, die wesentlichen Annahmen und Maßnahmen, die Grundsatzüberlegungen und Schlussfolgerungen mit vertretbarem Aufwand nachzuvollziehen und aus seiner Sicht würdigen zu können, sodass er in die Lage versetzt wird, sich anhand des Berichts eine eigene Meinung bilden zu können.

96   Wenn das Sanierungskonzept für den Sanierungserfolg ausnahmsweise wesentliche Annahmen umfasst, die nicht beurteilt werden können, oder wesentliche Sanierungsmaßnahmen enthält, die rechtlich von der Mitwirkung Dritter abhängen und bei denen zum Zeitpunkt der Erstellung des Konzepts eine rechtlich bindende Vereinbarung noch aussteht, ist im Bericht an geeigneter Stelle und in der Schlussbemerkung zur Zusammenfassung darauf hinzuweisen. In allen Fällen muss der Eintritt der für die Sanierung wesentlichen Annahmen und die Umsetzung der Maßnahmen überwiegend wahrscheinlich sein. Andernfalls kann bis zur hinreichenden Konkretisierung der offenen Sachverhalte nur ein Entwurf des Sanierungskonzepts an die Adressaten herausgegeben werden.

97   Für die Schlussbemerkung zur Zusammenfassung der Berichterstattung des Konzepterstellers zum Sanierungskonzept wird folgende im Einzelfall anzupassende und/oder zu ergänzende Formulierung empfohlen:

Muster für die Schlussbemerkung zur Zusammenfassung

„Ich war / Wir waren beauftragt, das in voranstehendem Bericht dargestellte Sanierungskonzept für die XY-Gesellschaft zu erstellen. Das Sanierungskonzept wurde auf Grundlage des

---

[42]   Vgl. BGH, Urteil vom 21.11.2005 – II ZR 277/03, ZIP 2005, S. 281 (Leitsatz): „[...] objektiv sanierungsfähig ist und die für ihre Sanierung konkret in Angriff genommenen Maßnahmen zusammen objektiv geeignet sind, die Gesellschaft in überschaubarer Zeit durchgreifend zu sanieren."

[43]   Vgl. BGH, Urteil vom 12.11.1992 – IX ZR 236/91, ZIP 1993, S. 279: „Zu fordern ist vielmehr ein in sich schlüssiges Konzept [...], das [...] ernsthafte und begründete Aussichten auf Erfolg rechtfertigt [...]".

zwischen der Gesellschaft und mir / uns geschlossenen Auftrags, dem die berufsüblichen Allgemeinen Auftragsbedingungen für Wirtschaftsprüfer und Wirtschaftsprüfungsgesellschaften vom 01.01.2017 zugrunde liegen, erstellt.

Ich habe meiner / Wir haben unserer Erstellungstätigkeit den *IDW Standard: Anforderungen an Sanierungskonzepte (IDW S 6)* zugrunde gelegt. Dieser *IDW Standard* legt die Grundsätze dar, nach denen Wirtschaftsprüfer Sanierungskonzepte erarbeiten.

Im Rahmen meiner/unserer Erstellungstätigkeit habe ich / haben wir auf Basis meiner/unserer Analysen der Ist-Lage[44] und der Krisenursachen[45] in Abstimmung mit den gesetzlichen Vertretern der Gesellschaft vor dem Hintergrund des Leitbilds[46] des sanierten Unternehmens geeignete Sanierungsmaßnahmen[47] erarbeitet und die Auswirkungen der ergriffenen und geplanten Maßnahmen in die integrierte Vermögens-, Finanz- und Ertragsplanung überführt.[48] Die gesetzlichen Vertreter haben sich das Sanierungskonzept und das dem Konzept zugrunde liegende Leitbild zu eigen gemacht. Bei ihnen liegt die Verantwortung für die Umsetzung, kontinuierliche Überwachung und Fortschreibung des Sanierungskonzepts.

Aufgabe der gesetzlichen Vertreter der Gesellschaft war es, mir / uns die für die Auftragsdurchführung erforderlichen Informationen vollständig und richtig zur Verfügung zu stellen.[49] Auf die beigefügte Vollständigkeitsklärung wird verwiesen. Ergänzend haben mir / uns die gesetzlichen Vertreter erklärt, dass sie beabsichtigen und in der Lage sind, die zur Sanierung erforderlichen und im Sanierungskonzept beschriebenen Maßnahmen umzusetzen. Auftragsgemäß war es nicht meine / unsere Aufgabe, die dem Sanierungskonzept zugrunde liegenden Daten nach Art und Umfang einer betriebswirtschaftlichen Prüfung i.S.d. § 2 Abs. 1 WPO (z.B. einer Jahresabschlussprüfung) zu prüfen. Ich habe / Wir haben hinsichtlich der in das Sanierungskonzept eingeflossenen wesentlichen Daten Plausibilitätsbeurteilungen durchgeführt.

Die dem Konzept beigefügte integrierte Planung weist künftige Liquiditätsüberschüsse und zum Ende des Betrachtungszeitraums ein positives Eigenkapital aus.

---

[44] Vgl. Tz. 53 ff.; so auch BGH, Urteil vom 04.12.1997 – IX ZR 47/97, ZIP 1998, S. 251: „Eine solche Prüfung muß die wirtschaftliche Lage des Schuldners im Rahmen seiner Wirtschaftsbranche analysieren [...] sowie die Vermögens-, Ertrags- und Finanzlage erfassen."

[45] Vgl. Tz. 61 ff. sowie BGH, Urteil vom 04.12.1997 – IX ZR 47/97, ZIP 1998, S. 251: „Eine solche Prüfung muß [...] die Krisenursachen [...] erfassen."; BGH, Urteil vom 15.11.2001 – 1 StR 185/01, ZIP 2002, S. 351: „Das Sanierungskonzept war [...] ohne eine genaue Analyse der Vergangenheit mit einem hohen, nicht abschätzbaren Risiko behaftet."

[46] Vgl. Tz. 63 ff. sowie OLG Köln, Urteil vom 24.09.2009 – 18 U 134/05, WPg 2011, S. 442: „Nach den überzeugenden Darlegungen des Sachverständigen setzt ein Sanierungskonzept im Wesentlichen voraus: [...] Leitbild des sanierten Unternehmens [...]".

[47] Vgl. Tz. 70 ff.; BGH, Urteil vom 21.11.2005 – II ZR 277/03, ZIP 2005, S. 281 m.w.N.: „Danach müssen [...] die für ihre Sanierung konkret in Angriff genommenen Maßnahmen zusammen objektiv geeignet sein, die Gesellschaft in überschaubarer Zeit durchgreifend zu sanieren [...]".

[48] Vgl. Tz. 74 ff.; BGH, Urteil vom 12.11.1992 – IX ZR 236/91, ZIP 1993, S. 279: „Zu fordern ist vielmehr ein in sich schlüssiges Konzept [...]"; OLG Köln vom 24.09.2009 – 18 U 134/05, WPg 2011, S. 442: „Nach den überzeugenden Darlegungen des Sachverständigen setzt ein Sanierungskonzept im Wesentlichen voraus: [...] Planverprobungsrechnung [...]".

[49] Vgl. BGH, Urteil vom 04.12.1997 – IX ZR 47/97, ZIP 1998, S. 251 m.w.N., wonach auf die Beurteilung eines unvoreingenommenen – nicht notwendigerweise unbeteiligten –, branchenkundigen Fachmanns abzustellen ist, „dem die vorgeschriebenen oder üblichen Buchungsunterlagen vorlagen [...]".

Das Sanierungskonzept beschreibt die für eine positive Fortbestehensprognose und darüber hinaus die für die Wiedererlangung der Wettbewerbsfähigkeit der ... [*Mandant*] erforderlichen Maßnahmen.

Im Rahmen meiner / unserer Tätigkeit bin ich / sind wir zu der abschließenden Einschätzung gelangt, dass aufgrund der im vorliegenden Sanierungskonzept beschriebenen Sachverhalte, Erkenntnisse, Maßnahmen und plausiblen Annahmen das Unternehmen bei objektiver Betrachtung mit überwiegender Wahrscheinlichkeit saniert werden kann. Dabei fanden insb. folgende Rechtsprechungsgrundsätze Anwendung:

- Das Sanierungskonzept geht von den erkannten und erkennbaren tatsächlichen Gegebenheiten des Unternehmens aus und ist durchführbar.

- Mir/uns haben die erforderlichen Buchhaltungsunterlagen des Unternehmens vorgelegen. Die Geschäftsführung hat mir/uns dies in einer Vollständigkeitserklärung bestätigt.

- Das Sanierungskonzept enthält eine Analyse der wirtschaftlichen Lage des Unternehmens im Rahmen seiner Wirtschaftsbranche und erfasst die Krisenursachen.

- Das Sanierungskonzept beurteilt die Vermögens-, Finanz- und Ertragslage des Unternehmens zutreffend.

- Das Sanierungskonzept enthält eine positive Fortbestehensprognose.

- Das Sanierungskonzept zeigt auf, dass das Unternehmen objektiv sanierungsfähig ist und die für seine Sanierung konkret in Angriff genommenen Maßnahmen insgesamt objektiv geeignet sind, das Unternehmen in überschaubarer Zeit durchgreifend zu sanieren.

- Das Sanierungskonzept belegt, dass nach Durchführung der Sanierungsmaßnahmen die Rentabilität der unternehmerischen Tätigkeit wieder hergestellt werden kann.

- Das Management hat bestätigt, das vorliegende Sanierungskonzept umzusetzen."

Anlage

Beispiel für die Gliederung eines Sanierungskonzepts

I. Auftrag und Auftragsdurchführung

II. Zusammenfassung wesentlicher Ergebnisse

III. Beschreibung des Unternehmens

    1. Historische Entwicklung und Unternehmensprofil

    2. Organisatorische, rechtliche und steuerliche Verhältnisse

    3. Übersicht über Geschäftsfelder und Produkte

IV. Analyse der wirtschaftlichen Lage des Unternehmens in seiner Branche

    1. Leistungswirtschaftliche Analyse

    2. Finanzwirtschaftliche Analyse

    3. Markt und Wettbewerb

    4. SWOT

V. Krisenursachen und Stadium der Krise sowie Ausschluss der Insolvenzreife

VI. Strategisches Leitbild und Ableitung von Sanierungsmaßnahmen

    1. Strategische Marktausrichtung und Leitbild

    2. Maßnahmen zur Umsetzung des Sanierungskonzepts

VII. Integrierte Sanierungsplanung

    1. Planungssystematik und Annahmen

    2. Vermögens-, Finanz- und Ertragslage

    3. Chancen und Risiken der Planung

VIII. Aussage zur Sanierungsfähigkeit

    1. Einschätzung der Sanierungsfähigkeit

    2. Zusammenfassende Schlussbemerkung

Fragen und Antworten:
Zur Erstellung und Beurteilung von Sanierungskonzepten nach IDW S 6
(F & A zu IDW S 6)

(Stand: 13.12.2023)

Fragen und Antworten: Zur Erstellung und Beurteilung von Sanierungskonzepten nach IDW S 6
(F & A zu IDW S 6)

Stand: 13.12.2023[1]

---

[1] Verabschiedet vom Fachausschuss Sanierung und Insolvenz (FAS) am 22.08.2016; billigende Kenntnisnahme durch den Hauptfachausschuss (HFA) am 08.09.2016. Überarbeitete Fassung verabschiedet vom FAS am 16.05.2018; billigende Kenntnisnahme durch den HFA am 07.06.2018; erneute Überarbeitung verabschiedet vom FAS am 13.12.2023; billigende Kenntnisnahme durch den HFA am 20.05.2024

1. Vorwort

Die nachfolgende Zusammenstellung behandelt von Anwendern häufig gestellte Fragen[2] zur praktischen Anwendung des *IDW Standards: Anforderungen an Sanierungskonzepte (IDW S 6)*. Die Fragen und Antworten sind entsprechend der Gliederung des *IDW S 6* strukturiert. Bei allen Antworten in dieser Zusammenstellung handelt es sich um Hinweise mit exemplarischem Charakter. Sie stellen weder zusätzliche Anforderungen zur Ergänzung des *IDW S 6* dar, noch handelt es sich um verbindliche Hinweise zur Auslegung dieses Standards. Diese Zusammenstellung kann das Lesen und Verstehen des *IDW S 6* nicht ersetzen.

Mit der Veröffentlichung dieser Fragen und Antworten möchte das IDW den Berufsstand bei der praktischen Umsetzung des *IDW S 6* unterstützen. Es ist vorgesehen, die Zusammenstellung bei Bedarf zu aktualisieren und um neue praktische Anwendungsfragen und die zugehörigen Antworten zu ergänzen.

2. Vorbemerkungen

2.1. 2.1 Sanierungskonzepte nach IDW S 6 werden oft als zu lang bzw. zu umfassend empfunden. Kann auf einzelne sanierungsrelevante Teilbereiche (z.B. Leitbild des Unternehmens, Markt und Wettbewerb) verzichtet werden?

Ein Sanierungskonzept muss nachfolgende Fragen beantworten können:

- Ist die Sanierung erfolgversprechend i.S. einer überwiegenden Wahrscheinlichkeit?

- Wird das Unternehmen nach der Sanierung wieder wettbewerbsfähig und somit refinanzierungsfähig sein?

- Genügt das Konzept den Anforderungen der Rechtsprechung, z.B. Ausschluss eigennütziger Sanierung (§ 826 BGB), Erlangung des Sanierungsprivilegs (§ 39 Abs. 4 InsO), Ausschluss der strafrechtlichen (§§ 283 ff. StGB) und haftungsrechtlichen (§ 64 GmbHG) Risiken, Erlangung steuerfreier Sanierungsgewinne, Vermeidung von Anfechtungsrisiken (§§ 130 ff. InsO)?

- Genügt das Konzept den regulatorischen Anforderungen (MaRisk, BTO 1.2.5 Behandlung von Problemkrediten; Befreiung von Pflichtangeboten, § 37 WpÜG i.V.m. § 9 WpÜG-Angebotsverordnung)?

Um diese Fragen beantworten zu können, müssen Sanierungskonzepte grundsätzlich alle für die Sanierung eines Unternehmens erforderlichen Sachverhalte und Maßnahmen abdecken. Dabei ist die Bearbeitung sämtlicher sog. Kernbestandteile eines Sanierungskonzepts zwingend, um den Anforderungen der Rechtsprechung zu genügen und so zu einer fundierten Aussage zur Sanierungsfähigkeit zu gelangen.

---

[2] Die Fragen basieren z.T. auch auf einer Studie der SRH Heidelberg zu ausgewählten Anwendungsfragen zum *IDW S 6*, die in Kooperation mit dem IDW durchgeführt wurde.

Kernbestandteile eines Sanierungskonzepts i.S. der BGH-Rechtsprechung und des *IDW S 6* sind:

- Die Beschreibung von Auftragsgegenstand und -umfang (vgl. *IDW S 6*, Tz. 34 ff.)
- Basisinformationen über die wirtschaftliche und rechtliche Ausgangslage des Unternehmens in seinem Umfeld, einschließlich der Vermögens-, Finanz- und Ertragslage (vgl. *IDW S 6*, Tz. 53 ff.)[3]
- die Analyse von Krisenstadium und -ursachen[4] sowie Analyse, ob eine Insolvenzgefährdung vorliegt (vgl. *IDW S 6*, Tz. 61 f.)[5]
- Darstellung des Leitbilds (vgl. *IDW S 6*, Tz. 63 ff.)[6] mit dem Geschäftsmodell des sanierten Unternehmens
- die Darstellung der Maßnahmen zur Abwendung einer Insolvenzgefahr und Bewältigung der Unternehmenskrise sowie zur Herstellung des Leitbilds des sanierten Unternehmens (vgl. *IDW S 6*, Tz. 70 ff.)[7]
- ein integrierter Unternehmensplan (vgl. *IDW S 6*, Tz. 74 ff.)[8]
- die zusammenfassende Einschätzung der Sanierungsfähigkeit ((vgl. *IDW S 6*, Tz. 97: „Muster für die Schlussbemerkung zur Zusammenfassung")[9].

Von der Vollständigkeit eines Sanierungskonzepts ist dessen Umfang zu unterscheiden: Der Umfang der Bearbeitung der Kernbestandteile richtet sich nach der Relevanz und Komplexität der zu bearbeitenden Sachverhalte (vgl. *IDW S 6*, Tz. 39).

Trotz der vorhandenen Öffnungsklauseln im *IDW S 6*, muss den beteiligten Parteien bewusst sein, dass eine vollumfängliche Beurteilung der Sanierungsfähigkeit eines Unternehmens aus betriebswirtschaftlicher Sicht nur dann möglich ist, wenn alle vom BGH geforderten und im

---

[3] Vgl. BGH, Urteil vom 12.05.2016 – IX ZR 65/14, Rz. 19 mit Verweis auf BGH, Urteil vom 04.12.1997 – IX ZR 47/97, ZIP 1998, S. 251: „Eine solche Prüfung muß die wirtschaftliche Lage des Schuldners im Rahmen seiner Wirtschaftsbranche analysieren [...] sowie die Vermögens-, Ertrags- und Finanzlage erfassen."

[4] Vgl. BGH, Urteil vom 12.05.2016 – IX ZR 65/14, Rz. 19 mit Verweis auf BGH, Urteil vom 04.12.1997 – IX ZR 47/97, ZIP 1998, S. 251: „Eine solche Prüfung muß [...] die Krisenursachen [...] erfassen."; BGH, Urteil vom 15.11.2001 – 1 StR 185/01, ZIP 2002, S. 351: „Das Sanierungskonzept war [...] ohne eine genaue Analyse der Vergangenheit mit einem hohen, nicht abschätzbaren Risiko behaftet."

[5] Vgl. BGH, Urteil vom 12.05.2016 – IX ZR 65/14, Rz. 36: „Die Maßnahmen müssen eine positive Fortführungsprognose begründen".

[6] Vgl. OLG Köln, Urteil vom 24.09.2009 – 18 U 134/05, WPg 2011, S. 442: „Nach den überzeugenden Darlegungen des Sachverständigen setzt ein Sanierungskonzept im Wesentlichen voraus: [...] Leitbild des sanierten Unternehmens [...]".

[7] Vgl. BGH, Urteil vom 12.05.2016 – IX ZR 65/14, Rz. 43: „[...] von einer dauerhaften Beseitigung der Krisenursachen ausgehen durfte.", ebenda, Rz. 36, „[...] und die Rentabilität der unternehmerischen Tätigkeit wiederhergestellt werden kann."; BGH, Urteil vom 21.11.2005 – II ZR 277/03, ZIP 2005, S. 281 m.w.N.: „Danach müssen [...] die für ihre Sanierung konkret in Angriff genommenen Maßnahmen zusammen objektiv geeignet sein, die Gesellschaft in überschaubarer Zeit durchgreifend zu sanieren [...]".

[8] Vgl. BGH, Urteil vom 12.05.2016 – IX ZR 65/14, Rz. 30 „Es muss damit gerechnet werden können, dass mit dem Sanierungsplan die Wiederherstellung der uneingeschränkten Zahlungsfähigkeit erfolgt." OLG Köln, Urteil vom 24.09.2009 – 18 U 134/05, WPg 2011, S. 442: „Nach den überzeugenden Darlegungen des Sachverständigen setzt ein Sanierungskonzept im Wesentlichen voraus: [...] Planverprobungsrechnung [...]". OLG Celle, Urteil vom 08.10.2015 – 16 U 17/15, Rz. 23: „Erforderlich sind die dazu gehörigen Liquiditätsplanungen, die Plan-GuV und die Planbilanz für einen längeren Prognosezeitraum."

[9] Vgl. BGH, Urteil vom 21.11.2005 – II ZR 277/03, ZIP 2005, S. 281 m.w.N.: „Danach müssen [...] nach der pflichtgemäßen Einschätzung eines objektiven Dritten [...] die Gesellschaft (objektiv) sanierungsfähig [...] sein [...]".

IDW S 6 diesbezüglich betriebswirtschaftlich konkretisierten Kernanforderungen an ein Sanierungskonzept bearbeitet wurden. Nicht ohne Grund hat der BGH ein in sich schlüssiges Konzept gefordert. Dabei werden im *IDW S 6* die vom BGH getroffenen Anforderungen aufgegriffen und betriebswirtschaftlich konkretisiert. Ohne eine Betrachtung aller genannten Themenkomplexe wird es nur in Ausnahmefällen möglich sein, eine positive Sanierungsaussage mit hinreichender Sicherheit abgeben zu können. Wird auf Wunsch der beteiligten Parteien bewusst auf einzelne Teilbereiche verzichtet, ist dies im Bericht über die Sanierungsfähigkeit kenntlich zu machen. Es besteht dadurch ein erhöhtes Risiko für alle Beteiligten, dass das Sanierungskonzept einer späteren gerichtlichen Überprüfung nicht standhält.

2.2. Wie kann der Aufwand/Umfang eines Sanierungskonzepts nach IDW S 6 bei kleineren Unternehmen begrenzt werden? Auf welche Elemente kann ggf. verzichtet werden?

Ein Sanierungsversuch setzt nach Auffassung des BGH auch für kleinere Unternehmen mindestens ein in sich schlüssiges Konzept voraus, das von den erkannten und erkennbaren tatsächlichen Gegebenheiten ausgeht und nicht offensichtlich undurchführbar ist. Sowohl für die Frage der Erkennbarkeit der Ausgangslage als auch für die Prognose der Durchführbarkeit ist auf die Beurteilung eines unvoreingenommenen – nicht notwendigerweise unbeteiligten –, branchenkundigen Fachmanns abzustellen, dem die vorgeschriebenen oder üblichen Buchhaltungsunterlagen zeitnah vorliegen. Eine solche Beurteilung muss die wirtschaftliche Lage des Schuldners im Rahmen seiner Wirtschaftsbranche analysieren und die Krisenursachen sowie die Vermögens-, Ertrags- und Finanzlage erfassen. Das gilt grundsätzlich auch für den Versuch der Sanierung eines kleineren Unternehmens, weil dabei ebenfalls Gläubiger in für sie beträchtlichem Umfang geschädigt werden können; lediglich das Ausmaß der Untersuchung kann dem Umfang des Unternehmens und der verfügbaren Zeit angepasst werden.[10]

Der Konzeptersteller bewegt sich hier in einem Spannungsfeld: Einerseits sind bei kleineren Unternehmen alle Kernbestandteile eines Sanierungskonzepts[11] zu bearbeiten, andererseits sollen Zeitaufwand und Kosten so gering wie möglich gehalten werden. Um dies in der Sanierungspraxis zu gewährleisten, muss sich der Konzeptersteller auf die wesentlichen Themen fokussieren, die für die Krise des Unternehmens ursächlich und für dessen Gesundung maßgeblich sind. Gleichzeitig hat er dabei auch immer die Risiken aus einer möglichen Anfechtung und Haftung im Auge zu behalten, die umso größer sind, je weniger Untersuchungen angestellt werden.

Wie in Abschn. 2.1. bereits erläutert, richtet sich der Umfang der Bearbeitung der Kernbestandteile dabei nach der Relevanz und Komplexität der zu bearbeitenden Sachverhalte. Da gerade bei kleineren Unternehmen häufig eine geringere Komplexität der Sanierungssituation vorliegt, sind das Ausmaß der Untersuchung und die Berichterstattung daran anzupassen.

---

[10] Vgl. BGH, Urteil vom 04.12.1997 – IX ZR 47/97, Tz. 25 m.w.N.

[11] Vgl. *IDW S 6*, Tz. 11 mit Verweis auf die BGH-Rechtsprechung.

Diese Grundsätze sind in der Sanierungspraxis zu beachten, um gerade bei kleineren Unternehmen den Aufwand für ein Sanierungskonzept angemessen zu halten, was nach *IDW S 6* möglich ist. Wird die Grundstruktur des *IDW S 6* beachtet, indem die Kernbestandteile sachgerecht abgearbeitet werden, kann ein Konzepersteller zudem davon ausgehen, dass sein Urteil gerichtlich belastbar ist.

Zu beachten ist aber, dass bei kleineren Unternehmen u.U. andere Aspekte erhebliche Kostentreiber sein können. Zu nennen sind insb. eine in der Praxis oft mängelbehaftete Datenlage und Buchführung oder das Nichtvorhandensein von Planungen. Die zum Teil zeitaufwendige Aufbereitung der Daten ist notwendige Voraussetzung, um das Sanierungskonzept erstellen zu können.

2.3.   Wann liegt ein kleineres Unternehmen vor?

Die Kernanforderungen an Sanierungskonzepte sind – auch nach der Rechtsprechung des BGH – bei kleineren Unternehmen ebenfalls anzuwenden. Allerdings ist das Ausmaß der Untersuchung und die Berichterstattung zu den einzelnen Anforderungen an die ggf. geringere Komplexität des Unternehmens anzupassen (BGH, Urteil vom 04.12.1997 – IX ZR 47/97, Tz. 25 m.w.N.; vgl. Abschn. 2.1.).

IDW S 6 greift den vom BGH in diesem Kontext verwendeten Begriff „kleinere Unternehmen" auf. Was unter kleineren Unternehmen zu verstehen ist, lässt der BGH offen. Ob diese den Kleinst-, kleinen oder mittelgroßen Unternehmen (Größenkriterien gemäß § 267 Abs. 1 und 2 sowie § 267a HGB) entsprechen oder ob sie in die KMU-Definition der EU-Kommission einzuordnen sind, spielt auch keine Rolle. Es geht letztlich nicht um die Größe eines Unternehmens nach Bilanz- und GuV-Zahlen oder nach der Zahl der Arbeitnehmer, sondern vielmehr um seine Komplexität: So kann ein großes mittelständisches Handelsunternehmen mit nur wenigen Produkten, aber hohen Umsätzen deutlich weniger komplex sein als ein weitaus kleineres produzierendes Unternehmen mit einer hohen Fertigungstiefe. Gleichwohl ist eine signifikante Korrelation zwischen Größe und Komplexität des Unternehmens regelmäßig gegeben.

Eine Definition unterschiedlicher Größenklassen wäre aus zwei Gründen nicht zielführend: Zum einen haben Umsatz-, Arbeitnehmer- oder Bilanzkennziffern aus den zuvor geschilderten Gründen eine nur untergeordnete Bedeutung. Zum anderen stellt *IDW S 6* klar, dass kleinere Unternehmen nicht per se weniger Anforderungen zu beachten haben, sondern bei geringerer Komplexität des Unternehmens das Ausmaß der Darstellung reduziert werden kann.

2.4.   Wie sind Sanierungskonzepte „in Anlehnung an" IDW S 6 zu beurteilen?

Die vom BGH beschriebenen Anforderungen an Sanierungskonzepte sind im *IDW S 6* betriebswirtschaftlich konkretisiert. Demnach stellen diese Konkretisierungen eine „Zusammenfassung einleuchtender Vernunfterwägungen" dar, welche bei jeder Sanierung angestellt werden müssen.[12] Eine unmittelbare und verbindliche Anwendung des *IDW S 6* gibt den Beteiligten (z.B. Organe, Konzeptersteller, Bankmitarbeiter) die Sicherheit, dass alle erforderlichen qualitativen Anforderungen des BGH und des *IDW S 6* im Sanierungskonzept Berücksichtigung finden und somit eine Art „Qualitätssiegel" und größtmöglichen Schutz bzgl. straf- und haftungsrechtlicher Risiken sowie regulatorischer bzw. aufsichtsrechtlicher Anforderungen liefern.

Wird ein Konzept nur in „Anlehnung an" *IDW S 6* oder ohne Bezugnahme auf *IDW S 6* erstellt, ist sicherzustellen, dass das Sanierungskonzept inhaltlich den Anforderungen der BGH-Rechtsprechung und in dessen Folge den betriebswirtschaftlichen Konkretisierungen des *IDW S 6* entspricht. Um Risiken für die Beteiligten zu vermeiden, sollten Abweichungen vermieden werden, da sie Ansatzpunkte für spätere Anfechtungsprozesse sowie für straf- und haftungsrechtliche Untersuchungen bieten können. Wird ein Sanierungskonzept gleichwohl nur in Anlehnung an *IDW S 6* erstellt, sollten bestehende Abweichungen zu den Anforderungen nach BGH/*IDW S 6* im Sanierungskonzept deutlich gemacht werden. Gleiches gilt für anderweitige Bezugnahmen, wie „in Grundzügen an *IDW S 6* angelehnt" oder „in Orientierung an *IDW S 6*".

Mit einem hohen und regelmäßig kaum vertretbaren Risiko verbunden sind Sanierungskonzepte „in Anlehnung an *IDW S 6*", soweit sie gemessen an den Kernanforderungen des *IDW S 6* unvollständig sind oder auf einer falschen, unzureichenden oder fehlenden Einschätzung beruhen, wie bspw. bei einer fehlenden abschließenden Einschätzung darüber, ob zutreffend von einer positiven insolvenzrechtlichen Fortbestehensprognose ausgegangen werden kann und demzufolge das Vorliegen von Insolvenzantragsgründen auszuschließen ist. Eine Exkulpation i.S. der aktuellen Rechtsprechung findet in einem solchen Fall nicht statt.

Da eine Einschätzung der Sanierungsfähigkeit nur möglich ist, sofern die Kernbestandteile eines Sanierungskonzepts vorliegen, bleibt in allen Fällen, in denen eine Einschätzung zur Sanierungsfähigkeit abgegeben wird, kein Raum für lediglich „in Anlehnung an *IDW S 6*" erstellte Konzepte.

Den beteiligten Parteien in einem Sanierungsprozess, insb. dem Management in Abstimmung mit den Kapitalgebern, steht es frei, nur einzelne oder Teile der im *IDW S 6* genannten Kernbestandteile zu beauftragen (vgl. dazu *IDW S 6*, Tz. 7). Es handelt sich hierbei jedoch nicht um die Beauftragung eines Sanierungskonzepts nach *IDW S 6*. Nur wenn alle Kernbestandteile für ein Sanierungskonzept vorliegen, ist eine Einschätzung der Sanierungsfähigkeit des Unternehmens möglich.

---

[12] Vgl. OLG Köln, Urteil vom 24.09.2009 – 18 U 134/05.

2.5. **Sanierungskonzepte umfassen mehrere vergangenheitsorientierte Berichtsteile, die Beschreibung der Krisenursachen ist oft sehr lang. Sollte der Fokus nicht eher auf die (zukunftsorientierten) Sanierungsmaßnahmen gelegt werden?**

Die Analyse der Vergangenheit[13] (*IDW S 6*, Tz. 56) ist für die Identifizierung der Krisenursachen, für die Plausibilisierung der Planung und für die Beurteilung der Angemessenheit der Sanierungsmaßnahmen ein Kernbestandteil des Sanierungskonzepts. Der Umfang der Analyse und Berichterstattung sollte sich vor allem auf solche vergangenheitsorientierten Sachverhalte beschränken, die für die Ableitung der Sanierungsmaßnahmen relevant sind. Der Schwerpunkt des Sanierungskonzepts sollte indes auf der künftigen Entwicklung des Unternehmens liegen.

2.6. **Umfasst *IDW S 6* die höchstrichterliche Rechtsprechung? Worin unterscheiden sich Sanierungskonzepte nach BGH und Sanierungskonzepte nach *IDW S 6*?**

IDW S 6 berücksichtigt sämtliche einschlägigen Entscheidungen des BGH, konkretisiert diese bzgl. der betriebswirtschaftlichen Anforderungen und führt sie zu einem ebenfalls vom BGH geforderten „schlüssigen und erfolgsversprechenden"[14] Sanierungskonzept zusammen. Wenn *IDW S 6* in seinen Details die einzelfallbezogenen Kernsätze der Rechtsprechung, die den Rahmen für ein Sanierungskonzept vorgeben, konkretisiert, liegt darin kein Widerspruch zu den Rechtsprechungsanforderungen, sondern eine notwendige Ergänzung.

Die Anforderungen aus den verschiedenen (einzelfallbezogenen und über viele Jahre ergangenen) BGH-Entscheidungen und der Instanzenrechtsprechung sind bis zum Datum der vorliegenden F & A durch den *IDW S 6* abgedeckt. Nachstehende Gegenüberstellung – gegliedert nach den zentralen Anforderungen der Rechtsprechung – verdeutlicht dies:

Anforderungen der Rechtsprechung an Sanierungskonzepte	Betriebswirtschaftliche Konkretisierungen des IDW S 6 zu den Anforderungen der Rechtsprechung (beispielhafte Aufzählung) (die aufgeführten Textziffern beziehen sich auf *IDW S 6*)
Beurteilungsmaßstab Für die Frage der Erkennbarkeit der Ausgangslage ist auf die Beurteilung eines unvoreingenommenen branchenkundigen Fachmanns abzustellen, dem die vorgeschriebenen oder üblichen Buchhaltungsunterlagen zeitnah vorliegen	Anforderungen an die Qualität der Informationen. Der **Fachmann** muss sich auf Grundlage von Plausibilitätsbeurteilungen entscheiden, ob er die sich aus dem **Finanz- und Rechnungswesen** ergebenden Daten als Aus-

---

13   Vgl. BGH, Urteil vom 12.05.2016 – IX ZR 65/14, Tz. 18: „[...] erforderlich ist eine Analyse der Verluste [...]".
14   Vgl. BGH, Urteil vom 12.05.2016 – IX ZR 65/14, Tz. 15 m.w.N.

(BGH, Urteil vom 04.12.1997 – IX ZR 47/97, Tz. 25).	gangsinformationen für die Ist-Lage der Ableitung von Planzahlen zugrunde legen kann (Tz. 49 ff.).
Analyse der wirtschaftlichen Ausgangsage einschließlich der Finanz-, Vermögens- und Ertragslage	Basisinformationen über die **Ausgangslage** des Unternehmens sind unter Berücksichtigung ihrer Relevanz für das Sanierungskonzept in einer klaren und übersichtlichen Form darzustellen (Tz. 53 ff.).
Die Prüfung muss die **wirtschaftliche Lage** des Schuldners im Rahmen seiner **Wirtschaftsbranche** analysieren sowie die **Vermögens-, Ertrags- und Finanzlage** erfassen (BGH, Urteil vom 04.12.1997 – IX ZR 47/97, Tz. 25).	Analyse der **Unternehmenslage** durch systematische Datenerhebung zu allen für die Sanierung des Unternehmens wesentlichen Bereichen (Tz. 56 ff.).
Ohne eine **genaue Analyse der Vergangenheit** ist das Sanierungskonzept mit einem hohen, nicht abschätzbaren Risiko behaftet (BGH, Urteil vom 15.11.2001 –1 StR 185/01, ZIP 2002, S. 351).	Im Vordergrund der Analyse des **Umfelds** steht die voraussichtliche Entwicklung der wirtschaftlichen Rahmenbedingungen (Tz. 56 ff.).
Erforderlich ist eine **Analyse der Verluste** und der **Möglichkeit deren künftiger Vermeidung** (BGH, Urteil vom 12.05.2016 – IX ZR 65/14, Tz. 18).	Analyse der für das Unternehmen in seiner **Branche** charakteristischen Wettbewerbssituation und deren Entwicklung im Planungszeitraum (Tz. 56 ff.).
	Analyse der internen Unternehmensverhältnisse Erfassung der **Ergebnis-, Finanz- und Vermögenslage** des Unternehmens (Tz. 56 ff.).
	Die Ursache einer drohenden Insolvenz ist darzulegen, auch ob diese lediglich aus Problemen auf der Finanzierungsseite resultiert, oder ob der Betrieb unwirtschaftlich, insb. nicht **kostendeckend oder sonst mit Verlusten arbeitet** (Tz. 61).
Analyse von Krisenursachen und -stadium	
Die Prüfung muss die **Krisenursachen** erfassen (BGH, Urteil vom 04.12.1997 – IX ZR 47/97, Tz. 25).	In der Entwicklung bis hin zur **Insolvenz** lassen sich die Stadien der Stakeholder-, Strategie-, Produkt- und Absatzkrise sowie der Erfolgs- und Liquiditätskrise unterscheiden (Tz. 31).
Darlegung der **Ursache der drohenden Insolvenz**, insb. ob diese lediglich aus Problemen auf der Finanzierungsseite resultiert, oder ob der Betrieb unwirtschaftlich, insb. nicht kostendeckend oder sonst mit Verlusten arbeitet (BGH, Urteil vom 12.05.2016 – IX ZR 65/14, Tz. 35).	Nicht identifizierte und behobene **Krisenursachen** wirken weiter und führen dazu, dass z.B. die Erfolgs- und Liquiditätskrise nur vorübergehend überwunden wird, ohne dass eine nachhaltige Sanierung erreicht ist (Tz. 62).
Nachhaltigkeit der Sanierung	
Vorliegen objektiver Sanierungsfähigkeit und die für ihre Sanierung konkret in Angriff genommenen Maßnahmen müssen zusammen **objektiv**	Das Sanierungskonzept zeigt auf, dass das Unternehmen **objektiv sanierungsfähig** ist und die für seine Sanierung konkret in Angriff genommenen Maßnahmen insgesamt objektiv

geeignet sein, die Gesellschaft in **überschau-barer Zeit durchgreifend zu sanieren** (BGH, Urteil vom 21.11.2005 – II ZR 277/03, ZIP 2005, S. 281 (Leitsatz)).

Eine **dauerhafte Sanierung** ist erforderlich. Arbeitet das Unternehmen ständig mit Verlust, ist eine Sanierungsvereinbarung, mit der lediglich der gegenwärtige Schuldenstand reduziert wird, von vornherein nicht tragfähig, weil dann der erneute Anstieg der Schulden unausweichlich und der erneute Eintritt der Insolvenzreife absehbar ist (BGH, Urteil vom 12.05.2016 – IX ZR 65/14, Tz. 29).

Es muss damit gerechnet werden können, dass mit dem Sanierungsplan die **Wiederherstellung der uneingeschränkten Zahlungsfähigkeit** erfolgt (BGH, Urteil vom 12.05.2016 – IX ZR 65/14, Tz. 30).

Nach Durchführung der Maßnahmen muss für das Unternehmen die **Rentabilität der unternehmerischen Tätigkeit wiederhergestellt** werden können (BGH, Urteil vom 12.05.2016 – IX ZR 65/14, Tz. 36).

geeignet sind, das Unternehmen in **über-schaubarer Zeit durchgreifend zu sanieren**. (Muster für die Schlussbemerkung zur Zusammenfassung).

Der Erstellung eines Sanierungskonzepts können nur **objektive** oder zumindest objektivierbare **Kriterien** zugrunde gelegt werden (Tz. 22).

Nachhaltigkeit ist über eine zeitliche Komponente hinaus Grundlage für einen **dauerhaften** Sanierungserfolg (Tz. 20).

Durch geeignete Maßnahmen ist nachhaltig **Wettbewerbsfähigkeit** wiederzuerlangen (Tz. 18).

Wettbewerbsfähigkeit setzt Finanzierbarkeit am Markt voraus. Diese erfordert grundsätzlich eine **angemessene Rendite** sowie ein **angemessenes Eigenkapital** (Tz. 26)

Neben einer positiven insolvenzrechtlichen Fortbestehensprognose wird eine durchgreifende Sanierung gefordert, d.h. die Wiederherstellung der **Rentabilität der unternehmerischen Tätigkeit**, als Voraussetzung, aus eigener Kraft im Wettbewerb bestehen zu können (Tz. 24).

Maßnahmen zur Bewältigung der Unternehmenskrise und Abwendung einer Insolvenzgefahr

Sanierungskonzept **muss mindestens in den Anfängen schon in die Tat umgesetzt sein** (BGH, Urteil vom 12.11.1992 – IX ZR 236/91, ZIP 1993, S. 276, 280)

Umstrukturierungsmaßnahmen müssen in Angriff genommen werden, d.h. vom **Fortführungswillen** der Organe getragen sein (BGH, Urteil vom 12.05.2016 – IX ZR 65/14, Tz. 36).

Die Reduzierung allein der Schulden durch (Teil-)Verzicht der Gläubiger ist für eine Sanierung i.d.R. nicht erfolgversprechend, wenn **dadurch die Ursachen der Krise nicht beseitigt werden** und in der Zukunft unverändert fortwirken würden. Ihre Beseitigung ist die Grundlage jeder erfolgversprechenden Sanierung, sofern die Krise, wie ausgeführt, nicht ausnahmsweise lediglich auf einem Zahlungsausfall beruht (BGH, Urteil vom 12.05.2016 – IX ZR 65/14, Tz. 40 m.w.N.).

Im Sanierungskonzept ist anzugeben, ob das schlüssige Konzept **mindestens in den Anfängen schon in die Tat umgesetzt** worden ist, und welche konkreten **Maßnahmen** hierfür **bereits eingeleitet** und mit welchem Grad diese bereits **realisiert** sind (Tz. 75).

Dazu muss die Unternehmensleitung über den **Willen**, die Fähigkeiten und die Möglichkeiten verfügen, mit den im Konzept ausgeführten Maßnahmen die Sanierungsfähigkeit zu erreichen (Tz. 25).

Das jeweilige Krisenstadium bestimmt Inhalte und **Maßnahmen** des Sanierungskonzepts (Tz. 68).

Das Sanierungskonzept beschreibt auf der Grundlage einer systematischen Lagebeurteilung die im Hinblick auf das Leitbild des sanierten Unternehmens zu **ergreifenden Maßnahmen** und quantifiziert deren Auswirkungen

Die Beurteilung von Insolvenzgründen gehört zu den Kernbestandteilen eines Sanierungskonzepts auf das aus Gründen der Vollständigkeit und der Bedeutung im Prozess der Gutachtenerstellung nicht verzichtet werden kann (OLG Bamberg Urteil v. 31.07.2023 – 2 U 38/22).

Beschränkt sich ein Sanierungsversuch allein darauf, dass alle oder ein Teil der Gläubiger quotal auf ihre Forderungen verzichten, ist dies nur dann erfolgversprechend, wenn der Insolvenzgrund allein auf einem Finanzierungsproblem beruht, etwa dem Ausfall berechtigter Forderungen des Schuldners, das Schuldnerunternehmen aber grundsätzlich profitabel arbeitet. Kann in diesem Fall durch einen Schuldenschnitt die **Zahlungsfähigkeit dauerhaft wiederhergestellt und die Überschuldung beseitigt werden**, werden hierdurch andere auch künftige Gläubiger nicht benachteiligt (BGH, Urteil vom 12.05.2016 – IX ZR 65/14, Tz. 31).

Die Maßnahmen müssen **eine positive Fortführungsprognose** begründen (BGH, Urteil vom 12.05.2016 – IX ZR 65/14, Tz. 36).

im Rahmen einer integrierten Liquiditäts-, Ertrags- und Vermögensplanung (Tz. 5).

In einer **Vorstufe** ist eine unverzügliche Beurteilung der Insolvenzantragsgründe i.d.R. gemäß *IDW S 11* erforderlich. Wird eine akute Illiquiditätslage festgestellt, müssen unverzüglich, d.h. innerhalb von längstens drei Wochen, Maßnahmen zu deren Beseitigung konkretisiert und umgesetzt werden (Tz. 13).

Für eine **positive Fortführungsfähigkeit** muss im Planungszeitraum des Konzepts die Finanzierung des Unternehmens mit überwiegender Wahrscheinlichkeit sichergestellt werden (Tz. 17).

Sanierungsfähig ist ein erwerbswirtschaftliches Unternehmen nur dann, wenn eine Durchfinanzierung i.S. einer positiven insolvenzrechtlichen Fortbestehensprognose im Prognosezeitraum des Konzepts vorliegt (Stufe 1) und darüber hinaus durch geeignete Maßnahmen auch nachhaltig die Wettbewerbsfähigkeit wiedererlangt werden kann (nachhaltige Fortführungsfähigkeit i.S. einer Sanierungsfähigkeit; Stufe 2) (Tz. 18).

Nachhaltige Sanierung verlangt ein Konzept zur Stärkung bzw. Wiedergewinnung der Wettbewerbsfähigkeit und kann sich nicht mit Kurz- und Mittelfristmaßnahmen begnügen (Tz. 69).

Nicht ausreichend für eine durchgreifende Sanierung i.S. der Rechtsprechung ist jedenfalls die bloße Abwendung von Insolvenzgründen [...], wenn dadurch die Ursachen der Krise nicht beseitigt werden und in der Zukunft unverändert fortwirken würden (Tz. 30).

Schlüssigkeit des Konzepts

Das Sanierungskonzept muss **schlüssig** sein und von den tatsächlichen Gegebenheiten ausgehen (BGH, Urteil vom 12.11.1992 – IX ZR 236/91, ZIP 1993, S. 276, 280).

Das Konzept muss **nachvollziehbar und vertretbar** erscheinen (BGH, Urteil vom 12.05.2016 – IX ZR 65/14, Tz. 30).

Im Sanierungskonzept ist anzugeben, ob das **schlüssige** Konzept mindestens in den Anfängen schon in die Tat umgesetzt worden ist (Tz. 75).

Das Sanierungskonzept muss hinsichtlich der vorgesehenen Beiträge der betroffenen Interessengruppen (vor allem der Gesellschafter, der Kreditgeber, des Managements und der Arbeitnehmer) sowie bzgl. der Umsetzung der erforderlichen operativen und strategischen Restrukturierungsmaßnahmen **realisierbar** sein (Tz. 5). Die Erfassung aller wesentlichen

	Informationen sowie die Klarheit und Übersichtlichkeit der Darstellung der Ausgangssituation sind Grundvoraussetzungen für ein **nachvollziehbares** Sanierungskonzept (Tz. 46).
Prognose der Durchführbarkeit Für die Frage der Prognose der Durchführbarkeit ist auf die **Beurteilung eines unvoreingenommenen branchenkundigen Fachmanns** abzustellen (BGH, Urteil vom 04.12.1997 – IX ZR 47/97, Tz. 25). Das Sanierungskonzept muss **ernsthafte und begründete Aussicht auf Erfolg** rechtfertigen (BGH, Urteil vom 12.11.1992 – IX ZR 236/91, ZIP 1993, S. 276, 280). Das Sanierungskonzept muss nicht ohne jegliches Risiko sein. Eine **positive Prognose genügt**, muss aber nachvollziehbar und vertretbar erscheinen. Es muss damit gerechnet werden können, dass mit dem Sanierungsplan die Wiederherstellung der uneingeschränkten Zahlungsfähigkeit erfolgt (BGH, Urteil vom 12.11.1992 – IX ZR 236/91, ZIP 1993, S. 276, 280).	Ausgehend von **plausiblen Annahmen**, die für die Sanierung wesentlich sind, muss für das Unternehmen aus Sicht des Erstellers zum Abschluss der Erstellung des Sanierungskonzepts eine **positive Prognose** vorliegen, d.h. es muss mit **überwiegender Wahrscheinlichkeit** saniert werden können. Bei objektiver Betrachtung muss somit mehr für als gegen die erfolgreiche Sanierung sprechen. Dies gilt auch für Maßnahmen, die der Mitwirkung Dritter bedürfen (Tz. 21). Die Berichterstattung enthält [...] eine Einschätzung, ob das Unternehmen [...] sanierungsfähig ist, d.h., dass auf Basis des Sanierungskonzepts bei objektiver Beurteilung **ernsthafte und begründete Aussichten auf eine erfolgreiche Sanierung** in einem überschaubaren Zeitraum bestehen (Tz. 91).
Integrierter Unternehmensplan Eine positive Prognose genügt, muss aber nachvollziehbar und vertretbar erscheinen. Es muss damit gerechnet werden können, dass mit dem **Sanierungsplan** die Wiederherstellung der uneingeschränkten Zahlungsfähigkeit erfolgt (BGH, Urteil vom 12.05.2016 – IX ZR 65/14, Tz. 30). Ein Sanierungskonzept setzt im Wesentlichen eine **Planverprobungsrechnung** voraus (OLG Köln, Urteil vom 24.09.2009 – 18 U 134/05, WPg 2011, S. 442). Erforderlich sind die dazu gehörigen **Liquiditätsplanungen, die Plan-GuV und die Planbilanz** für einen längeren Prognosezeitraum (OLG Celle, Urteil vom 08.10.2015 – 16 U 17/15, Tz. 23).	Das Sanierungskonzept beschreibt auf der Grundlage einer systematischen Lagebeurteilung die im Hinblick auf das Leitbild des sanierten Unternehmens zu ergreifenden Maßnahmen und quantifiziert deren Auswirkungen im Rahmen einer **integrierten Liquiditäts-, Ertrags- und Vermögensplanung** (Tz. 5). Der im Sanierungskonzept verankerte **Sanierungsplan** ist integriert als Ergebnis-, Finanz- und Vermögensplan zu erstellen. Dabei wird, ausgehend von den betrieblichen Teilplänen (Absatzplanung, Investitionsplanung, Personalplanung etc.) und unter Berücksichtigung der abgeleiteten Maßnahmen, eine Plan-Gewinn- und Verlustrechnung, eine Plan-Bilanz und darauf aufbauend ein Finanzplan entwickelt (Tz. 78).
Leitbild • Ein Sanierungskonzept setzt im Wesentlichen ein **Leitbild** des sanierten Unternehmens voraus	Kernbestandteil eines Sanierungskonzepts ist das Leitbild des sanierten Unternehmens. Das

(OLG Köln, Urteil vom 24.09.2009 – 18 U 134/05, WPg 2011, S. 442).	Leitbild umschreibt die Konturen eines Unternehmens, das in wirtschaftlicher Hinsicht nachhaltig eine Wettbewerbsfähigkeit aufweist, mithin wieder attraktiv für Eigen- und Fremdkapitalgeber (geworden) ist (Tz. 63). Das **Leitbild** schließt ein realisierbares, zukunftsfähiges Geschäftsmodell ein (Tz. 65).
Kleinere Unternehmen • Ein Sanierungsversuch setzt mindestens ein in sich schlüssiges Konzept voraus, das von den erkannten und erkennbaren tatsächlichen Gegebenheiten ausgeht und nicht offensichtlich undurchführbar ist. Sowohl für die Frage der Erkennbarkeit der Ausgangslage als auch für die Prognose der Durchführbarkeit ist auf die Beurteilung eines unvoreingenommenen – nicht notwendigerweise unbeteiligten –, branchenkundigen Fachmanns abzustellen, dem die vorgeschriebenen oder üblichen Buchhaltungsunterlagen zeitnah vorliegen. Eine solche Prüfung muss die wirtschaftliche Lage des Schuldners im Rahmen seiner Wirtschaftsbranche analysieren und die Krisenursachen sowie die Vermögens-, Ertrags- und Finanzlage erfassen. • **Das gilt grundsätzlich auch für den Versuch der Sanierung eines kleineren Unternehmens,** weil dabei ebenfalls Gläubiger in für sie beträchtlichem Umfange geschädigt werden können; lediglich das Ausmaß der Prüfung kann dem Umfang des Unternehmens und der verfügbaren Zeit angepasst werden (BGH, Urteil vom 04.12.1997 – IX ZR 47/97, Tz. 25 m.w.N.).	Ein Sanierungskonzept nach diesem *IDW Standard* hat auch bei kleineren Unternehmen in jedem Fall die [...] Kernbestandteile zu umfassen (Tz. 40). Bei **kleineren Unternehmen** sind das Ausmaß der Untersuchung und die Berichterstattung ggf. an die geringere Komplexität des Unternehmens anzupassen (Tz. 39 ff.).

2.7. Worin unterscheidet sich die Erstellung eines Sanierungskonzepts von dessen Beurteilung?

Im Rahmen der „Erstellung eines Sanierungskonzepts" unterstützt der Wirtschaftsprüfer die Geschäftsführung bei der Erarbeitung des Konzepts und wirkt aktiv an der Gestaltung der Sanierungsmaßnahmen und der Entwicklung eines neuen strategischen Leitbildes sowie ggf. der Planung mit. Der Wirtschaftsprüfer führt eigene Analysen zur Markt- und Wettbewerbssituation durch und erarbeitet gemeinsam mit dem Mandanten das Leitbild des sanierten Unternehmens.

Davon zu unterscheiden ist die „Beurteilung eines Sanierungskonzepts". Dabei beurteilt der Wirtschaftsprüfer ein vom Management bzw. einem sachkundigen Dritten erstelltes Sanierungskonzept hinsichtlich der Anforderungen des BGH und des *IDW S 6* an ein Sanierungskonzept.

13

2.8. Was ist ein Fortführungskonzept?

Grundsätzlich ist ein Fortführungskonzept allein nicht geeignet, die dauerhafte bzw. durchgreifende Sanierung eines Unternehmens, wie sie der BGH fordert, darzustellen. *IDW S 6* verlangt grundsätzlich ein zweistufiges Vorgehen (*IDW S 6*, Tz. 17 f.) bei der Beurteilung der Sanierungsfähigkeit eines Unternehmens.

In der ersten Stufe (Fortführungskonzept) ist zunächst zu prüfen, ob das Unternehmen in der Lage ist, im Betrachtungszeitraum jederzeit seinen fälligen Verbindlichkeiten nachzukommen. Für eine Fortführungsfähigkeit muss deshalb nicht nur im ggf. kürzeren Prognosezeitraum der insolvenzrechtlichen Fortbestehensprognose, sondern im gesamten Planungszeitraum die Finanzierung des Unternehmens mit überwiegender Wahrscheinlichkeit sichergestellt sein. Eine solche Liquiditätsplanung aufzustellen, ist zunächst immer Aufgabe der geschäftsführenden Organe eines Unternehmens. Lediglich die Beurteilung obliegt dem Ersteller des Sanierungskonzepts. Zu den insolvenzrechtlichen Anforderungen vgl. *IDW S 11*[15].

In der Praxis gibt es vielfältige Anlässe für die Erstellung von Fortführungskonzepten. Dies kann bspw. der Ausschluss von Insolvenzgründen sein (insolvenzrechtliche Fortbestehensprognose) oder die Beurteilung der Fortführungsfähigkeit über einen Fünfjahres-Zeitraum im Rahmen der Refinanzierung. Ist die Finanzierung im Prognosezeitraum des Fortführungskonzepts mit überwiegender Wahrscheinlichkeit gesichert, ist – bei positivem Fortführungswillen – regelmäßig auch handelsrechtlich von einer positiven Fortführungsannahme gemäß § 252 Abs. 1 Nr. 2 HGB auszugehen.

Ist ein Fortführungskonzept zum Ausschluss von Insolvenzantragsgründen zu erstellen, sind die unterschiedlichen Prognosezeiträume für die Einschätzung der Überschuldung (grundsätzlich 12 Monate, für den Übergangszeitraum bis 31.12.2023 nach § 4 Abs. 2 SanInsKG 4 Monate) und drohenden Zahlungsunfähigkeit (in aller Regel 24 Monate) zu beachten.[16] Der Prognosezeitraum der drohenden Zahlungsunfähigkeit kann sich über den Zeitraum von 24 Monaten bspw. bei einer geordneten stillen Liquidation erheblich verlängern, wenn sich die Verwertung der Vermögenswerte über einen längeren Zeitraum hinzieht.[17]

Im Unterschied zu einem Sanierungskonzept muss ein Fortführungskonzept nicht den Anforderungen genügen, die an das Kriterium der Wettbewerbsfähigkeit zu stellen sind.

Im Folgenden wird ein Muster für die Schlussbemerkung eines Fortführungskonzepts als Vorstufe für ein umfassendes Sanierungskonzept nach *IDW S 6* dargestellt:

„Ich war / Wir waren beauftragt, für die Jahre xxx bis xxx ein Fortführungskonzept für die XY-Gesellschaft zu erstellen, das eine positive insolvenzrechtliche Fortbestehensprognose für die Einschätzung der Überschuldung ([ggf. zusätzlich] und für die Einschätzung der drohenden Zahlungsunfähigkeit sowie [ggf.] eine handelsrechtliche Fortführungsannahme i.S. des § 252

---

[15] *IDW Standard: Beurteilung des Vorliegens von Insolvenzeröffnungsgründen (IDW S 11)* (Stand: 13.12.2024).

[16] Vgl. *IDW S 11*, Tz. 64, 97.

[17] Vgl. *IDW Praxishinweis 2/2017: Beurteilung einer Unternehmensplanung bei Bewertung, Restrukturierungen, Due Diligence und Fairness Opinion* (Stand: 02.01.2017).

Abs. 1 Nr. 2 HGB) umfasst. Hierbei handelt es sich nicht um ein umfassendes Sanierungskonzept i.S. des *IDW S 6*, sodass allein auf dieser Grundlage keine Aussage zur Sanierungsfähigkeit getroffen werden kann.

Das Fortführungskonzept wurde auf Grundlage des zwischen der Gesellschaft und mir / uns geschlossenen Auftrags, dem die berufsüblichen Allgemeinen Auftragsbedingungen für Wirtschaftsprüfer und Wirtschaftsprüfungsgesellschaften zugrunde liegen, erstellt.

Meine / Unsere Aufgabe war es, auf Basis meiner / unserer Analysen in Abstimmung mit den gesetzlichen Vertretern der Gesellschaft Maßnahmen zu erarbeiten, auf deren Grundlage von einer positiven insolvenzrechtlichen Fortbestehensprognose für die Einschätzung der Überschuldung ([ggf.] und einer handelsrechtlichen Fortführungsannahme) ausgegangen werden kann. Die Planungsprämissen sowie die Auswirkungen der ergriffenen und geplanten Maßnahmen wurden von mir / uns in die integrierte Ertrags-, Liquiditäts- und Vermögensplanung überführt.

Die gesetzlichen Vertreter haben sich das dem Fortführungskonzept zugrunde liegende Leitbild zu eigen gemacht. Bei ihnen liegt die Verantwortung für die Umsetzung, kontinuierliche Überwachung und Fortschreibung des Fortführungskonzepts. Aufgabe der gesetzlichen Vertreter der Gesellschaft war es, mir / uns die für die Auftragsdurchführung erforderlichen Informationen vollständig und richtig zur Verfügung zu stellen. Auf die beigefügte Vollständigkeitserklärung wird verwiesen. Ergänzend haben mir / uns die gesetzlichen Vertreter erklärt, dass sie beabsichtigen und in der Lage sind, die für eine positive insolvenzrechtliche Fortbestehensprognose für die Einschätzung der Überschuldung ([ggf.] und für die Einschätzung der drohenden Zahlungsunfähigkeit sowie [ggf.] der handelsrechtlichen Fortführungsannahme) erforderlichen und im Fortführungskonzept beschriebenen Maßnahmen umzusetzen. Auftragsgemäß war es nicht meine / unsere Aufgabe, die dem Fortführungskonzept zugrunde liegenden Daten nach Art und Umfang einer Jahresabschlussprüfung zu prüfen. Ich habe / Wir haben hinsichtlich der in das Fortführungskonzept eingeflossenen wesentlichen Daten Plausibilitätsbeurteilungen durchgeführt.

Im Rahmen meiner / unserer Tätigkeit bin ich / sind wir zu der abschließenden Einschätzung gelangt, dass aufgrund der im vorliegenden Fortführungskonzept beschriebenen Sachverhalte, Erkenntnisse, Maßnahmen und plausiblen Annahmen die Fortführung des Unternehmens überwiegend wahrscheinlich ist und damit zutreffend von einer positiven insolvenzrechtlichen Fortbestehensprognose für die Einschätzung der Überschuldung ([ggf.]und für die Einschätzung der drohenden Zahlungsunfähigkeit sowie [ggf.] der handelsrechtlichen Fortführungsannahme) ausgegangen werden kann."

2.9. **Reicht der Bank ein Fortführungskonzept zur Erfüllung der MaRisk oder ist zwingend ein Sanierungskonzept erforderlich?**

Wenn ein Institut die Begleitung einer Sanierung in Betracht zieht, so hat es sich nach den Mindestanforderungen an das Risikomanagement (MaRisk) ein Sanierungskonzept zur Beurteilung der Sanierungsfähigkeit des Kreditnehmers vorlegen zu lassen und auf dieser Grundlage seine Entscheidung zu treffen (MaRisk BTO 1.2.5 Behandlung von Problemkrediten Tz. 4).

Die Aufsichtsbehörden fordern ein Sanierungskonzept (und nicht nur ein Fortführungskonzept) eines erwerbswirtschaftlichen Unternehmens. Am Ende des Sanierungszeitraums muss das Unternehmen wieder wettbewerbsfähig sein. Aus der Wettbewerbsfähigkeit leitet sich die Refinanzierbarkeit ab. Diese erfordert regelmäßig eine angemessene Rendite sowie ein angemessenes Eigenkapital.

Trotz allem sind Situationen denkbar, in denen die Bescheinigung der positiven Fortführungsfähigkeit ausreichend ist. Dies ist insb. der Fall, wenn mangels Wettbewerbsfähigkeit bzw. Refinanzierungsfähigkeit des Unternehmens keine Sanierung mehr möglich ist oder angestrebt wird, wie bspw. bei auslaufenden Geschäftsmodellen. Gleiches gilt im Rahmen einer stillen Liquidation oder sog. „Single-Assets-Fonds"-Strukturen (z.B. Schiffs-, Infrastruktur- und Immobilienfonds). Letztere wurden ausschließlich zum Zweck der Finanzierung eines einzelnen Vermögensgegenstandes gegründet und haben i.d.R. eine fest vereinbarte Laufzeit. Verschlechtert sich die Marktsituation dahingehend, dass die ursprünglich geplanten Erträge aus dem Vermögensgegenstand nicht mehr zu erzielen sind, besteht Restrukturierungsbedarf. Obwohl die Eigenkapitalgeber in diesen Situationen häufig nicht mehr mit der Rückzahlung ihrer Einlage oder gar einer risikoadäquaten Rendite rechnen können und eine Sanierung damit nicht mehr möglich ist, kann es für die Stakeholder von Vorteil sein, wenn die Gesellschaft bspw. im Rahmen einer geordneten stillen Liquidation dennoch fortgeführt wird. Voraussetzung hierfür ist jedoch, dass die laufende Finanzierung nachhaltig gesichert ist und die Rückzahlung der Verbindlichkeiten auf den Liquiditätsüberschuss beschränkt ist. In solchen Fällen kann es ausreichen, wenn die Fortführungsfähigkeit in der Weise bestätigt wird, dass die Zahlungsfähigkeit der Gesellschaft sichergestellt ist (zu den Anforderungen vgl. *IDW S 11*).

2.10. **Gibt es die Sanierungsfähigkeit eines Konzerns oder bezieht sich die Sanierungsfähigkeit immer auf eine rechtliche Einheit?**

Ist das Unternehmen in einen Konzern oder eine Unternehmensgruppe (nachfolgend kurz: Konzern) eingebunden oder ist die Sanierungsfähigkeit für einen Konzern zu beurteilen, ist Folgendes zu beachten: Soweit wirtschaftliche, finanzielle und rechtliche Verflechtungen vorliegen, können die insolvenzrechtliche Fortbestehensprognose für die Einschätzung der Überschuldung und drohenden Zahlungsunfähigkeit sowie die Wettbewerbsfähigkeit regelmäßig nicht ausschließlich auf Ebene eines einzelnen Unternehmens des Konzerns beurteilt werden, sondern nur unter Einbeziehung dieser Verflechtungen und – insb. soweit die insolvenzrechtliche Fortbestehensprognose betroffen ist – auch der Liquiditätssituation und -entwicklung der Gesellschaften des Konzerns (Konzernliquiditätsplanung).

Die Fortführungsfähigkeit eines Konzerns bestimmt sich nach der Fortführungsfähigkeit der Konzernunternehmen (in den Konzernabschluss einbezogene und nicht einbezogene Unternehmen), soweit sie wesentlich für die Beurteilung des Konzerns sind:

- (Drohende) Zahlungsunfähigkeit und Überschuldung (§§ 17 ff. InsO) sind für die jeweiligen inländischen Konzerngesellschaften getrennt voneinander zu beurteilen. Für ausländische Konzerngesellschaften sind die jeweils geltenden Rechtsvorschriften im Ausland maßgebend.

- Für die Fortführungsfähigkeit des Konzerns ist es nicht erforderlich, dass alle Konzerngesellschaften fortgeführt werden. Soweit die Fortführung einzelner Konzerngesellschaften nicht beabsichtigt ist, muss dies mit den finanziellen und rechtlichen Auswirkungen in der Planung abgebildet sein und im Konzept erläutert werden.

- Bei Konzernen kommen der Konzern-Liquidität und der Konzern-Liquiditätsplanung, aus der sich die Liquiditätsströme innerhalb der Konzernunternehmen und damit die im Konzern insgesamt verfügbare Liquidität ableitet, besondere Bedeutung zu.

- Zur Beurteilung der Fortführungsfähigkeit eines Konzernunternehmens muss daher nicht nur die eigene verfügbare Liquidität, sondern auch die des Konzerns auf Basis des Sanierungskonzepts berücksichtigt werden.

- Voraussetzung hierfür ist, dass ein Zugriff auf freie Liquidität im Konzern hinreichend gesichert erscheint, bspw. i.S. eines vertraglich vereinbarten Cash-Poolings, sonstiger zentraler Liquiditätssteuerungen oder durch entsprechende Liquiditätsgarantien (Konzernrückhalt), wobei evtl. Kündigungsmöglichkeiten sowie die Bonität der Cash-Pool führenden Gesellschaft in die Beurteilung einzubeziehen sind.[18]

- Voraussetzung ist weiter, dass der Transferierbarkeit von Liquidität im Konzern keine rechtlichen (z.B. bei sog. upstream-Darlehen) oder sonstigen Hindernisse (z.B. bei Devisenverkehrsbeschränkungen) entgegenstehen.

Die Sanierungsfähigkeit eines Konzerns bestimmt sich somit nach der oben beschriebenen Fortführungsfähigkeit der Konzernunternehmen sowie der Wettbewerbsfähigkeit des Konzerns als Ganzes (Gruppenbetrachtung).

2.11. Ist eine Verteilungsrechnung („Waterfall") für ein Insolvenzszenario zwingend in ein Sanierungskonzept nach IDW S 6 aufzunehmen?

Grundsätzlich ist in Sanierungskonzepten das Szenario in der Finanzplanung zu zeigen, das mit überwiegender Wahrscheinlichkeit zum gewünschten Sanierungserfolg führt. Seit der Einführung des ESUG und StaRUG sind Situationen denkbar, in denen ein Insolvenzszenario für

---

[18] *IDW S 11;* Tz. 46 ff.

viele beteiligte Parteien attraktiv sein könnte. Insofern kann es in Einzelfällen angebracht sein, ein entsprechendes Insolvenzszenario zusätzlich zum Sanierungskonzept zu erstellen. Ein mögliches Insolvenzszenario dient häufig auch der Darstellung einer Alternative für den Fall, dass sich die beteiligten Stakeholder nicht auf ein gemeinsames Sanierungskonzept einigen können. Dabei ist indes zu beachten, dass sich ein solches Szenario erheblich von den sonst üblichen „Going Concern-Szenarien" unterscheidet und dadurch mit signifikantem Mehraufwand verbunden ist.

Im Ergebnis ist eine Verteilungsrechnung für ein Insolvenzszenario nicht Bestandteil eines Sanierungskonzepts, da i.d.R. genau dieses vermieden werden soll. Bei einer sehr weit fortgeschrittenen Unternehmenskrise kann es gleichwohl sinnvoll sein, dass der Auftrag um eine Betrachtung von Sanierungsmöglichkeiten im StaRUG oder Insolvenzverfahren erweitert wird.

3. Grundlagen

3.1. Wie ist der Maßstab der überwiegenden Wahrscheinlichkeit auszulegen?

Ausgehend von plausiblen Annahmen, die für die Sanierung wesentlich sind, muss das Unternehmen aus Sicht des Erstellers zum Zeitpunkt der Erstellung des Sanierungskonzepts mit überwiegender Wahrscheinlichkeit saniert werden können. Dies gilt auch für Maßnahmen, die der Mitwirkung Dritter bedürfen (*IDW S 6*, Tz. 21) sowie für die Finanzierung insgesamt (*IDW S 6*, Tz. 18).

Der Maßstab der überwiegenden Wahrscheinlichkeit ist sowohl für die Beurteilung der insolvenzrechtlichen Fortbestehensprognose im Rahmen der Überschuldungprüfung i.S. des § 19 Abs. 2 InsO als auch für die Beurteilung der Sanierungsfähigkeit von grundlegender Bedeutung. Unterschiedlich ist hingegen i.d.R. der Betrachtungshorizont. Während sich die Beurteilung nach § 19 Abs. 2 InsO auf einen Zeitraum von 12 Monaten erstreckt, ist für die Beurteilung der Sanierungsfähigkeit regelmäßig ein längerer Zeitraum (Sanierungszeitraum) zugrunde zu legen.

Bei der positiven insolvenzrechtlichen Fortbestehensprognose kommt es darauf an, dass die Aufrechterhaltung der Zahlungsfähigkeit innerhalb des relevanten Prognosezeitraums mit überwiegender Wahrscheinlichkeit gelingt. Gleiches gilt für die Beurteilung der Sanierungsfähigkeit (die über die Aufrechterhaltung der Zahlungsfähigkeit nach § 19 Abs. 2 InsO hinausgeht) und somit für den gesamten Sanierungszeitraum.

Eine überwiegende Wahrscheinlichkeit liegt vor, wenn gewichtigere Gründe für eine positive insolvenzrechtliche Fortbestehensprognose bzw. Sanierung sprechen als dagegen; der Eintritt des Erfolgs muss also wahrscheinlicher sein als das Scheitern. Eine prozentuale Erfassung der Eintrittswahrscheinlichkeiten von geplanten Maßnahmen ist nicht zweckmäßig, da sie nicht zuletzt an der Komplexität des zu beurteilenden Sachverhalts scheitern und zu einer missverständlichen Scheingenauigkeit führen würde. Die überwiegende Wahrscheinlichkeit des Eintritts wesentlicher Maßnahmen und Prämissen ist im Sanierungskonzept zu erläutern.

Bei der Einschätzung der überwiegenden Wahrscheinlichkeit handelt es sich um die Abwägung aller Umstände, die für und gegen ein nachhaltiges Ergebnis der Prognose sprechen. Wichtig ist in diesem Zusammenhang, dass das Gesamturteil widerspruchsfrei abgeleitet wird.

Zwar können einzelne Maßnahmen und Annahmen „ambitioniert" oder „optimistisch" erscheinen, jedoch muss sich in der Gesamtschau der Annahmen, insb. der für die Sanierung wesentlichen Annahmen, eine überwiegende Wahrscheinlichkeit der Sanierung ergeben. Die Gesamtschau der Annahmen entsteht nicht aus einer mathematischen Systematik, sondern einer kritischen Würdigung durch den Konzeptersteller bzw. Gutachter.

3.2. Wie sind nach der Erstellung des Sanierungskonzepts eintretende neue Ereignisse zu berücksichtigen?

Der Auftrag zur Erstellung eines Sanierungskonzepts ist – wenn nicht anders vereinbart – mit Abgabe des Berichts und des Urteils zur Sanierungsfähigkeit abgeschlossen, sodass auf dieser Basis Entscheidungen, wie bspw. die Vergabe eines Sanierungskredits, getroffen werden können.

Ohne Beauftragung ist der Konzeptersteller nicht verpflichtet, nach Abgabe seines Urteils zur Sanierungsfähigkeit eintretende Ereignisse daraufhin zu beurteilen, ob sie Auswirkungen auf sein Urteil haben, oder hierüber zu berichten.

Wichtige Bestandteile eines Sanierungskonzepts sind die Sanierungsplanung, die hierin enthaltenen Planungsprämissen und Sanierungsmaßnahmen. Da ein Sanierungskonzept stets eine Entscheidungsgrundlage darstellt, darf diese nicht durch schwer oder nicht beurteilbare Prämissen infrage zu stellen sein. Dass planerische Elemente eines Sanierungskonzepts ganz oder teilweise nicht wie prognostiziert eintreten, ist einer Planung immanent.

Wesentliche Soll-Ist-Abweichungen sind in der Planung regelmäßig bis zum Ende des Sanierungszeitraums fortzuschreiben. Sofern dies nicht durch das Unternehmen selbst erfolgt, ist hierzu eine gesonderte Beauftragung erforderlich. Weichen in diesen Fällen die Ist-Ergebnisse vom Sanierungsplan insgesamt wesentlich negativ ab, stellt sich die Frage, ob die Grundaussagen des Sanierungskonzepts, insb. zur Sanierungsfähigkeit, aufrechterhalten werden können oder das Sanierungskonzept fortzuschreiben ist. Eine Anpassung des Sanierungskonzepts (Update) mit einer zahlenmäßigen Fortschreibung der Planung ist spätestens dann geboten, wenn wesentliche negative Abweichungen zu den im Sanierungskonzept prognostizierten Entwicklungen erkennbar sind, diese nicht durch die im Konzept vorgesehenen oder weitere Maßnahmen nachhaltig kompensiert werden können und insoweit der Sanierungspfad verlassen wird.

Ist eine Kompensation negativer Planabweichungen nicht möglich, ist der Auftraggeber unverzüglich davon in Kenntnis zu setzen. Der Auftragnehmer hat zudem darauf hinzuwirken, dass alle Adressaten des Sanierungskonzepts in geeigneter Form informiert werden. Widrigenfalls ist der Auftrag niederzulegen.

3.3. Wer darf Sanierungskonzepte gemäß IDW S 6 erstellen? Welche Anforderungen sind an den Berater zu stellen?

Durch das Zusammenwirken meist vielfältiger und komplexer betriebswirtschaftlicher Krisenursachen und (vor allem steuer-, arbeits- und insolvenz-)rechtlicher Rahmenbedingungen, durch den von den Stakeholdern ausgehenden und sich mit Zunahme der Krise verstärkenden Handlungsdruck sowie eine Fülle von haftungsrechtlichen Fallstricken und strafrechtlichen Risiken ist die Bewältigung einer fortgeschrittenen Unternehmenskrise durch Erstellung eines Sanierungskonzepts und dessen erfolgreiche Umsetzung eine der anspruchsvollsten und schwierigsten Aufgaben des Geschäftsführers bzw. des Vorstands als „geborenem" Krisenmanager.

Ist die Krise bereits fortgeschritten und war das Management in der Krisenentstehung bereits „an Bord", liegt regelmäßig ein Vertrauensverlust der Stakeholder in die Fähigkeiten der Organe vor, die Krise erfolgreich zu meistern. In diesen Fällen werden i.d.R. erfahrene Sanierungsberater mit der Erstellung und Umsetzung von Sanierungskonzepten beauftragt.

Nach der BGH-Rechtsprechung[19] ist hierbei auf einen unvoreingenommenen – nicht notwendigerweise unbeteiligten –, branchenkundigen Fachmann abzustellen.

Die Erstellung eines Sanierungskonzepts nach *IDW S 6* stellt keine Vorbehaltsaufgabe eines Wirtschaftsprüfers dar, sondern kann auch von einem Angehörigen einer anderen Berufsgruppe vorgenommen werden, der über eine ausreichende Sachkunde verfügt.

Im Hinblick auf die Frage, unter welchen Voraussetzungen eine (drohende) Zahlungsunfähigkeit oder Überschuldung i.S. des § 19 InsO vorliegt, hat sich der Ersteller auch mit schwierigen Rechtsfragen[20] zu befassen, für die eine besondere Sachkunde erforderlich ist. Dies liegt bei sanierungserfahrenen Wirtschaftsprüfern zweifellos vor, da die Insolvenz- und die Sanierungsberatung als Nebenleistungen zum Berufsbild des Wirtschaftsprüfers gehören.[21]

Ob und wieweit diese Beratung gerade im Hinblick auf die Beurteilung des Vorliegens von Insolvenzgründen durch Nicht-Berufsträger zulässig und von einer Haftpflichtversicherung gedeckt ist, ist im Einzelfall zu klären. Auswirkungen könnten sich bspw. auch auf die grundsätzliche Verwertbarkeit des Sanierungskonzepts in einem Rechtsstreit ergeben.

---

[19]   Vgl. BGH, Urteil vom 04.12.1997 – IX ZR 47/97, Tz. 25 m.w.N.

[20]   Vgl. zur Insolvenzreife BGH, Urteil vom 07.03.2013 – IX ZR 64/12, Tz. 13.

[21]   Vgl. BGH, Urteil vom 07.03.2013 – IX ZR 64/12, Tz. 20.

3.4. Kann der Abschlussprüfer des Unternehmens mit der Erstellung des Sanierungskonzepts beauftragt werden?

Wirtschaftsprüfer haben ihren Beruf unabhängig auszuüben (§ 43 Abs. 1 WPO). Dies umfasst, dass der Abschlussprüfer keine Zahlen prüfen darf, die er vorher erstellt hat. Aus diesem Grund ist nach *IDW S 6* die Erstellung eines Sanierungskonzepts oder von Teilen eines solchen Konzepts – insb. der Planung – mit der späteren Tätigkeit als Abschlussprüfer unvereinbar: Der Abschlussprüfer würde andernfalls insb. bei der Einschätzung der Fortführung der Unternehmenstätigkeit (§ 252 Abs. 1 Nr. 2 HGB) die selbst erstellte Planung beurteilen.

Unproblematisch und mit den Anforderungen der Unabhängigkeit vereinbar ist es, wenn der bisherige Abschlussprüfer mit der Erstellung des Sanierungskonzepts beauftragt wird und die Folgeprüfungen von einem anderen Abschlussprüfer durchgeführt werden. Durch den Wechsel des Abschlussprüfers wird eine Prüfung selbst erstellter Unterlagen vermieden. Eine solche Vorgehensweise kann vor allem dann sinnvoll sein, wenn der mit dem Unternehmen vertraute bisherige Abschlussprüfer die erforderliche Sanierungs- und Insolvenzexpertise aufweist und die Erstellung des Sanierungskonzepts zeitkritisch ist.

Ebenso ist es mit den Anforderungen an die Unabhängigkeit vereinbar, wenn der Abschlussprüfer lediglich eine reine Beurteilung eines Sanierungskonzepts durchführt.[22]

3.5. Sind insolvenzauslösende Tatbestände vom IDW S 6-Gutachter zu beurteilen oder von einem externen Gutachter?

Die Prüfung von insolvenzauslösenden Tatbeständen gehört zu den Kernbestandteilen eines Sanierungsgutachtens. In der Schlussbemerkung zur Zusammenfassung seiner Stellungnahmen ist vom Gutachter eine abschließende Einschätzung darüber abzugeben, ob zutreffend von einer positiven insolvenzrechtlichen Fortbestehensprognose ausgegangen werden kann. [23] Diese rechtliche Würdigung kann der Gutachter – soweit zulässig – selbst vornehmen oder sich einer Einschätzung eines Sachverständigen bedienen, der zur Erteilung von Rechtsrat als Haupt- oder Nebenleistung berechtigt ist (insb. Wirtschaftsprüfer, Rechtsanwalt, vereidigter Buchprüfer, Steuerberater).

Soweit sich der Konzeptersteller derartiger Erklärungen bedient, empfiehlt es sich, diese dem Konzept beizufügen.

---

[22] Bei der Beurteilung handelt es sich um eine prüfungsnahe sonstige Bestätigungsleistung. Insofern steht der Beurteilung eines Sanierungskonzepts durch den Abschlussprüfer auch Artikel 5 Abs. 1 Buchst. i) der Verordnung (EU) Nr. 537/2014 vom 16. April 2014 – unabhängig von der Frage, ob dessen Anwendungsbereich hier überhaupt eröffnet ist – nicht entgegen. Die Norm verbietet dem Prüfer eines Unternehmens von öffentlichem Interesse zwar grundsätzlich die Erbringung von Leistungen im Zusammenhang mit der Finanzierung, der Kapitalstruktur und -ausstattung sowie der Anlagestrategie des geprüften Unternehmens, nimmt davon jedoch die Erbringung von bestimmten Bestätigungsleistungen aus.

[23] Vgl. OLG Köln, Beschluss vom 13.10.2021 – 2 U 23/21.

3.6. Muss immer umfangreich über ESG- und Cyber-Security-Anforderungen berichtet werden?

Die Themen ESG (Umwelt, Soziales und Corporate Governance) und Cyber-Security wurden erstmals im *IDW ES 6 n.F.* vom 27.09.2022 aufgrund ihrer hohen gesellschaftlichen und wirtschaftlichen Bedeutung aufgenommen. Grundsätzlich unterscheiden sich diese Themen hinsichtlich ihrer Behandlung im *IDW S 6* aber nicht von sonstigen Themen der Unternehmenssanierung. In diesem Sinne handelt es sich bei der Berücksichtigung von ESG- sowie Cyber-Security-Anforderungen im *IDW S 6* um Klarstellungen und nicht um neue Anforderungen. Soweit ESG- oder Cyber-Security-Anforderungen an das Unternehmen oder für dessen weitere Entwicklung relevant und insoweit wesentlich sind, mussten sie schon bisher im Rahmen eines Sanierungskonzepts dargestellt werden.

Da eine Nichtbeachtung dieser Kriterien zu eingeschränkten Finanzierungsmöglichkeiten[24], Straf- und Reputationsrisiken oder zu einem erheblichen wirtschaftlichen Schaden für das betreffende Unternehmen führen und dadurch letztlich die Sanierungsfähigkeit gefährden kann, muss sich der Konzepersteller einen Überblick über den Einfluss von ESG- und Cyber-Security-Anforderungen an das Unternehmen verschaffen. Sowohl bei den ESG- als auch den Cyber-Security-Themen liegt es im pflichtgemäßen Ermessen des Konzepterstellers, in Abhängigkeit von der jeweiligen Bedeutung dieser Themen für das Unternehmen sowie der Unternehmensgröße über die Auswirkungen dieser Anforderungen zu berichten.

Sofern die Zukunftsfähigkeitsfähigkeit des Geschäftsmodells und damit auch der Sanierungserfolg signifikant beeinträchtigt werden, können z.B. folgende Fragen im Hinblick auf ESG-Vorgaben relevant werden:

- Welche regulatorischen und wirtschaftlichen Vorgaben bestehen für das Unternehmen zu den drei Dimensionen von ESG und welche Chancen- bzw. Risikotreiber bestehen in der Branche?

- Haben ESG-Risiken einen Einfluss auf die Krisenursachen?

- Welche Maßnahmen sind zur Bewältigung von ESG-Risiken geeignet und wie können diese quantifiziert werden?

- Welcher Investitions- bzw. Kostenaufwand zur Anpassung des Geschäftsmodells auf absehbare ESG-Anforderungen ist in der Sanierungsplanung zu berücksichtigen?

- Verfügt das Management über ein Grobkonzept zur langfristigen Erfüllung von ESG-Vorgaben und ist dieses zumindest in den Anfängen schon in die Tat umgesetzt?

- Wurden die organisatorischen Voraussetzungen im Unternehmen zur Umsetzung von ESG-Anforderungen getroffen?

---

[24] Vgl. z.B. Anforderungen der deutschen und europäischen Bankenaufsicht für die Kreditvergabe und -überwachung im Zusammenhang mit ESG-Risiken.

Insbesondere bei der Analyse der Erfüllung der ESG-Anforderungen kann die Darstellung der Ergebnisse in Form einer Übersicht hilfreich sein, welche die untersuchten Faktoren in den Dimensionen Umwelt, soziale und Corporate Governance einordnet und ggf. einen Vergleich mit Branchenbenchmarks ermöglicht.

Im Hinblick auf die Erfüllung von Cyber-Security-Anforderungen können z.B. folgende Fragen relevant werden:

- Wie ist das IT-Zugriffs- und Berechtigungssystem organisiert?
- Wird das Netzwerk regelmäßig und unabhängig auf Intrusion überwacht?
- Wie häufig wird ein Backup erstellt und werden die Backups off- oder online verwahrt?
- Existiert ein angemessen qualifiziertes „Response Team" für den Fall einer Cyber-Attacke?
- Liegt eine Zertifizierung der Informationssicherheit z.B. durch das Bundesamt für Sicherheit in der Informationstechnik (BSI) vor?
- Welche (weiteren) Maßnahmen sind zur Bewältigung von Cyber-Risiken zu ergreifen und wie können diese quantifiziert werden?
- Besteht eine Cybercrime-Versicherung?
- Welcher Investitions- bzw. Kostenaufwand zur Herstellung angemessener Cyber-Security ist in der Sanierungsplanung zu berücksichtigen?
- Verfügt das Management und insb. die IT-Verantwortlichen über die Fähigkeiten, Cyber-Security-Anforderungen zeitgerecht umzusetzen?

Hinsichtlich der Untersuchung von Cyber-Risiken kann es sich anbieten, mit Hilfe von Checklisten vorgesehene Maßnahmen zur Abwehr von Cyber-Angriffen zu beurteilen.

Soweit der Gutachter nicht über eine entsprechende Expertise verfügt, ist abzuwägen, ob sowohl bei den ESG- als auch bei den Cyber-Security-Themen geeignete Experten hinzuzuziehen sind.

Die Berücksichtigung von ESG- und Cyber-Security-Anforderungen in einem Sanierungskonzept hat nach *IDW S 6* regelmäßig einen geringeren Umfang als eine ESG- bzw. IT-Due-Diligence, die einer separaten Mandatierung vorbehalten bleiben.

4. Darstellung und Analyse des Unternehmens

4.1. Inwieweit ist eine Einschätzung der Management-/Umsetzungsfähigkeiten des derzeit existierenden Personals zwingend?

Die Fähigkeit des Managements zur Umsetzung des geplanten Sanierungskonzepts ist eine wesentliche Voraussetzung der erfolgreichen Unternehmenssanierung. Verfügt das Management nicht über die erforderlichen Kenntnisse, Erfahrungen und Durchsetzungsstärke, so wird die Umsetzung der Maßnahmen wie auch der digitalen und ESG-Strategie kaum möglich sein. Aufgrund der hohen Bedeutung des Managements für einen erfolgreichen Turnaround hat der

Ersteller bzw. Gutachter eines Sanierungskonzepts diese Fähigkeiten in seine Beurteilung mit einzubeziehen und entsprechend im Bericht darauf einzugehen.

In den Fällen, in denen die Geschäftsführung des Unternehmens nach Einschätzung des Erstellers bzw. Gutachters nicht geeignet ist, das Sanierungskonzept erfolgreich umzusetzen, kann eine Konfliktsituation eintreten, die jedoch im Interesse des zu sanierenden Unternehmens gelöst werden muss. Im Zweifel kann es sinnvoll sein, das Management durch einen Sanierungsberater oder Sanierungsgeschäftsführer zu unterstützen. Soweit dies der Fall ist, ist hierauf im Bericht hinzuweisen.

4.2. Welchen Zeitraum umfasst der Planungshorizont für ein Sanierungskonzept?

Der BGH verlangt für eine positive Sanierungsaussage, dass das Unternehmen in überschaubarer Zeit durchgreifend saniert werden muss.[25]

Ist das Unternehmen sanierungsfähig, wird dies regelmäßig aus der integrierten Unternehmensplanung des letzten Planjahres und den daraus ableitbaren Kennzahlen zur Wettbewerbsfähigkeit deutlich. In der Sanierungspraxis umfasst dieser Zeitraum in Abhängigkeit u.a. von der gesamtwirtschaftlichen Situation, von der Branche, vom Geschäftsmodell, von den Krisenursachen oder vom Krisenstadium i.d.R. drei bis fünf Jahre.

4.3. Was ist bei der Analyse des Unternehmensumfeldes und der Branchenentwicklung zu beachten?

Analyse des Unternehmensumfelds

Das Umfeld des Unternehmens wird durch die gesamtwirtschaftliche Lage sowie das rechtlich-politische, gesellschaftliche und wissenschaftlich-technische Umfeld beschrieben. Es bildet den Rahmen für die Unternehmenstätigkeit.

Im Vordergrund der Analyse steht die voraussichtliche Entwicklung der wirtschaftlichen Rahmenbedingungen, die maßgeblich durch demografische, technologische, politische und gesellschaftliche Trends sowie durch Konjunktureinflüsse geprägt wird. Zu diesen Trends gehören auch die Auswirkungen der Digitalisierung und der sich verändernden Anforderungen in Form der ESG-Kriterien auf die Branche. Als Informationsquellen können u.a. Gutachten des Sachverständigenrats zur Begutachtung der gesamtwirtschaftlichen Entwicklung sowie Marktstudien von Verbänden, Kreditinstituten und anderen Institutionen herangezogen werden.

---

[25] Vgl. BGH, Urteil vom 21.11.2005 – II ZR 277/03, Tz. 14 m.w.N.

Analyse der Branchenentwicklung

Grundlage für die Ableitung und Beurteilung eines strategischen Restrukturierungsplans sind die relevanten Faktoren und Entwicklungen der Branche. Dadurch ergeben sich nicht nur Anhaltspunkte dafür, wie profitabel die Branche in naher Zukunft sein wird, sondern auch dafür, wie das Unternehmen im Spannungsfeld der einzelnen Kräfte und ihrer Entwicklungen positioniert ist. Es gilt daher, die Einflussfaktoren zu identifizieren, die starken Bezug zur Geschäftstätigkeit des Unternehmens haben und deswegen für die erfolgreiche Neustrukturierung wesentlich sind. Entscheidend ist dabei die Analyse der für das Unternehmen in seiner Branche charakteristischen Wettbewerbssituation und deren Entwicklung im Planungszeitraum.

Insbesondere sind Feststellungen darüber zu treffen, welche Chancen und Risiken sich für das Unternehmen und seine Wettbewerbsposition ergeben aus:

- Anzahl und Stärke der Wettbewerber
- aktuellen und potenziellen Kunden
- aktuellen und potenziellen Lieferanten
- Substitutionsprodukten und neuen Technologien
- neuen Wettbewerbern
- neuen Geschäftsmodellen
- Abhängigkeit von globalen Lieferketten
- Verfügbarkeit qualifizierter Arbeitskräfte
- Rohstoffverfügbarkeit einschließlich Energiebedarf
- Veränderungen in Nachbarbranchen
- Verhaltensänderungen der Kapitalmärkte gegenüber der Branche
- Einschränkungen des Zugangs zu bestimmten Märkten (z. B. Sanktionen aufgrund Außenwirtschaftsrechts).

Hinsichtlich der Branchenentwicklung ist zwischen dem langfristigen Branchentrend und der Branchenkonjunktur, die diesen Trend überlagert, zu unterscheiden. In Rezessionen schrumpfen selbst für solche Unternehmen deutlich die Ertragsaussichten, die aufgrund ihrer Stärken über gute Marktpositionen verfügen.

4.4. Wie kann die Analyse der internen Unternehmensverhältnisse ausgestaltet sein?

In Wissenschaft und Praxis ist eine Vielzahl von Methoden und Techniken zur Analyse des Unternehmens in seiner Gesamtheit und zu einzelnen Unternehmensbereichen entwickelt worden (z.B. Portfolio-Methoden, Szenario-Analysen, Stärken-Schwächen-Analysen, Kompetenzanalysen, Wertanalysen, Konkurrentenanalysen oder (quantitative) Risikoanalysen). Die Bestimmung des im Einzelfall anzuwendenden Verfahrens steht im pflichtgemäßen Ermessen des Konzepterstellers; seinen besonderen Kenntnissen und Erfahrungen kommt daher große

Bedeutung zu. Bei der Verfahrensauswahl ist auch zu berücksichtigen, dass Umfang und Tiefe der Analyse durch die geringe Zeit, die im Rahmen der Unternehmenssanierung zur Verfügung steht, und oft auch durch den Umfang der zur Verfügung stehenden Mittel begrenzt sind. Im Sanierungskonzept sind die angewandten Verfahren zu nennen, um die erforderliche Nachvollziehbarkeit zu gewährleisten.

Bei der Unternehmensanalyse ist zunächst die Ergebnis-, Finanz- und Vermögenslage des Unternehmens (einschließlich des bestehenden Geschäftsmodells) zu erfassen. Im Mittelpunkt steht die Entwicklung der Umsätze, Kosten und Deckungsbeiträge der Produktgruppen und Geschäftsbereiche (vgl. *IDW S 6*, Tz. 56 ff.). Zum Beispiel durch Break-even-Analysen lässt sich feststellen, welche Absatzveränderungen und Kostensenkungen erforderlich sind, um zumindest ein ausgeglichenes Ergebnis zu erreichen. Die Chancen und Risiken, die sich aus der externen Analyse hierfür ergeben, sind ebenso zu berücksichtigen wie alle weiteren Einflüsse, die für die Ergebnis-, Finanz- und Vermögensentwicklung von Bedeutung sind.

Dies betrifft insb. die Verhältnisse gesellschaftsrechtlicher Art (z.B. die von den Gesellschaftsstatuten bestimmten Rahmenbedingungen sowie Unternehmensverträge), zivilrechtlicher Art (z.B. Eigentumsverhältnisse, wesentliche Verträge wie Miet- und Pachtverträge, Leasingverträge, Lizenzverträge, Verträge mit wesentlichen Lieferanten und Kunden), steuerrechtlicher Art (z.B. Steuerrisiken, Bestandskraft der Veranlagungen, Verlustvorträge) arbeitsrechtlicher Art (z.B. vertragliche Vereinbarungen, insb. Sanierungstarifverträge, Vereinbarungen zur Abgeltung von Urlaubs- und Weihnachtsgeld und ggf. bereits abgeschlossene Sozialpläne und Vereinbarungen über einen Interessenausgleich) sowie politischer Art (z. B. Aufbau von Handelshemmnissen, Exportverbote, Sanktionen).

Im Rahmen der Analyse der Unternehmenslage ist auch das bestehende Geschäftsmodell im Ausgangsleitbild zu würdigen. In Abhängigkeit vom Geschäftsmodell gehört hierzu auch, ob das Unternehmen den Herausforderungen der Digitalisierung und der Einhaltung der ESG-Anforderungen gewachsen ist. Dabei ist ebenso der Blick auf Faktoren wie den Kernauftrag bzw. die Kerngeschäfte und ihre Rentabilität, die Kernprodukte mit ihren Eigenschaften sowie die Kernfähigkeiten zu richten. Die Einschätzung dieser Faktoren erfolgt im Verhältnis zu den Kunden und den Wettbewerbern. Dabei ist auch einzuschätzen, ob und wie die Kundenanforderungen an ESG-Kriterien eingehalten werden. Bei der Analyse, ob das Unternehmen den Herausforderungen der Digitalisierung und Einhaltung der ESG-Anforderungen gewachsen ist, sind in einem ersten Schritt die bereits ergriffenen Maßnahmen in diesen Bereichen systematisch durch den Konzeptersteller zu erfassen und im zweiten Schritt im Hinblick auf absehbare Veränderungen der Anforderungen zu bewerten. Zudem sind auch die Interessen und Möglichkeiten weiterer am Unternehmensgeschehen Beteiligter (Stakeholder) zu berücksichtigen.

Einfluss auf die Unternehmensentwicklung hat daneben die Organisationsstruktur, insb. hinsichtlich der Einschätzung zu den Erfolgsaussichten der Umsetzung operativer Sanierungsmaßnahmen.

Darüber hinaus sind die wettbewerbsrelevanten Ressourcen und Fähigkeiten mit ihren Stärken und Schwächen zu erfassen (einschließlich der Mitglieder der Führungsebenen und der

Organisationsstruktur), was eine Beurteilung der bisherigen strategischen Ausrichtung und der möglichen Effizienzsteigerungen und Kostensenkungen erlaubt (vgl. *IDW S 6*, Tz. 57 ff.).

4.5. Wie sind die einzelnen Krisenstadien gekennzeichnet?

Stakeholderkrise

Krisen auf Ebene der Stakeholder (dies sind insb. Mitglieder der Unternehmensleitung und der Überwachungsorgane, Gesellschafter, Arbeitnehmer und ihre Vertretungen, Kreditinstitute, andere zentrale Gläubiger (Schlüssellieferanten) aber auch Schlüsselkunden) entstehen oft durch Konflikte zwischen diesen Gruppen und ihren Mitgliedern. Vor allem Konflikte der Corporate Governance strahlen auf das Unternehmen, insb. auf das Führungsverhalten, aus, führen zu erheblichen Reibungsverlusten oder Blockaden und verhindern notwendige Entscheidungen.

Existenzbedrohende Barrieren sind häufig auch die Folge mangelnder Erkenntnis, Akzeptanz und Kommunikation von notwendigen Veränderungen (Neuausrichtung) des Unternehmens.

Die Konsequenzen treten schleichend ein. Das für eine Neuausrichtung erforderliche Wissen und Können geht zunehmend verloren. Das bisherige Leitbild ist wegen veränderter Rahmenbedingungen überholt oder wird in dem Unternehmen nicht mehr gelebt. Innerhalb der Leitungs- und Überwachungsebene bis in die Belegschaft hinein treten Blockaden und Polarisierungen auf. Häufig wird die Unternehmenskultur mitsamt der Leistungsbereitschaft der Belegschaft deformiert und Nachlässigkeit breitet sich aus. Dadurch wird das Aufkommen eines Umfelds begünstigt, das Täuschungen und Vermögensschädigungen ermöglicht, z.B. weil

- Aktivitäten des Controllings und der internen Revision bewusst behindert werden,
- falsche Bereichsergebnisse billigend in Kauf genommen werden,
- Unstimmigkeiten in den Potenzialen u.a. dadurch eintreten, dass Schwächen in der Produktqualität durch erhöhte Marketingaktivitäten kompensiert werden sollen.

Die Glaubwürdigkeit der handelnden Personen schwindet. Zugleich kommen bei Stakeholdern Zweifel auf, ob die Organe den auf sie zukommenden Aufgaben gewachsen sind. Insoweit beginnt mit der Stakeholderkrise oft auch eine Vertrauenskrise.

Strategiekrise

Strategiekrisen ergeben sich häufig als Folge einer Stakeholderkrise. Meist infolge unzureichender Kundenorientierung und unsystematischer Beobachtung der Wettbewerbsentwicklungen erfolgen unangemessene oder ineffektive Innovationen und Investitionen, die zu strategischen Lücken (z.B. unzureichendes Produktprogramm, fehlende Digitalisierung von Produkten und Dienstleistungen, unzureichende Berücksichtigung von ESG-Anforderungen und damit verbundene Schwierigkeiten bei der Finanzierung oder beim Absatz) und strukturellen

Defiziten (z.B. unangemessene Fertigungstiefe, fehlende Digitalisierung von internen Prozessen) führen. Schwächen im Personalmanagement, inkl. Gewinnung und Bindung von qualifizierten Arbeitskräften, können gleichermaßen Ursache wie auch Folge einer Strategiekrise sein.

Zu erkennen ist die Strategiekrise vor allem am Verlust von Marktanteilen, der wiederum einen Rückgang der Wettbewerbsfähigkeit indiziert und damit grundlegende strategische Sanierungsmaßnahmen erforderlich macht. Mögliche Ursachen der Strategiekrise sind:

● Unklare oder fehlende strategische Ausrichtung im Hinblick auf die angestrebten Wettbewerbspositionen oder Wettbewerbsvorteile

● nachhaltige Fehleinschätzungen der Wettbewerbssituation oder der Marktentwicklung.

Diese Entwicklungen können zu falscher Innovationspolitik hinsichtlich Produktportfolio und Verfahrenstechnik, Fehlinvestitionen, falsch angelegten Diversifikationen und Kooperationen sowie Fehlern in der Standortwahl führen.

Nicht zuletzt ist die Wettbewerbsfähigkeit von der jeweiligen Wettbewerbssituation des Unternehmens in seiner Branche abhängig. Diese lässt sich im Wesentlichen durch drei Haupteinflussgrößen beschreiben. Zunächst geht es um die Branchenstruktur, geprägt durch die Akteure, ihre Stärke, ihre Geschäftspraktiken und ihr Verhalten: vorhandene und potenzielle Wettbewerber, Anbieter von Ersatzprodukten, aktuelle und potenzielle Lieferanten, aktuelle und potenzielle Kunden. Das Wettbewerbsgeschehen wird auch durch die horizontale und vertikale Kooperation und Interaktion zwischen den Akteuren geprägt. Schließlich beeinflussen die Marktphasen die Wettbewerbssituation. So macht es einen erheblichen Unterschied, ob sich ein Markt in der Expansions- oder Stagnationsphase befindet. Daneben treten in jüngerer Zeit auch Auswirkungen politischer Entwicklungen auf die zur Verfügung stehenden Absatzmärkte aus; ebenso fehlende qualifizierte Arbeitskräfte.

Produkt- und Absatzkrise

In der Folge einer Strategiekrise kann sich eine Produkt- und Absatzkrise entwickeln. Sie liegt vor, wenn die Nachfrage nach den Hauptumsatz- und -erfolgsträgern nicht nur vorübergehend stark zurückgeht. Aus dieser Entwicklung resultieren steigende Vorratsbestände und dadurch eine Zunahme der Kapitalbindung. Auch führen Unterauslastungen der Produktionskapazitäten zu Ergebnisrückgängen.

Eine solche Situation kann durch Umstände auf der Nachfrageseite oder auf der Unternehmensseite verursacht sein, wie z.B.:

● Qualitativ nicht ausreichendes Marketing- und Vertriebskonzept

● Sortimentsschwächen

● Qualitätsprobleme bei Produkten, Dienstleistungen, Service

● falsch eingeschätzte Preisentwicklung und Fehler in der Preispolitik

● Schwächen in der Liefertreue

- Fehler in der Vertriebssteuerung/falsche Anreizsysteme im Vertrieb
- Arbeits- bzw. Fachkräftemangel
- Einschränkungen der Rohstoffverfügbarkeit
- Störungen oder Abbrüche der Lieferketten
- Nachfrageeinbrüche oder Wegbrechen einzelner Märkte.

Erfolgskrise

Ohne wirksames Gegensteuern in der Stakeholder- und Strategiekrise bzw. der Produkt- und Absatzkrise folgt zwangsläufig die Erfolgskrise. Ein Renditeverfall drückt sich darin aus, dass zunächst die Eigenkapitalkosten nicht mehr verdient werden. Sodann entstehen starke Gewinnrückgänge und schließlich Verluste bis hin zum vollständigen Verzehr des Eigenkapitals. Diese Entwicklung wird geprägt durch Nachfragerückgänge, Preisverfall und Kostensteigerungen je verkaufter Einheit.

Mit sinkender Eigenkapitalquote wird das Unternehmen zunehmend kreditunwürdig. Zugleich durchläuft das Unternehmen einen kritischen Punkt in der Krisenentwicklung: Die Zahlungsfähigkeit lässt sich durch geschickte Liquiditätspolitik zunächst zwar weiterhin aufrechterhalten; die zur nachhaltigen Sanierung erforderlichen Mittel (z.B. für Investitionen oder Sozialpläne) lassen sich jedoch unter den gegebenen Umständen nicht mehr beschaffen. Eine Sanierung lässt sich dann ohne Kapitalzuführung – ggf. auch unter Änderung der bisherigen Gesellschafterstruktur – nicht mehr erreichen.

Auch wenn eine Erfolgskrise kurzfristig durch ein singuläres Ereignis ausgelöst wird, kann dem eine tieferliegende Krise (Stakeholder-, Strategie- oder Produkt- und Absatzkrise) zugrunde liegen.

Liquiditätskrise

Mit Eintritt der Liquiditätskrise ist das Unternehmen in seiner Existenz erhöht gefährdet. Eingetretene Liquiditätsschwierigkeiten indizieren ein Insolvenzrisiko, falls keine oder unzureichende Maßnahmen ergriffen werden.

Häufig wird spätestens mit einer Liquiditätskrise auch eine krisenverschärfende Finanzierungsstruktur offensichtlich. Gründe hierfür können sein:

- Fehlende Übereinstimmung zwischen Geschäftsmodell und Eigenkapitalsituation
- komplexe Finanzierungsstruktur aufgrund einer Vielzahl bilateraler Beziehungen zu Finanzgebern mit heterogener Interessenlage
- unausgewogene Zusammensetzung der Finanzierung mit Eigenkapital, Fremdkapital und hybriden Finanzierungsformen
- mangelnde Fristenkongruenz zwischen Kapitalbindung und Kapitalbereitstellung
- Klumpenrisiken in der Fälligkeitsstruktur von Finanzierungen
- unzureichendes Working-Capital-Management.

Insolvenzreife

Eine sich zuspitzende Liquiditätskrise kann zu dem Insolvenzgrund der Zahlungsunfähigkeit führen. Wird eine Insolvenzreife festgestellt, kann diese nur dadurch überwunden werden, dass mit geeigneten und schnell realisierbaren Maßnahmen wieder die Voraussetzungen für eine positive Fortbestehensprognose geschaffen werden. Fällt die Fortbestehensprognose dagegen negativ aus, d.h. droht Zahlungsunfähigkeit, wird dies – meist schon aufgrund dann notwendiger Liquidationsbewertung – i.d.R. eine Überschuldung nach sich ziehen. Im Falle einer drohenden Zahlungsunfähigkeit oder Überschuldung – nicht aber bei Zahlungsunfähigkeit – bietet sich den gesetzlichen Vertretern die Möglichkeit, das Schutzschirmverfahren nach § 270d InsO einzuleiten und in einer Zeit von höchstens drei Monaten einen Insolvenzplan zu erstellen.[26]

Ergeben sich im Rahmen der Unternehmensanalyse oder der Planung Hinweise auf eine (drohende) Zahlungsunfähigkeit und/oder Überschuldung, muss darauf unverzüglich aufmerksam gemacht und der Hinweis dokumentiert werden, um den gesetzlichen Vertretern Gelegenheit zu geben, die gebotenen rechtlichen Konsequenzen zu ziehen; ggf. hat der Wirtschaftsprüfer festzustellen, ob ein Grund vorliegt, seine Tätigkeit vorzeitig zu beenden oder zu versagen, z.B. wenn für ihn erkennbar wird, dass eine außergerichtliche Sanierung noch versucht werden soll, obwohl eine Insolvenzantragspflicht bereits vorliegt (§ 49 WPO).

4.6. Wie hängen die Beurteilung des Krisenstadiums und der Krisenursachen zusammen?

Eine erste vorläufige Beurteilung des Unternehmens und seiner Krisenentwicklung ermöglicht es, Vermutungen darüber anzustellen, durch welche Ursachen die Unternehmenskrise entstanden ist. Durch Eingrenzung der vermuteten kritischen Bereiche kann eine systematische Ursachenanalyse durchgeführt werden, die fortlaufend den gewonnenen Erkenntnissen anzupassen ist. Dabei sind die Krisenursachen für die jeweiligen Geschäftsbereiche entsprechend den Krisenstadien zu analysieren und zu dokumentieren.[27]

Allgemeine Angaben über Krisenursachen – z.B. Managementfehler – reichen nicht aus. Unternehmenskrisen sind zumeist das Resultat mehrstufiger Ursache-Wirkungs-Ketten und haben zudem i.d.R. mehrere zusammenwirkende, sich verstärkende oder abschwächende Ursachen. Daher bedarf es darauf gerichteter Analysen, die sich auch auf das Management, Führungs- und Organisationsstruktur und die Belegschaft erstrecken sollten.

Dabei können sowohl Faktoren aus den verschiedenen Bereichen des Unternehmens als auch aus der Unternehmensumwelt in Betracht kommen. Zu unterscheiden sind üblicherweise ex-

---

[26] Vgl. zu den Anforderungen an das Schutzschirmverfahren den *IDW Standard: Bescheinigung nach § 270d InsO und Beurteilung der Anforderungen nach § 270a InsO (IDW S 9)* (Stand: 18.08.2022).

[27] Vgl. BGH, Urteil vom 04.12.1997 – IX ZR 47/97, ZIP 1998, S. 251: „Eine solche Prüfung muß [...] die Krisenursachen [...] erfassen.“

terne Krisenursachen (z.B. Konjunktureinflüsse, steigende Wettbewerbsintensität, Marktveränderungen, wirtschaftspolitische Stabilität) und interne Ursachen (z.B. Qualitätsprobleme, operative Defizite im Leistungserstellungsprozess, Managementprobleme). Insgesamt muss sorgfältig zwischen Symptomen und Ursachen einer Krise unterschieden werden.

Anhand der Ausprägungen der Krisenursachen kann das Krisenstadium bestimmt werden. Es empfiehlt sich, die Ausführungen auf das Relevante zu beschränken.

Wie äußern sich Schwächen im Personalmanagement?

Jedes Stadium des Krisenverlaufs, insb. die Stadien der Stakeholder-, Strategie- sowie Produkt- und Absatzkrise, kann Folge einer falschen Personalmanagementstrategie sein. Häufig lösen Schwächen in den Bereichen Personalentwicklung und Personalführung eine Krise aus. Probleme zeigen sich in diesen Fällen u.a. an

- einem fehlenden oder unzureichend kommunizierten Leitbild,
- einem nicht mehr markt- und zeitgemäßen Wissensstand der Belegschaft,
- einer fehlenden Strategie seitens der Verantwortlichen zur (Weiter-)Entwicklung des Personals,
- einem ungünstigen Arbeitsumfeld für die Belegschaft,
- einer niedrigen Motivation der Belegschaft,
- einer geringen Identifikation der Belegschaft mit ihrer Aufgabe und den Produkten oder Dienstleistungen des Unternehmens,
- einer schwachen Bindung der Belegschaft an das Unternehmen,
- einer fehlenden Attraktivität des Unternehmens für Arbeitnehmer.

Die mit Führungsdefiziten verbundenen Krisen führen häufig zur Deformation der Unternehmenskultur und ziehen Schwächen des Mitarbeiterpotenzials nach sich. Mit fortschreitender Krise verengen sich auch dadurch die Spielräume für eine erfolgreiche Sanierung. Solche Entwicklungen, insb. ein Auseinanderklaffen der vom Management verlautbarten und von ihm gelebten Werte, müssen erkannt und durch geeignete Maßnahmen beseitigt werden.

5. Ausrichtung am Leitbild des sanierten Unternehmens

5.1. Was ist unter dem Begriff „Sanierungsfähigkeit" zu verstehen?

Der Begriff der Sanierungsfähigkeit wird weder im Gesetz noch in der höchstrichterlichen Rechtsprechung definiert. Er muss insoweit betriebswirtschaftlich ausgelegt werden. Zudem ist er von der Fortführungsfähigkeit des Unternehmens abzugrenzen.

Fortführungsfähigkeit liegt nach *IDW S 6* vor, wenn im Planungszeitraum des Konzepts die Finanzierung des Unternehmens mit überwiegender Wahrscheinlichkeit sichergestellt ist, d.h. die Zahlungsfähigkeit aufrechterhalten bleibt. In der Praxis umfasst der Zeitraum eines Sanierungskonzepts in Abhängigkeit u.a. von der Branche, vom Geschäftsmodell oder vom Krisenstadium i.d.R. drei bis fünf Jahre (vgl. Abschn. 4.2.). Insoweit muss nicht nur im ggf. kürzeren Prognosezeitraum der insolvenzrechtlichen Fortbestehensprognose, sondern im gesamten Planungszeitraum des Sanierungskonzepts die Finanzierung des Unternehmens mit überwiegender Wahrscheinlichkeit sichergestellt sein (vgl. Abschn. 2.8.) und der Eintritt einer Insolvenzreife mit überwiegender Wahrscheinlichkeit ausgeschlossen werden können. Im Betrachtungszeitraum müssen dem Unternehmen insb. ausreichende liquide Mittel zur Verfügung stehen, um Zins- und Tilgungsleistungen (Kapitaldienst) erbringen zu können.

Für die Fortführungsfähigkeit ist es indes nicht erforderlich, dass das Unternehmen einen Jahresüberschuss oder gar eine branchenübliche Eigenkapitalrentabilität erzielt. Denkbar ist insb., dass dem Unternehmen zwar ausreichend Liquidität zur Verfügung steht, um die fälligen Verpflichtungen zu erfüllen, dass es den Substanzverzehr (Abschreibungen) aber nicht mehr kompensieren kann. Ein fortführungsfähiges Unternehmen ist mithin nicht zwangsläufig dauerhaft überlebensfähig und damit kein saniertes Unternehmen.

Sanierungsfähig ist ein Unternehmen nach *IDW S 6* dann, wenn es wettbewerbsfähig ist und damit dauerhaft fortgeführt werden kann bzw. eine Insolvenzgefahr dauerhaft beseitigt wird. Der BGH fordert in diesem Sinne eine durchgreifende Sanierung. Ein Unternehmen wird dauerhaft nur dann im Markt bestehen können, wenn es sich gegenüber seinen Wettbewerbern behaupten kann. Gelingt es etwa den übrigen Marktteilnehmern, bei vergleichbarer Finanzierungsstruktur und vergleichbarem Produkt-/Dienstleistungsangebot günstiger zu wirtschaften, wird dieses Unternehmen sich nicht langfristig im Markt behaupten können. Insofern ist nachvollziehbar, dass etwa die Europäische Kommission in ihren Leitlinien für staatliche Beihilfen zur Rettung und Umstrukturierung nichtfinanzieller Unternehmen in Schwierigkeiten (2014/C 249/01) verlangt, dass das Unternehmen „aus eigener Kraft im Wettbewerb bestehen" können muss.

Sanierungsfähigkeit setzt mithin eine entsprechende Liquiditätsausstattung (Fortführungsfähigkeit bzw. Stufe 1) und darüber hinaus die Wettbewerbsfähigkeit des Unternehmens (Stufe 2) voraus. Letzteres umfasst insb. ein tragfähiges Geschäftsmodell mit leistungsfähigen Mitarbeitern, qualifiziertem Management, marktfähigen Produkten/Dienstleistungen und mit funktionierenden Prozessen, die es u.a. erlauben, Herausforderungen des Marktes, der Globalisierung oder der Digitalisierung zu erkennen und ihnen zu begegnen. Dies beinhaltet auch, dass das Unternehmen die ESG Anforderungen, die an das Unternehmen gestellt werden, zukünftig erfüllen wird, da ansonsten die Wettbewerbsfähigkeit gefährdet sein könnte.

Ein so aufgestelltes, wettbewerbsfähiges Unternehmen wird letztlich wieder Gewinne erwirtschaften (angemessene Rendite) und dadurch ein angemessenes Eigenkapital aufbauen können. Beide Kriterien sichern die Finanzierbarkeit des Unternehmens am Markt, wodurch das Unternehmen letztlich wieder attraktiv für Eigen- und Fremdkapitalgeber wird.

Bei der Beurteilung der Attraktivität für Fremd- und Eigenkapitalgeber am Ende des Sanierungszeitraums, haben die ESG-Kriterien deutlich an Bedeutung gewonnen, da diese auch für Finanzierer immer wichtiger werden in ihren Finanzierungsentscheidungen.

5.2. Ist für die Sanierungsfähigkeit zwingend eine angemessene Rendite erforderlich?

Nach der BGH-Rechtsprechung wird eine durchgreifende Sanierung gefordert, d.h. die Wiederherstellung der Rentabilität der unternehmerischen Tätigkeit[28]. Ist ein Unternehmen, trotz Sanierungsmaßnahmen auf Basis einer angemessenen Eigenkapitalquote nicht in der Lage, zum Ende des Sanierungszeitraums eine angemessene positive Rendite für die Eigenkapitalgeber zu erwirtschaften, ist es nicht wettbewerbs- und damit nicht refinanzierungsfähig, da es nicht durchgreifend bzw. nachhaltig saniert ist. Im Ergebnis bedeutet das, dass ein Unternehmen, das dauerhaft eine geringere Rendite erwirtschaftet als seine Wettbewerber, nicht mehr in der Lage sein wird, in gleichem Maße zu investieren. In der Folge führt dies zu einem weiteren Abfallen gegenüber den Wettbewerbern, was früher oder später wieder in einer Krise für das betroffene Unternehmen endet.

Auch bereits investierte Eigenkapitalgeber werden bei einem im Wettbewerb stehenden Unternehmen keine marktunüblich niedrigen Renditen akzeptieren bzw. ihr Engagement langfristig aufgeben. Ein solches Unternehmen wird sich nicht dauerhaft im Markt halten können. Insofern lässt sich die Forderung des BGH nach einer rentablen Unternehmenstätigkeit auch ökonomisch gut begründen. Eine „schwarze Null" ist aus diesen Gründen regelmäßig nicht vertretbar und auch mit dem BGH nicht vereinbar, da ein nur ausgeglichenes Jahresergebnis gerade nicht mehr als „rentabel" verstanden werden kann. Ein saniertes Unternehmen muss am Ende des Betrachtungszeitraums also ausreichende Erträge erwirtschaften, um den üblichen Kapitaldienst, die üblichen Investitionen sowie eine für die Eigenkapitalgeber angemessene bzw. risikoadäquate Rendite zu ermöglichen. Eine tatsächliche Ausschüttung ist jedoch nicht erforderlich.

Eine positive Rendite ist zumindest im letzten Planjahr auch dann erforderlich, wenn sich die gesamte Branche in der Krise befindet und die branchenübliche Rendite temporär negativ ist. Andernfalls würde das Unternehmen seine Substanz sukzessive aufzehren, was einem dauerhaften Fortbestand und damit der Sanierungsfähigkeit entgegensteht.

Nur in seltenen, gut begründeten Ausnahmefällen kann ein ausgeglichenes Jahresergebnis ausreichen. Dies ist z.B. denkbar, wenn sich das Unternehmen nicht den Wettbewerbsgesetzen stellen muss, etwa weil neben der ökonomischen Dimension des Investments weitere (z.B. familiäre oder soziale) Gründe über den Fortbestand des Unternehmens entscheiden. In diesen Fällen kann eine geringere als die marktübliche Rentabilität in Einzelfällen angemessen sein.

---

[28] Vgl. BGH, Urteil vom 12.05.2016 – IX ZR 65/14, Tz. 36.

5.3. Wann ist die Rendite angemessen?

Zur Beurteilung der Angemessenheit sollte vorrangig auf die Branchenüblichkeit der Rendite abgestellt werden. Ist der Turnaround im Sanierungskonzept aufgezeigt, erscheint es bei einer Beurteilung der Angemessenheit anhand der Branchenkennziffern ausreichend, dass sich die Renditefähigkeit im letzten Planjahr am unteren Ende der branchenüblichen Bandbreite orientiert.

Häufig fällt es dem Ersteller eines Sanierungskonzepts schwer, passende Wettbewerber zu identifizieren und an die entsprechenden Daten zu kommen. Sind vergleichbare Wettbewerber bspw. Tochterunternehmen/Divisionen eines großen Konzerns, sind die Rentabilitätskennzahlen kaum zu vergleichen. Soweit es sich nicht um kapitalmarktorientierte Unternehmen handelt, die nach IFRS bilanzieren, ist auch der länderübergreifende Vergleich problematisch. Gleiches gilt, wenn Wettbewerber im Inland nach IFRS bilanzieren, der Rest der Peer Group jedoch nach HGB. Soweit aus diesen Gründen die Branchenüblichkeit im Ausnahmefall nicht festgestellt werden kann, kommen etwa ratingorientierte Verfahren (z.B. mit dem Ergebnis „Investment Grade") oder alternative Kennzahlen (z.B. Verhältnis der Nettoverschuldung zum Plan-EBITDA oder Plan-EBIT) in Betracht. Aufgrund dieser hier genannten Besonderheiten obliegt es am Ende dem Ersteller des Konzepts, anhand welcher Kennzahlen er die angemessene Rendite nachweist und wie er sie begründet.

5.4. Woraus ist die angemessene Rendite abzuleiten (Eigenkapital-, Umsatz- oder Gesamtkapitalrentabilität)?

Für eine positive Sanierungsaussage ist es auch nach der Rechtsprechung des BGH grundsätzlich erforderlich, dass das sanierte Unternehmen durchgreifend saniert, d.h. die Rentabilität der unternehmerischen Tätigkeit wiederhergestellt wird. Das Erwirtschaften einer angemessenen Rendite, sowohl leistungsbezogen als auch für Eigen- und Fremdkapitalgeber, ist hierfür ein starkes Indiz. Dabei ist auf eine Gesamtbetrachtung des sanierten Unternehmens abzustellen und nicht auf eine einzelne Kennzahl, die ggf. durch Bilanzpolitik oder andere Maßnahmen beeinflussbar ist.

Entscheidend kann daher nicht allein das Verhältnis EBITDA/EBIT bzw. Jahresüberschuss zum Umsatz oder Eigenkapital sein, da diese Kennzahlen je nach Branche, Geschäftsmodell und Eigentümerstruktur unterschiedlich ausfallen. Abzustellen ist auf die jeweilige Risikoposition des Unternehmens mit der danach erforderlichen Höhe des Eigen- und Fremdkapitals und der daraus resultierenden Renditeerwartung.

5.5. IDW S 6 fordert eine angemessene Eigenkapital-Ausstattung. Ist hierbei die bilanzielle oder die wirtschaftliche Betrachtung maßgeblich?

Eine angemessene Eigenkapitalausstattung ist erforderlich, da ein Unternehmen mit negativem oder zu geringem Eigenkapital immer Nachteile hinsichtlich seiner Wettbewerbsfähigkeit gegenüber Wettbewerbern mit angemessener Eigenkapitalausstattung haben wird. Kreditinstitute, Lieferanten und Warenkreditversicherer werden dem Unternehmen nicht die gleichen Konditionen bieten, wie Wettbewerbern mit gesunden Bilanzkennzahlen.

Die angemessene Eigenkapitalausstattung bezieht sich auf das sanierte Unternehmen am Ende des Sanierungszeitraums. Dabei ist auf das Eigenkapital abzustellen, das sich auf Basis der vom Unternehmen angewendeten Rechnungslegungsvorschriften ergibt.

Fraglich ist, ob das wirtschaftliche oder das bilanzielle Eigenkapital maßgeblich ist. Eine Fokussierung allein auf das wirtschaftliche Eigenkapital ist aus mehreren Gründen problematisch:

Soweit die Maßgeblichkeit des wirtschaftlichen Eigenkapitals mit dem Vorhandensein stiller Reserven oder eines originären Geschäfts- oder Firmenwertes begründet wird, ist zu beachten, dass diese Wertbestandteile nicht immer ohne Weiteres zu ermitteln und für die Gläubiger verwertbar sind. Deshalb begrenzt das deutsche Handelsrecht den Buchwert von Vermögensgegenständen gemäß § 253 Abs. 1 HGB auf die Höhe der Anschaffungskosten bzw. den Ansatz von bestimmten selbst geschaffenen Vermögensgegenständen: Zu groß wären die Möglichkeiten des Missbrauchs. In der Sanierungspraxis kommt verschärfend hinzu, dass stille Reserven regelmäßig bereits aufgebraucht sind. Auch Kreditinstitute und Ratingagenturen berücksichtigen stille Reserven im Rahmen ihres Ratings regelmäßig nicht oder nur teilweise. Die Berücksichtigung stiller Reserven wird demnach erfahrungsgemäß nur in seltenen und gut begründeten Ausnahmefällen möglich sein.

Eine Maßgeblichkeit allein des wirtschaftlichen Eigenkapitals scheitert zudem bereits daran, dass eine einheitliche Definition nicht existiert. Fraglich ist z.B., wann ein (hybrides) Finanzinstrument dem wirtschaftlichen Eigenkapital zuzurechnen ist. Die Sanierungsfähigkeit eines Unternehmens würde dann u.U. davon abhängen, wie der Konzepersteller das wirtschaftliche Eigenkapital definiert.

Die Chance, dass sich ein Unternehmen, das auch am Ende des Sanierungszeitraums (i.d.R. drei bis fünf Jahre) immer noch kein positives Eigenkapital ausweisen kann, am regulären Kapitalmarkt refinanzieren kann, sind regelmäßig gering. Gerade dieses Kriterium ist aber wesentlich für eine durchgreifende Sanierung. Aber nicht nur am Kapitalmarkt, sondern auch bei Kunden und Lieferanten hat ein Unternehmen mit dauerhaft negativem Eigenkapital i.d.R. einen Wettbewerbsnachteil gegenüber seinen Wettbewerbern.

Aus o.g. Gründen ist grundsätzlich auf die Angemessenheit des bilanziellen Eigenkapitals abzustellen. Dabei ist zu berücksichtigen, dass in der Sanierungspraxis zur Stärkung des bilanziellen Eigenkapitals Finanzierungsinstrumente mit unterschiedlichem Verpflichtungsgrad verwendet werden. Gestaltungsalternativen, wie bspw. Genussrechte oder stille Beteiligungen, können einen Ausweis im handelsbilanziellen Eigenkapital bei gleichzeitiger Qualifizierung als steuerliches Fremdkapital ermöglichen. Allerdings liegt die Messlatte für einen derartigen Ausweis im handelsbilanziellen Eigenkapital hoch.[29] Neben dem erforderlichen Rangrücktritt sind

---

[29] Vgl. *IDW St/HFA 1/1994: Zur Behandlung von Genußrechten im Jahresabschluß von Kapitalgesellschaften.*

auch kumulativ die Kriterien der Verlustbeteiligung und der Dauerhaftigkeit der Kapitalüberlassung zu erfüllen. Dies ermöglicht dem Unternehmen einen zusätzlichen Verlustpuffer und schützt es vor einer unternehmensseitig nicht gewollten Rückzahlung. Ein lediglich mit Rangrücktritt versehenes Darlehen erfüllt diese Anforderungen nicht vollständig.

Im Rahmen der Beurteilung der angemessenen Eigenkapitalausstattung nach *IDW S 6* ist eine Berücksichtigung von Bestandteilen des wirtschaftlichen Eigenkapitals nur dann vertretbar, wenn die dem Unternehmen gewährten Finanzierungen entsprechend den Anforderungen des BGH nachrangig gegenüber anderen Gläubigern sind und dem Unternehmen einschließlich etwaiger Vergütungsansprüche für deren Überlassung ungeschmälert solange zur Verfügung gestellt werden, wie sie zur Herstellung eines angemessenen Eigenkapitals benötigt werden (z.B. in Form einer verbindlichen Belassenserklärung).

5.6. Wodurch ist ein Leitbild gekennzeichnet?

Das Leitbild gibt das Ziel der Unternehmensentwicklung an und ist somit das Kernstück des Sanierungskonzepts. Es legt die Strukturen und Potenziale des Unternehmens unter Effektivitäts- und Stimmigkeitsaspekten fest. Hierzu gehören wesentlich:

- Produktions- und Absatzprogramm (Breite, Tiefe, Funktionen, Design, Qualität)
- Marketing und Vertrieb (Segmentierung, Positionierung, Markenprägung, Distribution, Service, Werbung, Kontrahierung, Preispolitik)
- Produktion und Beschaffung (Ausstattung, Kapazitäten/Standorte, Layout, Technologie, Vorleistungen, Abläufe, Bestände, Lieferbeziehungen)
- Forschung und Entwicklung (Fähigkeiten, Innovations- und Ideenmanagement, Vermarktungsprozess, Patente, Lizenzen)
- Finanzen (Kapitalbedarf, Zugang zu Finanzquellen, Rating, Kapitalstruktur, Eigenkapitalrentabilität und Cashflow)
- Belegschaft (Belegschaftsstärke, Qualifikationen, Arbeitszeitmodelle, Vergütung, Lernprogramme, Motivation)
- Führungs- und Fachkräfte (quantitatives und qualitatives Potenzial, Motivation, Anreizsysteme)
- Organisation (Organigramm, Abläufe, Führungs- und Entscheidungsprozesse, lernende Organisation, Unternehmenskultur)
- Nachhaltigkeit (insb. Arbeitnehmer- und Umweltbelange)
- Unterstützungssysteme (IT, Rechnungswesen, Controlling, Shared Services, Cyber Security).

Das Leitbild lässt sich auch mit Kennzahlen, wie z.B. Marktanteil, Bekanntheitsgrad, Kundenzufriedenheit, Innovationsleistung, Produktivität und Mitarbeiterbindung, weiter konkretisieren.

Ziel der Sanierung muss es sein, dass sich das Unternehmen nachhaltig am Markt behaupten kann. Das setzt eine Refinanzierbarkeit des Unternehmens und damit eine angemessene Rendite und Eigenkapitalausstattung voraus. Sowohl im Rahmen der Wettbewerbsfähigkeit am Markt, in dem das Unternehmen agiert, wie auch für die Refinanzierungsfähigkeit eines Unternehmens spielen die Erfüllung der ESG-Kriterien eine immer wichtigere Rolle. Daher wird es für den zukünftigen Erfolg des Unternehmens wichtig sein, dass die ESG-Anforderungen, die alle Stakeholder in einem Markt an ein Unternehmen stellen, erfüllt werden. Ein Unternehmen, das diesen Standards nicht gerecht wird, muss damit rechnen, dass sich die Kunden vom Unternehmen abwenden. Aber auch für die Refinanzierbarkeit ist es wichtig, dass das Unternehmen die immer höher werdenden Anforderungen der Kapitalmärkte erfüllt. Die Ausrichtung auf die in der Branche geltenden ESG-Anforderungen wird oftmals elementarer Bestandteil des Leitbildes eines sanierten Unternehmens sein.

Die Realisierung von Wettbewerbsvorteilen setzt voraus, dass das Unternehmen im Vergleich zur Konkurrenz über bestimmte Differenzierungsmerkmale verfügt. Diese können z.B. im Produkt- und Preisbereich, im Markenimage, im Produktions- und Servicebereich sowie in der Kundennähe und der Kundenbindung liegen. Zu einem Wettbewerbsvorteil werden Differenzierungsmerkmale dann, wenn die im Vergleich zu anderen Wettbewerbern relevanten Besonderheiten der Unternehmung

- vom Kunden wahrgenommen werden (nicht jede kundenbezogene Besonderheit eines Unternehmens wird als solche überhaupt registriert),

- vom Kunden besonders honoriert werden (nicht alle wahrgenommenen Leistungs- und Produktmerkmale betreffen Kernbedürfnisse des Kunden und sind insofern kaufrelevant) und

- dauerhaft sind (ein wirklicher Wettbewerbsvorteil liegt nicht vor, wenn die Besonderheit ohne Weiteres und schnell imitierbar ist).

Zur Realisierung von Wettbewerbsvorteilen muss das Unternehmen im Leitbild darstellen, mit welchen Strategien es sich im Wettbewerb behaupten will. Für seine strategische Positionierung kommen in Betracht:

- Kosten-/Preiswettbewerb

- Qualitäts-/Leistungswettbewerb

- Wettbewerb um Zeitvorteile („Responsewettbewerb")

- Innovations-/Technologiewettbewerb und

- Wettbewerb um die beste Wertschöpfungsarchitektur (sog. Layer Competition).

Um durch Einsatz einer geeigneten Wettbewerbsstrategie zu einem nachhaltigen Markterfolg zu gelangen, müssen die verschiedenen Ressourcen und Fähigkeiten des Unternehmens unter dem Kriterium der Stimmigkeit so ausgewählt und zum Einsatz gebracht werden, dass daraus Wettbewerbsvorteile entstehen.

6. Stadiengerechte Bewältigung der Unternehmenskrise

6.1. Welche Maßnahmen können zur Überwindung der einzelnen Krisenstadien eingesetzt werden?

Sanierung in der Insolvenz

Die Sanierung des Unternehmens kann auch im Rahmen eines Insolvenzverfahrens, ggf. als Rechtsträgersanierung im (eigenverwalteten) Insolvenzplanverfahren gemäß *IDW S 2* erfolgen. Insbesondere zahlreiche in der Insolvenzordnung niedergelegte Erleichterungen im Zusammenhang mit der Beendigung von Schuldverhältnissen (z.B. Kündigungsmöglichkeiten und -fristen, Begrenzung des Sozialplanvolumens) können die Insolvenz als Sanierungsoption wirtschaftlich attraktiv machen. Zudem besteht die Möglichkeit, die Gesellschafter-Ebene in den Insolvenzplan mit einzubeziehen, so dass die Passivseite der Unternehmensbilanz unter bestimmten Umständen auch gegen den Widerstand einzelner Gesellschafter vollständig saniert werden kann, nachdem das Eigenkapital mit der Insolvenz wertlos geworden ist.

Das Schutzschirmverfahren nach § 270d InsO als besondere Form des vorläufigen Eigenverwaltungsverfahrens erlaubt, dass ein Schuldner bei drohender Zahlungsunfähigkeit oder bei Überschuldung – nicht aber bei eingetretener Zahlungsunfähigkeit – innerhalb von drei Monaten frei von Vollstreckungsmaßnahmen in Eigenverwaltung einen Insolvenzplan ausarbeiten kann. Die Anforderungen an die Eigenverwaltung sind jedoch durch SanInsFoG deutlich erhöht worden. So hat der Antragsteller dem Insolvenzgericht anhand einer fundierten Liquiditätsplanung darzulegen, dass das Eigenverwaltungsverfahren für sechs Monate durchfinanziert ist, welches Konzept zur bestmöglichen Befriedigung der Gläubiger in der Eigenverwaltung verfolgt werden soll, wie die Erfüllung von insolvenzspezifischen Pflichten sichergestellt wird und wie der Kostenvergleich mit dem Regelinsolvenzverfahren ausfällt. [30]

Die Sanierung des Unternehmens als operative Einheit ist aber auch durch eine sogenannte übertragende Sanierung (sanierende Übertragung) im Wege eines Asset Deals möglich; in diesem Fall bleibt der insolvente Rechtsträger zur Abwicklung in der Insolvenz zurück; dies kann auch in einem Insolvenzplan geregelt werden.

Vermeidung der Insolvenz

Mit Feststellung eines Insolvenzgrunds besteht bei Kapitalgesellschaften und ihnen insoweit gleichgestellten Personenhandelsgesellschaften noch eine Frist von drei Wochen bei Zahlungsunfähigkeit und sechs Wochen nach Eintritt der Überschuldung, um durch geeignete Sanierungsmaßnahmen die Einleitung des Insolvenzverfahrens abzuwenden.

Im Übrigen setzt die Sicherung der Zahlungsfähigkeit voraus, dass das Unternehmen im Prognosezeitraum in die Lage versetzt wird, seine jeweils fälligen Verbindlichkeiten fristgerecht zu begleichen.

---

[30] Vgl. *IDW Standard: Bescheinigung nach § 270d InsO und Beurteilung der Anforderungen nach § 270a InsO (IDW S 9)* (Stand: 18.08.2022).

Zur Abwendung einer Überschuldung müssen ausreichende Eigenmittel im Wege von Eigenkapitalzuführungen zur Verfügung gestellt werden oder andere Maßnahmen erfolgen, die zu einer Reinvermögensmehrung führen. Neben Gesellschafterleistungen kommen auch Beiträge der Gläubiger und der Belegschaft in Betracht.

Die Fortführungsfähigkeit eines Unternehmens hängt in einer solch kritischen Phase auch davon ab, welche Handlungsspielräume aufgrund bestehender „Realoptionen" einschließlich zugesagter sowie ernsthaft in Aussicht gestellter Absicherungen und Beiträge durch die Gesellschafter, Kreditinstitute, maßgebliche Lieferanten und Gläubiger sowie Management und Belegschaft noch vorhanden sind. Auf nur abstrakt mögliche Handlungsalternativen kann eine Aussage zur Fortführungsfähigkeit nicht gestützt werden.

Insoweit ist mit der Einführung des StaRUG am 01.01.2021 ein Rechtsrahmen geschaffen worden, um mit den dort geregelten Stabilisierungs- und Restrukturierungsinstrumenten die Insolvenz zu vermeiden: Liegt zum Zeitpunkt der Anzeige nur drohende Zahlungsunfähigkeit nach § 18 InsO vor, so kann mit der Entwicklung eines überwiegend wahrscheinlichen Restrukturierungsplans i.S. des StaRUG die positive Fortbestehensprognose im Rahmen der Überschuldungsprüfung sogar im 12-Monats-Zeitraum des § 19 InsO (wieder)hergestellt werden. Konzept und Verfahren beim Restrukturierungsplan sind in den Grundzügen sehr ähnlich den insolvenzplanrechtlichen Vorschriften der Insolvenzordnung. Entsprechendes gilt für die flankierende Absicherung der Umsetzung des Restrukturierungsplan durch die sogenannte Stabilisierungsanordnung, die Maßnahmen der Einzelzwangsvollstreckung einschränkt. Um den nachhaltigen Fortbestand des Unternehmens (Bestandsfähigkeit nach § 14 StaRUG) zu erreichen, muss das Unternehmen wettbewerbs- und refinanzierungsfähig sein. Die Bestandsfähigkeit, die eine nachhaltige und überwiegend wahrscheinliche Sanierung aufzeigt, entspricht in betriebswirtschaftlicher Hinsicht dem Sanierungskonzept nach *IDW S 6* (vgl. *IDW S 15*, Tz. 16).

Überwindung der Liquiditätskrise

Zur Überwindung der Liquiditätskrise sind intern noch vorhandene Liquiditätsreserven zu mobilisieren und verbleibende Lücken extern durch Zuführung liquider Mittel oder Zahlungsmoratorien zu schließen.

Liquiditätspotenziale können z.B. durch Optimierung der Lagerhaltung, Reduzierung der Forderungs- und Ausweitung der Verbindlichkeitenlaufzeiten, Factoring von Forderungen, Outsourcing von Randfunktionen/Randgeschäften sowie sale and lease back von Anlagegütern gehoben werden.

Die Wiedergewinnung hinreichender Kreditfähigkeit setzt zudem voraus, dass das Unternehmen sein Rating verbessern und ausreichende Sicherheiten stellen kann. Dabei können neben eigenen Sicherheiten auch solche aus dem Gesellschafterbereich sowie Stützungsmaßnahmen der öffentlichen Hand in Betracht kommen (Bürgschaften, KfW, Kurzarbeitergeld).

Überwindung der Erfolgskrise

Um nach einer Erfolgskrise mindestens eine angemessene Rendite zu erreichen, bedarf es eines umfassenden Sanierungskonzepts. So können einzelne Geschäftsbereiche aufgegeben, andere gebündelt oder neu in das Portfolio aufgenommen werden. Zu würdigen ist zudem, ob Produkte und Dienstleistungen ausreichende Kostendeckungsbeiträge liefern und ob Potenziale in der Vertriebs- und Einkaufsorganisation bestehen (Nachverhandlung, Preisgleitklauseln, Rabattierungen, Incentivierung, make-or-buy-Analysen). Überdies kann es notwendig sein, geschäftsübergreifend Möglichkeiten der Bündelung von Funktionen und Prozessen zu analysieren. Eine Verbesserung der Kostenstruktur ergibt sich auch aus der Optimierung der Herstell- und Ablaufprozesse durch Reduzierung der Verbrauchsmengen, Verminderung der Ausschussquote, Senkung der Vorratsbestände und damit der Lager- und der Kapitalbindungskosten; entsprechend positiv wirken können auch die Veränderungen der Vergütungsstruktur, der Personalabbau sowie der Abbau von Leerkosten bzw. Senkung der Stückkosten durch bessere Kapazitätsauslastung.

Überwindung der Produkt- und Absatzkrise

Ist eine Produkt- und Absatzkrise von nur vorübergehender Natur, kommt es lediglich darauf an, Maßnahmen zu identifizieren, um diese Schwächephase durchzustehen. Um das Belegschaftspotenzial mit seinen Qualifikationen zu erhalten, sind bestandswahrende Maßnahmen in Erwägung zu ziehen, wie z.B.

- Einführung von Kurzarbeit,
- Rücknahme von Leiharbeit,
- Abbau von Zeitguthaben,
- Verkürzung der Wochenarbeitszeit,
- Einstellungsstopp.

Um in der Übergangszeit die Ertragseinbußen möglichst gering zu halten bzw. zu kompensieren, sind solche Maßnahmen um ein striktes Kostenmanagement nebst entsprechenden Kontrollen in allen Unternehmensbereichen zu ergänzen.

Stellt sich heraus, dass die Produkt- und Absatzkrise nicht durch kurzfristige Überbrückungsmaßnahmen beseitigt werden kann, sind die Kapazitäten im Leistungsbereich strukturell anzupassen. Dazu ist zuvor zu untersuchen, ob Produkte und Leistungen als marktfähig angesehen werden können und mit welchem Absatzvolumen zu rechnen ist. Einzubeziehen sind dabei auch Maßnahmen zur Beseitigung von Schwächen in Marketing und Vertrieb sowie Maßnahmen zur Verbesserung der Absatzchancen, z.B. durch Sonderaktionen, Rabatte und zusätzliche Werbung.

Liegt die Problematik der Produkt- und Absatzkrise indes auf der Ebene der Leistungserbringung (z.B. Sortimentsschwächen, mangelnde Qualität der Produkte, unzureichende Liefertreue, Preispolitik), müssen Maßnahmen definiert werden, mit denen sich in den relevanten Funktionen und Prozessen Verbesserungen durchsetzen lassen. Dies erstreckt sich u.a. auf die Bereiche von Produktverbesserungen bzw. der Einführung von Neuprodukten, der Beseitigung von Qualitäts- und Belieferungsmängeln sowie der Behebung von Ertragsnachteilen. Dabei ist auch abzuwägen, inwieweit vorübergehende Rendite- oder Gewinneinbußen in Kauf genommen werden können.

Soweit – etwa infolge von Produktinnovationen oder Nachfrageverschiebungen – der Absatz nachhaltig gestört ist, sind die Möglichkeiten für eine grundsätzliche Neuausrichtung auszuloten.

Überwindung der Strategiekrise

Grundlage der strategischen Neuausrichtung ist das Leitbild des sanierten Unternehmens i.S. eines nachhaltig wettbewerbsfähigen Unternehmens.

Beurteilungskriterien für die Überwindung einer Strategiekrise sind dementsprechend nicht allein positive Liquiditäts- und Ergebnisaussichten als Ausfluss einer integrierten Planung. Zusätzlich sind die Kriterien über das Erlangen einer nachhaltigen Wettbewerbsfähigkeit und von Wettbewerbsvorteilen heranzuziehen; denn nur diese entscheiden, ob das Unternehmen seine Marktanteile halten oder gar ausbauen und (profitables) Umsatzwachstum generieren kann.

Um seine Wettbewerbsfähigkeit auszubauen oder gar Wettbewerbsvorteile zu generieren, muss das Unternehmen unter Berücksichtigung der Kundenanforderungen und der Vorgehensweisen der Wettbewerber seine Marktaktivitäten und Ressourcen optimal aufeinander abstimmen. Dies kann im Rahmen einer Unternehmensstrategie eigenständig, durch Allianzen mit Wettbewerbern, Kunden, Zulieferern oder durch Fusionen/Übernahmen erfolgen.

Ziel der strategischen Unternehmensplanung ist die Begründung einer nachhaltig profitablen Unternehmensentwicklung durch Entwicklung geeigneter Produkt-Markt-Strategien (Strategien über das Produkt-Markt-Konzept) und Ressourcen-Strategien (Strategien zur Nutzung und Ausgestaltung der vorhandenen bzw. zu beschaffenden Ressourcen). Dabei gilt es, möglichst über die Absicherung der Wettbewerbsfähigkeit hinaus Wettbewerbsvorteile zu erzielen.

Um den stetigen Herausforderungen des Wettbewerbs zu genügen, ist es erforderlich, die Leistungen im Spannungsfeld von Qualität, Kosten und Zeit zu optimieren. Im Ergebnis sind Portfoliozusammensetzung, Kerngeschäfte, Kernfähigkeiten sowie angestrebte Marktposition/Wettbewerbsvorteile strategiekonform zu definieren. Über den Markterfolg und damit die Wettbewerbsfähigkeit entscheidet letztlich immer die Sicht des Kunden; sie ist maßgebend für die Beurteilung von Wettbewerbsvorteilen.

Befindet sich das Unternehmen bspw. in einer Wettbewerbssituation, die durch eine hohe Zahl relativ gleich starker Wettbewerber, standardisierte Produkte und hohe Fixkosten geprägt ist, ist es wahrscheinlich, dass das Unternehmen in einen Preiskampf gerät und sich einem Verdrängungswettbewerb ausgesetzt sieht. In einer solchen Situation kommt es darauf an, ob sich das Unternehmen, allein oder in Kooperation, insb. über Kostenvorteile, profitablen Absatz sichern kann.

Der Schwerpunkt der strategischen Neuausrichtung liegt im Bereich der Geschäftsfeldplanung und der Ressourcenneuordnung. Es ist daher festzulegen, wie die im – ggf. neu formulierten – Leitbild niedergelegten Ziele mittel- und langfristig erreicht werden können. Als Stoßrichtung des Maßnahmenpakets kommen folgende mittel- und längerfristig wirkende Optionen der Strategieplanung in Betracht:

- Stärkung des Kerngeschäfts, z.B. durch
    - gezielte Profilierung der Marke oder des Produkts,
    - Definition des Marktsegments oder einer Nischenbelegung,
    - Profilierung durch Identifikation und Ausbau der Stärken und Eliminierung von Schwachstellen
- Ausweitung des Kerngeschäfts durch das Angebot
    - komplementärer Produkte und Dienstleistungen,
    - integrierter Lösungen über die bisherigen Leistungen hinaus
- Transfer angestammter Produkte, Marken, Ressourcen, Fähigkeiten und Kompetenzen auf neue Anwendungsfelder:
    - neue Kunden
    - neue Regionen
    - neue Geschäftsfelder
- Entwicklung neuer Erfolgspotenziale:
    - Produkt- und Prozessinnovationen
    - Aufbau von Kernkompetenzen
    - Öffnung für Partnerschaften
    - Einführung von Netzwerkstrukturen und strategischen Allianzen
- Reduzierung des Risikos, z.B. durch
    - Ausstieg aus besonders risikoreichen Geschäftsfeldern,
    - Begrenzung oder Reduzierung operativer Risiken,
    - Transfer von Risiken auf Dritte (Versicherungsunternehmen, Kapitalmarkt),
    - Stärkung des Risikopuffers (z.B. durch höhere Eigenkapitalausstattung oder Ausweitung des verfügbaren Liquiditätsrahmens).

Im Rahmen der strategischen Neuausrichtung kann es erforderlich sein, sich in einem ersten Schritt auf die strategischen Optionen zu konzentrieren, bei denen die Ressourceneinsätze höchstmögliche Effektivität versprechen; dies umfasst die Beschränkung zunächst auf wenige Optionen aus der sodann mittelfristig umzusetzenden Gesamtstrategie.

Ausgehend von den Festlegungen im Leitbild, sind in der strategischen Ausrichtung die zur Umsetzung notwendigen materielle Ressourcen (z.B. Grundstücke, Gebäude, Anlagen) ebenso zu bestimmen wie immaterielle (z.B. Know-how, Lizenzen, Patente), personelle (z.B. Führungskräfte, Mitarbeiter) und finanzielle Bedarfe. Die Kombination verschiedener Ressourcen sollte zu übergreifenden, besonderen Fähigkeiten führen (sog. organisatorische Fähigkeiten), die z.B. an der Beherrschung einzelner Technologien oder wichtiger Prozesse (z.B. Produktentwicklungsprozesse oder Auftragsabwicklungsprozesse), aber auch an besonderen Stärken in einzelnen Funktionen (z.B. Kundenakquisition, Produktion, Montage, Service) oder Systemen (z.B. schlagkräftige und flexible Aufbauorganisation, ausgebautes Controlling) zu erkennen sind.

Im Rahmen der strategischen Neuausrichtung hat das Unternehmen seine Potenziale unter Effektivitäts-, Nachhaltigkeits- und Stimmigkeitsaspekten auszurichten. Dies gilt umso mehr für entsprechende regulatorische Vorgaben für eine ESG-Konformität, die sich aber nicht nur auf das zu betrachtende Unternehmen selbst bezieht, sondern immer auch die Perspektive der Stakeholder berücksichtigen muss. Entsprechend hat das Unternehmen in seiner Strategie auch zu reflektieren, ob diese für seine Gesellschafter ESG-konform ist. Diese unterliegen mit Blick auf ihre Beteiligungen, Kunden, Lieferanten und Finanzierer ggf. selbst ESG-Regulatorik .

Überwindung der Stakeholderkrise

Eine Stakeholderkrise, die sich negativ auf die Entwicklung des Unternehmens auswirkt, kann letztlich nur überwunden werden, wenn es der Unternehmensleitung oder dem Aufsichtsorgan gelingt, mit allen Interessengruppen wieder einen Konsens zur vertrauensvollen Zusammenarbeit und zu einer gemeinsam getragenen und gelebten Unternehmens- und Zielstruktur zu finden.

Unter Berücksichtigung der Ziele einer guten Corporate Governance ist auch zu bedenken, ob und wo Stärkungen im Hinblick auf leistungsfähige Organisationsstrukturen mit kompetenten, integren und durchsetzungsfähigen Organen (Leitungs- und Überwachungsorgane, Anteilseigner) geboten sind. Die Unternehmensorgane sind so zu besetzen, dass das Unternehmen den angestrebten Sanierungserfolg nachhaltig erreichen kann. Die Unternehmensführung muss in der Lage sein:

- das Unternehmensleitbild entsprechend den Markt- und Wettbewerbsanforderungen zu präzisieren und weiterzuentwickeln
- angemessene Zielvorgaben abzuleiten und der Belegschaft vorzugeben
- durch Vorbild und Vorleben eine starke Unternehmenskultur zu prägen
- Strukturen für eine angemessene innerbetriebliche Kommunikation zu schaffen
- die ständigen Wandlungsanforderungen des Unternehmens zu bewältigen und
- das erforderliche Vertrauen seiner internen und externen Stakeholder zu gewinnen.

6.2.   Wie sind Bedingungen/Maßnahmen, die von der Mitwirkung Dritter abhängen, zu berücksichtigen? Welche Reife müssen die Verhandlungen haben, wenn die bindende Verpflichtung noch aussteht?

Die in die Sanierungsplanung eingeflossenen Maßnahmen sind bzgl. ihrer Erfolgsaussichten zu bewerten. Für eine positive Sanierungsaussage können nur die Maßnahmen berücksichtigt werden, die mit einer überwiegenden Wahrscheinlichkeit realisiert werden.

Dies gilt grundsätzlich auch für Maßnahmen, die von der Mitwirkung Dritter abhängen und bei denen zum Zeitpunkt der Erstellung eine rechtlich bindende Verpflichtung noch aussteht. Vgl. hierzu beispielhaft die in *IDW S 6*, Tz. 78, aufgeführten Sachverhalte. In diesem Zusammenhang bestehen jedoch erhöhte Anforderungen an die Dokumentation, dass die Mitwirkung des Dritten überwiegend wahrscheinlich ist, z.B. durch qualifizierte Absichtserklärungen (z.B. Wohlwollenserklärung) oder Term Sheets (ggf. unter Gremienvorbehalt) mit Sanktionen bei Nicht-Mitwirkung, Ableitung von Erwägungen einer wirtschaftlich handelnden Partei im Geschäftsleben. Je kurzfristiger eine Maßnahme für die Sanierung erforderlich ist, desto höhere Anforderungen sind an ihre Umsetzung zu stellen. So kann bei einer sehr kurzfristigen Refinanzierung z.B. eine verbindliche Zusage oder ein Term Sheet als Dokumentation der überwiegenden Wahrscheinlichkeit erforderlich sein. Bei Refinanzierungen am Ende des Sanierungshorizonts kann die Vorteilhaftigkeit dieser Maßnahme für eine wirtschaftlich handelnde Partei im Geschäftsleben zum Nachweis der überwiegenden Wahrscheinlichkeit ausreichen. Zweifeln an der Bonität des Dritten ist nachzugehen.

Erhöhte Anforderungen gelten für die Umsetzung von Maßnahmen durch Gesellschafter, nahestehende Personen oder verbundene Unternehmen: In diesen Fällen sind rechtlich verbindliche Zusagen erforderlich (BGH Urteil v. 13.07.2021 – II ZR 84/20, Rn. 82), auch wenn der durch diese Maßnahme zu deckende Liquiditätsbedarf erst zu einem späteren Zeitpunkt entsteht. Zudem ist die Bonität des Gesellschafters, der nahestehenden Person oder des verbundenen Unternehmens nachzuweisen.

Wenn das Sanierungskonzept für den Sanierungserfolg wesentliche Sachverhalte umfasst, deren Eintrittswahrscheinlichkeiten nicht beurteilt werden können (z.B. ausstehendes Finanzierungskonzept oder unklare Erteilung eines Großauftrags), ist im Bericht an geeigneter Stelle darauf hinzuweisen. In diesem Fall kann bis zur hinreichenden Konkretisierung der offenen Sachverhalte nur ein Entwurf des Sanierungskonzepts an die Adressaten herausgegeben werden. Zudem kann eine positive Aussage zur Sanierungsfähigkeit nach Klärung des offenen Sachverhalts – vorbehaltlich später eintretender neuer materieller Entwicklungen (z.B. Wegfall eines Großauftrags) – angekündigt werden.

6.3. Muss das zu sanierende Unternehmen über die gesamte Dauer des Sanierungszeitraums durchfinanziert sein?

Das zu sanierende Unternehmen muss über die gesamte Dauer des Sanierungszeitraums durchfinanziert sein. Durchfinanzierung meint dabei, dass das Unternehmen im Sanierungszeitraum mit überwiegender Wahrscheinlichkeit in der Lage sein wird, die jeweils fälligen Verbindlichkeiten mit den dann jeweils verfügbaren liquiden Mitteln zu bedienen. Hierbei ist auf eine ausreichende – unternehmensbezogen ermittelte – Mindestliquidität zu achten, die die Schwankungen innerhalb eines Monats und innerhalb der Saison abdecken können muss. Ansonsten wäre bereits zum Zeitpunkt der Sanierungskonzepterstellung eine nicht mit überwiegender Wahrscheinlichkeit zu schließende Finanzierungslücke erkennbar. Dies führte unmittelbar zu einer drohenden Zahlungsunfähigkeit, jedenfalls aber zu einem Wegfall der rein liquiditätsorientierten insolvenzrechtlichen Fortbestehensprognose i.S. des § 19 InsO und damit zur Notwendigkeit einer Überprüfung des Insolvenzantragsgrundes der Überschuldung mit Aufstellung eines Überschuldungsstatus zu Liquidationswerten.

Dementsprechend ist es im Rahmen der Analyse der Durchfinanzierung ausreichend, dass etwaig notwendige Finanzierungsmaßnahmen einschließlich etwaiger Beiträge Dritter überwiegend wahrscheinlich sind. Dies kann auch dann gegeben sein, wenn das Unternehmen zum relevanten Zeitpunkt (bei planmäßigem Auslaufen einer vereinbarten Finanzierung) bereits so weit saniert ist, dass die Refinanzierung bestehender Fremd- oder Eigenkapitalmittel am Finanzmarkt zu üblichen Konditionen möglich ist. Maßstab für eine solche Refinanzierbarkeit (vgl. *IDW S 6*, Tz. 26) können die Bewertung des Unternehmens anhand marktüblicher Ratings sein, wonach das Unternehmen z.B. als „Investment Grade" eingestuft wird oder alternative Kennzahlen (z.B. Verhältnis der Nettoverschuldung zum Plan-EBITDA).

7. Integrierte Sanierungsplanung

7.1. Sind Sensitivitätsbeurteilungen erforderlich?

Die Sensitivitätsanalyse ist eine Methode, bei der eine Veränderung in einem bestimmten Parameter isoliert betrachtet wird, um zu sehen, wie sich diese Änderung auf das Gesamtergebnis auswirkt. Sie hilft dabei, die Sensitivität eines Modells oder einer Entscheidung gegenüber Veränderungen in bestimmten Variablen zu verstehen.

Bei der Darstellung von Maßnahmeneffekten sind Sensitivitätsanalysen grundsätzlich nicht erforderlich, sie können bei der Abbildung von wesentlichen Planungsrisiken aber zweckdienlich sein.

Sind einzelne Annahmen der Management-Planung nicht überwiegend wahrscheinlich, ist die vorgelegte Planung anzupassen und sie muss den überwiegend wahrscheinlichen Fall in der Sanierungsplanung abdecken.

7.2. Muss eine integrierte Planung vorliegen oder reicht eine Plan-Gewinn- und Verlustrechnung mit „Ableitung" der Liquidität?

In der Regel ist es erforderlich, dass eine integrierte Finanzplanung erstellt wird. Diese beinhaltet immer eine GuV-, Bilanz- sowie eine Liquiditätsplanung.[31] Es ist erforderlich, dass die drei Bestandteile der Planung nicht nur aufeinander abgestimmt, sondern auch so miteinander verknüpft sind, dass sich Prämissen und ihre Änderung in einer Teilplanung auch folgerichtig in den anderen Teilplanungen auswirken.

---

[31] Vgl. OLG Köln, Urteil vom 24.09.2009 – 18 U 134/05, WPg 2011, S. 442.

In Abhängigkeit von Größe und Komplexität des Unternehmens bzw. der Unternehmensgruppe sind die Planungsmodelle entsprechend anzupassen.

Bei einfach abzuleitenden und im Zeitablauf weitgehend statischen Bilanzzusammenhängen kann es ausnahmsweise ausreichend sein, lediglich die Liquidität des Unternehmens zu betrachten.

7.3. Welche wesentlichen Annahmen sind in der Planung besonders hervorzuheben?

In den Erläuterungen zur Planung sind nach *IDW S 6*, Tz. 91, die für die Sanierung wesentlichen Annahmen besonders hervorzuheben. Hierbei kann es sich bspw. um folgende Annahmen handeln:

- Die Entwicklung von Rohstoffpreisen, wie Gas und Elektrizität
- das Wachstum von Auslandsmärkten, insb. in [...]
- die Wechselkursstabilität
- die Preisentwicklung und Abnahmeverhalten auf der Nachfrageseite
- die Wettbewerbsentwicklung
- die Stabilität der Rechtslage (z.B. Steuerrecht)
- die Fortsetzung wichtiger Verträge mit Großkunden.

7.4. Um welche Kennzahlen ist die integrierte Planung zu ergänzen?

Nach *IDW S 6*, Tz. 84 f., ist die Planung um Kennzahlen zu ergänzen. In Betracht kommen bspw. folgende Kennzahlen:

Liquiditätskennzahlen	Ertragskennzahlen	Vermögenskennzahlen
• Liquiditätsgrade I bis III • Cashflow in % vom Umsatz • Schuldentilgungsdauer in Jahren • Kapitaldienstdeckungsfähigkeit – Debt Service Coverage	• Gesamtkapitalrentabilität • Eigenkapitalrentabilität • Umsatzrentabilität • Material-/Fremdleistungsquote • Personalaufwandsquote • EBITDA in % vom Umsatz	• Eigenmittelquote • Verschuldungsgrad • Anlagendeckung • Working Capital • Laufzeiten der Debitoren und Kreditoren in Tagen • Vorratsreichweite in Tagen

IDW Standard:
Bescheinigung nach § 270d InsO und Beurteilung der Anforderungen nach § 270a InsO
(IDW S 9)

(Stand: 18.08.2022)

IDW Standard:
Bescheinigung nach § 270d InsO
und Beurteilung der Anforderungen nach § 270a InsO
(IDW S 9)

Stand: 18.08.2022[1]

1. Vorbemerkungen

1   Mit dem Gesetz zur weiteren Erleichterung der Sanierung von Unternehmen (ESUG) hat der Gesetzgeber ein besonderes vorläufiges Insolvenzverfahren geschaffen (Verfahren zur Vorbereitung der Sanierung nach § 270b InsO a.F., kurz: Schutzschirmverfahren), das unverändert durch das SanInsFoG in § 270d InsO übernommen wurde. Dieses Verfahren verbindet die vorläufige Eigenverwaltung mit dem Ziel der frühzeitigen Vorlage eines Insolvenzplans, um so die Sanierung von Unternehmen zu erleichtern.

2   Nach § 270d InsO bestimmt das Insolvenzgericht auf Antrag des Schuldners eine Frist zur Vorlage eines Insolvenzplans, wenn der Schuldner den Eröffnungsantrag bei drohender Zahlungsunfähigkeit oder Überschuldung gestellt und die Eigenverwaltung beantragt hat. Dabei

---

[1]   Verabschiedet vom Fachausschuss Sanierung und Insolvenz (FAS) am 18.08.2014. Zuletzt geändert durch den FAS am 18.08.2022. Billigende Kenntnisnahme durch den Hauptfachausschuss (HFA) am 19.09.2022.

ist dem Antrag eine mit Gründen versehene Bescheinigung eines in Insolvenzsachen erfahrenen Wirtschaftsprüfers, Steuerberaters, Rechtsanwalts oder einer Person mit vergleichbarer Qualifikation (im Folgenden: „Gutachter") beizufügen, „aus der sich ergibt, dass drohende Zahlungsunfähigkeit oder Überschuldung, aber keine Zahlungsunfähigkeit vorliegt und die angestrebte Sanierung nicht offensichtlich aussichtslos ist" (Schutzschirmbescheinigung, § 270d InsO).

3   Die Vorbereitung einer Sanierung über ein Schutzschirmverfahren nach § 270d InsO kann nur bei einem zeitgleich gestellten Antrag auf Eröffnung des Insolvenzverfahrens in Eigenverwaltung nach §§ 270, 270a InsO erreicht werden, an den bestimmte Anforderungen gestellt sind. Nach den ab dem 01.01.2021 geltenden gesetzlichen Regelungen hat der Schuldner dem Antrag neben einer Eigenverwaltungsplanung (§ 270a Abs. 1 InsO) auch sonstige Erklärungen (§ 270a Abs. 2 InsO) beizufügen. Die Qualität der Eigenverwaltungsplanung und der Inhalt der Erklärungen sind Voraussetzungen für die Anordnung der vorläufigen Eigenverwaltung (§ 270b InsO) und damit mittelbar auch für die Eröffnung unter Anordnung der Eigenverwaltung (§ 270f InsO). Bei der Erstellung der Bescheinigung nach § 270d InsO müssen für die Beurteilung, ob die Sanierung nicht offensichtlich aussichtslos ist, auch die von der Schutzschirmbescheinigung nicht abgedeckten Anforderungen des § 270a Abs. 1 und 2 InsO einbezogen werden, da bei fehlender Erfüllung dieser Voraussetzungen die Sanierung offensichtlich aussichtslos sein könnte.

4   Außerhalb des Schutzschirmverfahrens ist für die Anordnung der regulären Eigenverwaltung (§§ 270, 270a InsO) keine Bescheinigung vorgesehen. Der Wirtschaftsprüfer kann in diesem Fall den Mandanten bei der Erstellung der Unterlagen unterstützen – dies dürfte die Chancen einer gerichtlichen Anordnung der Eigenverwaltung deutlich erhöhen. Es ist auch möglich, dass der Schuldner im Vorfeld seines Antrags zusätzliche Rechtssicherheit erlangen möchte und eine gutachterliche Stellungnahme verlangt, mit der die Vollständigkeit und Schlüssigkeit der Eigenverwaltungsplanung und die abzugebenden sonstigen Erklärungen beurteilt werden. In diesem Fall wird der Wirtschaftsprüfer bei der gutachterlichen Stellungnahme die Anforderungen an die Person des Gutachters (Abschn. 2.) sowie die – je nach Auftragsvereinbarung relevanten – Anforderungen an den Auftragsgegenstand (Abschn. 3.) und an die Berichterstattung (Abschn. 4.) dieses *IDW Standards* beachten.

5   Zum Zusammenspiel zwischen §§ 270a, 270b und 270d InsO vgl. das Ablaufdiagramm in HYPERLINK \l "Anlage_1" Anlage 1.

6   Das Institut der Wirtschaftsprüfer (IDW) legt in diesem *IDW Standard* die Berufsauffassung dar, welche Anforderungen an den beauftragten Gutachter, an die durchzuführenden Tätigkeiten sowie an den Inhalt der Bescheinigung nach § 270d InsO (Schutzschirmverfahren) und Beurteilungen nach § 270a InsO (Eigenverwaltungsplanung und Erklärungen) zu stellen sind, soweit das angestrebte Eigenverwaltungsverfahren die Sanierung des Geschäftsbetriebs des Schuldners zur Grundlage hat.

7   Die Bescheinigung zum Schutzschirmverfahren sowie die gutachterliche Stellungnahme zum Vorliegen der Voraussetzungen nach § 270a InsO werden regelmäßig auf der Grundlage einer gutachterlichen Stellungnahme i.S. des § 2 Abs. 3 Nr. 1 WPO erteilt. Beurteilungsgegenstand sind

2

- beim Schutzschirmverfahren das Vorliegen der drohenden Zahlungsunfähigkeit oder der Überschuldung und das Nichtvorliegen der Zahlungsunfähigkeit sowie die nicht offensichtliche Aussichtslosigkeit der angestrebten Sanierung,

- bei der Eigenverwaltungsplanung der Finanzplan, das Konzept für die Durchführung des Insolvenzverfahrens (einschließlich der Beurteilung der Insolvenzeröffnungsgründe), die Darstellung des Verhandlungsstands mit den Gläubigern und weiteren Beteiligten, die Darstellung zu den Vorkehrungen zur Erfüllung der insolvenzrechtlichen Pflichten sowie die Darstellung zu den voraussichtlichen Mehr- oder Minderkosten der Eigenverwaltung im Vergleich zu einem Regelverfahren und

- bei den sonstigen Erklärungen ein etwaiger Zahlungsverzug gegenüber bestimmten Gläubigern, die Einhaltung handelsrechtlicher Offenlegungspflichten für die letzten drei Geschäftsjahre und eine etwaige Inanspruchnahme von sanierungsrechtlichen Verfahrenshilfen nach der InsO oder dem StaRUG in den letzten drei Jahren.

8   Bei der Bescheinigung und der gutachterlichen Stellungnahme handelt es sich weder um eine betriebswirtschaftliche Prüfung nach § 2 Abs. 1 WPO noch um die Beurteilung eines Sanierungskonzepts i.S. des *IDW S 6*.[2] Für den Ersteller der Bescheinigung oder der gutachterlichen Stellungnahme wird im Folgenden einheitlich der Begriff Gutachter verwendet. Der im Folgenden verwendete Begriff „beurteilen" bedeutet, dass der Gutachter die ihm zur Verfügung stehenden bedeutsamen Informationen in seine Stellungnahme einfließen lässt.

2.   Anforderungen an den Gutachter

9   Nach § 270d InsO können Bescheinigungen nur von einem in Insolvenzsachen erfahrenen Wirtschaftsprüfer, Steuerberater oder Rechtsanwalt sowie einer Person mit vergleichbarer Qualifikation erstellt werden. Personen mit vergleichbarer Qualifikation sind insb. Steuerbevollmächtigte oder vereidigte Buchprüfer, die nach § 3 Nr. 1 des Steuerberatungsgesetzes (StBerG) ebenso wie Steuerberater zur geschäftsmäßigen Hilfeleistung in Steuersachen befugt sind, aber auch Angehörige eines anderen Mitgliedstaats der Europäischen Union oder eines Vertragsstaats des Abkommens über den Europäischen Wirtschaftsraum und Personen, die in einem dieser Staaten ihre berufliche Niederlassung haben und über eine vergleichbare Qualifikation verfügen.

10   Der Gutachter muss vor Annahme des Auftrags feststellen, ob er die gesetzlich geforderten Voraussetzungen erfüllt; insb. muss er über entsprechende Erfahrung in Insolvenzsachen verfügen. Das Gesetz schreibt nicht vor, welche konkreten Anforderungen an den Gutachter zu stellen sind. Mit dem Zusatz „in Insolvenzsachen erfahren" wird jedoch deutlich, dass ihn seine Berufsträgerschaft – d.h. die in der Berufsausbildung gewonnene Kenntnis – allein nicht qualifiziert. Vielmehr ist in zeitlicher Hinsicht davon auszugehen, dass eine mehrjährige Befassung mit deutschen Insolvenz- oder Sanierungsfällen erforderlich sein wird. In sachlicher Hinsicht ist das Kriterium „in Insolvenzsachen erfahren" bspw. dann erfüllt, wenn der Gutachter als Insolvenzverwalter oder Sachwalter tätig ist oder berufliche Erfahrungen in der Sanierungsberatung oder in der Erstellung bzw. Begutachtung von Sanierungskonzepten einschließlich der Beurteilung des Vorliegens von Insolvenzeröffnungsgründen vorweisen kann. Es kann sinnvoll

---

[2]   *IDW Standard: Anforderungen an die Erstellung von Sanierungskonzepten (IDW S 6)* (Stand: 16.05.2018).

sein, dass der Auftraggeber dafür sorgt, dass die Eignung der Person des Gutachters mit dem zuständigen Gericht rechtzeitig im Vorfeld abgestimmt wird.

11   Bei Berufsgesellschaften (u.a. Wirtschaftsprüfungsgesellschaften, Steuerberatungsgesellschaften oder Rechtsanwaltsgesellschaften) kommt es darauf an, dass nur solche Personen verantwortlich mit der Tätigkeit betraut werden, die über die erforderliche Qualifikation und Sachkunde verfügen.

12   Für die Erteilung der Bescheinigung sind bei Wirtschaftsprüfern die allgemeinen Unabhängigkeitsanforderungen des § 43 Abs. 1 WPO und der §§ 20 ff. der Berufssatzung Wirtschaftsprüfer/vereidigte Buchprüfer (BS WP/vBP) zu beachten. An die Unabhängigkeit und Neutralität sind nicht die Anforderungen zu stellen wie an den Insolvenzverwalter nach §§ 21 Abs. 2 Nr. 1 und 56 Abs. 1 InsO. Eine Beauftragung des Abschlussprüfers ist somit unter Unabhängigkeitsgesichtspunkten grundsätzlich zulässig.

13   Der Gutachter darf nach § 270d Abs. 1 InsO nicht zum vorläufigen Sachwalter bestellt werden. Das gilt auch für Gutachter, die eine dem Sachwalter oder Schuldner nahestehende Person nach § 138 InsO oder eine mit dem Gutachter zur Berufsausübung i.S. des § 45 Abs. 3 BRAO (analog) verbundene Person sind. Eine im Vorfeld der Antragstellung ausgeübte Tätigkeit des Gutachters für den Schuldner im Rahmen der Erstellung eines Sanierungskonzepts nach *IDW S 6* oder eines Grobkonzepts i.S. dieses *IDW Standards* schließt eine Beauftragung als Gutachter nicht aus. Eine solche Vorbefassung ist dem Gericht offenzulegen.

3.   Auftragsgegenstand

14   Gegenstand des Auftrags beim Schutzschirmverfahren ist die Beurteilung, ob drohende Zahlungsunfähigkeit oder Überschuldung, aber keine Zahlungsunfähigkeit vorliegt und die angestrebte Sanierung nicht offensichtlich aussichtslos ist. Hinsichtlich der Eigenverwaltungsplanung und den sonstigen Erklärungen wird die Erfüllung der gesetzlichen Vorgaben des § 270a Abs. 1 Nr. 1 bis 5 und Abs. 2 InsO beurteilt.

3.1.   Spezielle Anforderungen an das Schutzschirmverfahren

3.1.1.   Drohende Zahlungsunfähigkeit und Zahlungsunfähigkeit

15   Ein Schuldner ist nach § 17 Abs. 2 InsO zahlungsunfähig, wenn er nicht in der Lage ist, seine fälligen Zahlungsverpflichtungen zu erfüllen. Zahlungsunfähigkeit ist damit das auf dem Mangel an Zahlungsmitteln beruhende Unvermögen des Schuldners, seine fälligen Zahlungsverpflichtungen zu begleichen.

16   Der Schuldner droht nach § 18 InsO zahlungsunfähig zu werden, wenn er voraussichtlich nicht in der Lage sein wird, die bestehenden Zahlungspflichten im Zeitpunkt der Fälligkeit zu erfüllen. In aller Regel ist ein Prognosezeitraum von 24 Monaten zugrunde zu legen.

17   Für die Beurteilung des Vorliegens einer Zahlungsunfähigkeit oder einer drohenden Zahlungsunfähigkeit wird auf *IDW S 11* verwiesen.[3]

---

[3]   Vgl. *IDW Standard: Beurteilung des Vorliegens von Insolvenzeröffnungsgründen (IDW S 11)* (Stand: 09.11.2021).

3.1.2. Überschuldung

18 Überschuldung liegt nach § 19 Abs. 2 InsO vor, wenn das Vermögen des Schuldners die bestehenden Verbindlichkeiten nicht mehr deckt, es sei denn, die Fortführung des Unternehmens in den nächsten zwölf Monaten ist nach den Umständen überwiegend wahrscheinlich.

19 Für die Beurteilung des Vorliegens einer Überschuldung wird auf *IDW S 11* verwiesen.

3.1.3. Nicht offensichtliche Aussichtslosigkeit der Sanierung (Grobkonzept der Sanierung)

20 Neben der drohenden Zahlungsunfähigkeit bzw. Überschuldung hat der Gutachter auch zu beurteilen, ob die Sanierung nicht offensichtlich aussichtslos ist.

21 Die in den Abschn. 3.1.1. und 3.1.2. beschriebene Beurteilung der Insolvenzeröffnungsgründe erfordert eine deutlich intensivere und tiefergehende Befassung als dies bei der im Folgenden beschriebenen Frage der offensichtlichen Aussichtslosigkeit der in der Insolvenz angestrebten Sanierung der Fall ist. Durch den Begriff „aussichtslos" wird deutlich, dass das Schutzschirmverfahren nur dann ausgeschlossen wird, wenn für die Sanierungsbemühungen eindeutig negative Erfolgsaussichten bestehen. Dabei muss diese Erkenntnis „offensichtlich" sein, d.h., es ist nicht erforderlich, dass der Gutachter eine umfassende Beurteilung vornimmt. Die Anforderungen, die an die Tätigkeiten zu stellen sind, unterschreiten deutlich die Anforderungen an die Tätigkeiten, die zur Erlangung einer Aussage zur Sanierungsfähigkeit nach *IDW S 6* durchzuführen sind. Eine Sanierung ist dann nicht aussichtslos, wenn im Rahmen eines Grobkonzepts mindestens grundsätzliche Vorstellungen darüber vorliegen, wie die angestrebte Sanierung konzeptionell und finanziell erreicht werden kann. Als Teil seiner Beurteilung stellt der Gutachter im Grobkonzept die Gründe dar, aus denen hervorgeht, dass die Sanierung nicht offensichtlich aussichtslos ist. Regelmäßig werden die gesetzlichen Vertreter oder ein Dritter ein Grobkonzept vorlegen, das der Gutachter als Grundlage für die Einschätzung der nicht offensichtlichen Aussichtslosigkeit verwendet. Aus dem Grobkonzept müssen das Ziel der angestrebten Sanierung und die dafür wesentlichen Maßnahmen, aber auch etwaige wesentliche Hindernisse der Sanierung (z.B. auf Seiten der Stakeholder) hervorgehen.

22 Das Grobkonzept umfasst das nach § 270a Abs. 1 Nr. 2 InsO darzulegende Durchführungskonzept zur Bewältigung der Insolvenz und somit mindestens eine Analyse der Krisenursachen, die Darstellung der aktuellen wirtschaftlichen Situation, eine Skizze des Zukunftsbildes des Unternehmens sowie eine grobe Beschreibung der für die Sanierung angestrebten Maßnahmen mit ihren finanziellen Auswirkungen. Dabei ist überschlägig einzuschätzen, ob die skizzierten Maßnahmen für eine erfolgreiche Sanierung im Rahmen eines Insolvenzplans ausreichen können. Auch ist die Realisierungswahrscheinlichkeit der einzelnen Maßnahmen qualitativ zu erläutern.

23 Der Gutachter hat sich ein Bild von der Geschäftstätigkeit der Gesellschaft, z.B. in Bezug auf ihre Leistungsprozesse, Produkte und Absatzwege, vom Verlauf der zurückliegenden sowie der aktuellen Geschäftsentwicklung und der Krisenursachen zu verschaffen. Hierzu ist insb. Einblick in Jahresabschlüsse, ggf. vorhandene Prüfungsberichte und/oder Monatsberichte zu nehmen. Zudem hat sich der Gutachter einen Überblick zu verschaffen, warum es zu einer akuten Insolvenzbedrohung gekommen ist und aus welchen Gründen zuvor ergriffene umsteuernde Maßnahmen nicht erfolgreich waren.

24 Die dem Grobkonzept zugrunde liegenden Annahmen müssen begründet werden. Die im Grobkonzept genannten Annahmen und Maßnahmen dürfen nicht nur pauschalen und allgemein unverbindlichen Charakter haben. Wird dem Gutachter das Grobkonzept von den gesetzlichen Vertretern oder einem Dritten vorgelegt, hat der Gutachter zu beurteilen, ob offensichtliche Bedenken gegen die Schlüssigkeit des Grobkonzepts bestehen.

25 Die aus dem Grobkonzept der Sanierung abgeleiteten leistungswirtschaftlichen und finanziellen Sanierungsmaßnahmen sind in einen aus der i.d.R. integrierten Planung abgeleiteten Finanzplan zu überführen. Die Planungsdauer umfasst mindestens den Zeitraum von der geplanten Insolvenzantragstellung bis zur plangemäßen Aufhebung des Verfahrens und geht ggf. über den nach § 270a Abs. 1 Satz 1 und 2 InsO geforderten Planungshorizont von sechs Monaten hinaus. Er kann auch weniger als sechs Monate betragen, soweit die plangemäße Aufhebung vor Ende des Sechsmonatszeitraums liegt. Die in diesem Zeitraum geplanten Maßnahmen können nur berücksichtigt werden, wenn sie mindestens mit überwiegender Wahrscheinlichkeit eintreten. Klarstellend ist darauf hinzuweisen, dass nach dem Grobkonzept die Durchfinanzierung des Schuldners auch nach Aufhebung des Verfahrens nicht offensichtlich aussichtslos ist.

26 Es dürfen zudem für den Gutachter keine offensichtlichen Hinderungsgründe ersichtlich sein, die der Umsetzung des Grobkonzepts aufgrund sachlicher und personeller Ressourcen (z.B. auch Sanierungserfahrung in der Insolvenz im Geschäftsführungsgremium) oder Finanzierungsmöglichkeiten entgegenstehen. Eine sich bereits für das Insolvenzeröffnungsverfahren ergebende Liquiditätsunterdeckung oder ein zu erwartender Masseverzehr kann ein Anzeichen für das Vorliegen einer offensichtlichen Aussichtslosigkeit sein.

27 Ziel des Schutzschirmverfahrens ist es, einen Insolvenzplan zu verfassen und diesen den Gläubigern zur Abstimmung vorzulegen. Der Insolvenzplan ist innerhalb von drei Monaten vorzulegen (§ 270d Abs. 1 Satz 2 InsO). Eine Befragung der wesentlichen Gläubiger ist zwar nicht generell erforderlich. Der Gutachter hat sich gleichwohl ein Bild davon zu machen, ob das – nach wirtschaftlichen Maßstäben zu beurteilende – voraussichtliche Verhalten der Gläubiger zu einer offensichtlichen Aussichtslosigkeit der Sanierung führt, und dies darzulegen. Steht bereits im Vorfeld fest, dass für die Sanierung maßgebliche Gläubiger diese zum Scheitern bringen können und werden, ist von einer offensichtlichen Aussichtslosigkeit der Sanierung auszugehen.

3.2. Allgemeine Anforderungen an die Eigenverwaltungsplanung

3.2.1. Finanzplan

28 Der aus der i.d.R. integrierten Planung abgeleitete Finanzplan hat aufzuzeigen, dass die Fortführung des Unternehmens in den nächsten sechs Monaten gegeben und das Unternehmen durchfinanziert ist. Die bei Insolvenzantragstellung vorhandenen und im weiteren Verfahrensablauf zu erwirtschaftenden liquiden Mittel haben neben den fällig werdenden Verbindlichkeiten des laufenden Geschäftsbetriebs zugleich die für die Krisenbewältigung fällig werdenden Verbindlichkeiten (voraussichtliche Masseverbindlichkeiten, bspw. Gerichtskosten, Vergütung des Sachwalters und der Mitglieder des Gläubigerausschusses, Beratungsaufwendungen, Abgeltung bestehender Sicherheiten, Steuern etc.) der Eigenverwaltung zu decken. Im Falle einer geplanten (ganz- oder teilweise) übertragenden Sanierung bezieht sich die Planung ab

dem Verkaufszeitpunkt auf die dann beim Rechtsträger verbleibenden Aktivitäten. Für die Aufstellung der Planung gelten die allgemeinen betriebswirtschaftlichen Grundsätze[4] unter Berücksichtigung der insolvenzspezifischen Besonderheiten (z.B. Insolvenzgeldvorfinanzierung). Dabei hat der Gutachter auch die Vollständigkeit und Geeignetheit der Rechnungslegung und Buchführung als Grundlage für die Planung zu beurteilen. Die im Finanzplan aufgeführten Maßnahmen müssen überwiegend wahrscheinlich sein. Bedingt durch den Planungshorizont von sechs Monaten ist mindestens auf Monatsbasis, ggf. auch in kürzeren Zeitintervallen, zu planen.

29 Insbesondere sind die Finanzierungsquellen darzustellen, um betriebswirtschaftlich nicht sinnvolle Maßnahmen auszuschließen. Hierzu können z.B. Veräußerungen von nicht betriebsnotwendigem Anlagevermögen gehören, wenn hierdurch die Finanzierung der sonst negativen operativen Ergebnisse der Eigenverwaltung kompensiert werden, ohne strukturell die Verlustsituation des Schuldners zu beheben.

30 Der nach § 270a Abs. 1 Nr. 1 InsO geforderte Finanzplan ist i.d.R. Bestandteil des in Abschn. 3.1.3. aufgeführten Grobkonzepts, das die nicht offensichtliche Aussichtslosigkeit der Sanierung nachweist.

3.2.2. Konzept für die Durchführung des Insolvenzverfahrens

31 Das nach § 270a Abs. 1 Nr. 2 InsO darzulegende Durchführungskonzept zur Bewältigung der Insolvenz hat Art, Ausmaß und Ursachen der Krise aufzuzeigen (Analyse Krisenursachen). Darüber hinaus sind das Ziel der Eigenverwaltung und die hierfür erforderlichen leistungswirtschaftlichen und finanziellen Maßnahmen zu beschreiben. Darstellungstiefe und Detailierungsgrad der Erläuterungen hängen von der Komplexität und den konkreten Verhältnissen des Unternehmens sowie der rechtlichen Umsetzung der Sanierung ab. Ein von einem Schuldner vorgelegtes, von einem Wirtschaftsprüfer bescheinigtes Grobkonzept nach Abschn. 3.1.3. wird bei einer geplanten Fortführung des Rechtsträgers die hier verlangten Maßstäbe erfüllen. Steht zum Zeitpunkt der Beantragung der Eigenverwaltung hingegen fest, dass eine übertragende Sanierung oder eine Liquidation erfolgen soll, unterscheidet sich die Eigenverwaltungsplanung nach § 270a InsO vom Grobkonzept nach § 270d InsO deutlich, weil in der Eigenverwaltungsplanung (§ 270a InsO) in diesem Fall z.B. keine Ausführungen zum künftigen Leitbild oder zu den geplanten Sanierungsmaßnahmen erforderlich sind. Dafür ist z.B. auf die geplante Verwertung der Insolvenzmasse mit anschließender Liquidation des Rechtsträgers einzugehen.

3.2.3. Darstellung des Verhandlungsstands

32 Die Darstellung des Stands der Verhandlungen mit den Beteiligten erleichtert dem Gericht die Einschätzung über die Geeignetheit der Maßnahme. Details, insb. die Bezifferung von in Aussicht gestellten oder bereits zugesagten Sanierungsbeiträgen, sind nicht erforderlich, weil das

---

[4] Vgl. *IDW Praxishinweis: Beurteilung einer Unternehmensplanung bei Bewertung, Restrukturierungen, Due Diligence und Fairness Opinion (IDW Praxishinweis 2/2017)* (Stand: 02.01.2017).

weitere Verhandlungen belasten kann. Wenn noch keine Verhandlungen erfolgt sind, ist unter Einschluss der Gründe und ggf. mit deren Bewertung darüber zu berichten.

3.2.4. Darstellung zu den Vorkehrungen zur Erfüllung der insolvenzrechtlichen Pflichten

33 Der Schuldner hat die insolvenzrechtlichen Pflichten zu erfüllen (§§ 270a Abs. 1 Nr. 4, 276a Abs. 2 InsO), insb. auch zur Vermeidung von Verstößen gegen §§ 60 bis 62 InsO. Diese insolvenzspezifischen Haftungsnormen verlangen vom Eigenverwalter die Beachtung des Sorgfaltsmaßstabs des ordentlichen und gewissenhaften Insolvenzverwalters; überdies hat er Sorge zu tragen, dass Masseverbindlichkeiten bedient werden können. Der Schuldner kann die Pflichten bei entsprechender Befähigung selbst oder mit Unterstützung eines sachkundigen Dritten (ggf. auch in Organstellung) erfüllen. Die getroffenen Vorkehrungen sind gegenüber dem Gericht glaubhaft darzulegen.

3.2.5. Darstellung zu den voraussichtlichen Kosten der Eigenverwaltung

34 Die in der Eigenverwaltung regelmäßig anfallenden Mehr- oder Minderkosten (Beraterkosten, Gerichtskosten etc.) gegenüber dem Regelverfahren sind darzulegen. Es sind auch die Kosten aufzuführen, die wegen der späteren Fälligkeit nicht in dem sechsmonatigen Finanzplan abgebildet sind.

35 Für die Gegenüberstellung können die Ausgaben der Eigenverwaltung als Honorare nach Stundensätzen, Pauschalhonorar oder in Anlehnung an die InsVV kalkuliert werden. Wenn zu diesem Zeitpunkt eine zuverlässige Ermittlung der Ausgaben nicht möglich ist, was regelmäßig der Fall sein wird, sind Schätzwerte und deren voraussichtlichen Berechnungsgrundlagen zugrunde zu legen. Zur Berechnung des Aufwands des Regelinsolvenzverfahrens kann im Rahmen der Gegenüberstellung der Kosten mit Bandbreiten und der Darstellung von Ober-, Untergrenzen und mit Durchschnittswerten gearbeitet werden. Aufgrund des frühen Stadiums der Gegenüberstellung können bei den zu erwartenden Tätigkeiten Durchschnittswerte für Zuschläge berücksichtigt werden.

36 Aufwendungen, die sowohl in einem Regel- als auch in einem Eigenverwaltungsverfahren anfallen, wie die Kosten in Zusammenhang mit der Jahresabschlussprüfung, Steuerberatung, Insolvenzgeldvorfinanzierung, insolvenzrechtlichen Buchhaltung, Planungsrechnung sowie mit arbeitsrechtlichen Fragestellungen, müssen bei der Gegenüberstellung nicht aufgenommen werden. Gleiches gilt auch für Kosten, die für einen M&A-Prozess anfallen, wenn dieser in beiden Varianten (Eigenverwaltung und Regelverfahren) beauftragt würde.

3.2.6. Sonstige Erklärungen des Unternehmens

37 Nach § 270a Abs. 2 InsO ist vom Schuldner zu erklären, ob er gegenüber den in Nr. 1 genannten Gläubigern im Zahlungsverzug ist oder ob es in den letzten drei Jahren vor Antragstellung Vollstreckungs- und Verwertungssperren nach InsO oder StaRUG gegeben hat. Für die letzten drei Geschäftsjahre vor Antragstellung haben Unternehmen die Offenlegungspflichten nach §§ 325 bis 328 oder 339 HGB zu erfüllen. Sind diese Voraussetzungen nicht erfüllt oder werden im Finanzplan die Kosten der Eigenverwaltung und der Fortführung des gewöhnlichen

Geschäftsbetriebs nicht gedeckt, darf nach § 270b Abs. 2 InsO nur dann ein vorläufiger Sachwalter bestellt werden, wenn das Unternehmen die Geschäftsführung trotz der Umstände an den Interessen der Gläubiger ausrichtet.

38 Die Beurteilung der Erklärungen nach § 270a Abs. 2 InsO ist ebenfalls Gegenstand der Bescheinigung nach § 270d InsO:

1. In welchem Umfang und gegenüber welchen Gläubigern sich der Schuldner mit der Erfüllung von Verbindlichkeiten aus Arbeitsverhältnissen, Pensionszusagen oder dem Steuerschuldverhältnis, gegenüber Sozialversicherungsträgern oder Lieferanten in Verzug befindet, ergibt sich – bei einer ordnungsgemäßen Buchhaltung – bereits aus der Beurteilung der Zahlungsunfähigkeit bei der Durchsicht der fälligen Verbindlichkeiten.

2. Ob und in welchen Verfahren zu Gunsten des Schuldners innerhalb der letzten drei Jahre vor dem Antrag Vollstreckungs- oder Verwertungssperren nach der InsO oder nach dem StaRUG angeordnet wurden, kann durch Abfrage des Insolvenzregisters sowie durch Anfrage beim zuständigen Restrukturierungsgericht ermittelt werden.

3. Ob der Schuldner für die letzten drei Geschäftsjahre seinen Offenlegungspflichten, insb. nach §§ 325 bis 328 oder 339 HGB nachgekommen ist, ist dem Bundesanzeiger bzw. dem Unternehmensregister zu entnehmen.

3.3. Dokumentation und Vollständigkeitserklärung

39 Der Gutachter hat die durchgeführten Tätigkeiten zu dokumentieren. Die Arbeitspapiere müssen – soweit sich dies nicht bereits aus der Berichterstattung ergibt – es einem sachkundigen Dritten ermöglichen, nachzuvollziehen, welche Dokumente, Fakten und Annahmen der Gutachter verwendet hat und wie er zu seinem Ergebnis gekommen ist.

40 Der Gutachter hat eine schriftliche Erklärung der gesetzlichen Vertreter („Vollständigkeitserklärung") zu seinen Unterlagen zu nehmen. Darin erklären die gesetzlichen Vertreter des Unternehmens umfassend, dass sie die relevanten Informationen zur Verfügung gestellt haben, die nach §§ 270d bzw. 270 und 270a InsO zu berücksichtigen sind. Gegebenenfalls ist zu erklären, dass im Falle des § 270b Abs. 2 InsO (vgl. Abschn. 3.2.6.) die Geschäftsführung des Unternehmens sich an den Interessen der Gläubiger ausrichten wird.

41 Die gesetzlichen Vertreter haben bei einem Schutzschirmverfahren in der Vollständigkeitserklärung zudem zu erklären, dass derzeit keine Umstände ersichtlich sind, die die Fortführung der Geschäftstätigkeit ausschließen, dass ihnen keine Anzeichen dafür bekannt sind, dass die Sanierung im Rahmen eines Insolvenzplanverfahrens offensichtlich aussichtslos ist und dass sie gewillt sind, die Gesellschaft zu sanieren.

42 Die Vollständigkeitserklärung ist zum Ausstellungsdatum der Bescheinigung i.S. des § 270d InsO einzuholen und zu datieren.

4. Berichterstattung

43 Der Gutachter hat in berufsüblicher Form in einer Bescheinigung zu berichten. In der Bescheinigung ist darauf hinzuweisen, dass die gesetzlichen Vertreter im Rahmen der Eigenverwaltung dem Finanzplan und im Schutzschirmverfahren dem Grobkonzept – soweit sie diese nicht selbst erstellt haben – zustimmen, sich die für die Sanierung erforderlichen Maßnahmen zu

Eigen machen und diese umsetzen wollen. Der Gutachter trägt die Verantwortung für die Beurteilung der Insolvenzeröffnungsgründe, die Nachvollziehbarkeit der Eigenverwaltungsplanung und für die beim Schutzschirmverfahren notwendige Einschätzung der nicht offensichtlichen Aussichtslosigkeit der Sanierung.

44 In der Bescheinigung sind der Auftraggeber und der Auftrag sowie Art und Dauer vorheriger Auftragsverhältnisse zum Schuldner (z.B. „Abschlussprüfer seit ...", „vereinzelt Transaktionsberatung/Unternehmensberatung in den Jahren ...") und – soweit bereits bekannt – zu dem vorgeschlagenen Sachwalter zu nennen. Des Weiteren ist klarzustellen, dass die Bescheinigung ausschließlich zur Vorlage beim Insolvenzgericht im Zusammenhang mit dem Antrag auf vorläufige Eigenverwaltung nach §§ 270 ff. InsO bestimmt ist.

45 Das Datum der Bescheinigung gibt den zu diesem Zeitpunkt verarbeiteten Informationsstand an. Da eine Bescheinigung über das Vorliegen der Voraussetzungen nach § 270d InsO (einschließlich der Beurteilung der Anforderungen nach § 270a InsO) auf die Angaben im Antrag auf Anordnung der Eigenverwaltung abstellt, kann das Datum der Bescheinigung grundsätzlich nicht vor dem Datum des Antrags auf Eigenverwaltung liegen. Für die Beurteilung einer nicht vorliegenden Zahlungsunfähigkeit ist der Bescheinigung eine Fortschreibung des Liquiditätsstatus auf den Zeitpunkt der Antragstellung beizufügen. Der Gutachter hat die gesetzlichen Vertreter des Schuldners darauf hinzuweisen, dass wesentliche negative, nicht in der Fortschreibung des Liquiditätsstatus enthaltene Abweichungen der Mittelzu- oder -abflüsse zwischen dem Tag der Bescheinigung und dem Zeitpunkt der Antragstellung dem Gericht unverzüglich und möglichst noch vor dessen Entscheidung über den Antrag nach § 270d InsO anzuzeigen sind. In der Bescheinigung sind bedeutsame im Rahmen der Beurteilung genutzte Informationsquellen sowie bedeutsame durchgeführte Tätigkeiten zu nennen. Dabei hat der Gutachter in der Bescheinigung klarzustellen, dass die gutachterlichen Tätigkeiten keine betriebswirtschaftliche Prüfung nach § 2 WPO darstellen. Auch ist deutlich zu machen, dass der Bescheinigung die in den Abschn. 3.1.1. und 3.1.2. genannte Definition der Insolvenzeröffnungsgründe zugrunde gelegt wurde.

46 Der Gutachter stellt bei einem Schutzschirmverfahren seine Beurteilung des Vorliegens einer nur drohenden und nicht bereits eingetretenen Zahlungsunfähigkeit, einer vorliegenden Überschuldung sowie der nicht offensichtlich bestehenden Aussichtslosigkeit der Sanierung in einer Bescheinigung dar, die mit Gründen zu versehen ist (Bescheinigung i.S. des § 270d InsO).

47 Der Gutachter hat in der Bescheinigung nach § 270d InsO auch Bericht zu erstatten über die Vollständigkeit und Schlüssigkeit der Eigenverwaltungsplanung (§ 270a Abs. 1 InsO). Schlüssig ist die Eigenverwaltungsplanung, wenn die Erreichung des Eigenverwaltungsziels nicht offensichtlich aussichtslos ist.[5] Dabei ist insb. auch darauf einzugehen, ob diese von den erkannten und erkennbaren tatsächlichen Gegebenheiten ausgeht und durchführbar erscheint (§ 270c Abs. 1 Nr. 1 InsO) und ob Rechnungslegung und Buchführung als Grundlage für die Eigenverwaltungsplanung (insb. für die Finanzplanung (§ 270c Abs. 1 Nr. 2 InsO)) vollständig und geeignet sind. Bei den sonstigen Erklärungen ist darauf einzugehen, ob diese erkennbar unvollständig sind und im Rahmen der durchgeführten Tätigkeiten keine Anhaltspunkte identifiziert wurden, die den Erklärungen widersprechen.

---

[5] Analog zur Definition der Schlüssigkeit im Rahmen der Voraussetzungen für die Stabilisierungsanordnung gemäß § 51 Abs. 1 Satz 2 StaRUG.

48   Das für das Schutzschirmverfahren erforderliche Grobkonzept ist Bestandteil der Bescheinigung. Soweit es nicht bereits im Rahmen der Bescheinigung dargestellt wird, ist es der Bescheinigung als Anlage beizufügen. Auf die für die Eigenverwaltungsplanung notwendige Finanzplanung ist gesondert hinzuweisen. Gleiches gilt für die sonstigen Erklärungen des Schuldners.

49   In der Bescheinigung sind sämtliche weiteren notwendigen Bestandteile der Eigenverwaltungsplanung (vgl. Abschn. 3.2.2. bis 3.2.5.) oder Erklärungen nach § 270a Abs. 2 InsO aufzunehmen und zu beurteilen.

50   Zudem ist auch der – für das Gericht nachvollziehbare – Nachweis der Qualifikation des Gutachters als Anlage beizufügen. Als Nachweis der Qualifikation können insb. die Verwaltertätigkeit bei geeigneten Unternehmensinsolvenzverfahren, die Erteilung von Bescheinigungen nach § 270d InsO, die Erstellung von entsprechenden Sanierungskonzepten nach *IDW S 6* oder von gutachterlichen Stellungnahmen zum Vorliegen von Insolvenzeröffnungsgründen nach *IDW S 11* genannt werden. Dabei hat der Gutachter seine Verschwiegenheitspflicht zu beachten und sich ggf. von ihr befreien zu lassen.

51   Die Bescheinigung umfasst eine zusammenfassende Schlussbemerkung über das Vorliegen der drohenden Zahlungsunfähigkeit oder Überschuldung sowie die nicht eingetretene Zahlungsunfähigkeit und die nicht offensichtliche Aussichtslosigkeit der Sanierung. Es bietet sich für den Fall, dass die vom Gesetzgeber geforderten Voraussetzungen vorliegen, folgende Formulierung an:

„Auf Grundlage der zuvor dargestellten gutachterlichen Tätigkeiten ergibt sich, dass drohende Zahlungsunfähigkeit oder Überschuldung, aber keine Zahlungsunfähigkeit vorliegt, und die angestrebte Sanierung nicht offensichtlich aussichtslos ist."

Da im Rahmen der Bescheinigung nach § 270d InsO auch die Anforderungen nach § 270a InsO zu beurteilen sind, ist das Ergebnis dieser Beurteilung ebenfalls in die Schlussbemerkung aufzunehmen. Diese ist dann wie folgt zu erweitern:

„Die dem Antrag auf Anordnung der Eigenverwaltung beigefügte Eigenverwaltungsplanung nach § 270a Abs. 1 InsO ist nach unserer Auffassung auf Basis der uns vorgelegten Unterlagen und uns erteilten Auskünfte vollständig und schlüssig. Uns sind keine Umstände bekannt geworden, aus denen sich ergibt, dass die Eigenverwaltungsplanung in bedeutsamen Punkten auf unzutreffenden Tatsachen beruht. Der vom Schuldner beigefügte Finanzplan über sechs Monate stellt nach unserer Auffassung die Finanzierungsquellen fundiert dar, sodass danach nach derzeitigem Stand die Kosten des Verfahrens und die Fortführung des gewöhnlichen Geschäftsbetriebs gedeckt sind. Das Konzept für die Durchführung des Verfahrens ist nach unserer Auffassung schlüssig und der Verhandlungsstand mit Gläubigern ist dargelegt. Wir sind der Auffassung, dass der Schuldner Vorkehrungen getroffen hat, die ihn in die Lage versetzen, insolvenzrechtliche Pflichten zu erfüllen. Die Mehr- bzw. Minderkosten im Rahmen der Eigenverwaltung sind vom Schuldner dargestellt.

Die von der Gesellschaft im Insolvenzantrag abgegebenen sonstigen Erklärungen nach § 270a Abs. 2 InsO sind nach unserer Auffassung auf Basis der uns vorgelegten Unterlagen und uns erteilten Auskünfte vollständig. Uns sind im Rahmen unserer Tätigkeiten keine Erkenntnisse bekannt geworden, die zu einem von der Erklärung der Gesellschaft abweichenden Ergebnis gelangen."

52 Soweit lediglich gutachterlich zu den Anforderungen nach § 270a InsO Stellung genommen wird, beschränkt sich die Schlussbemerkung auf die in Tz. 51 aufgeführte Erweiterung.

Anlagen

Anlage 1: Zusammenspiel zwischen Eigenverwaltung und Schutzschirmverfahren (§§ 270a, 270b und 270d InsO)

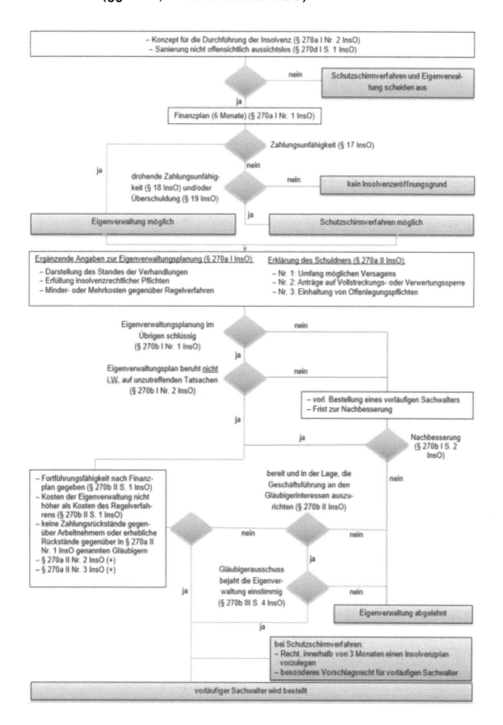

Abb. 1 Zusammenspiel zwischen Eigenverwaltung und Schutzschirmverfahren

Anlage 2: Gliederungsempfehlung für die Bescheinigung nach § 270d InsO

1. Auftrag und Auftragsdurchführung

2. Angaben zur Person des Gutachters

   a. Qualifikation

   b. Unabhängigkeit (einschließlich Beziehungen zum Schuldner und Sachwalter)

3. Vorliegen von Insolvenzeröffnungsgründen

   a. Beurteilung der Zahlungsunfähigkeit (§ 17 InsO)

      i. Definition der Zahlungsunfähigkeit

      ii. Finanzstatus zum Beurteilungsstichtag

      iii. Fortschreibung des Finanzstatus bis zur geplanten Antragstellung

   b. Beurteilung der drohenden Zahlungsunfähigkeit (§ 18 InsO)

      i. Definition der drohenden Zahlungsunfähigkeit

      ii. Finanzplanung und Planungsprämissen

      iii. Zeitpunkt der voraussichtlichen Zahlungsunfähigkeit

   c. Beurteilung der Überschuldung (§ 19 InsO)

      i. Definition der Überschuldung

      ii. Negative Fortbestehensprognose

      iii. Überschuldungsstatus

4. Nicht offensichtliche Aussichtslosigkeit der Sanierung (Grobkonzept)

   a. Beschreibung der Geschäftstätigkeit und wesentliche Kennzahlen

   b. Krisenursachen

   c. Aktuelle Geschäftsentwicklung

   d. Skizze des Zukunftsbildes

   e. Qualitative Beurteilung und überschlägige Quantifizierung der Sanierungsmaßnahmen

   f. Sanierungsplan, inkl. Einschätzung der Liquiditätsentwicklung bis zur Planbestätigung

   g. Sanierungshindernisse, z.B. auf Seiten der Gläubiger, Insolvenzeffekte

5. Anforderungen an die Eigenverwaltungsplanung

6. Sonstige Erklärungen des Schuldners

7. Durchgeführte Tätigkeiten (soweit nicht bereits unter Abschn. 3. und 4. erläutert)

8. Zusammenfassende Schlussbemerkung

IDW Standard:
Beurteilung des Vorliegens von Insolvenzeröffnungsgründen (IDW S 11)

(Stand: 13.12.2023)

IDW Standard:
Beurteilung des Vorliegens von Insolvenzeröffnungsgründen
(IDW S 11)

(Stand: 13.12.2023)[1]

---

[1] Verabschiedet vom Fachausschuss Sanierung und Insolvenz (FAS) am 13.12.2023. Billigende Kenntnisnahme durch den Hauptfachausschuss (HFA) am 20.05.2024.

1. Vorbemerkungen

1 Die Insolvenzordnung sieht als Eröffnungsgrund für das Insolvenzverfahren Zahlungsunfähigkeit (§ 17 InsO), drohende Zahlungsunfähigkeit (§ 18 InsO) und Überschuldung (§ 19 InsO) vor (vgl. Abb. 1). Bei Zahlungsunfähigkeit und/oder Überschuldung ist in den Fällen des § 15a InsO von den Verantwortlichen die Eröffnung des Insolvenzverfahrens unverzüglich, d.h. ohne schuldhaftes Zögern, zu beantragen. Das Gesetz sieht hierfür eine Frist von drei Wochen nach Eintritt der Zahlungsunfähigkeit und sechs Wochen nach Eintritt der Überschuldung vor (§ 15a Abs. 1 InsO).[2] Diese Frist darf jedoch nur dann ausgeschöpft werden, wenn Maßnahmen zur Beseitigung der Insolvenzeröffnungsgründe eingeleitet sind oder werden, die mit hinreichender Wahrscheinlichkeit innerhalb der jeweiligen Frist zum Erfolg führen.

	§ 17 InsO Zahlungsunfähigkeit	§ 19 InsO Überschuldung	§ 18 InsO Drohende Zahlungsunfähigkeit
	- Fällige Zahlungspflichten können nicht erfüllt werden - Keine Zahlungsstockung	- künftige Zahlungspflichten können in den nächsten zwölf Monaten nicht erfüllt werden - und: negatives Reinvermögen zu Liquidationswerten	- keine akute Zahlungsunfähigkeit - aber: künftige Zahlungspflichten können in den nächsten in aller Regel 24 Monaten nicht erfüllt werden
Juristische Personen und Gesellschaften i.S.d. § 15a Abs. 1 und 2 InsO (keine natürliche Person als persönlich haftender Gesellschafter)	Antrags<u>pflicht</u>		Antrags<u>recht</u>
Natürliche Personen und sonstige Gesellschaften	Antrags<u>recht</u>	Kein Eröffnungsgrund, aber Antrags<u>recht</u> wegen drohender Zahlungsunfähigkeit	Antrags<u>recht</u>

Abb. 1: Überblick über die Insolvenzeröffnungsgründe[3]

2 Mit diesem *IDW Standard* werden unter Berücksichtigung der höchstrichterlichen Rechtsprechung Anforderungen an die Beurteilung des Vorliegens von Insolvenzeröffnungsgründen (Insolvenzreife) aufgestellt. Im fortgeschrittenen Krisenstadium (insb. Erfolgs- und/oder Liquiditätskrise[4]) haben die gesetzlichen Vertreter eine Fortbestehensprognose[5] nach § 19 Abs. 2

---

[2] Bis zum 31.12.2020 galt auch für die Überschuldung eine Frist von max. drei Wochen. Mit dem Sanierungs- und insolvenzrechtlichen Krisenfolgenabmilderungsgesetz (SanInsKG) wurde die Höchstfrist für die Stellung eines Insolvenzantrags wegen Überschuldung bis zum 31. Dezember 2023 von sechs auf acht Wochen hochgesetzt (§ 4a SanInsKG), vgl. Abschn. 7.

[3] Vgl. zu den Übergangsvorschriften des SanInsKG Abschn. 7.

[4] Vgl. *IDW Standard: Anforderungen an die Erstellung von Sanierungskonzepten (IDW S 6)* (Stand: 22.06.2023), Tz. 62.

[5] Vgl. Von der Fortbestehensprognose nach § 19 Abs. 2 InsO (Prognosezeitraum: grundsätzlich 12 Monate, für den Übergangszeitraum bis 31.12.2023 nach § 4 Abs. 2 SanInsKG 4 Monate, vgl. Abschn. 7) bzw. nach § 18 Abs. 2 InsO (Prognosezeitraum: in aller Regel 24 Monate) ist die Fortführungsprognose gemäß § 252 Abs. 1

InsO zu erstellen, um eine Aussage über das Vorliegen des Insolvenzeröffnungsgrunds der Überschuldung zu treffen. Die Anforderungen sind bei der Beurteilung von Insolvenzeröffnungsgründen zugrunde zu legen. Sie richten sich sowohl an die gesetzlichen Vertreter als auch an die Berufsträger mit (Annex-)Kompetenz zur Rechtsberatung (insb. Rechtsanwälte, Wirtschaftsprüfer, Steuerberater), die von den gesetzlichen Vertretern zur Beurteilung des Vorliegens von Insolvenzeröffnungsgründen hinzugezogen werden bzw. die im Rahmen eines Sanierungskonzepts die Insolvenzreife beurteilen.

3   Dieser *IDW Standard* ersetzt den *IDW Prüfungsstandard: Empfehlungen zur Prüfung eingetretener oder drohender Zahlungsunfähigkeit bei Unternehmen (IDW PS 800)* i.d.F. vom 06.03.2009 und die *IDW Stellungnahme des Fachausschusses Recht 1/1996: Empfehlungen zur Überschuldungsprüfung bei Unternehmen (IDW St/FAR 1/1996)*. Handelsrechtliche Grundsätze zur Erstellung oder Beurteilung einer Fortführungsprognose nach § 252 HGB sind nicht Gegenstand dieser Verlautbarung.[6]

2.   Verantwortung der gesetzlichen Vertreter zur Beurteilung des Vorliegens von Insolvenzeröffnungsgründen

4   Bereits nach der bisherigen Rechtsprechung[7] und nun in § 1 Abs. 1 StaRUG verankert, müssen sich die gesetzlichen Vertreter stets über die wirtschaftliche Lage der Gesellschaft vergewissern, um Hinweise auf eine Insolvenzgefahr erkennen zu können. Dies folgt aus der Sorgfaltspflicht des ordentlichen und gewissenhaften Geschäftsleiters, der verpflichtet ist, die wirtschaftliche Lage des Unternehmens laufend zu beobachten, um frühzeitig bestandsgefährdende Risiken erkennen zu können, sowie aus § 15a InsO, wenn es um den Nachweis geht, dass ohne schuldhaftes Zögern Insolvenzantrag gestellt wurde. Die gesetzlichen Vertreter müssen den Nachweis dafür erbringen können, dass sie die wirtschaftliche Entwicklung ihres Unternehmens jederzeit überblicken, die integrierte Unternehmensplanung[8] aufgrund plausibler Annahmen erstellt haben, und dass das Unternehmen auch in der Lage ist, die Planannahmen entsprechend umzusetzen.[9] Andernfalls drohen den Verantwortlichen Haftung und Strafe wegen Insolvenzverschleppung. Diese Pflicht wird unterlegt durch die Hinweispflicht der in § 102 StaRUG genannten Berater bei der Erstellung von Jahresabschlüssen.

5   Aus einem ordnungsmäßigen Finanz- und Rechnungswesen lassen sich – auch unterjährig – hinreichend aussagefähige Hinweise auf Ertragseinbrüche, drohende Liquiditätsengpässe und eine Eigenkapitalaufzehrung entnehmen. Zeigen sich entsprechende Krisenwarnsignale, ist diesen mit der gebotenen Sorgfalt nachzugehen. Eine Zahlungsunfähigkeit und/oder Überschuldung nicht erkannt zu haben, kann belegen, dass die gesetzlichen Vertreter ihrer Pflicht zur Beobachtung der Liquiditäts- und Vermögenslage nicht entsprochen haben. Sie haben

---

Nr. 2 HGB zu unterscheiden, die durch *IDW Prüfungsstandard: Die Beurteilung der Fortführung der Unternehmenstätigkeit im Rahmen der Abschlussprüfung (IDW PS 270 n.F.)* (Stand: 29.10.2021) konkretisiert wird.

[6]   Vgl. *IDW PS 270 n.F.*

[7]   Vgl. BGH, Urt. v. 14.05.2007, II ZR 48/06, Rn. 16.

[8]   Vgl. *IDW S 6*, Tz. 72 ff.

[9]   Hierzu bereits BGH, Urt. v. 07.03.2005, II ZR 138/03, wonach die Gesellschaft bzw. der Insolvenzverwalter zunächst substantiiert eine Überschuldung zu einem bestimmten Zeitpunkt darzulegen hat und das Geschäftsführungsorgan sodann darzulegen und zu beweisen hat, dass es zum damaligen Beurteilungszeitpunkt pflichtgemäß von einer positiven Fortbestehensprognose ausgehen durfte. So auch OLG Koblenz, Urt. v. 27.02.2003, 5 U 917/02.

daher entsprechende Systeme einzurichten, mit denen sie eine drohende Insolvenzreife erkennen können.[10]

6 Die Drei- bzw. Sechswochenfrist[11] für die Stellung des Insolvenzantrags (vgl. Tz. 1) beginnt mit Vorliegen des Insolvenzeröffnungsgrunds. Die Beurteilung des Vorliegens von Insolvenzeröffnungsgründen erfordert ausreichende Kenntnisse des deutschen Insolvenzrechts.[12] Fehlt den gesetzlichen Vertretern die hierzu notwendige Sachkunde, haben sie den Rat eines unabhängigen, fachlich qualifizierten Berufsträgers (vgl. Tz. 2) einzuholen.[13] Dabei müssen sie diesem Dritten die Verhältnisse der Gesellschaft umfassend erläutern und ihm alle zur Beurteilung erforderlichen Informationen zur Verfügung stellen.[14] Ziehen die gesetzlichen Vertreter unter umfassender Darstellung der Verhältnisse der Gesellschaft und Offenlegung der erforderlichen Unterlagen einen unabhängigen und sachverständigen Berufsträger hinzu, dürfen sie das Ergebnis der Beurteilung abwarten.[15] Voraussetzung ist dabei, dass sich die gesetzlichen Vertreter nicht mit einer unverzüglichen Auftragserteilung begnügen, sondern auch auf eine unverzügliche Auftragsdurchführung und Vorlage des Ergebnisses der Beurteilung hinwirken.[16]

7 Berufsträger können in diesem Zusammenhang unterstützend als externe Sachverständige, aber auch in anderen Rollen, etwa als Insolvenzverwalter oder anlässlich anderer Aufgaben (z.B. Erstellung von Sanierungskonzepten oder einer Bescheinigung nach § 270d InsO) mit der Beurteilung der Insolvenzreife eines Unternehmens befasst sein.

3. Grundlagen für die Beurteilung von Insolvenzeröffnungsgründen

8 Die für die Beurteilung der Insolvenzreife verwendeten Informationen müssen vollständig, aktuell, verlässlich und schlüssig sein.[17]

9 Bei vergangenheitsorientierten Informationen ist sicherzustellen, dass die für die Beurteilung der Insolvenzreife erforderlichen Informationen zutreffend aus der Rechnungslegung übernommen wurden. Der Beurteilende muss sich auf Grundlage von Plausibilitätsbeurteilungen entscheiden, ob er die sich aus dem Finanz- und Rechnungswesen ergebenden Daten als Ausgangsinformationen für die Ist-Lage und für die Ableitung von Planzahlen zugrunde legen kann. Dabei wird er berücksichtigen, ob und zu welchen Zeitpunkten relevante vergangenheitsbezogene Informationen geprüft oder prüferisch durchgesehen wurden.[18]

---

[10] Vgl. BGH, Urt. v. 06.06.1994, II ZR 292/91, Abschn. II. 2.d.; ebenso BGH, Urt. v. 14.05.2007, II ZR 48/06, Rn. 16 und seit 01.01.2021 § 1 StaRUG.

[11] Zu den Übergangsvorschriften durch das SanInsKG vgl. Abschn. 7.

[12] Unter bestimmten Voraussetzungen können sich zuletzt auch aus dem seit dem 01.01.2021 in Kraft getretenen StaRUG Auswirkungen auf die Insolvenzantragspflicht ergeben.

[13] Vgl. BGH, Urt. v. 14.05.2007, II ZR 48/06, der in Rn. 16 auf Berufsträger abstellt und in Rn. 17 ausführt, dass die notwendige Sachkompetenz und Fachkunde für die Prüfung der Insolvenzreife bei einem Wirtschaftsprüfer außer Frage stehen.

[14] Vgl. BGH, Urt. v. 14.05.2007, II ZR 48/06, Rn. 16; BGH, Urt. v. 27.03.2012, II ZR 171/10, Rn. 16.

[15] Vgl. BGH, Urt. v. 14.05.2007, II ZR 48/06, Rn. 14; BGH, Urt. v. 27.03.2012, II ZR 171/10, Rn. 19.

[16] Vgl. BGH, Urt. v. 27.03.2012, II ZR 171/10, Rn. 19.

[17] Vgl. ausführlich *IDW S 6*, Tz. 44 ff.

[18] Vgl. *IDW S 6*, Tz. 49.

10 Bei prognostischen Angaben müssen die zugrunde liegenden Annahmen plausibel, d.h. nachvollziehbar, konsistent und frei von Widersprüchen sein; zudem sind die besonderen internen und externen Unternehmensverhältnisse der Krisensituation sowie insb. – falls die Kürze des Prognosezeitraums dem nicht entgegensteht – die erwartete Branchenentwicklung zu berücksichtigen.[19] Sie dürfen insb. nicht im Widerspruch zu sonst gewonnenen Erkenntnissen des Beurteilenden stehen. Zudem ist sicherzustellen, dass die prognostischen Angaben sachlich und rechnerisch richtig aus den Ausgangsdaten und den Annahmen entwickelt worden sind. Durch ein planvolles Vorgehen ist sicherzustellen, dass die erforderliche Vollständigkeit und Verlässlichkeit der wesentlichen Informationen erreicht werden.[20]

11 Die Beschreibung der tatsächlichen Umstände sowie der maßgeblichen Annahmen und Schlussfolgerungen muss inhaltlich geordnet und in schriftlicher Form vorliegen. Damit wird die Beurteilung der Insolvenzeröffnungsgründe auch für einen sachverständigen Dritten nachvollziehbar. Eine nachvollziehbare Dokumentation trägt auch zur Minderung der Haftungsrisiken des Beurteilenden bei.

12 Der Umfang und Detaillierungsgrad der erforderlichen Dokumentation wird durch die Komplexität des Unternehmens und das Ausmaß der Unternehmenskrise bestimmt.

4. Beurteilung eingetretener Zahlungsunfähigkeit (§ 17 InsO)

4.1. Grundlagen zur Beurteilung der Zahlungsunfähigkeit

4.1.1. Zahlungsunfähigkeit/Zahlungsstockung

13 Ein Schuldner ist nach § 17 Abs. 2 InsO zahlungsunfähig, wenn er nicht in der Lage ist, seine fälligen Zahlungsverpflichtungen zu erfüllen. Zahlungsunfähigkeit ist damit das auf dem Mangel an Zahlungsmitteln beruhende Unvermögen des Schuldners, seine fälligen Zahlungsverpflichtungen zu begleichen.

14 Die Zahlungsunfähigkeit ist von der Zahlungsstockung abzugrenzen. Zahlungsstockung ist die vorübergehende Unfähigkeit, die fälligen Verbindlichkeiten vollständig zu begleichen. Demgegenüber liegt Zahlungsunfähigkeit und nicht nur Zahlungsstockung i.d.R. dann vor, wenn der Schuldner nicht in der Lage ist, seine fälligen Zahlungsverpflichtungen innerhalb eines absehbaren Zeitraums zu begleichen.[21]

15 Kann der Schuldner seine Liquiditätslücke innerhalb von drei Wochen vollständig schließen, liegt keine Zahlungsunfähigkeit vor.[22]

16 Kann der Schuldner die Liquiditätslücke innerhalb von drei Wochen nicht schließen und beträgt die Liquiditätslücke am Ende des Dreiwochenzeitraums, den der BGH für die Beseitigung der Liquiditätslücke zubilligt, 10 % der fälligen Gesamtverbindlichkeiten oder mehr, ist nach der Rechtsprechung des BGH[23] regelmäßig von Zahlungsunfähigkeit auszugehen, sofern nicht

---

[19] Vgl. *IDW S 6*, Tz. 12 und 21 f. sowie *IDW Praxishinweis 2/2017: Beurteilung einer Unternehmensplanung bei Bewertung, Restrukturierungen, Due Diligence und Fairness Opinion* (Stand: 02.01.2017).

[20] Vgl. *IDW S 6*, Tz. 46 ff.

[21] Vgl. BGH, Urt. v. 24.05.2005, IX ZR 123/04, Abschn. II. 1.b.

[22] Vgl. BGH, Urt. v. 24.05.2005, IX ZR 123/04, Abschn. II. 2.a.

[23] Vgl. BGH, Urt. v. 24.05.2005, IX ZR 123/04.

ausnahmsweise mit an Sicherheit grenzender Wahrscheinlichkeit zu erwarten ist, dass die Liquiditätslücke demnächst vollständig oder fast vollständig geschlossen wird und den Gläubigern ein Zuwarten nach den besonderen Umständen des Einzelfalls zumutbar ist. Dieser sich an das Ende des Dreiwochenzeitraums anschließende weitere Zeitraum kann in Ausnahmefällen drei bis u.U. auch bis längstens sechs Monate betragen.

17 Beträgt die Liquiditätslücke am Ende des Dreiwochenzeitraums dagegen weniger als 10 %, ist regelmäßig zunächst von Zahlungsstockung auszugehen. Dennoch ist in diesen Fällen ein Finanzplan zu erstellen, aus dem sich die Weiterentwicklung der Liquiditätslücke ergibt. Zeigt sich daraus, dass die Lücke demnächst mehr als 10 % betragen wird, liegt Zahlungsunfähigkeit vor.[24] Ergibt sich am Ende des Dreiwochenzeitraums aus diesem Finanzplan, dass die Lücke kleiner als 10 % ist, lässt der BGH mehrere Interpretationen hinsichtlich der Frage zu, ob eine Liquiditätslücke von unter 10 % auf Dauer akzeptiert werden kann. Auch wenn diese Fälle in der Praxis nur sehr selten vorkommen dürften, erscheint ein Unternehmen, das dauerhaft eine – auch nur geringfügige – Liquiditätslücke aufweist, aus ökonomischer Sicht weder erhaltungswürdig[25] noch -fähig. Auch im Interesse des Verkehrsschutzes ist eine dauerhafte Unterdeckung bedenklich. Im Übrigen hat der Gesetzgeber vom Merkmal der Dauerhaftigkeit ausdrücklich Abstand genommen und wollte gerade eine über Wochen und Monate andauernde Zahlungsstockung vermeiden. Daher liegt Zahlungsunfähigkeit und keine Zahlungsstockung vor, wenn eine auch nur geringfügige Liquiditätslücke in Ausnahmefällen voraussichtlich nicht innerhalb von drei Monaten bis u.U. längstens sechs Monaten, vollständig geschlossen werden kann. Die Angemessenheit von Prognosezeiträumen ist in jedem Einzelfall zu würdigen bzw. zu begründen.

18 Die 10 %-Grenze erlangt daher insbesondere Bedeutung für die Frage der Beweisführung. Zudem bestimmt diese Grenze den Sicherheitsgrad, mit dem die Schließung der Lücke innerhalb des Prognosezeitraums zu fordern ist. Je höher die anfängliche Unterdeckung und je länger der Prognosezeitraum ist, umso größere Gewissheit ist für den Eintritt und den zeitlichen Verlauf der Besserung der Liquiditätslage zu fordern.

4.1.2. Zahlungseinstellung

19 Nach § 17 Abs. 2 Satz 2 InsO ist Zahlungsunfähigkeit i.d.R. anzunehmen, wenn der Schuldner seine Zahlungen eingestellt hat. Zahlungseinstellung liegt vor, wenn der Schuldner wegen eines Mangels an Zahlungsmitteln aufhört, seine fälligen Verbindlichkeiten zu erfüllen, und dies für die beteiligten Verkehrskreise hinreichend erkennbar geworden ist.[26] Zahlungseinstellung liegt bereits dann vor, wenn der Schuldner den wesentlichen Teil seiner fälligen Zahlungsverpflichtungen nicht bedient.[27] Eigene Erklärungen des Schuldners, seine fälligen Zahlungsverpflichtungen nicht begleichen zu können, deuten auf eine Zahlungseinstellung hin, auch wenn sie mit einer Stundungsbitte versehen sind.[28] Erklärt der Schuldner, eine fällige und nicht unbeträchtliche Verbindlichkeit binnen drei Wochen nicht – und zwar auch nicht nur ratenweise

---

[24] Vgl. BGH, Urt. v. 12.10.2006, IX ZR 228/03 Rn. 27 unter Hinweis auf BGH, Urt. v. 24.05.2005, IX ZR 123/04.

[25] Vgl. BGH, Urt. v. 24.05.2005, IX ZR 123/04, Abschn. II. 3.a.

[26] Vgl. BGH, Urt. v. 17.05.2001, IX ZR 188/98, Abschn. II. 2.

[27] Vgl. BGH, Urt. v. 21.06.2007, IX ZR 231/04, Rn. 29.

[28] Vgl. BGH, Urt. v. 22.05.2014, IX ZR 95/13, Rn. 22; BGH, Urt. v. 12.10.2006, IX ZR 228/03, Rn. 13 und 15.

– begleichen zu können, wird in aller Regel von einer Zahlungseinstellung des Schuldners im Zeitpunkt der Abgabe der Erklärung auszugehen sein.[29] Eine Zahlungseinstellung kann aus einem einzelnen, aber auch aus einer Gesamtschau mehrerer darauf hindeutender, in der Rechtsprechung entwickelter Beweisanzeichen gefolgert werden.[30] Diese müssen im konkreten Einzelfall zu einer hinreichenden Gewissheit führen, dass die Zahlungsverzögerung auf der fehlenden Liquidität des Schuldners beruht[31] und insoweit ein Gewicht erreichen, das der Erklärung des Schuldners entspricht, aus Mangel an liquiden Mitteln nicht zahlen zu können.[32]

20 Weitere Beweisanzeichen für das Vorliegen einer Zahlungseinstellung sind insb.:

- Keine bzw. schleppende Zahlungen des Schuldners

    - Nichtzahlung von Stromrechnungen[33]

    - Nichtbegleichung von Sozialversicherungsbeiträgen[34]

    - zurückgegebene Lastschriften[35]

    - Mahnungen[36]

    - Pfändungen oder Vollstreckungen durch den Gerichtsvollzieher[37]

    - eine dauerhaft schleppende Zahlungsweise[38]

    - Vor-sich-Herschieben einer Bugwelle[39]

    - ein sich immer wieder erneuernder oder sich ständig oder sprunghaft vergrößernder Zahlungsrückstand ohne nennenswerte Tilgung[40]

- Keine Reaktion des Schuldners auf Zahlungsaufforderungen

    - monatelanges völliges Schweigen des Schuldners auf die Rechnungen und vielfältigen Mahnungen[41]

- Nichteinhaltung von Zahlungsvereinbarungen durch den Schuldner

    - nicht eingehaltene Zahlungszusagen[42]

    - verspätete Zahlungen werden nach nicht eingehaltenen Zahlungszusagen nur unter dem Druck einer angedrohten Liefersperre vorgenommen[43]

---

[29] Vgl. BGH, Urt. v. 06.05.2021, IX ZR 72/20, Rn. 41.

[30] Vgl. BGH, Urt. v. 18.07.2013, IX ZR 143/12, Rn. 10.

[31] Vgl. BGH, Urt. v. 06.05.2021, IX ZR 72/20, Rn. 41.

[32] Vgl. BGH, Urt. v. 06.05.2021, IX ZR 72/20, Rn. 42.

[33] Vgl. BGH, Urt. v. 18.07.2013, IX ZR 143/12, Rn. 18.

[34] Vgl. BGH, Urt. v. 18.07.2013, IX ZR 143/12, Rn. 12; BGH, Urt. v. 30.06.2011, IX ZR 134/10, Rn. 15; BGH, Urt. v. 12.10.2006, IX ZR 228/03, Rn. 24; BGH, Urt. v. 10.07.2003, IX ZR 89/02; BGH, Urt. v. 20.11.2001, IX ZR 48/01, Abschn. II. 2.

[35] Vgl. BGH, Urt. v. 18.07.2013, IX ZR 143/12, Rn. 15 und 18.

[36] Vgl. BGH, Urt. v. 18.07.2013, IX ZR 143/12, Rn. 18.

[37] Vgl. BGH, Urt. v. 18.07.2013, IX ZR 143/12, Rn. 13.

[38] Vgl. BGH, Urt. v. 09.06.2016, IX ZR 174/15, Rn. 23; BGH, Urt. v. 18.07.2013, IX ZR 143/12, Rn. 12; BGH, Beschluss v. 28.04.2008 II ZR 51/07, Rn. 6; BGH, Urt. v. 09.01.2003, IX ZR 175/02, Abschn. III. 1.c.

[39] Vgl. BGH, Urt. v. 18.07.2013, IX ZR 143/12, Rn. 13.

[40] Vgl. BGH, Urt. v. 16.06.2016, IX ZR 23/15, Rn. 14; BGH, Urt. v. 18.07.2013, IX ZR 143/12, Rn. 18.

[41] Vgl. BGH, Urt. v. 25.02.2016, IX ZR 109/15, Rn. 13.

[42] Vgl. BGH, Urt. v. 18.07.2013, IX ZR 143/12, Rn. 12.

[43] Vgl. BGH, Urt. v. 09.06.2016, IX ZR 174/15 (Leitsatz).

- Offenbarung der Zahlungsunfähigkeit durch den Schuldner
  - eigene Erklärungen des Schuldners, seine fälligen Zahlungsverpflichtungen nicht begleichen zu können[44], auch wenn sie mit einer Stundungsbitte versehen sind[45]
  - Ankündigung des Schuldners seine in den Vormonaten deutlich angewachsenen fälligen Verbindlichkeiten, im Falle des Zuflusses neuer Mittel, nur durch eine Einmalzahlung und zwanzig folgende Monatsraten begleichen zu können[46]
- Bitten des Schuldners um Ratenzahlungen außerhalb der Gepflogenheiten des üblichen Geschäftsverkehrs
  - Bitte des Schuldners um Ratenzahlung verbunden mit der Erklärung, seine fälligen Verbindlichkeiten (anders) nicht begleichen zu können[47]
  - Ratenzahlungsbitte nach fruchtlosen Mahnungen und nicht eingehaltenen Zahlungszusagen[48]
- Unter-Druck-Setzen des Schuldners durch den Lieferanten
  - Androhung oder Verhängung einer Liefersperre[49]
  - Androhung der fristlosen Kündigung von Mietverträgen und der Kündigung einzelner Verträge[50]
  - Androhung, ein vom Schuldner bestelltes Produkt nur zu liefern, wenn eine nachträgliche Besicherung der Forderungen und eine Abschlagzahlung erfolgt[51]
  - - ernsthaftes Einfordern von Ansprüchen bei Leistungsempfang, wenn diese verhältnismäßig hoch sind und bekannt ist, dass der Schuldner nicht in der Lage ist, die Forderungen zu erfüllen[52]
  - - Drohung mit der Stellung eines Insolvenzantrags, mit einer Strafanzeige oder mit der Zwangsvollstreckung.[53]

Sind derartige Indizien vorhanden, die nicht durch einen Finanzstatus und/oder einen Finanzplan entkräftet werden können, und ergibt sich aus der Gesamtschau, dass die Zahlungsverzögerung mit hinreichender Gewissheit auf der fehlenden Liquidität des Schuldners beruht und insoweit eine Zahlungseinstellung vorliegt, bedarf es nicht einer darüberhinausgehenden Darlegung und Feststellung der genauen Höhe der gegen den Schuldner bestehenden Verbindlichkeiten oder einer Liquiditätslücke von mindestens 10 %.[54]

21 Die Zahlungseinstellung wird regelmäßig erst dann beseitigt, wenn der Schuldner nicht nur einzelne Zahlungen leistet, sondern seine Zahlungen an die Gesamtheit der Gläubiger wieder

---

[44] Vgl. BGH, Urt. v. 16.06.2016, IX ZR 23/15, Rn. 18.

[45] Vgl. BGH, Urt. v. 22.05.2014, IX ZR 95/13, Rn. 22; BGH, Urt. v. 12.10.2006, IX ZR 228/03, Rn. 13 und 15.

[46] Vgl. BGH, Urt. v. 16.06.2016, IX ZR 23/15 (Leitsatz).

[47] Vgl. BGH, Beschluss v. 16.04.2015, IX ZR 6/14, Rn. 4 m.w.N.

[48] Vgl. BGH, Urt. v. 09.06.2016, IX ZR 174/15, Rn. 21 m.w.N.

[49] Vgl. BGH, Urt. v. 09.06.2016, IX ZR 174/15, Rn. 26 m.w.N.

[50] Vgl. BGH, Urt. v. 16.06.2016, IX ZR 23/15, Rn. 17; BGH, Urt. v. 09.06.2016, IX ZR 174/15, Rn. 26 m.w.N.

[51] Vgl. BGH, Urt. v. 16.06.2016, IX ZR 23/15, Rn. 20.

[52] Vgl. BGH, Urt. v. 25.02.2016, IX ZR 109/15, Rn. 17 m.w.N.

[53] Vgl. BGH, Urt. v. 30.04.2015, IX ZR 149/14, Rn. 12 m.w.N.

[54] Vgl. BGH, Urt. v. 30.06.2011, IX ZR 134/10, Rn. 13 m.w.N.; BGH, Urt. v. 18.07.2013, IX ZR 143/12, Rn. 10.

aufnimmt,[55] und zwar auch an solche Gläubiger, deren Forderungen nach der Zahlungseinstellung fällig geworden sind. Kann eine zu einem bestimmten Zeitpunkt verhältnismäßig geringfügige Verbindlichkeit nicht beglichen werden, kann daraus nicht ohne Weiteres geschlossen werden, dass dieses Unvermögen andauert, wenn auf diese Schuld später Raten entrichtet werden. Eine andere Bewertung ist angezeigt, wenn das Ausmaß der offenbar gewordenen Illiquidität aus objektiver Sicht erfahrungsgemäß ein Insolvenzverfahren erforderlich erscheinen lässt.[56]

22　Keine Zahlungseinstellung liegt demgegenüber vor, wenn der Schuldner nicht zahlt, weil er das Bestehen der Verpflichtung dem Grunde oder der Höhe nach mit begründeten Einwendungen bestreitet. Bei Zahlungsunwilligkeit oder Zahlungsverweigerung liegt eine Zahlungseinstellung jedoch nur dann nicht vor, wenn der Schuldner zur Zahlung objektiv in der Lage wäre.

4.2. Finanzstatus und Finanzplan als Grundlage zur Beurteilung der Zahlungsunfähigkeit (ex-ante-Betrachtung)

23　Zur Abgrenzung der Zahlungsunfähigkeit von der Zahlungsstockung ist es erforderlich, dass zunächst ein stichtagsbezogener Finanzstatus[57] und im Anschluss ein zeitraumbezogener Finanzplan[58] erstellt werden.

24　Weist der zur Ermittlung der Stichtagsliquidität erstellte Finanzstatus (vgl. Abschn. 4.2.1.) aus, dass der Schuldner seine fälligen Zahlungsverpflichtungen erfüllen kann, ist keine Zahlungsunfähigkeit gegeben. Die Erstellung eines Finanzplans (vgl. Abschn. 4.2.2.) ist in diesem Fall nicht erforderlich. Dies entbindet den Schuldner – solange die Krise nicht endgültig überwunden ist – jedoch nicht davon, die Liquiditätsentwicklung weiterhin kritisch zu verfolgen, um ggf. erneut mittels eines Finanzstatus und eines ergänzenden Finanzplans eine etwaige Zahlungsunfähigkeit erkennen zu können.

25　Ergibt sich aus dem Finanzstatus, dass der Schuldner seine fälligen Zahlungsverpflichtungen nicht erfüllen kann, hat er ausgehend vom Finanzstatus am Stichtag zusätzlich die im Prognosezeitraum erwarteten Ein- und Auszahlungen in einem Finanzplan zu berücksichtigen, in dem die Entwicklung der verfügbaren Liquidität und fälligen Verbindlichkeiten fortgeschrieben wird.[59] Dies ermöglicht auch die Entwicklung von Plan-Finanzstatus in dem relevanten Prognosezeitraum und trägt insoweit der Rechtsprechung des BGH Rechnung, nach dem eine

---

[55]　Vgl. BGH, Urt. v. 06.12.2012, IX ZR 3/12, Rn. 33; BGH, Urt. v. 25.02.2016, IX ZR 109/15, Rn. 24.

[56]　Vgl. BGH, Urt. v. 06.05.2021, IX ZR 72/20, Rn. 45.

[57]　Entgegen dem betriebswirtschaftlichen Schrifttum verwendet der BGH den Begriff des „Liquiditätsstatus" (vgl. BGH, Urt. v. 28.06.2022, II ZR 112/21, Rn. 14), der aber inhaltsgleich zum Finanzstatus zu verstehen ist.

[58]　Zum Teil wird auch der Begriff Liquiditätsplan verwendet, der in der betriebswirtschaftlichen Literatur inhaltsgleich als Finanzplan oder Cashflow-Plan bezeichnet wird. Im Folgenden wird allein der Begriff Finanzplan verwendet. Der Finanzplan ist typischerweise Teil eines integrierten Vermögens-, Finanz- und Ertragsplans.

[59]　Der BGH spricht in seinem Urteil vom 24.05.2005, IX ZR 123/04 von einer sog. Liquiditätsbilanz: In dieser sind neben den kurzfristig verfügbaren Finanzmitteln (in der Literatur z.T. als Aktiva I bezeichnet) und den fälligen Verpflichtungen (Passiva I) auch die im Prognosezeitraum flüssig zu machenden Finanzmittel (Aktiva II) und – gemäß BGH, Urteil v. 19.12.2017, II ZR 88/16, Rn. 33 – die im Prognosezeitraum fällig werdenden Verbindlichkeiten (Passiva II) zu berücksichtigen. Es handelt sich somit um eine Art „dynamischer Bilanz", die neben der Stichtagsliquidität auch planerische Elemente einbezieht. Die Liquiditätsbilanz des BGH und der Finanzplan

Zahlungsunfähigkeit auch durch die Aneinanderreihung mehrerer Plan-Finanzstatus in aussagekräftiger Anzahl nachgewiesen werden kann.[60] Keine Zahlungsunfähigkeit besteht, wenn durch den Finanzplan dargelegt wird, dass sich die durch den Finanzstatus aufgedeckte Liquiditätslücke im Dreiwochenzeitraum mit überwiegender Wahrscheinlichkeit schließt.[61] Soweit dies nicht der Fall ist, ist der Prognosezeitraum in Ausnahmefällen auf bis zu drei (u.U. längstens sechs) Monate zu erweitern. Ergibt sich aus dem Finanzplan, dass die Lücke mit hinreichender[62] Wahrscheinlichkeit vollständig geschlossen wird, kann von einer Zahlungsstockung ausgegangen werden.[63]

4.2.1. Finanzstatus

4.2.1.1. Fälligkeit der Verbindlichkeiten

26   Im Finanzstatus werden die verfügbaren liquiden Finanzmittel des Unternehmens sowie dessen fällige Verbindlichkeiten erfasst und gegenübergestellt. Dabei sind sämtliche insolvenzrechtlich fälligen Zahlungsverpflichtungen und nicht nur die durch Mahnung eingeforderten oder klageweise geltend gemachten zu berücksichtigen.[64]

27   Fälligkeit kann aufgrund gesetzlicher Regelungen, aufgrund einer Vereinbarung (bspw. Bedingung, Befristung, Fixgeschäft, Kasse gegen Faktura, Zahlung gegen Dokumente, Verfallklauseln) oder ausnahmsweise aufgrund einseitiger Parteierklärung (z.B. durch ausdrückliche Fälligstellung oder durch Kündigung eines Darlehens mit der Folgewirkung einer sofortigen Fälligkeit) eintreten.

---

kommen bzgl. der absoluten Höhe der Liquiditätslücke bzw. des Liquiditätsüberhangs zwar zu demselben absoluten Ergebnis. Allerdings werden die vorhandenen liquiden Mittel und erwarteten Zahlungseingänge kumuliert und ins Verhältnis zur Summe der fälligen und fällig werdenden Verbindlichkeiten gesetzt. Zahlungen auf fällige und fällig werdende Verbindlichkeiten werden hierbei nicht berücksichtigt. Relativ führt die Vorgehensweise des BGH aufgrund des Volumeneffektes und dem Bezug der Liquiditätslücke auf die „kumulierten" fälligen Verbindlichkeiten am Ende des Dreiwochenzeitraums (vgl. BGH, Urt. v. 19.12.2017, II ZR 88/16, Rn. 62) jedoch regelmäßig zu teilweise erheblich geringeren prozentualen Unterdeckungen und späteren Insolvenzantragspflichten. Vgl. hierzu auch Tz. 52.

60   Im konkreten Fall hat der BGH insgesamt vier Finanzstatus im Dreiwochenzeitraum im Abstand von je einer Woche als ausreichend erachtet. Vgl. BGH, Urt. v. 28.06.2022, II ZR 112/21, Rn. 14 f. Als weitere Methode führt der BGH die ex-post-Ermittlung der Zahlungsunfähigkeit über einen Finanzplan auf (BGH, Urt. v. 28.04.2022, IX ZR 48/21, Tz. 18 und 39). Hierbei handelt es sich nach betriebswirtschaftlichen Grundsätzen indes nicht um eine Planung in Form einer ex-ante-Betrachtung, sondern um ein Nachvollziehen der Liquiditätsentwicklung auf Basis von Ist-Zahlen. Insofern unterscheidet sich diese Methode nicht von der Aneinanderreihung mehrerer Finanzstatus (4 Finanzstatus nach BGH, Urt. v. 28.06.2022, II ZR 112/21, Rn. 14f bzw. 21 Finanzstatus nach BGH, Urt. v. 28.04.2022, IX ZR 48/21, Tz. 18 und 39).

61   Der BGH spricht in seinem Urteil v. 19.12.2017, II ZR 88/16, Rn. 70 von „hinreichender Wahrscheinlichkeit". Dieser Wahrscheinlichkeitsbegriff ist situationsbedingt auszulegen. Im Dreiwochenzeitraum muss mehr für als gegen die Zahlungsfähigkeit sprechen (überwiegende Wahrscheinlichkeit). Gleiches gilt, soweit am Ende des Dreiwochenzeitraums die Liquiditätslücke kleiner 10 % beträgt bis zu dem Zeitpunkt, in dem die Lücke geschlossen wird. Soweit am Ende des Dreiwochenzeitraums die Liquiditätslücke über 10 % liegt oder im weiteren Verlauf des Prognosezeitraums auf über 10 % ansteigt, ist eine überwiegende Wahrscheinlichkeit nicht mehr ausreichend. In diesem Fall muss die Lücke mit an Sicherheit grenzender Wahrscheinlichkeit geschlossen werden. Zudem muss den Gläubigern ein Zuwarten nach den besonderen Umständen des Einzelfalls zuzumuten sein.

62   Vgl. Fn. 61.

63   Vgl. BGH, Beschluss v. 19.07.2007, IX ZB 36/07, Rn. 31.

64   Vgl. BGH, Beschluss v. 19.07.2007, IX ZB 36/07, Tz. 18.

28 Fehlt eine rechtsgeschäftliche Bestimmung der Fälligkeit und ergibt sie sich auch nicht aus den Umständen, liegt nach § 271 Abs. 1 BGB sofortige Fälligkeit vor. So gelten nicht ausdrücklich genehmigte Überziehungen bei Kontokorrentkrediten als fällig, auch wenn das Kreditinstitut diese Inanspruchnahmen stillschweigend duldet.[65] Innerhalb der vereinbarten – ungekündigten – Linien sind Kontokorrentkredite im Finanzstatus zur Feststellung der Zahlungsunfähigkeit nicht anzusetzen. Aus Annuitätendarlehen sind nur die nach dem Kreditvertrag fälligen Raten zu berücksichtigen. Verbindlichkeiten aus Lieferungen und Leistungen sind sofort oder bei Vereinbarung eines Zahlungsziels mit dessen Ablauf fällig.

29 Gestundete Verbindlichkeiten sind nicht in den Finanzstatus aufzunehmen. Stundungsvereinbarungen können durch Branchenübung, Handelsbrauch und konkludentes Handeln zustande kommen und die Fälligkeit der Verbindlichkeiten hinausschieben. Die Stundung gilt immer dann als wirksam vereinbart, wenn der Gläubiger in eine spätere Befriedigung seiner Forderung eingewilligt hat bzw. sich die Einwilligung aus den gesamten Umständen ergibt. Eine nachrangige Verbindlichkeit ist nicht zu berücksichtigen, wenn der Gläubiger die Zahlung nicht verlangen kann. Der Nachweis, dass eine Verbindlichkeit nicht fällig ist, obliegt in jedem Fall dem Schuldner.[66]

30 Von einem Gläubiger geltend gemachte Zahlungsansprüche sind in den Finanzstatus aufzunehmen, es sei denn, dass bei vernünftiger Beurteilung aufgrund objektiv nachvollziehbarer Einwendungen eine Inanspruchnahme ganz oder teilweise nicht zu erwarten ist.

31 Von der Vollziehung ausgesetzte Steuerschulden o.Ä. sind erst mit Ende der Aussetzung der Vollziehung als fällige Verbindlichkeiten zu erfassen.[67]

32 Verbindlichkeiten, die aufgrund gesetzlicher Vorschriften nicht erfüllt werden dürfen (z.B. § 30 GmbHG, § 57 AktG), sind im Finanzstatus erst mit Wegfall des Auszahlungsverbots als fällig zu erfassen.

4.2.1.2. Finanzmittel

33 Den fälligen Verbindlichkeiten sind im Finanzstatus die gegenwärtig verfügbaren Finanzmittel gegenüberzustellen. Hierzu zählen Barmittel, Bankguthaben, Schecks in der Kasse und nicht ausgeschöpfte und ungekündigte Kreditlinien.[68]

Kurzfristig verfügbare Finanzmittel (z.B. erwartete Zahlungszuflüsse aus Kundenforderungen oder eine gegenüber dem Unternehmen abgegebene harte Patronatserklärung[69]) sind nicht im

---

[65] Vgl. auch BGH, Urt. v. 11.01.2007, IX ZR 31/05, Rn. 14 f., zur freien Kreditlinie bei Insolvenzanfechtung unter Bezugnahme auf BGHZ 93, 315, 325; BGHZ 147, 193, 202; dort (in Tz. 16) wird allerdings ausdrücklich offen gelassen, unter welchen Voraussetzungen bei einer tatsächlichen Duldung von einer konkludenten Vereinbarung über die Erhöhung der Kreditlinie ausgegangen werden kann.

[66] Vgl. BGH, Beschluss v. 19.07.2007, IX ZB 36/07, Rn. 19; BGH, Urt. v. 19.12.2017, II ZR 88/16, Rn. 23.

[67] Vgl. BGH, Urt. v. 22.05.2014, IX ZR 95/13, Rn. 30.

[68] Vgl. BGH, Beschluss v. 23.10.2008, IX ZB 7/08, Rn. 4; BGH, Urt. v. 12.10.2006, IX ZR 228/03, Rn. 28; BGH, Beschluss v. 19.07.2007, IX ZB 36/07, Rn. 30; BGH, Urt. v. 19.12.2017, II ZR 88/16, Rn. 69 ff.

[69] Vgl. BGH, Urt. v. 13.07.2021, II ZR 84/20, Rn. 74, zur Abgrenzung von den Folgen einer weichen Patronatserklärung Rn. 80 ff.; BGH, Urt. v. 19.05.2011, IX ZR 9/10, Rn. 21; vgl. aber auch BGH, Urt. v. 20.09.2010, II ZR 296/08; BGH, Urt. v. 19.09.2013, IX ZR 232/12, Tz. 7.

Finanzstatus, sondern im Finanzplan zu berücksichtigen. Gleiches gilt für die Möglichkeit zur Kreditaufnahme.

4.2.2. Finanzplan

34 Ergibt der Finanzstatus eine Liquiditätslücke, ist dieser durch Darstellung der erwarteten Ein- und Auszahlungen in einem ausreichend detaillierten Finanzplan auf Basis einer nach betriebswirtschaftlichen Grundsätzen durchzuführenden und ausreichend dokumentierten Unternehmensplanung fortzuentwickeln. Bei kurzfristigen, wenige Wochen umfassenden Finanzplänen reicht eine unmittelbar auf dem Finanzstatus aufbauende Liquiditätsplanung aus, in der die verfügbare Liquidität planerisch um die erwarteten Ein- und Auszahlungen fortgeschrieben wird. Andernfalls ist ein umfassender Finanzplan auf Basis einer integrierten Planung (Erfolgs-, Vermögens- und Liquiditätsplanung) zu erstellen. Auf der Grundlage eines Unternehmenskonzeptes wird in diesem Rahmen dargestellt, wie die Planansätze aus den Teilplanungen des Unternehmens in die Finanzplanung münden.[70]

35 Struktur und Gliederung eines solchen Finanzplans richten sich nach betriebswirtschaftlich anerkannten Methoden.

36 Auf Grundlage der Annahmen über die weitere Geschäftstätigkeit sind in den Finanzplan alle Posten einzustellen, die unter Berücksichtigung der voraussichtlichen Fälligkeiten im Prognosezeitraum zu Zahlungsmittelzuflüssen oder Zahlungsmittelabflüssen führen.

37 Bei den Mittelzuflüssen sind die Zuflüsse aus den geplanten Umsatzgeschäften ebenso zu berücksichtigen wie sonstige einzahlungswirksame Vorgänge. Hierzu zählen auch Maßnahmen der Kapitalbeschaffung durch Fremdkapitalaufnahme (Kreditaufnahmen) oder durch Zuführungen der Gesellschafter (Gesellschafterdarlehen, Kapitalerhöhungen, Zuzahlungen in das Eigenkapital oder Ertragszuschüsse). Dies gilt auch für weitere Finanzierungsmaßnahmen, wie Sale-and-Lease-Back-Geschäfte, Factoring oder den Verkauf von Teilen des nicht betriebsnotwendigen Vermögens. Ebenso kommen die zahlungswirksamen Effekte aus leistungswirtschaftlichen Maßnahmen in Betracht. In allen Fällen muss jedoch die erforderliche Sicherheit für die Realisierung solcher Maßnahmen im Prognosezeitraum bestehen.[71]

38 Bei den Mittelabflüssen sind die bereits bestehenden und entstehenden Verbindlichkeiten zu berücksichtigen, soweit sie innerhalb des Prognosezeitraums fällig werden.

39 Zur Feststellung, ob eine bloße Zahlungsstockung vorliegt, ist zunächst ein Finanzplan für einen Zeitraum von bis zu drei Wochen aufzustellen. Ergibt dieser Finanzplan, dass die anfängliche Liquiditätslücke geschlossen wird, liegt eine bloße Zahlungsstockung und damit keine Zahlungsunfähigkeit vor. Eine Ausdehnung des Finanzplans ist in diesem Fall nicht erforderlich; künftig zu erwartende Liquiditätslücken wären aus Sicht des Beurteilungszeitpunkts nicht als eingetretene, sondern als drohende Zahlungsunfähigkeit zu qualifizieren.

40 Ergibt sich aus dem Finanzplan für den Dreiwochenzeitraum, dass die anfängliche Lücke nicht geschlossen wird oder sich vergrößert, ist eine Fortschreibung des Finanzplans erforderlich,

---

[70] Vgl. auch *IDW S 6*, Tz. 74.
[71] Vgl. BGH, Urt. v. 13.07.2021, II ZR 84/20, Rn. 79 ff. und Tz. 25.

um nach den Grundsätzen der Rechtsprechung zu entscheiden, ob eine Zahlungsunfähigkeit im Rechtssinne oder eine nur vorübergehende Zahlungsstockung vorliegt (vgl. Tz. 14 ff.).

41   Nach der Rechtsprechung liegt eine bloße Zahlungsstockung vor, wenn erwartet werden kann, dass eine nach drei Wochen verbleibende Liquiditätslücke von 10 % oder mehr innerhalb *„überschaubarer"* Zeit geschlossen werden kann.[72] Eine Erstreckung auf einen Zeitraum von mehr als drei Wochen kann allerdings nur in Betracht kommen, wenn ausnahmsweise mit an Sicherheit grenzender Wahrscheinlichkeit[73] zu erwarten ist, dass die Liquiditätslücke in dieser Zeit vollständig beseitigt werden wird und den Gläubigern gegen ihren Willen ein Zuwarten nach den besonderen Umständen des Einzelfalls zuzumuten ist.[74]

42   Je geringer die Liquiditätslücke ausfällt, umso eher ist den Gläubigern ein Zuwarten zuzumuten, da in diesen Fällen die Erwartung umso begründeter ist, dass es dem Schuldner gelingen wird, die Liquiditätslücke in absehbarer (bzw. „überschaubarer") Zeit zu beseitigen.[75] Der Zeitraum, in dem die Liquiditätslücke plangemäß geschlossen sein muss, kann in Ausnahmefällen bis zu drei, u.U. längstens sechs Monate betragen.

43   Ergibt sich aus dem Finanzplan, dass trotz bestehender Liquiditätslücke keine Zahlungsunfähigkeit im Rechtssinne vorliegt, muss sich der Schuldner weiterhin fortlaufend vergewissern, ob die der Planung zugrunde liegenden Annahmen eingetreten sind oder ob sich wegen Nichterreichens der Planungsziele die Ertrags-, Vermögens- und Finanzlage des Unternehmens weiter verschlechtert haben und entsprechende Folgerungen für die Insolvenzantragspflicht zu ziehen sind.

44   Der erforderliche Detaillierungsgrad des Finanzplans (quartals-, monats- oder wochenweise Zahlungen) wird durch die Größe der bestehenden Liquiditätslücke, die Länge des Prognosezeitraums sowie die Besonderheiten des Einzelfalls (Branche, Geschäftstätigkeit etc.) bestimmt.

45   Sollte sich aufgrund der Untersuchungen ergeben, dass die Zahlungsunfähigkeit bereits eingetreten ist, verkürzt sich die Dreiwochenfrist zur Wiederherstellung der Zahlungsfähigkeit entsprechend; daraus kann resultieren, dass der Insolvenzantrag unverzüglich zu stellen ist.

4.3.   Besonderheiten bei Cash-Pooling-Systemen

46   Nimmt das Unternehmen an einem Cash-Pooling-System oder einer zentralen Liquiditätssteuerung von in einem Finanzierungskreis zusammengeschlossenen Gesellschaften teil, ist maßgebend, ob ein Zugriff auf freie Liquidität innerhalb von drei Wochen mit hinreichender Wahrscheinlichkeit gesichert erscheint.[76] Des Weiteren ist danach zu unterscheiden, ob es sich um die den Cash-Pool führende Gesellschaft oder um eine dem Cash-Pool angeschlossene Gesellschaft handelt.

---

[72] Vgl. BGH, Urt. v. 24.05.2005, IX ZR 123/04, Abschn. II. 4.b. Für Fälle, in denen die Liquiditätslücke am Ende des Dreiwochenzeitraums weniger als 10% beträgt, vgl. Fn. 61.

[73] Vgl. BGH, Beschluss v. 19.07.2007, IX ZB 36/07, Rn. 31 und Tz. 25.

[74] Vgl. BGH, Beschluss v. 19.07.2007, IX ZB 36/07, Rn. 31 und Tz. 25.

[75] Vgl. BGH, Urt. v. 24.05.2005, IX ZR 123/04, Abschn. II. 3b. bb.

[76] Vgl. BGH, Urt. v. 19.12.2017, II ZR 88/16, Rn. 70.

47 Zahlungsansprüche z.B. einer dem Cash-Pool angeschlossenen Gesellschaft gegen die den Cash-Pool führende können im Finanzstatus angesetzt werden, soweit ein tagesgleicher Zufluss erfolgt.[77] Entsprechendes gilt für Mittel, die aufgrund des Cash-Pooling-Systems als Kredit in Anspruch genommen werden dürfen.

48 Bei der den Cash-Pool führenden Gesellschaft bestimmt sich die Liquiditätslage auch unter Berücksichtigung ihrer fälligen Forderungen und Verbindlichkeiten gegenüber den dem Cash-Pooling-System angeschlossenen Gesellschaften. Künftige Ein- und Auszahlungen der dem Cash-Pooling-System angeschlossenen Gesellschaften sind in den Finanzplan einzustellen, wenn sie mit der hinreichenden Sicherheit erwartet werden können.

49 Zur Feststellung verfügbarer Liquiditätsreserven aus dem Cash-Pooling-System kommt dem Finanzplan der Unternehmensgruppe, aus der sich die Liquiditätsströme innerhalb der angeschlossenen Gesellschaften und damit die in der Unternehmensgruppe insgesamt verfügbare Liquidität ableitet, besondere Bedeutung zu. Dabei ist zu beachten, dass die Summe aus der freien Liquidität abzüglich der fälligen Verbindlichkeiten der Cash-Pool führenden Gesellschaft und der dem Cash-Pool angeschlossenen Gesellschaften die Finanzierungsmöglichkeiten der Teilnehmer des Cash-Pools begrenzt und insoweit die Obergrenze dessen bildet, was an Liquidität einer dem Cash-Pool angeschlossenen Gesellschaft zugeführt werden kann. Soweit aus Sicht der einzelnen Gesellschaft die Liquiditätssituation anderer Gesellschaften der Unternehmensgruppe nicht ohne Weiteres eingeschätzt werden kann, sind weitere Untersuchungen erforderlich.

4.4. Ermittlung des Zeitpunkts des Eintritts der Zahlungsunfähigkeit in der Vergangenheit (ex-post-Betrachtung)

50 Wenn nach eingetretener Insolvenz im Nachhinein der Zeitpunkt zu ermitteln ist, zu dem Zahlungsunfähigkeit eingetreten ist, ist von dem Zeitpunkt auszugehen, für den erstmals Anhaltspunkte vorliegen, die auf eine mögliche Antragspflicht schließen lassen. Für diesen Zeitpunkt ist ein Finanzstatus zu erstellen.

51 Nach Auffassung des BGH ist es möglich, den Zeitpunkt mithilfe einer sogenannten Liquiditätsbilanz[78] zu ermitteln. Aufgrund des Volumeneffektes[79] kommt diese Methode regelmäßig zu einer geringeren prozentualen Liquiditätslücke und damit zu einem tendenziell späteren Eintritt der Zahlungsunfähigkeit. Hieraus können für den Gutachter mögliche Haftungsgefahren resultieren, weshalb von ihrer Anwendung abzuraten ist.

52 Das Vorliegen der Zahlungsunfähigkeit kann auch durch die Aufstellung eines Finanzstatus zum Zeitpunkt des vermuteten Eintritts der Zahlungsunfähigkeit und mehreren Finanzstatus in aussagekräftiger Anzahl[80] in dem sich anschließenden Dreiwochenzeitraum ermittelt werden. Die prozentuale Lücke kann jeweils stichtagsbezogen als Verhältnis der absoluten Lücke zu

---

[77] Anderes gilt nur dann, wenn der Schuldner die Zulassung als Kreditinstitut besitzt, da Forderungen gegen ein Kreditinstitut zu den flüssigen Mitteln des Gläubigers gehören.

[78] Vgl. Fn. 61.

[79] Vgl. Fn. 61.

[80] Vgl. Fn. 60.

den zu diesem Zeitpunkt fälligen Verbindlichkeiten berechnet werden.[81] Ergibt sich aus den jeweiligen Finanzstatus eine Lücke von 10 % oder mehr, so liegt Zahlungsunfähigkeit vor.

53 Ist es nicht möglich, einen Finanzstatus zu erstellen, kann nach Auffassung des BGH[82] für die Beurteilung, ob Zahlungsunfähigkeit vorlag, etwa im Anfechtungsprozess, auch retrograd auf den Zeitpunkt abgestellt werden, zu dem die erste, bei Eröffnung des Insolvenzverfahrens nicht ausgeglichene Verbindlichkeit fällig geworden ist.[83] Zu diesem Zeitpunkt ist regelmäßig von Zahlungsunfähigkeit auszugehen. Etwas anderes gilt nur dann, wenn aufgrund konkreter Umstände, die sich nachträglich geändert haben, damals angenommen werden konnte, der Schuldner werde rechtzeitig in der Lage sein, die Verbindlichkeiten zu erfüllen. Dass nicht lediglich eine Zahlungsstockung vorlag, ist im Nachhinein ohne Weiteres feststellbar, auch anhand von Indizien im Rahmen einer Gesamtschau.[84]

54 Der Eintritt der Zahlungsunfähigkeit ist objektiv und frei von subjektiven Einschätzungen. Hat der gesetzliche Vertreter ex ante einen plausiblen Finanzplan erstellt, aus dem sich ergibt, dass keine Zahlungsunfähigkeit vorliegt, kann er sich damit gleichwohl exkulpieren – auch wenn nach einer ex-post-Betrachtung objektiv Zahlungsunfähigkeit vorlag.

5. Beurteilung einer Überschuldung (§ 19 InsO)

5.1. Grundlagen zur Beurteilung einer Überschuldung

55 Bei juristischen Personen und ihnen gleichgestellten Personenhandelsgesellschaften gemäß § 264a HGB ist auch die Überschuldung Eröffnungsgrund. Überschuldung liegt nach § 19 Abs. 2 InsO vor, wenn das Vermögen des Schuldners die bestehenden Verbindlichkeiten nicht mehr deckt. Sofern eine positive Fortbestehensprognose nach § 19 Abs. 2 InsO vorliegt, d.h. die Fortführung des Unternehmens überwiegend wahrscheinlich ist und somit keine drohende Zahlungsunfähigkeit gegeben ist, liegt eine Überschuldung nicht vor.

5.2. Aufbau und Bestandteile der Überschuldungsprüfung

56 Die inhaltliche Ausgestaltung der Überschuldungsprüfung ist im Gesetz lediglich rudimentär geregelt. Zur Erreichung einer nachvollziehbaren Beurteilung ist ein sachgerechtes, methodisches Vorgehen erforderlich.

57 Die Überschuldungsprüfung erfordert in aller Regel ein zweistufiges Vorgehen:

- Auf der ersten Stufe sind die Überlebenschancen des Unternehmens in einer Fortbestehensprognose zu beurteilen. Bei einer positiven Fortbestehensprognose liegt keine Überschuldung i.S. des § 19 Abs. 2 InsO vor.

- Im Falle einer negativen Fortbestehensprognose sind auf der zweiten Stufe Vermögen und Schulden des Unternehmens in einem stichtagsbezogenen Status zu Liquidations-

81 Vgl. BGH, Urt. v. 28.06.2022, II ZR 112/21, Rn. 14.
82 Vgl. BGH, Urt. v. 12.10.2006, IX ZR 228/03, Rn. 28.
83 Vgl. BGH, Urt. v. 18.07.2013, IX ZR 143/12, Rn. 8f.; BGH, Urt. v. 12.10.2006, IX ZR 228/03, Rn. 28.
84 Vgl. BGH, Urt. v. 18.07.2013, IX ZR 143/12, Rn. 10.

werten gegenüberzustellen. In diesem Fall liegt zumindest eine drohende Zahlungsunfähigkeit und damit ein Insolvenzantragsrecht vor (vgl. Abschn. 6.). Ist darüber hinaus das sich aus dem Überschuldungsstatus ergebende Reinvermögen negativ, liegt zusätzlich eine Überschuldung vor, die eine Antragspflicht begründet.

58   Ausmaß und Stadium der Unternehmenskrise (z.B. Umsatzrückgänge, Höhe der Verluste in Jahres- oder Zwischenabschlüssen, Liquiditätsprobleme, erhebliche Forderungsausfälle, Wertminderungen bei Warenbeständen und/oder Wertpapieren) bestimmen Zeitpunkt, Häufigkeit, Fortschreibung und Detaillierungsgrad der Überschuldungprüfung. Mit zunehmender Unternehmensgefährdung steigen die Anforderungen an die fortlaufende Aktualisierung der Überschuldungsprüfung.

59   Ausnahmen von der beschriebenen Vorgehensweise kommen in Betracht, wenn einfach zu beurteilende Sachverhalte eine Überschuldung ausschließen. Dies kann bspw. der Fall sein, wenn eine rechtlich verbindliche und hinreichend werthaltige Sicherung des Fortbestands des Unternehmens durch das Konzernmutterunternehmen oder den Hauptgesellschafter nachgewiesen wird, ein entsprechend hoher Rangrücktritt i.S. von § 19 Abs. 2 Satz 2 InsO vereinbart wurde oder das Vorhandensein stiller Reserven (z.B. bei einem Grundstück) eine Überschuldung ausschließt.

60   In den beiden genannten Fällen sind die Umstände, die eine Überschuldungsprüfung im üblichen Umfang entbehrlich erscheinen lassen, sorgfältig nachzuweisen und zu dokumentieren.

5.3.   Fortbestehensprognose

61   Zur Feststellung einer künftigen, der Fortführung des Unternehmens entgegenstehenden Liquiditätslücke ist ausgehend von der Stichtagsliquidität im Prüfungszeitpunkt die gesamte finanzielle Entwicklung des Unternehmens für den Prognosezeitraum in einer Fortbestehensprognose darzustellen.

62   Die Fortbestehensprognose ist das wertende Gesamturteil über die Lebensfähigkeit des Unternehmens in der vorhersehbaren Zukunft. Sie wird auf Grundlage des Unternehmenskonzepts und des auf der integrierten Planung abgeleiteten Finanzplans getroffen.

63   Die Fortbestehensprognose soll eine Aussage dazu ermöglichen, ob vor dem Hintergrund der getroffenen Annahmen und der daraus abgeleiteten Auswirkungen auf die zukünftige Ertrags- und Liquiditätslage ausreichende finanzielle Mittel zur Verfügung stehen, die im Planungshorizont jeweils fälligen Verbindlichkeiten bedienen zu können. Sie ist eine reine Zahlungsfähigkeitsprognose.

5.3.1.   Prognosezeitraum und Detaillierungsgrad

64   Der Prognosezeitraum für die Fortbestehensprognose, die für die Einschätzung der Überschuldung maßgeblich ist, umfasst gemäß § 19 Abs. 2 Satz 1 InsO ab dem Beurteilungsstichtag zwölf Monate (bis zum 31.12.2020: i.d.R. laufendes und folgendes Geschäftsjahr; zur Begrenzung des Prognosezeitraums auf vier Monate bis zum 31.12.2023 nach § 4 Abs. 2 SanInsKG vgl. Abschn. 7). Eine nach diesem Prognosezeitraum eintretende Liquiditätslücke (z.B. in 13 Monaten) begründet zum Beurteilungsstichtag keine Überschuldung. Sofern die

Liquiditätslücke nach zwölf Monaten aber innerhalb der nächsten i.d.R. 24 Monate eintritt, liegt eine drohende Zahlungsunfähigkeit und damit nur ein Antragsrecht vor.

65 Der erforderliche Detaillierungsgrad der Fortbestehensprognose (z.B. quartals-, monats- oder wochenweise Planung) wird vom Ausmaß der Unternehmenskrise und der bereits eingetretenen sowie der erwarteten Liquiditätsanspannung bestimmt.

5.3.2. Maßstab der überwiegenden Wahrscheinlichkeit

66 Die Formulierung in § 19 Abs. 2 InsO stellt darauf ab, ob der Fortbestand des Unternehmens nach den Umständen überwiegend wahrscheinlich ist. Dies ist ein Gesamturteil über den möglichen weiteren wirtschaftlichen Unternehmensverlauf, und zwar insb. bezogen auf die Fähigkeit, jederzeit die fälligen Verbindlichkeiten begleichen zu können.

67 Jeder Planung ist immanent, dass die zugrunde gelegten Annahmen aufgrund nicht vorhersehbarer Umstände nicht eintreten oder anders ausfallen können. Mit zunehmender zeitlicher Entfernung der prognostizierten Ereignisse oder Annahmen vom Beurteilungsstichtag steigt der Grad der Unsicherheit und sinkt der Detaillierungsgrad der Annahmen. Naturgemäß ist deshalb auch die Fortbestehensprognose mit Unsicherheit behaftet. Der Gesetzgeber hat diese Unsicherheit bei der Definition der Insolvenzeröffnungsgründe gesehen und in Kauf genommen. Bei der positiven Fortbestehensprognose kommt es deshalb darauf an, dass die Aufrechterhaltung der Zahlungsfähigkeit innerhalb des Prognosezeitraums mit überwiegender Wahrscheinlichkeit begründbar ist.

68 Für eine positive Fortbestehensprognose muss die Aufrechterhaltung der Zahlungsfähigkeit innerhalb des Prognosezeitraums wahrscheinlicher sein als der Eintritt einer Zahlungsunfähigkeit. Drohende Zahlungsunfähigkeit setzt mithin voraus, dass der Eintritt der Zahlungsunfähigkeit wahrscheinlicher ist als deren Vermeidung.[85] Dies ist dann der Fall, wenn nach dem Abwägen aller für die Fortbestehensprognose relevanten Umstände gewichtigere Gründe dafürsprechen als dagegen. Maßgeblich ist die Sicht der gesetzlichen Vertreter, denen ein gewisser Beurteilungsspielraum zugebilligt werden muss.[86] Die Einschätzung der gesetzlichen Vertreter muss indes für den Beurteilenden nachvollziehbar sein.

69 Dem Fortbestehen des Unternehmens steht nicht entgegen, wenn eine Teilliquidation (Veräußerung von aufgrund des Unternehmenskonzeptes nicht betriebsnotwendigen Vermögensteilen) erforderlich ist.

70 Soll zur Sicherstellung der Zahlungsfähigkeit Liquidität zugeführt werden, können auch eingeleitete oder beabsichtigte Maßnahmen, z.B. Gesellschafterdarlehen, Zuzahlungen in das Eigenkapital, Kapitalerhöhungen, Aufnahme von (Sanierungs-)Krediten etc., mit ihren erwarteten Auswirkungen in den Finanzplan einbezogen werden, wenn diese Maßnahmen hinreichend konkretisiert sind. Gleiches gilt für die geplante Verwertung von Vermögenswerten zur Schöpfung von Liquidität.[87]

---

[85] Vgl. Ausschussbericht zu § 23 Abs. 2 RegE (§ 19 InsO), abgedruckt bei: Balz/Landfermann, Die neuen Insolvenzgesetze, Düsseldorf 1995, S. 91, BGH, Urt. v. 05.12.2013, IX ZR 93/11, Rn. 10.

[86] Vgl. BGH, Urt. v. 06.06.1994, II ZR 292/91, Abschn. II.2. d).

[87] Vgl. Fn. 71.

71 Strebt der Schuldner einen Restrukturierungsplan gemäß StaRUG an, können sich hieraus Auswirkungen auf die Beurteilung der Fortbestehensprognose ergeben, wenn die Zahlungsfähigkeit mit überwiegender Wahrscheinlichkeit durch die Rechtswirkungen des Restrukturierungsplans im Prognosezeitraum erhalten bleiben kann.

5.3.3. Fortschreibung der Fortbestehensprognose

72 Die Fortbestehensprognose ist fortzuschreiben, wenn neue Ereignisse eingetreten sind oder sich abzeichnen, die für das Ergebnis und für die Validität der Prognose von wesentlicher Bedeutung sind. Die Pflicht der gesetzlichen Vertreter zur Beurteilung der insolvenzrechtlichen Fortbestehensprognose entfällt erst dann, wenn die Insolvenzgefahr endgültig gebannt ist.

5.4. Überschuldungsstatus

73 Im Falle einer positiven Fortbestehensprognose liegt keine Überschuldung vor; die Aufstellung eines Überschuldungsstatus ist in diesem Fall nicht erforderlich. Ist die Prognose hingegen negativ, ist festzustellen, ob neben der drohenden Zahlungsunfähigkeit auch der Insolvenzeröffnungsgrund der Überschuldung vorliegt. Dazu sind das Vermögen und die Schulden in einem stichtagsbezogenen Status (Überschuldungsstatus) gegenüberzustellen. Ein sich daraus ergebendes negatives Reinvermögen begründet eine Insolvenzantragspflicht.

74 Praktischer Ausgangspunkt für die Erstellung des Überschuldungsstatus ist regelmäßig ein zeitnaher handelsrechtlicher Jahres- oder Zwischenabschluss. Allerdings sind handelsrechtliche Grundsätze, wie z.B. Anschaffungskosten-, Imparitäts-, Realisations- und Vorsichtsprinzip, nicht maßgeblich. Vielmehr sind die Ansatz- und Bewertungsgrundsätze im Überschuldungsstatus mangels spezieller gesetzlicher Vorschriften am Zweck der Überschuldungsprüfung auszurichten.

5.4.1. Ansatz

75 Im Überschuldungsstatus sind alle Vermögenswerte anzusetzen, die einzeln – d.h. nicht nur mit dem gesamten Betrieb – verwertbar sind, sowie alle zu bedienenden Verpflichtungen. Es sind auch Vermögenswerte anzusetzen, die als Kreditsicherheiten dienen.

76 Die Ansatzfähigkeit der vollständig zu erfassenden Vermögenswerte und Schulden wird bestimmt durch deren Verwertbarkeit im Rahmen des zugrunde liegenden Verwertungskonzeptes.

77 In den Überschuldungsstatus sind ggf. auch nicht in der Handelsbilanz erfasste Vermögenswerte und Schulden aufzunehmen, für die am Stichtag der Überschuldungsprüfung eine vertragliche oder tatsächliche Basis vorliegt. Insbesondere sind die mit einer Liquidation des Unternehmens im Zusammenhang stehenden Kosten und steuerlichen Lasten zu berücksichtigen (z.B. Vertragsstrafen, Rückzahlungsverpflichtungen oder Kosten für einen Sozialplan).

5.4.2. Bewertung

78   Vermögenswerte und Schulden werden im Überschuldungsstatus mit Liquidationswerten angesetzt. Dabei sind – anders als im handelsrechtlichen Jahresabschluss – ggf. vorhandene stille Reserven und Lasten aufzudecken.

79   Die der Verwertungsprognose zugrunde liegende Verwertungsstrategie bestimmt Liquidationsintensität und Liquidationsgeschwindigkeit: Der Grad der Zerschlagung der Unternehmensteile sowie der Zeitraum, in dem die Verwertung der Unternehmensteile erfolgen soll, prägen dabei maßgeblich die Höhe der Veräußerungserlöse. Die für die Liquidation zur Verfügung stehende Zeit stellt insb. dann eine entscheidende Restriktion dar, wenn der Finanzplan ohne Ansatz von Liquidationserlösen für die nähere Zukunft nachhaltige Zahlungsengpässe ausweist.

80   Bei der Ermittlung der Liquidationswerte ist auf Grundlage von Verwertungskonzept und Finanzplan von der jeweils wahrscheinlichsten Verwertungsmöglichkeit auszugehen. Entscheidend ist, wie viel ein potenzieller Erwerber für den immateriellen oder materiellen Vermögenswert auszugeben bereit ist. Bei der Bewertung sind primär vorhandene Marktpreise heranzuziehen. Nach den Umständen des Einzelfalls kann sich die Bewertung aber auch an kapitalwert- oder kostenorientierten Verfahren orientieren. Dabei müssen die Verwertungsmöglichkeiten hinreichend konkret sein und die Vermögenswerte im Zweifel eher vorsichtig bewertet werden. Je geringer die Marktgängigkeit eines Vermögenswerts ist, desto höhere Anforderungen sind an seine Realisierbarkeit zu stellen.

5.4.3.   Besonderheiten bei ausgewählten Vermögenswerten und Verpflichtungen

81   Im Überschuldungsstatus werden stille Reserven aufgedeckt. Zudem bleiben handelsrechtliche Aktivierungsverbote außer Acht. Auf der Passivseite sind ggf. zusätzliche Schulden zu erfassen, soweit sie durch die Abkehr von der Unternehmensfortführung verursacht werden. Im Folgenden wird auf die bilanzielle Behandlung ausgewählter Posten im Überschuldungsstatus eingegangen.

82   Bei ausstehenden Einlagen handelt es sich um Forderungen gegenüber einem Gesellschafter. Diese Forderungen sind im Überschuldungsstatus zu aktivieren, soweit sie werthaltig sind. Gleiches gilt für eine noch nicht geleistete Zahlung auf eine wirksam beschlossene Kapitalerhöhung.

83   Sonstige immaterielle Vermögenswerte, wie Konzessionen, Markenrechte, Patente oder Lizenzen, sind anzusetzen, soweit sie veräußert werden können. Das handelsrechtliche Ansatzverbot nach § 248 Abs. 2 Satz 2 HGB bleibt unberücksichtigt.

84   Ein derivativer oder originärer Geschäfts- oder Firmenwert kann nur aktiviert werden, soweit es sich hinreichend konkretisiert hat, dass Betriebseinheiten veräußert werden können und der Kaufpreis voraussichtlich über der Summe der Liquidationswerte der einzelnen Gegenstände des Betriebsvermögens liegt. Bei einem konkreten Angebot für einen Unternehmensteil erscheint es zweckmäßig, die Betriebseinheit insgesamt mit dem erwarteten Nettoerlös anzusetzen und die damit erfassten Vermögenswerte und Schulden ohne Zuordnung von Einzelwerten festzuhalten.

85 Aktivierungsfähig sind auch gesellschaftsrechtlich begründete Ansprüche (z.B. gemäß §§ 30, 31 GmbHG und §§ 56 Abs. 2, 9 Abs. 1 GmbHG) sowie Ansprüche gegenüber Dritten auf vertraglicher Grundlage (insb. aufgrund belastbarer Liquiditätsausstattungsgarantien, „harter" Patronatserklärungen[88] etc.). Sich dadurch ergebende Gegenansprüche sind zu passivieren.

86 Aktive Rechnungsabgrenzungsposten (z.B. im Voraus gezahlte Mieten) können nur dann aktiviert werden, wenn eine vorzeitige Vertragsauflösung möglich ist und ein Rückzahlungsanspruch besteht.

87 Aktive latente Steuern können dem Grunde nach angesetzt werden. Allerdings sinkt durch die bevorstehende Liquidation regelmäßig die Wahrscheinlichkeit, dass die Steuervorteile genutzt werden können. Dies gilt vor allem für die Nutzbarkeit steuerlicher Verlustvorträge. Im Regelfall werden aktive latente Steuern nicht mehr werthaltig sein.

88 Erhaltene Zuwendungen aus öffentlichen Mitteln sind passivierungspflichtig, soweit eine Rückzahlungsverpflichtung für den Fall der Schließung besteht.

89 Rückstellungen sind mit ihrem nach vernünftiger kaufmännischer Beurteilung notwendigen Erfüllungsbetrag zu passivieren, soweit mit einer Inanspruchnahme zu rechnen ist. An die Stelle des vorsichtigen Schätzwerts nach HGB tritt im Überschuldungsstatus der erwartete Wert. Dabei ist zu berücksichtigen, dass in einer wirtschaftlich kritischen Situation des Unternehmens Schulden möglicherweise vorzeitig fällig gestellt werden; dies ist insb. bei der Abzinsung der Rückstellungen zu beachten. Zusätzliche durch die Abkehr von der Unternehmensfortführung ausgelöste Verpflichtungen (z.B. aus Sozialplänen, für Vertragsstrafen oder aus gesetzlichen oder behördlichen Auflagen) sind zu passivieren. Rückstellungen, die bislang nach Maßgabe der wirtschaftlichen Verursachung des Aufwands angesammelt wurden, sind mit dem vollen Wert der bestehenden rechtlichen Verpflichtung anzusetzen.

90 Pensionsverpflichtungen sind mit dem Ablösewert zu bewerten. Zur Gewährleistung eines vollständigen Schuldenausweises sind Pensionsrückstellungen auch für mittelbare Pensionsverpflichtungen und Verpflichtungen aus Altzusagen zu passivieren. Verfallbare Ansprüche sind nicht zu berücksichtigen, soweit sie gemäß der Verwertungsprognose nicht bedient werden müssen.

91 Gesellschafterdarlehen oder Rechtshandlungen, die einem solchen Darlehen wirtschaftlich entsprechen, für die gemäß § 39 Abs. 2 InsO zwischen Gläubiger und Schuldner der Nachrang im Insolvenzverfahren hinter den in § 39 Abs. 1 Nr. 1 bis 5 InsO bezeichneten Forderungen vereinbart worden ist, sind – sofern auch eine vorinsolvenzliche Durchsetzungssperre[89] vereinbart worden ist – nicht zu passivieren. Gleiches gilt für entsprechende Verbindlichkeiten gegenüber einem Dritten.

92 Das Eigenkapital bzw. Reinvermögen wird – als Residualgröße zwischen Vermögen und Schulden – im Überschuldungsstatus neu ermittelt. Das handelsrechtliche Eigenkapital ist damit nicht maßgeblich. Einlagen des stillen Gesellschafters oder Genussrechte sind jedenfalls nicht zu passivieren, soweit gemäß § 39 Abs. 2 InsO zwischen Gläubiger und Schuldner der

[88] Vgl. BGH, Urt. v. 13.07.2021 – II ZR 84/20, Rn. 75.
[89] Vgl. BGH, Urt. v. 05.03.2015 – IX ZR 133/14, Rn. 19; BGH, Urt. v. 06.12.2018 – IX ZR 143/17 Rn. 32.

Nachrang im Insolvenzverfahren hinter den in § 39 Abs. 1 Nr. 1 bis 5 InsO bezeichneten Forderungen vereinbart worden ist. Der Ansatz eigener Anteile ist nicht zulässig, wenn aufgrund der negativen Fortbestehensprognose von der Liquidation der Gesellschaft auszugehen ist.

5.5. Beurteilung des Vorliegens der Überschuldung

93 Sofern nicht bereits in vorgelagerten Prüfungsschritten das Vorliegen der Überschuldung eindeutig verneint werden konnte (insb. wegen einer positiven Fortbestehensprognose), erfolgt die abschließende Beurteilung, ob Überschuldung vorliegt, auf Grundlage des Überschuldungsstatus.

94 Bei negativem Reinvermögen im Überschuldungsstatus liegt der gesetzlich definierte insolvenzauslösende Tatbestand der Überschuldung vor.

95 Zu beachten ist, dass bei negativer Fortbestehensprognose und positivem Reinvermögen zwar keine Insolvenzantragspflicht besteht, aufgrund der drohenden Zahlungsunfähigkeit aber ein Insolvenzantrag gestellt werden kann.

6. Beurteilung drohender Zahlungsunfähigkeit (§ 18 InsO)

96 Neben der Zahlungsunfähigkeit und der Überschuldung ist nach § 18 InsO auch die drohende Zahlungsunfähigkeit Grund für die Eröffnung des Insolvenzverfahrens. Dieser Insolvenzeröffnungsgrund begründet keine Antragspflicht, sondern gibt dem Schuldner das Recht, die Eröffnung des Insolvenzverfahrens zu beantragen. Die drohende Zahlungsunfähigkeit ist auch eine Zugangsvoraussetzung für den Stabilisierungs- und Restrukturierungsrahmen nach StaRUG.

97 Zahlungsunfähigkeit droht, wenn zum Beurteilungsstichtag keine Liquiditätslücke vorhanden ist, nach dem Finanzplan aber absehbar ist, dass die Zahlungsmittel im Prognosezeitraum der Fortbestehensprognose nach § 18 Abs. 2 InsO (in aller Regel 24 Monate; bis zum 31.12.2020: laufendes und folgendes Geschäftsjahr) zur Erfüllung der fällig werdenden Zahlungsverpflichtungen nicht mehr ausreichen und der Mangel an Liquidität durch finanzielle Dispositionen und Kapitalbeschaffungsmaßnahmen nicht mehr ausgeglichen werden kann.

98 Bei der Fortbestehensprognose nach § 18 Abs. 2 InsO handelt es sich bei den ersten zwölf Monaten um dieselbe Planung wie bei der Fortbestehensprognose nach § 19 Abs. 2 InsO. Im Zusammenhang mit der drohenden Zahlungsunfähigkeit sind deshalb die gleichen inhaltlichen Anforderungen an die Fortbestehensprognose nach § 18 Abs. 2 InsO zu stellen wie bei dem Insolvenztatbestand der Überschuldung (vgl. Abschn. 5.3.). In Einzelfällen kann bei der Fortbestehensprognose nach § 18 Abs. 2 InsO auch auf einen kürzeren oder längeren Prognosezeitraum abzustellen sein. Hierdurch können Besonderheiten des Schuldners oder seines Geschäftsmodells berücksichtigt werden.[90]

99 Ergibt sich aus dem Finanzplan, dass die Zahlungsmittel bereits innerhalb der nächsten zwölf Monate zur Erfüllung der fällig werdenden Zahlungsverpflichtungen nicht mehr ausreichen und

---

[90] Vgl. Begründung zum Regierungsentwurf eines Gesetzes zur Fortentwicklung des Sanierungs- und Insolvenzrechts (Sanierungs- und Insolvenzrechtsfortentwicklungsgesetz – SanInsFoG), BT-Drucksache 19/24181, S. 196.

dies durch finanzielle Dispositionen und Kapitalbeschaffungsmaßnahmen nicht mehr ausgeglichen werden kann, sind juristische Personen und ihnen gleichgestellte Personenhandelsgesellschaften (§ 264a HGB) zudem verpflichtet, unverzüglich das Vorliegen einer Überschuldung zu beurteilen (vgl. Abschn. 5.). Ein Insolvenzantragsrecht liegt in diesem Fall (Liquiditätslücke innerhalb der nächsten zwölf Monate) also nur bei einer negativen Fortbestehensprognose und positivem Reinvermögen vor; dies wird aber nur in seltenen Fällen gegeben sein. Sind in diesem Fall hingegen sowohl die Prognose als auch das Reinvermögen negativ, muss die Unternehmensleitung wegen Überschuldung einen Insolvenzantrag stellen (vgl. Abb. 2; vgl. Tz. 71 für den Fall der Inanspruchnahme eines Stabilisierungs- und Restrukturierungsrahmens).

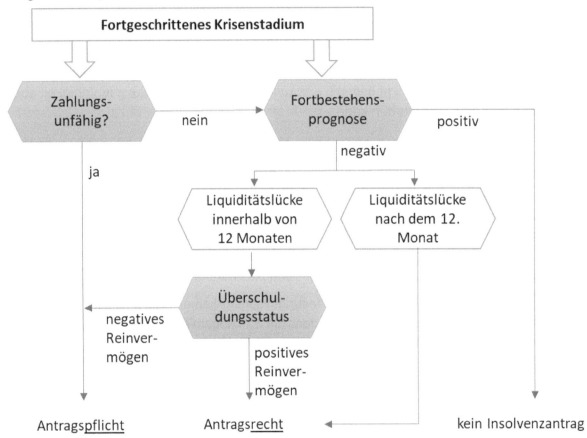

Abb. 2: Beurteilung des Vorliegens von Insolvenzeröffnungsgründen bei juristischen Personen und Personenhandelsgesellschaften i.S. des § 264a HGB

7.   Änderungen der Insolvenzantragspflichten aufgrund der Corona-Pandemie und des Krieges gegen die Ukraine

100   Mit der Corona-Pandemie sind im Jahr 2020 zahlreiche Unternehmen in Liquiditätsschwierigkeiten geraten. Ohne entsprechende Eingriffe in das Insolvenzrecht hätte dies bei zahlreichen haftungsbeschränkten Unternehmen zu der Pflicht geführt, einen Insolvenzantrag zu stellen.

Aus diesem Grund hat der deutsche Gesetzgeber im März 2020 das COVID-19-Insolvenzaussetzungsgesetz (COVInsAG)[91] beschlossen. Es wurde mehrfach geändert und zum Sanierungs- und insolvenzrechtliches Krisenfolgenabmilderungsgesetz (SanInsKG) weiterentwickelt.

101 Bei seiner gutachterlichen Tätigkeit (insb. bei der retrograden Ermittlung der Insolvenzreife) hat der Wirtschaftsprüfer die Gesetzeshistorie und damit die unterschiedlichen Anforderungen zu den jeweiligen Zeitpunkten zu berücksichtigen. Aufgrund der zahlreichen Gesetzesänderungen in den Jahren 2020 und 2021 stellt der Eintritt der Insolvenzreife in diesen Jahren eine besondere Herausforderung dar.

102 Das COVInsAG umfasste im Bereich des Insolvenzrechts vor allem folgende Regelungen:

- Die Pflicht zur Stellung eines Insolvenzantrags nach § 15a InsO und nach § 42 Abs. 2 BGB wurde vom 01.03.2020 bis – zunächst – zum 30.09.2020 ausgesetzt. Dies galt nicht, wenn die Insolvenzreife nicht auf den Folgen der Corona-Pandemie beruhte oder wenn keine Aussichten darauf bestanden, eine bestehende Zahlungsunfähigkeit zu beseitigen. War der Schuldner am 31.12.2019 nicht zahlungsunfähig, wurde vermutet, dass die Insolvenzreife auf den Auswirkungen der Pandemie beruhte und Aussichten darauf bestanden, eine bestehende Zahlungsunfähigkeit zu beseitigen.

- Geschäftsleiter hafteten während der Aussetzung der Insolvenzantragspflichten nur eingeschränkt für Zahlungen, die sie nach Eintritt der Insolvenzreife des Unternehmens vornahmen.

- Während der Aussetzung der Insolvenzantragspflicht an von der Pandemie betroffene Unternehmen gewährte neue Kredite waren nicht als sittenwidriger Beitrag zur Insolvenzverschleppung anzusehen.

- Während der Aussetzung erfolgende Leistungen an Vertragspartner waren nur eingeschränkt anfechtbar.

- Bei zwischen dem 28.03.2020 und dem 28.06.2020 gestellten Gläubigerinsolvenzanträgen setzte die Eröffnung des Insolvenzverfahrens voraus, dass der Eröffnungsgrund bereits am 01.03.2020 vorlag.

103 Mit dem Gesetz zur Änderung des COVID-19-Insolvenzaussetzungsgesetzes[92] vom 25.09.2020 wurde beschlossen, die Aussetzung der Insolvenzantragspflicht bis zum 31.12.2020 für den Insolvenzantragsgrund der Überschuldung zu verlängern. Für überschuldete, aber nicht zahlungsunfähige Unternehmen galten für diesen Zeitraum zudem die Erleichterungen bei der Haftung der Geschäftsleiter, bei den Neukrediten und der Anfechtbarkeit. Zahlungsunfähige Unternehmen waren ab dem 01.10.2020 wieder antragspflichtig.

104 Eine weitere Änderung des COVInsAG erfolgte mit dem Gesetz zur Fortentwicklung des Sanierungs- und Insolvenzrechts (SanInsFoG)[93] vom 22.12.2020:

---

[91] Das Gesetz zur vorübergehenden Aussetzung der Insolvenzantragspflicht und zur Begrenzung der Organhaftung bei einer durch die COVID-19-Pandemie bedingten Insolvenz wurde mit dem Artikelgesetz zur Abmilderung der Folgen der COVID-19-Pandemie im Zivil-, Insolvenz- und Strafverfahrensrecht vom 27. März 2020 beschlossen, vgl. BGBl, Teil 1 Nr. 14 v. 27.03.2020, S. 569 ff.

[92] BGBl, Teil 1 Nr. 43 v. 30.09.2020, S. 2016.

[93] BGBl, Teil 1 Nr. 66 v. 29.12.2020, S. 3256 ff.

- Vom 01.01.2021 bis zum 31.01.2021 war die Pflicht zur Stellung eines Insolvenzantrags für solche Unternehmen ausgesetzt, die vom 01.11.2020 bis zum 31.12.2020 einen Antrag auf die Gewährung finanzieller Hilfeleistungen im Rahmen staatlicher Corona-Hilfsprogramme gestellt haben. War eine Antragstellung aus rechtlichen oder tatsächlichen Gründen innerhalb des Zeitraums nicht möglich, galt dies auch für Unternehmen, die nach den Bedingungen des staatlichen Hilfsprogramms in den Kreis der Antragsberechtigten fallen. Für diese Unternehmen galten zudem die Erleichterungen bei der Haftung der Geschäftsleiter, bei den Neukrediten und der Anfechtbarkeit. Das Aussetzen der Antragspflicht galt hingegen nicht, wenn offensichtlich keine Aussicht auf Erlangung der Hilfeleistung bestand oder die erlangbare Hilfeleistung für die Beseitigung der Insolvenzreife unzureichend war. Die Aussetzung der Insolvenzantragspflicht wurde rückwirkend zum 01.02.2021 bis Ende April 2021 verlängert[94], vorausgesetzt, dass das Unternehmen die Corona-Hilfen zwischen dem 01.11.2020 bis zum 28.02.2021 beantragt hat oder unter den o.g. Bedingungen zumindest antragsberechtigt war.

- Mit dem SanInsFoG wurde der bisherige Prognosezeitraum bei der drohenden Zahlungsunfähigkeit auf 24 Monate ab dem Beurteilungsstichtag verlängert (bisher: i.d.R. laufendes und folgendes Geschäftsjahr) und bei der Überschuldung auf zwölf Monate verkürzt (bisher ebenfalls i.d.R. laufendes und folgendes Geschäftsjahr). Vom 01.01.2021 bis zum 31.12.2021 gilt ein zusätzlich verkürzter Prognosezeitraum bei der Überschuldung von vier Monaten, wenn die Überschuldung des Unternehmens auf die Corona-Pandemie zurückzuführen ist. Dies wird vermutet, wenn der Schuldner am 31.12.2019 nicht zahlungsunfähig war, er im letzten, vor dem 01.01.2020 abgeschlossenen Geschäftsjahr ein positives Ergebnis aus der gewöhnlichen Geschäftstätigkeit erwirtschaftet hatte und der Umsatz aus der gewöhnlichen Geschäftstätigkeit im Kalenderjahr 2020 im Vergleich zum Vorjahr um mehr als 30 % eingebrochen ist.

- Weitere Erleichterungen betreffen die Eigenverwaltung[95] und das Schutzschirmverfahren[96] sowie die Sicherstellung der Gläubigergleichbehandlung bei Stützungsmaßnahmen anlässlich der COVID-19-Pandemie.

105 Abb. 3 fasst die wesentlichen Änderungen überblicksartig zusammen:

---

[94] Gesetz zur Verlängerung der Aussetzung der Insolvenzantragspflicht und des Anfechtungsschutzes für pandemiebedingte Stundungen sowie zur Verlängerung der Steuererklärungsfrist in beratenen Fällen und der zinsfreien Karenzzeit für den Veranlagungszeitraum 2019, BGBl, Teil 1 Nr. 7 v. 18.02.2021, S. 237 f.

[95] Vgl. *IDW Standard: Anforderungen an Insolvenzpläne (IDW S 2)* (Stand: 13.12.2023).

[96] Vgl. *IDW Standard: Bescheinigungen nach §§ 270d InsO und Beurteilung der Anforderungen nach 270a InsO (IDW S 9)* (Stand: 18.08.2022).

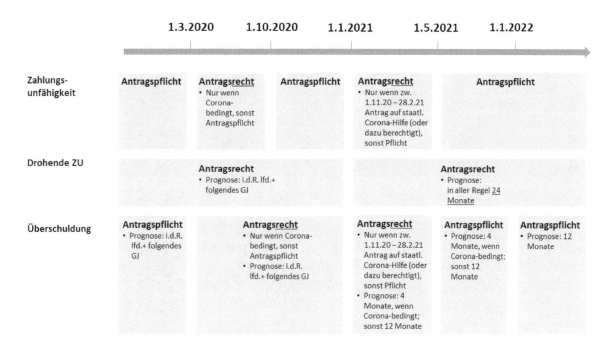

Abb. 3: Änderung der Insolvenzantragpflichten bei Kapitalgesellschaften und ihnen gleichgestellten Personenhandelsgesellschaften aufgrund der Corona-Pandemie

106 Mit Datum vom 31.10.2022 hat der Bundestag das Sanierungs- und insolvenzrechtliches Krisenfolgenabmilderungsgesetz (SanInsKG) beschlossen, das durch Umbenennung aus dem COVInsAG hervorgegangen ist. Mit dem Gesetz sollen die wirtschaftlichen Folgen des russischen Angriffskrieges gegen die Ukraine für deutsche Unternehmen abgeschwächt werden. Folgende insolvenzrechtliche Regelungen wurden geändert:

- Der Prognosezeitraum für die Überschuldungsprüfung wurde vorübergehend verkürzt: Der maßgebliche Prognosezeitraum wurde bis zum 31. Dezember 2023 von zwölf auf vier Monate herabgesetzt. Die Regelung gilt auch, wenn vor dem Inkrafttreten des Gesetzes bereits eine Überschuldung vorlag, sofern der für eine rechtzeitige Insolvenzantragstellung maßgebliche Zeitpunkt noch nicht verstrichen ist (§ 4 Abs. 2 Satz 1 Nr. 1, Satz 2 SanInsKG). Dabei ist zu berücksichtigen, dass die Regelungen schon vor dem Ablauf der Geltungsdauer einen Teil ihrer praktischen Wirksamkeit einbüßen können.[97]

- Die maßgeblichen Planungszeiträume für die Erstellung von Eigenverwaltungs- und Restrukturierungsplanungen (§ 270a Abs. 1 Nr. 1 InsO, § 50 Abs. 2 Nr. 2 StaRUG) wurden bis zum 31. Dezember 2023 von sechs auf vier Monate verkürzt (§ 4 Abs. 2 Satz 1 Nr. 2 und 3 SanInsKG).

- Die Höchstfrist für die Stellung eines Insolvenzantrags wegen Überschuldung wurde bis zum 31. Dezember 2023 von sechs auf acht Wochen hochgesetzt (§ 4a SanInsKG).

---

[97] Vgl. Beschlussempfehlung und Bericht des Rechtsausschusses – BT-Drucksache 20/4087, S. 7; Formulierungshilfe der Bundesregierung: Änderungsantrag der Fraktionen der SPD, von BÜNDNIS 90/DIE GRÜNEN und der FDP zu dem Gesetzentwurf der Bundesregierung – BT-Drucksache 20/2730 – Entwurf eines Gesetzes zur Abschaffung des Güterrechtsregisters, S. 5.

IDW Standard:
Anforderungen an die Bescheinigung nach § 74 Abs. 2 StaRUG und Beurteilung der Voraussetzungen der Stabilisierungsanordnung (§ 51 StaRUG) (IDW S 15)

(Stand: 18.08.2022)

IDW Standard:
Anforderungen an die Bescheinigung nach § 74 Abs. 2 StaRUG und Beurteilung der Voraussetzungen der Stabilisierungsanordnung (§ 51 StaRUG) (IDW S 15)

Stand: 18.08.2022[1]

1. Vorbemerkungen

1 Mit dem Stabilisierungs- und Restrukturierungsrahmen hat der Gesetzgeber seit 2021 gesetzliche Verfahrenshilfen geschaffen, um vorinsolvenzliche Sanierungen unter bestimmten Bedingungen auch gegen den Willen opponierender Gläubiger zu ermöglichen.

2 In bestimmten Fällen bestellt das Gericht von Amts wegen einen Restrukturierungsbeauftragten (§ 73 StaRUG): Dies geschieht insb. dann, wenn in die Rechte von Verbrauchern oder mittleren, kleinen oder Kleinstunternehmen eingegriffen wird, der Schuldner eine Stabilisierungsanordnung beantragt hat, welche überwiegend gegen alle Gläubiger gerichtet ist, oder der Restrukturierungsplan eine Überwachung vorsieht. Das Gericht kann im Einzelfall von einer Bestellung absehen, wenn die Bestellung zur Wahrung der Rechte der Beteiligten nicht erforderlich oder offensichtlich unverhältnismäßig ist. Eine Bestellung erfolgt grundsätzlich auch, wenn bereits absehbar ist, dass das Restrukturierungsziel nur gegen den Willen einzelner Gläubiger im Rahmen einer gruppenübergreifenden Mehrheitsentscheidung erreicht werden kann und es sich bei den Planbetroffenen nicht allein um Unternehmen des Finanzsektors handelt. Zudem kann das Gericht einen Restrukturierungsbeauftragten auch optional amtswegig zu seiner Unterstützung für Prüfungen als Sachverständiger bestellen. Im vorliegenden Standard wird ausschließlich auf den von Amts wegen zu bestellenden Restrukturierungsbeauftragten eingegangen.

---

[1] Verabschiedet vom Fachausschuss Sanierung und Insolvenz (FAS) am 18.08.2022. Billigende Kenntnisnahme durch den Hauptfachausschuss (HFA) am 19.09.2022.

1

3   Je nach der vom Gericht übertragenen Befugnis, ist es z.B. die Aufgabe des Restrukturierungsbeauftragten, Forderungen, Absonderungsanwartschaften oder gruppeninterne Drittsicherheiten zu prüfen, die wirtschaftliche Lage des Schuldners zu prüfen, dessen Geschäftsführung zu überwachen oder Zahlungen für den Schuldner zu leisten (§ 76 StaRUG).

4   Das Restrukturierungsgericht berücksichtigt bei der Auswahl eines Restrukturierungsbeauftragten Vorschläge des Schuldners, der Gläubiger und der an dem Schuldner beteiligten Personen. Hat der Schuldner die Bescheinigung eines in Restrukturierungs- und Insolvenzsachen erfahrenen Steuerberaters, Wirtschaftsprüfers, Rechtsanwalts oder einer Person mit vergleichbarer Qualifikation (nachfolgend „Gutachter") vorgelegt, aus der sich ergibt, dass der Schuldner die Voraussetzungen der Stabilisierungsanordnung (§ 51 Abs. 1 und 2 StaRUG) erfüllt, kann das Gericht vom Vorschlag des Schuldners nur dann abweichen, wenn die vorgeschlagene Person offensichtlich ungeeignet ist (§ 74 Abs. 2 Satz 2 StaRUG). Dies muss das Restrukturierungsgericht begründen.

5   Der Gutachter bescheinigt, dass die vom Schuldner vorgelegte Restrukturierungsplanung nach seiner Auffassung auf Basis der ihm vorgelegten Unterlagen und ihm erteilten Auskünfte vollständig und schlüssig ist. Zudem dürfen keine Umstände bekannt sein, aus denen sich ergibt, dass die Restrukturierungsplanung oder die Erklärungen des Schuldners in wesentlichen Punkten auf unzutreffenden Tatsachen beruhen, die Restrukturierung aussichtslos ist, der Schuldner noch nicht drohend zahlungsunfähig ist und – soweit die Stabilisierungsanordnung beantragt worden ist – diese nicht erforderlich ist, um das Restrukturierungsziel zu erreichen.

6   Für eine isolierte Beurteilung des Vorliegens der Voraussetzungen der Stabilisierungsanordnung ist keine Bescheinigung vorgesehen. Es kann sein, dass der Schuldner im Vorfeld seines Antrags zusätzliche Rechtssicherheit erlangen möchte und eine gutachterliche Stellungnahme beauftragt, mit der die Vollständigkeit und Schlüssigkeit der Restrukturierungsplanung, die Nicht-Aussichtslosigkeit der Restrukturierung, die abzugebenden Erklärungen des Schuldners (§ 50 Abs. 3 StaRUG), der Ausschluss von bekannten Umständen (§ 51 Abs. 2 StaRUG) sowie das Vorliegen einer drohenden Zahlungsunfähigkeit (§ 51 Abs. 1 Nr. 3 StaRUG) beurteilt werden. Der Wirtschaftsprüfer kann in diesem Fall den Mandanten bei der Erstellung der Unterlagen unterstützen; er wird die Anforderungen dieses Standards ebenfalls beachten.

7   Das Institut der Wirtschaftsprüfer (IDW) ordnet in diesem Standard unterschiedliche betriebswirtschaftliche Konzepte (Entwurf eines Restrukturierungsplans, Restrukturierungskonzept, Finanzplan, Restrukturierungsplan) des Stabilisierungs- und Restrukturierungsrahmens ein. Zudem legt das IDW die Berufsauffassung dar, welche Anforderungen an den beauftragten Gutachter, an die durchzuführenden Tätigkeiten sowie an den Inhalt der Bescheinigung sowie an die Beurteilung der Voraussetzungen der Stabilisierungsanordnung zu stellen sind.

8   Die Bescheinigung sowie die gutachterliche Stellungnahme zu den Voraussetzungen der Stabilisierungsanordnung werden regelmäßig auf der Grundlage einer gutachterlichen Stellungnahme i.S. des § 2 Abs. 3 Nr. 1 WPO erteilt.

9   Bei der Bescheinigung und der gutachterlichen Stellungnahme handelt es sich weder um eine betriebswirtschaftliche Prüfung nach § 2 Abs. 1 WPO noch um die Beurteilung eines Sanierungskonzepts i.S. des *IDW S 6*.[2] Für den Ersteller der Bescheinigung oder der gutachterlichen Stellungnahme wird im Folgenden einheitlich der Begriff „Gutachter" verwendet. Der im Folgenden verwendete Begriff „beurteilen" bedeutet, dass der Gutachter die ihm zur Verfügung stehenden bedeutsamen Informationen in seine Stellungnahme einfließen lässt.

2.   Betriebswirtschaftliche Einordnung der Verfahrensschritte im Stabilisierungs- und Restrukturierungsrahmen

10   Die Bescheinigung nach § 74 Abs. 2 Satz 2 StaRUG bezieht sich u.a. auf die Restrukturierungsplanung, bei der es sich um einen aktualisierten Entwurf des Restrukturierungsplans oder um ein aktualisiertes Restrukturierungskonzept nach § 31 Abs. 2 Satz 1 Nr. 1 StaRUG sowie um einen sechsmonatigen Finanzplan handelt (§ 50 Abs. 2 StaRUG). Diese betriebswirtschaftlichen Konzepte konkretisieren sich im Verfahrensablauf und weisen – je nach Verfahrensstand – Ähnlichkeiten zu den betriebswirtschaftlichen Bestandteilen der Eigenverwaltungsplanung, des Grobkonzepts im Schutzschirmverfahren, zum Insolvenzplan und zum (außergerichtlichen) Sanierungskonzept auf.

11   Voraussetzung für die Inanspruchnahme von Instrumenten im Stabilisierungs- und Restrukturierungsrahmen ist die Anzeige des Restrukturierungsvorhabens (§ 31 Abs. 1 StaRUG). Beizufügen ist nach § 31 Abs. 2 Satz 1 Nr. 1 Halbsatz 1 StaRUG ein Entwurf eines Restrukturierungsplans (§§ 5 ff. StaRUG). Liegt dieser noch nicht vor, ist das Konzept für die Restrukturierung nach § 31 Abs. 2 Satz 1 Nr. 1 Halbsatz 2 StaRUG vorzulegen. Die Anforderungen an die Umsetzungswahrscheinlichkeit sind auf dieser Stufe nicht definiert. Allerdings muss der Schuldner dem Gericht unverzüglich anzeigen, wenn das Restrukturierungsvorhaben keine Aussicht auf Umsetzung hat, insb. wenn infolge der erkennbar gewordenen ernsthaften und endgültigen Ablehnung des vorgelegten Restrukturierungsplans durch Planbetroffene nicht davon ausgegangen werden kann, dass die für eine Planannahme erforderlichen Mehrheiten erreicht werden können (§ 32 Abs. 4 StaRUG). Das Gericht hebt die Restrukturierungssache in diesem Fall auf (§ 33 Abs. 2 Nr. 2 StaRUG). Auch wenn bei der Anzeige des Restrukturierungsvorhabens die Umsetzungswahrscheinlichkeit nicht vorgegeben ist, ist es sinnvoll, den Wahrscheinlichkeitsmaßstab der nicht offensichtlichen Aussichtslosigkeit zugrunde zu legen.

12   Möchte der Schuldner das Instrument der Stabilisierungsanordnung einsetzen, ist der aktualisierte Entwurf des Restrukturierungsplans oder das aktualisierte Restrukturierungskonzept vorzulegen. Der aktualisierte Entwurf des Restrukturierungsplans bzw. das aktualisierte Restrukturierungskonzept (im Folgenden auch Grobkonzept) müssen vollständig und schlüssig sein. Dabei ist das aktualisierte Restrukturierungskonzept bzw. der aktualisierte Entwurf des Restrukturierungsplans schlüssig, wenn nicht offensichtlich ist, dass sich das Restrukturierungsziel auf Grundlage der in Aussicht genommenen Maßnahmen nicht erreichen lässt (§ 51 Abs. 1 Satz 2 StaRUG). Zudem dürfen keine Umstände bekannt sein, aus denen sich ergibt, dass die Restrukturierungsplanung oder die Erklärungen des Schuldners (§ 50 Abs. 3 StaRUG) in wesentlichen Punkten auf unzutreffenden Tatsachen beruht oder beruhen (§ 51

---

[2]   *IDW Standard: Anforderungen an die Erstellung von Sanierungskonzepten (IDW S 6)* (Stand: 16.05.2018).

Abs. 1 Nr. 1 StaRUG), die Restrukturierung aussichtslos ist, weil keine Aussicht darauf besteht, dass ein das Restrukturierungskonzept umsetzender Plan von den Planbetroffenen angenommen oder vom Gericht bestätigt werden würde (§ 51 Abs. 1 Nr. 2 StaRUG), der Schuldner noch nicht drohend zahlungsunfähig ist (§ 51 Abs. 1 Nr. 3 StaRUG) oder die beantragte Anordnung nicht erforderlich ist, um das Restrukturierungsziel zu verwirklichen (§ 51 Abs. 1 Nr. 4 StaRUG).

13 Die Restrukturierung und der Eingriff in die Rechte der Planbetroffenen wird im Restrukturierungsplan geregelt (§§ 5 ff. StaRUG). Dem Restrukturierungsplan ist nach § 14 Abs. 1 StaRUG eine begründete Erklärung zu den Aussichten darauf beizufügen, dass die drohende Zahlungsunfähigkeit des Schuldners durch den Plan vorrausichtlich beseitigt wird und dass die Bestandsfähigkeit des Schuldners vorrausichtlich aufrechterhalten oder wiederhergestellt wird.

14 Die einzelnen betriebswirtschaftlichen Konzepte sind an das eigenverwaltende Insolvenzplanverfahren angelehnt. Die Anzeige des Restrukturierungsvorhabens und der mögliche Antrag auf Erlass einer Stabilisierungsanordnung werden zu diesem Zeitpunkt eher selten auf einem ausgearbeiteten Sanierungskonzept basieren. Stattdessen wird das Restrukturierungskonzept bzw. der Entwurf des Restrukturierungsplans vorgelegt. Hierbei handelt es sich – unbeschadet der unterschiedlichen gesetzlichen Reichweite der Gestaltungsmöglichkeiten – letztlich um ein Grobkonzept, was mit dem Konzept nach § 270d Abs. 1 InsO und insoweit auch § 270a Abs. 1 Nr. 2 InsO für die Anordnung der vorläufigen Eigenverwaltung bezüglich der betriebswirtschaftlichen Anforderungen vergleichbar ist. Der Antrag auf eine Stabilisierungsanordnung umfasst nach § 50 Abs. 2 Nr. 1 und 2 StaRUG ein Grobkonzept, das durch einen Finanzplan ergänzt wird. Diese Struktur liegt bei der Eigenverwaltungsplanung nach § 270a Abs. 1 InsO, die mit einem Schutzschirmverfahren nach § 270d InsO kombiniert wird, ebenfalls vor.

15 Der vom Gesetzgeber definierte Wahrscheinlichkeitsmaßstab „keine offensichtliche Erreichung des Restrukturierungsziels" (entspricht Schlüssigkeit, § 51 Abs. 1 Satz 2 StaRUG) bei der Inanspruchnahme der Stabilisierungsanordnung unterscheidet sich materiell nicht von der „nicht offensichtlichen Aussichtslosigkeit" nach § 270d InsO und der Schlüssigkeit der Eigenverwaltungsplanung (§ 270b Abs. 1 Nr. 1 InsO) in Bezug auf das Grobkonzept.

16 Erst im letzten Sanierungsschritt wird mit einem Vollkonzept die Bestandsfähigkeit nach § 14 StaRUG, die eine nachhaltige und überwiegend wahrscheinliche Sanierung aufzeigt, vom Gesetzgeber verlangt. Dieser Verfahrensschritt entspricht in betriebswirtschaftlicher Hinsicht dem Sanierungskonzept nach *IDW S 6*. Um den nachhaltigen Fortbestand des Unternehmens (Bestandsfähigkeit) zu erreichen, muss das Unternehmen wettbewerbsfähig und refinanzierungsfähig sein.

17 Insgesamt nehmen die Anforderungen an die betriebswirtschaftlichen Konzepte von der Anzeige des Restrukturierungsvorhabens bis zum Restrukturierungsplan bezogen auf die inhaltlichen Anforderungen wie den zugrunde zu legenden Wahrscheinlichkeitsmaßstab zu (vgl. Abb. 1).

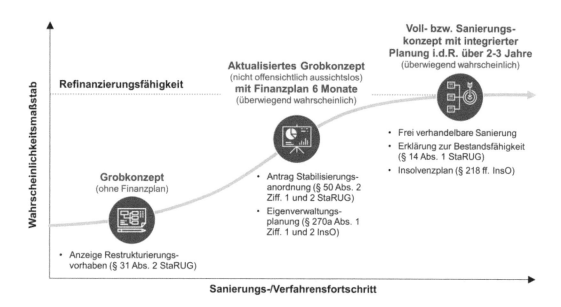

Abb. 1: Vom Grob- zum Vollkonzept: Betriebswirtschaftliche Einordnung der Konzepte im Sanierungs-/Verfahrensfortschritt

3. Anforderungen an den Gutachter

18 Nach § 74 Abs. 2 StaRUG können Bescheinigungen nur von einem in Restrukturierungs- und Insolvenzsachen erfahrenen Steuerberater, Wirtschaftsprüfer, Rechtsanwalt oder einer Person mit vergleichbarer Qualifikation vorgelegt werden. Personen mit vergleichbarer Qualifikation sind insb. Steuerbevollmächtigte oder vereidigte Buchprüfer, die nach § 3 Nr. 1 des Steuerberatungsgesetzes (StBerG) ebenso wie Steuerberater zur geschäftsmäßigen Hilfeleistung in Steuersachen befugt sind, aber auch Angehörige eines anderen Mitgliedstaats der Europäischen Union oder eines Vertragsstaats des Abkommens über den Europäischen Wirtschaftsraum und Personen, die in einem dieser Staaten ihre berufliche Niederlassung haben und über eine vergleichbare Qualifikation verfügen.

19 Der Gutachter muss vor Annahme des Auftrags feststellen, ob er die gesetzlich geforderten Voraussetzungen erfüllt; insb. muss er über entsprechende Erfahrung in Restrukturierungs- und Insolvenzsachen verfügen. Das Gesetz schreibt nicht vor, welche konkreten Anforderungen an den Gutachter zu stellen sind. Mit dem Zusatz „in Restrukturierungs- und Insolvenzsachen erfahren" wird jedoch deutlich, dass ihn seine Berufsträgerschaft – d.h. die in der Berufsausbildung gewonnene Kenntnis – allein nicht qualifiziert. Vielmehr ist in zeitlicher Hinsicht davon auszugehen, dass eine mehrjährige Befassung mit deutschen Insolvenz- oder Sanierungsfällen erforderlich sein wird. In sachlicher Hinsicht ist das Kriterium bspw. dann erfüllt, wenn der Gutachter als Insolvenzverwalter tätig ist oder mehrjährige berufliche Erfahrungen in der Sanierungsberatung vorweisen kann, insb. mit der Erstellung bzw. Begutachtung von

Sanierungskonzepten einschließlich der Beurteilung des Vorliegens von Insolvenzeröffnungsgründen. Es kann sinnvoll sein, dass der Auftraggeber dafür sorgt, dass die Eignung der Person des Gutachters mit dem zuständigen Gericht rechtzeitig im Vorfeld abgestimmt wird.

20 Bei Berufsgesellschaften (u.a. Wirtschaftsprüfungsgesellschaften, Steuerberatungsgesellschaften oder Rechtsanwaltsgesellschaften) kommt es darauf an, dass nur solche Personen verantwortlich mit der Tätigkeit betraut werden, die über die erforderliche Qualifikation und Sachkunde verfügen.

21 Für die Erteilung der hier aufgeführten Bescheinigungen sind bei Wirtschaftsprüfern die allgemeinen Unabhängigkeitsanforderungen des § 43 Abs. 1 WPO und der §§ 20 ff. der Berufssatzung Wirtschaftsprüfer/vereidigte Buchprüfer (BS WP/vBP) zu beachten. An die Unabhängigkeit und Neutralität sind nicht die Anforderungen zu stellen wie an den Insolvenzverwalter nach §§ 21 Abs. 2 Nr. 1 und 56 Abs. 1 InsO. Eine Beauftragung des Abschlussprüfers ist somit unter Unabhängigkeitsgesichtspunkten grundsätzlich zulässig.

22 Eine im Vorfeld der Antragstellung ausgeübte Tätigkeit für den Schuldner im Rahmen der Erstellung oder Beurteilung eines Sanierungskonzepts nach *IDW S 6* schließt eine Beauftragung als Gutachter nicht aus. Sämtliche Vorbefassungen sind dem Gericht offenzulegen.

4. Auftragsgegenstand

4.1. Überblick

23 Aus der Bescheinigung nach § 74 Abs. 2 Satz 2 StaRUG muss sich ergeben, dass der Schuldner die Voraussetzungen des § 51 Abs. 1 und 2 StaRUG erfüllt und damit die Voraussetzungen für eine Stabilisierungsanordnung gegeben sind. Die Bescheinigung erleichtert dem Gericht die Prüfung der gesetzlich vorgegebenen, komplexen Voraussetzungen.

24 Mit der Bescheinigung werden folgende Bestandteile beurteilt:

- Schlüssigkeit und Vollständigkeit der Restrukturierungsplanung (§ 51 Abs. 1 StaRUG), die aus folgenden Elementen besteht (§ 50 Abs. 2 StaRUG):
  - Auf den Tag der Bescheinigung aktualisierter Entwurf des Restrukturierungsplans oder auf diesen Tag aktualisiertes Konzept der Restrukturierung (Grobkonzept der Sanierung nach § 31 Abs. 2 Nr. 1 StaRUG)
  - Finanzplan über sechs Monate zur Sicherstellung der Unternehmensfortführung in diesem Zeitraum
- Ausschluss von bekannten Umständen (§ 51 Abs. 2 StaRUG), dass
  - Zahlungsrückstände gegenüber bestimmten Gläubigern bestehen (§ 50 Abs. 3 Nr. 1 StaRUG),
  - Vollstreckungs- oder Verwertungssperren des StaRUG oder nach § 21 Abs. 2 InsO in den letzten drei Jahren in Anspruch genommen wurden,
  - Offenlegungspflichten in den letzten drei Jahren verletzt wurden.

Sind o.g. Zahlungsrückstände oder eine Verletzung der Offenlegungspflichten gleichwohl bekannt, kann alternativ der Nachweis geführt werden, dass der Schuldner bereit und in der Lage ist, seine Geschäftsführung an den Interessen der Gläubigergesamtheit auszurichten. Dies ist auch erforderlich, wenn in den letzten drei Jahren Vollstreckungs- oder Verwertungssperren angeordnet wurden, sofern nicht der Anlass dieser Anordnungen durch eine nachhaltige Sanierung des Schuldners bewältigt wurde.

4.2. Anforderungen nach § 51 Abs. 1 StaRUG

4.2.1. Vollständigkeit und Schlüssigkeit der Restrukturierungsplanung

25 Voraussetzung für die Stabilisierungsanordnung ist nach § 50 Abs. 2 StaRUG das Vorliegen einer Restrukturierungsplanung (aktualisierter Entwurf des Restrukturierungsplans oder aktualisiertes Konzept der Restrukturierung sowie Finanzplan) des Schuldners, die nach Maßgabe von § 51 Abs. 1 Satz 1 StaRUG vollständig und schlüssig sein muss.

Vollständigkeit

26 Die Vollständigkeit kann bescheinigt werden, wenn neben einer schlüssigen Restrukturierungsplanung (§ 50 Abs. 2 StaRUG) auch die bestehenden, oben aufgeführten Erklärungen, die sich aus § 50 Abs. 3 StaRUG ergeben, vorliegen. Zudem muss aus dem Finanzplan ersichtlich sein, dass nur drohende Zahlungsunfähigkeit, aber keine Überschuldung oder Zahlungsunfähigkeit vorliegt.

Schlüssigkeit des Grobkonzepts

27 Gegenstand der Beurteilung der Schlüssigkeit ist ein aktueller Entwurf eines Restrukturierungsplans oder ein aktualisiertes Konzept der Restrukturierung (Grobkonzept der Sanierung) sowie die sechsmonatige Finanzplanung.

28 Das Grobkonzept umfasst die Darstellung von Art, Ausmaß und Ursachen der Krise, das Ziel der Restrukturierung (Restrukturierungsziel) sowie die Maßnahmen, welche zur Erreichung des Restrukturierungsziels in Aussicht genommen werden (§ 31 Abs. 2 Nr. 1 StaRUG). Die Realisierungswahrscheinlichkeit der einzelnen Maßnahmen ist qualitativ zu erläutern. Schlüssig ist die Restrukturierungsplanung, wenn nicht offensichtlich ist, dass sich das Restrukturierungsziel auf Grundlage der in Aussicht genommenen Maßnahmen nicht erreichen lässt (§ 51 Abs. 1 Satz 2 StaRUG). Dazu müssen mindestens grundsätzliche Vorstellungen darüber vorliegen, wie die angestrebte nachhaltige Sanierung konzeptionell und finanziell erreicht werden kann und die geplanten Sanierungsmaßnahmen grundsätzlich realisierbar sind. Es ist auch überschlägig einzuschätzen, ob die skizzierten Maßnahmen zur Erreichung des Restrukturierungsziels ausreichen können. Der Gutachter hat hierzu aber keine umfassende Beurteilung wie nach *IDW S 6* vorzunehmen.

29 Die dem Grobkonzept zugrunde liegenden Annahmen und Maßnahmen dürfen nicht nur pauschalen und allgemein unverbindlichen Charakter haben, sondern sind zu begründen.

30 Es dürfen für den Gutachter keine offensichtlichen Hinderungsgründe ersichtlich sein, die der Umsetzung des Grobkonzepts aufgrund sachlicher und personeller Ressourcen (z.B. auch Sanierungserfahrung im Geschäftsführungsgremium) oder Finanzierungsmöglichkeiten entgegenstehen. Die Finanzierung der Restrukturierung wird regelmäßig durch eine integrierte Unternehmensplanung dargestellt, die einen Zeitraum von sechs Monaten umfassen muss.

31 Der Gutachter hat sich ein Bild von der Geschäftstätigkeit der Gesellschaft, z.B. in Bezug auf ihre Leistungsprozesse, Produkte und Absatzwege, vom Verlauf der zurückliegenden sowie der aktuellen Geschäftsentwicklung und der Krisenursachen zu verschaffen. Hierzu ist

insb. Einblick in Jahresabschlüsse, ggf. vorhandene Prüfungsberichte oder Monatsberichte zu nehmen. Zudem hat sich der Gutachter einen Überblick zu verschaffen, welche Krisenursachen vorliegen und wie die aktuelle Geschäftsentwicklung verläuft. Auf der Basis dieser Analysen kann das Zukunftsbild des restrukturierten Unternehmens bzw. Leitbild des sanierten Unternehmens abgeleitet werden.

32   Liegt nicht nur ein Grobkonzept, sondern bereits ein Restrukturierungsplan und damit ein Vollkonzept i.S. der §§ 5 ff. StaRUG (einschließlich der Bestandsfähigkeitserklärung gemäß § 14 StaRUG und der weiteren dort genannten Anlagen) vor, dann ist die Bescheinigung inhaltlich an den Anforderungen des *IDW S 6* auszurichten, wobei als Wahrscheinlichkeitsmaßstab für das Grobkonzept die nicht offensichtliche Aussichtslosigkeit zugrunde zu legen ist.

Schlüssigkeit des Finanzplans

33   Der Finanzplan setzt auf einem aktuellen Finanzstatus auf und hat aufzuzeigen, dass der Fortbestand des Unternehmens in den nächsten sechs Monaten gegeben und das Unternehmen durchfinanziert ist. Für die Aufstellung der Planung gelten die allgemeinen betriebswirtschaftlichen Grundsätze.[3] Dabei hat der Gutachter auch die Vollständigkeit und Geeignetheit der Rechnungslegung und Buchführung als Grundlage für die Planung zu beurteilen. Die Umsetzung der im Finanzplan aufgeführten Maßnahmen muss überwiegend wahrscheinlich sein. Bedingt durch den Planungshorizont von sechs Monaten ist mindestens auf Monatsbasis, ggf. auch in kürzeren Zeitintervallen, zu planen.

34   Insbesondere sind die Finanzierungsquellen darzustellen, um betriebswirtschaftlich nicht sinnvolle Maßnahmen auszuschließen. Hierzu können z.B. Veräußerungen von nicht betriebsnotwendigem Anlagevermögen gehören, wenn hierdurch die Finanzierung der sonst negativen operativen Ergebnisse der Eigenverwaltung kompensiert werden, ohne strukturell die Verlustsituation des Schuldners zu beheben.

4.2.2.   Keine bekannten Umstände nach § 51 Abs. 2 StaRUG

35   Aus der Bescheinigung muss sich nach § 51 Abs. 1 StaRUG zudem ergeben, dass keine Umstände bekannt sind, aus denen sich ergibt, dass

(1)   die Restrukturierungsplanung oder die Erklärungen nach § 50 Abs. 3 StaRUG in wesentlichen Punkten auf unzutreffenden Tatsachen beruhen,

(2)   die Restrukturierung aussichtslos ist, weil keine Aussicht besteht, dass der Restrukturierungsplan von den Betroffenen angenommen oder vom Gericht bestätigt wird,

(3)   der Schuldner noch nicht drohend zahlungsunfähig ist,

(4)   die Stabilisierungsanordnung zur Erreichung des Restrukturierungsziels nicht erforderlich ist.

36   Die Restrukturierungsplanung oder die Erklärungen des Schuldners nach § 50 Abs. 3 StaRUG dürfen nicht in wesentlichen Punkten auf unzutreffenden Tatsachen beruhen. Durch das Tat-

---

[3]   Vgl. hierzu *IDW Praxishinweis 2/2017: Beurteilung einer Unternehmensplanung bei Bewertung, Restrukturierungen, Due Diligence und Fairness Opinion* (Stand: 02.01.2017).

bestandsmerkmal der Wesentlichkeit wird deutlich, dass geringfügige Abweichungen irrelevant sind. Wesentlichkeit liegt vor, wenn die Erfolgsaussichten der Restrukturierung dadurch erheblich beeinträchtigt werden.

37 Des Weiteren dürfen keine Umstände bekannt sein, dass die Restrukturierung aussichtslos ist, weil keine Aussicht besteht, dass ein das Restrukturierungskonzept umsetzender Plan von den Planbetroffenen angenommen oder vom Gericht bestätigt werden würde. Dies kann bspw. dann gegeben sein, wenn sich Mehrheiten von Planbetroffenen mit Schutzschriften an das Restrukturierungsgericht gegen das Restrukturierungsvorhaben gewendet haben oder wenn sonst erkennbar keine Aussicht auf Mehrheit besteht. Das Restrukturierungsgericht kann bspw. bei inhaltlichen Mängeln des Restrukturierungsplans eine Stabilisierungsanordnung verweigern. Gutachterliche Aufgabe ist es, durch sachgerecht aufgearbeitete Informationen ausreichend Transparenz zu schaffen. Dabei sind i.d.R. auch Prognosen erforderlich, an die keine überhöhten Anforderungen gestellt werden dürfen. Eine Befragung der Planbetroffenen ist zwar nicht generell erforderlich, der Gutachter hat sich gleichwohl ein Bild davon zu machen, ob das – nach wirtschaftlichen Maßstäben zu beurteilende – voraussichtliche Verhalten der Planbetroffenen zu einer Aussichtslosigkeit der Restrukturierung führt, und dies darzulegen. Steht bereits im Vorfeld fest, dass die Planbetroffenen die in Aussicht genommene Restrukturierung zum Scheitern bringen können und werden, ist von einer offensichtlichen Aussichtslosigkeit der Restrukturierung auszugehen.

38 Soweit Umstände bekannt sind, aus denen sich ergibt, dass der Schuldner noch nicht drohend zahlungsunfähig ist, wird die Stabilisierungsanordnung verweigert. Dabei ist auf § 18 Abs. 2 InsO und damit auf einen Zeithorizont von in aller Regel 24 Monaten abzustellen. Aufgabe des Gutachters ist es, den Nachweis der höchstens drohenden Zahlungsunfähigkeit über den betreffenden Prognosezeitraum mit einem geeigneten Unternehmenskonzept zu führen. Hierbei ist auch das Verhalten opponierender Gläubiger zu beurteilen. Der Gutachter hat in der Bescheinigung darzustellen, welche Insolvenzeröffnungsgründe vorliegen (*IDW S 11*)[4].

39 Darüber hinaus dürfen auch keine Umstände bekannt sein, dass die Stabilisierungsanordnung nicht erforderlich ist, um das Restrukturierungsziel zu erreichen. Dies ist dann der Fall, wenn das Restrukturierungsziel auf andere Weise erreicht werden kann – wenn z.B. bekannt ist, dass Gläubiger zu Sanierungsmaßnahmen auch außerhalb dieses Verfahrens bereit sind. Nach dem StaRUG wird nicht nur im Fall der Stabilisierungsanordnung, sondern auch in anderen Fällen (z.B. bei der Überwachung des Plans) ein Restrukturierungsbeauftragter von Amts wegen durch das Gericht bestellt. Auch in diesen Fällen kann der Schuldner mit der Bescheinigung nach § 74 Abs. 2 Satz 2 StaRUG die Auswahl des Restrukturierungsbeauftragten weitgehend bestimmen. Soweit in diesen Fällen keine Stabilisierungsanordnung beantragt worden ist, kann die Anforderung des § 51 Abs. 1 Nr. 4 StaRUG (Erforderlichkeit der Stabilisierungsanordnung für das Erreichen des Restrukturierungsziels) schon sachlogisch nicht zum Tragen kommen. Sie ist somit auch nicht Teil der Bescheinigung.

---

[4] *IDW Standard: Beurteilung des Vorliegens von Insolvenzeröffnungsgründen (IDW S 11)* (Stand: 23.08.2021).

4.3. Zweifel an der Wahrung der Interessen der Gläubigergesamtheit in bestimmten Fallkonstellationen nach § 51 Abs. 2 StaRUG

40 Der Schuldner hat neben der Restrukturierungsplanung Erklärungen gegenüber dem Gericht abzugeben (§ 50 Abs. 3 StaRUG). Diese Erklärungen betreffen das Zahlungsverhalten gegenüber bestimmten Gläubigergruppen (Verbindlichkeiten aus Arbeitsverhältnissen, Pensionszusagen oder dem Steuerschuldverhältnis, gegenüber den Sozialversicherungsträgern oder Lieferanten), zu bereits vorangegangenen Stabilisierungsanordnungen oder Vollstreckungs- und Verwertungssperren nach § 21 InsO innerhalb der letzten drei Jahre sowie handelsrechtliche Publizitätspflichten nach §§ 325 bis 328 oder 339 HGB in den letzten drei Jahren.

41 In der Bescheinigung ist darzulegen, ob solche Umstände bekannt sind. Dazu hat der Gutachter im Zusammenhang mit der Beurteilung der Zahlungsunfähigkeit die Zahlungsrückstände anhand geeigneter Informationen aus dem Rechnungswesen zu beurteilen. Die Verletzung der Offenlegungspflichten kann auf Basis der Informationen, die der Betreiber des Bundesanzeigers zur Verfügung stellt, festgestellt werden.

42 Liegen Tatbestände nach § 50 Abs. 3 StaRUG indes vor, besteht ein widerlegbarer Anfangsverdacht, dass der Schuldner die Gläubigerinteressen nicht wahrt.

43 Die Stabilisierungsanordnung kann bei Verletzung der Offenlegungspflichten oder bei den genannten Zahlungsrückständen nur ergehen, wenn der Schuldner bereit und in der Lage ist, seine Geschäftsführung an den Interessen der Gläubigergesamtheit auszurichten. Der Gutachter muss sich hierüber ein eigenes Bild verschaffen. Ein schlüssiger Restrukturierungsplan bzw. ein schlüssiges Grobkonzept der Sanierung zeigt auf, wie das Restrukturierungsziel erreicht werden kann und ob mit den hierin aufgeführten Maßnahmen die Interessen der Gläubigergesamtheit beachtet werden. Um den Umsetzungswillen des Managements zu dokumentieren, hat der Gutachter entsprechende Erklärungen des Schuldners einzuholen. Es dürfen aus den durchgeführten Tätigkeiten des Gutachters zudem keine Hinweise (z.B. keine ordnungsmäßige Buchführung oder mangelnde Qualifikation der Geschäftsführung) bekannt sein, die die Gläubigerinteressen gefährden.

44 Hat es in den letzten drei Jahren bereits Stabilisierungsanordnungen oder Vollstreckungs- und Verwertungssperren nach § 21 InsO oder Sicherungsanordnungen gegeben, dann darf die Anordnung nach § 51 Abs. 2 Satz 2 StaRUG ergehen, wenn der vorherigen Anordnung eine nachhaltige Sanierung nachgefolgt ist. Kenntnisse über zu beurteilende vorangegangene Verfahren können durch Abfrage des Insolvenzregisters sowie durch Anfrage beim zuständigen Restrukturierungsgericht erlangt werden. Einer nachhaltigen Sanierung steht es nicht entgegen, wenn die Ursachen der vorangegangenen Krise dauerhaft beseitigt wurden und neue krisenauslösende Faktoren eintreten, die den Fortbestand des Unternehmens gefährden (z.B. unerwarteter Ausfall des Hauptkunden, pandemiebedingte wirtschaftliche Schwierigkeiten etc.).

5. Dokumentation und Vollständigkeitserklärung

45 Der Gutachter hat die durchgeführten Tätigkeiten zu dokumentieren. Die Arbeitspapiere müssen – soweit sich dies nicht bereits aus der Berichterstattung ergibt – es einem sachkundigen Dritten ermöglichen, nachzuvollziehen, welche Dokumente, Fakten und Annahmen der Gutachter verwendet hat und wie er zu seinem Ergebnis gekommen ist.

46   Der Gutachter hat eine schriftliche Erklärung der gesetzlichen Vertreter („Vollständigkeitserklärung") zu seinen Unterlagen zu nehmen. Darin erklären die gesetzlichen Vertreter des Unternehmens umfassend, dass sie die relevanten Informationen zur Verfügung gestellt haben. Im Falle des § 51 Abs. 2 Satz 2 StaRUG ist zu erklären, dass sich die Geschäftsführung des Unternehmens an den Interessen der Gläubiger ausrichten wird.

47   Die gesetzlichen Vertreter haben in der Vollständigkeitserklärung zudem zu erklären, dass

- sich das Unternehmen mit der Erfüllung von Verbindlichkeiten aus Arbeitsverhältnissen, Pensionszusagen oder dem Steuerschuldverhältnis, gegenüber den Sozialversicherungsträgern oder Lieferanten nicht in Verzug befindet,

- innerhalb der letzten drei Jahre vor dem Antrag keine Vollstreckungs- oder Verwertungssperren nach dem StaRUG oder nach § 21 Abs. 2 Satz 1 Nr. 3 oder 5 InsO angeordnet wurden und

- das Unternehmen in den letzten drei abgeschlossenen Geschäftsjahren seinen Verpflichtungen aus den §§ 325 bis 328 oder aus § 339 HGB nachgekommen ist.

48   Die Vollständigkeitserklärung ist zum Ausstellungsdatum der Bescheinigung einzuholen und zu datieren.

6.   Berichterstattung

49   Der Gutachter hat in berufsüblicher Form in einer Bescheinigung zu berichten. In der Bescheinigung ist darauf hinzuweisen, dass die gesetzlichen Vertreter der Restrukturierungsplanung – soweit sie diese nicht selbst erstellt haben – zustimmen, sich die für die Sanierung erforderlichen Maßnahmen zu eigen machen und diese umsetzen wollen. Der Gutachter trägt die Verantwortung für die Beurteilung der Insolvenzeröffnungsgründe, die Vollständigkeit sowie Schlüssigkeit der Restrukturierungsplanung und die Beurteilung der Umstände nach § 51 Abs. 2 StaRUG.

50   In der Bescheinigung sind der Auftraggeber und der Auftrag sowie Art und Dauer vorheriger Auftragsverhältnisse zum Schuldner (z.B. „Abschlussprüfer seit …", „vereinzelt Transaktionsberatung/Unternehmensberatung in den Jahren …") und – soweit bereits bekannt – zu dem vorgeschlagenen Restrukturierungsbeauftragten zu nennen. Des Weiteren ist klarzustellen, dass die Bescheinigung ausschließlich zur Vorlage beim Restrukturierungsgericht im Zusammenhang mit § 74 Abs. 2 StaRUG bestimmt ist.

51   Das Datum der Bescheinigung deckt den zu diesem Zeitpunkt verarbeiteten Informationsstand ab. Für die Beurteilung einer nicht vorliegenden Zahlungsunfähigkeit ist der Bescheinigung eine Fortschreibung des Liquiditätsstatus auf den Zeitpunkt der geplanten Bestellung des Restrukturierungsbeauftragten durch das Gericht beizufügen. Der Gutachter hat die gesetzlichen Vertreter des Schuldners darauf hinzuweisen, dass bedeutsame Änderungen der Voraussetzungen nach § 51 Abs. 1 und 2 StaRUG zwischen dem Tag der Bescheinigung und dem Bestellungszeitpunkt dem Gericht unverzüglich und möglichst noch vor dessen Entscheidung anzuzeigen sind.

52   In der Bescheinigung sind bedeutsame im Rahmen der Beurteilung genutzte Informationsquellen sowie bedeutsame durchgeführte Tätigkeiten zu nennen. Dabei hat der Gutachter in

der Bescheinigung klarzustellen, dass die gutachterlichen Tätigkeiten keine betriebswirtschaftliche Prüfung nach § 2 WPO darstellen. Auch ist deutlich zu machen, dass der Bescheinigung die in *IDW S 11* genannte Definition der Insolvenzeröffnungsgründe zugrunde gelegt wurde.

53 Der Gutachter stellt in der Bescheinigung dar, dass die Voraussetzungen des § 51 Abs. 1 und 2 StaRUG erfüllt sind.

54 Der Gutachter hat in der Bescheinigung Bericht zu erstatten über die Vollständigkeit und Schlüssigkeit der Restrukturierungsplanung. Er hat insb. deutlich zu machen, dass keine Umstände bekannt sind, aus denen sich ergibt, dass

- die Restrukturierungsplanung oder die Erklärungen zu § 50 Abs. 3 StaRUG in wesentlichen Punkten auf unzutreffenden Tatsachen beruht oder beruhen,

- die Restrukturierung aussichtslos ist, weil keine Aussicht darauf besteht, dass ein das Restrukturierungskonzept umsetzender Plan von den Planbetroffenen angenommen oder vom Gericht bestätigt werden würde,

- der Schuldner noch nicht drohend zahlungsunfähig ist oder

- soweit eine Stabilisierungsanordnung beantragt worden ist, diese nicht erforderlich ist, um das Restrukturierungsziel zu verwirklichen.

55 Der Gutachter hat auch deutlich zu machen, dass keine Umstände bekannt sind, aus denen sich ergibt, dass Zahlungsrückstände gegenüber den in § 50 Abs. 3 Nr. 1 StaRUG genannten Gläubigern bestehen, Vollstreckungs- oder Verwertungssperren des StaRUG oder nach § 21 Abs. 2 Satz 1 Nr. 3 und 5 InsO in den letzten drei Jahren in Anspruch genommen wurden oder Offenlegungspflichten in den letzten drei Jahren verletzt wurden.

56 Wurden Offenlegungspflichten verletzt oder liegen Zahlungsrückstände bei den o.g. Gläubigern vor, ist aufzuzeigen, durch welche Maßnahmen bzw. Erklärungen der Schuldner bereit und in der Lage ist, seine Geschäftsführung an den Interessen der Gläubigergesamtheit auszurichten. Wurden Vollstreckungs- oder Verwertungssperren des StaRUG oder nach § 21 Abs. 2 Satz 1 Nr. 3 und 5 InsO in den letzten drei Jahren in Anspruch genommen, hat der Gutachter darzustellen, dass der Anlass dieser Anordnungen durch eine nachhaltige Sanierung des Schuldners bewältigt wurde (vgl. Tz. 43).

57 Die Restrukturierungsplanung (§ 50 Abs. 2 StaRUG) ist Bestandteil der Bescheinigung. Soweit sie nicht bereits im Rahmen der Bescheinigung dargestellt wird, ist sie der Bescheinigung als Anlage beizufügen. Auf die für die Restrukturierungsplanung notwendige Finanzplanung ist gesondert hinzuweisen. Gleiches gilt für die Erklärungen des Schuldners.

58 Zudem ist auch ein – für das Gericht nachvollziehbarer und glaubhaft gemachter – Nachweis der Qualifikation des Gutachters als Anlage beizufügen. Als Nachweis der Qualifikation können insb. die Erstellung von Bescheinigungen nach diesem *IDW Standard*, die Verwaltertätigkeit bei geeigneten Unternehmensinsolvenzverfahren, die Erteilung von Bescheinigungen nach § 270d InsO, die Erstellung und Beurteilung von entsprechenden Sanierungskonzepten nach *IDW S 6* oder von gutachterlichen Stellungnahmen zum Vorliegen von Insolvenzeröffnungsgründen nach *IDW S 11* genannt werden. Dabei hat der Gutachter seine Verschwiegenheitspflicht zu beachten und sich ggf. von ihr befreien zu lassen.

59 Die Bescheinigung umfasst eine zusammenfassende Schlussbemerkung über das Vorliegen der Voraussetzungen nach § 51 Abs. 1 und 2 StaRUG. Unter Einbeziehung des Falls, dass

keine Umstände nach § 51 Abs. 3 StaRUG bekannt geworden sind, bietet sich folgende Formulierung an:

„Die dem Antrag auf Stabilisierung beigefügte Restrukturierungsplanung ist nach unserer Auffassung auf Basis der uns vorgelegten Unterlagen und uns erteilten Auskünfte vollständig und schlüssig. Uns sind keine Umstände bekannt geworden, aus denen sich ergibt, dass die Restrukturierungsplanung oder die Erklärungen des Schuldners zu § 50 Abs. 3 StaRUG in wesentlichen Punkten auf unzutreffenden Tatsachen beruht oder beruhen, die Restrukturierung aussichtslos ist, weil keine Aussicht darauf besteht, dass ein das Restrukturierungskonzept umsetzender Plan von den Planbetroffenen angenommen oder vom Gericht bestätigt werden würde, der Schuldner noch nicht drohend zahlungsunfähig ist oder die beantragte Anordnung nicht erforderlich ist, um das Restrukturierungsziel zu verwirklichen.

Im Rahmen unserer Tätigkeiten sind uns keine Umstände bekannt geworden, dass sich die Gesellschaft mit der Erfüllung von Verbindlichkeiten aus Arbeitsverhältnissen, Pensionszusagen oder dem Steuerschuldverhältnis, gegenüber den Sozialversicherungsträgern oder Lieferanten in Verzug befindet, dass innerhalb der letzten drei Jahre vor dem Antrag Vollstreckungs- oder Verwertungssperren nach dcm StaRUG oder nach § 21 Abs. 2 Satz 1 Nr. 1 und 3 InsO angeordnet wurden und dass in den letzten drei abgeschlossenen Geschäftsjahren Verpflichtungen aus den §§ 325 bis 328 oder aus § 339 HGB nicht nachgekommen ist.

Die von der Gesellschaft abgegebenen sonstigen Erklärungen nach § 50 Abs. 3 StaRUG sind nach unserer Auffassung auf Basis der uns vorgelegten Unterlagen und der uns erteilten Auskünfte vollständig. Uns sind im Rahmen unserer Tätigkeiten keine Erkenntnisse bekannt geworden, die zu einem von der Erklärung der Gesellschaft abweichenden Ergebnis gelangen."

IDW Prüfungsstandard:
Die Beurteilung der Fortführung der Unternehmenstätigkeit im Rahmen der Abschlussprüfung (IDW PS 270 n.F.)

(Stand: 02.02.2021)

IDW Prüfungsstandard:
Die Beurteilung der Fortführung der Unternehmenstätigkeit im Rahmen der Abschlussprüfung
(IDW PS 270 n.F.)

Stand: 02.02.2021[1]

---

[1] Verabschiedet vom Hauptfachausschuss (HFA) am 08.05.2003. Redaktionelle Änderungen am 08.03.2006. Änderungen durch den HFA zur Anpassung an die im Rahmen des Clarity-Projekts des IAASB überarbeiteten International Standards on Auditing (ISA) am 09.09.2010 in Tz. 20a, 21a, 28, 36. Neufassung aufgrund der Transformation des ISA 570 (Revised) „Going Concern"; vorbereitet vom Arbeitskreis „ISA-Transformation", verabschiedet vom HFA am 11.07.2018. Änderungen in den Tz. A11 und A13 aufgrund des Sanierungs- und Insolvenzrechtsfortentwicklungsgesetzes; vorbereitet von den Arbeitskreisen „ISA-DE" und „Vermerke", verabschiedet vom HFA am 02.02.2021.

1. Einleitung

1.1. Anwendungsbereich

1 Das Institut der Wirtschaftsprüfer in Deutschland e.V. (IDW) legt in diesem *IDW Prüfungsstandard* die Berufsauffassung dar, nach der Wirtschaftsprüfer unbeschadet ihrer Eigenverantwortlichkeit bei einer Abschlussprüfung die Einschätzung der gesetzlichen Vertreter des geprüften Unternehmens zur Fortführung der Unternehmenstätigkeit beurteilen und behandelt auch die Auswirkungen auf den Prüfungsbericht und den Bestätigungsvermerk. Der *IDW Prüfungsstandard* verdeutlicht gegenüber der Öffentlichkeit die Verantwortung der gesetzlichen Vertreter für diese Einschätzung, die Bedeutung dieser Einschätzung sowie das Erfordernis der Beurteilung dieser Einschätzung durch den Abschlussprüfer und die Grenzen der aus dieser Beurteilung zu ziehenden Schlussfolgerungen (vgl. Tz. A1).

2

2 Dieser *IDW Prüfungsstandard* betrifft Abschlussprüfungen, d.h. Prüfungen von Jahres-, Konzern- und Zwischenabschlüssen i.S. des *IDW PS 200*[2]. Für Prüfungen mit einem abweichenden Prüfungsgegenstand oder Prüfungen, die Abschlussprüfungen nach Art und Umfang nicht entsprechen, ist im Einzelfall zu beurteilen, inwieweit die Grundsätze dieses *IDW Prüfungsstandards* Anwendung finden.

3 Dieser *IDW Prüfungsstandard* entspricht dem International Standard on Auditing (ISA) 570 (Revised) „Going Concern".

Er enthält folgende, über ISA 570 (Revised) hinausgehende Anforderungen:

• Anwendung dieses *IDW Prüfungsstandards* in Bezug auf den Lagebericht (vgl. Tz. 6, 24 f., 27, 30, 32, 34, 37);

• Berichterstattung im Prüfungsbericht nach § 321 Abs. 1 Satz 2 und 3 HGB (Tz. 35 f.).

1.2. Rechnungslegungsgrundsatz der Fortführung der Unternehmenstätigkeit

4 Nach dem Rechnungslegungsgrundsatz der Fortführung der Unternehmenstätigkeit wird der Abschluss unter der Annahme aufgestellt, dass das Unternehmen für die absehbare Zukunft seine Geschäftstätigkeit fortführt.

Bei Abschlüssen für allgemeine Zwecke[3] ist dieser Grundsatz, sofern seine Anwendung angemessen ist, stets einschlägig. So haben die gesetzlichen Vertreter gemäß § 252 Abs. 1 Nr. 2 HGB bei der Bewertung von der Fortführung der Unternehmenstätigkeit auszugehen, sofern dem nicht tatsächliche oder rechtliche Gegebenheiten entgegenstehen. Nach IAS 1.25 haben sie den Abschluss unter Anwendung des Rechnungslegungsgrundsatzes der Fortführung der Unternehmenstätigkeit aufzustellen, es sei denn, sie beabsichtigen, entweder das Unternehmen zu liquidieren oder das Geschäft einzustellen, oder sie haben hierzu keine realistische Alternative. Abschlüsse für einen speziellen Zweck[4] können demgegenüber in Übereinstimmung mit maßgebenden Rechnungslegungsgrundsätzen aufgestellt sein, in denen der Rechnungslegungsgrundsatz der Fortführung der Unternehmenstätigkeit ggf. nicht einschlägig ist.

Ist die Anwendung des Rechnungslegungsgrundsatzes der Fortführung der Unternehmenstätigkeit angemessen, werden Vermögenswerte und Schulden auf der Grundlage bilanziert, dass das Unternehmen in der Lage sein wird, im gewöhnlichen Geschäftsverlauf seine Vermögenswerte zu realisieren und seine Schulden zu begleichen (vgl. Tz. A2).

---

[2] *IDW Prüfungsstandard: Ziele und allgemeine Grundsätze der Durchführung von Abschlussprüfungen (IDW PS 200)* (Stand: 03.06.2015), Tz. 5.

[3] Vgl. *IDW Prüfungsstandard: Bildung eines Prüfungsurteils und Erteilung eines Bestätigungsvermerks (IDW PS 400 n.F.)* (Stand: 30.11.2017), Tz. 10 a).

[4] Vgl. *IDW Prüfungsstandard: Prüfung von Abschlüssen, die nach Rechnungslegungsgrundsätzen für einen speziellen Zweck aufgestellt wurden (IDW PS 480)* (Stand: 28.11.2014), Tz. 12 e).

1.3. Verantwortung der gesetzlichen Vertreter, die Fähigkeit des Unternehmens zur Fortführung der Unternehmenstätigkeit einzuschätzen

5   IAS 1.25 f. verlangt explizit, dass die gesetzlichen Vertreter bei der Aufstellung eines IFRS-Abschlusses eine Einschätzung der Fähigkeit eines Unternehmens zur Fortführung der Unternehmenstätigkeit vornehmen. Das HGB enthält keine ausdrückliche Anforderung, dass die gesetzlichen Vertreter eine spezifische Einschätzung der Fähigkeit des Unternehmens zur Fortführung der Unternehmenstätigkeit vorzunehmen haben. Gleichwohl ist diese Einschätzung Voraussetzung für die Aufstellung eines HGB-Abschlusses und berührt Fragen des Ansatzes, der Bewertung (§ 252 Abs. 1 Nr. 2 HGB), des Ausweises oder der Erläuterungen zum Abschluss. Damit ist es auch bei Aufstellung sämtlicher HGB-Abschlüsse erforderlich, dass die gesetzlichen Vertreter eine Einschätzung der Fähigkeit des Unternehmens zur Fortführung der Unternehmenstätigkeit vornehmen.

6   Der Lagebericht[5] hat nach § 289 bzw. § 315 HGB den Geschäftsverlauf einschließlich des Geschäftsergebnisses und die Lage so darzustellen, dass ein den tatsächlichen Verhältnissen entsprechendes Bild vermittelt wird. Im Lagebericht wird sich die Fähigkeit zur Fortführung der Unternehmenstätigkeit, einschließlich ggf. bestehender wesentlicher Unsicherheiten (bestandsgefährdende Risiken), insb. auf die Beurteilung und Erläuterung der voraussichtlichen Entwicklung mit ihren wesentlichen Chancen und Risiken auswirken (vgl. Tz. A3). Gleiches gilt für ggf. bestehende entwicklungsbeeinträchtigende Tatsachen. Folglich haben die gesetzlichen Vertreter auch bei der Aufstellung des Lageberichts eine Einschätzung der Fähigkeit des Unternehmens zur Fortführung der Unternehmenstätigkeit vorzunehmen bzw. zu würdigen, ob im Lagebericht Ereignisse oder Gegebenheiten anzugeben sind, die bedeutsame Zweifel an der Fähigkeit zur Fortführung der Unternehmenstätigkeit aufwerfen können.

7   Die Einschätzung der gesetzlichen Vertreter über die Fähigkeit des Unternehmens zur Fortführung der Unternehmenstätigkeit erfolgt bis zum Zeitpunkt der Beendigung der Aufstellung des Abschlusses und – falls einschlägig – des Lageberichts. Die Verhältnisse am Abschlussstichtag sind für die Beurteilung der Annahme der Fortführung der Unternehmenstätigkeit daher nicht alleine ausschlaggebend, d.h. eine Unterscheidung nach wertaufhellenden oder wertbegründenden Ereignissen,[6] die nach dem Abschlussstichtag eintreten, ist unerheblich.

8   Die Einschätzung der Fähigkeit des Unternehmens zur Fortführung der Unternehmenstätigkeit umfasst eine Ermessensentscheidung der gesetzlichen Vertreter zu einem bestimmten Zeitpunkt über die ihrem Wesen nach unsicheren künftigen Auswirkungen von Ereignissen oder Gegebenheiten. Für diese Einschätzung sind die folgenden Faktoren relevant:

- Die Unsicherheit, die mit der Auswirkung eines Ereignisses oder einer Gegebenheit verbunden ist, nimmt zu, je weiter in der Zukunft der Eintritt eines Ereignisses, einer Gegebenheit oder deren Auswirkungen liegen.

- Die Größe und Komplexität des Unternehmens, die Art seiner Geschäftstätigkeit sowie das Ausmaß, in dem diese durch externe Faktoren beeinflusst wird.

---

[5] Vgl. *IDW Prüfungsstandard: Prüfung des Lageberichts im Rahmen der Abschlussprüfung (IDW PS 350 n.F.)* (Stand: 12.12.2017), Tz. 19 j.

[6] Vgl. *Neufassung des IDW Prüfungsstandards: Ereignisse nach dem Abschlussstichtag (IDW PS 203 n.F.)* (Stand: 09.09.2009), Tz. 9.

- Jede in die Zukunft gerichtete Einschätzung basiert auf Informationen, die zum Zeitpunkt der Einschätzung verfügbar sind. Spätere Ereignisse können Auswirkungen haben, die nicht mehr in Einklang stehen mit zum Zeitpunkt ihrer Vornahme vertretbaren Ermessensentscheidungen.

9 Besteht eine wesentliche Unsicherheit im Zusammenhang mit Ereignissen oder Gegebenheiten, die einzeln oder insgesamt bedeutsame Zweifel an der Fähigkeit des Unternehmens zur Fortführung der Unternehmenstätigkeit aufwerfen können, und werden diese nicht spätestens bis zum Zeitpunkt der Beendigung der Aufstellung des Abschlusses ausgeräumt, müssen die gesetzlichen Vertreter im Abschluss

a) die wichtigsten Ereignisse oder Gegebenheiten, die bedeutsame Zweifel an der Fähigkeit des Unternehmens zur Fortführung der Unternehmenstätigkeit aufwerfen können, und die Pläne der gesetzlichen Vertreter zum Umgang mit diesen Ereignissen oder Gegebenheiten angeben und

b) eindeutig angeben, dass eine wesentliche Unsicherheit im Zusammenhang mit Ereignissen oder Gegebenheiten besteht, die bedeutsame Zweifel an der Fähigkeit des Unternehmens zur Fortführung der Unternehmenstätigkeit aufwerfen können, und das Unternehmen daher möglicherweise nicht in der Lage ist, im gewöhnlichen Geschäftsverlauf seine Vermögenswerte zu realisieren sowie seine Schulden zu begleichen.

In der Regel erfolgen diese Angaben im Anhang. Im Falle eines HGB-Abschlusses, der nach Rechnungslegungsgrundsätzen zur Ordnungsmäßigkeit[7] aufgestellt wird, können diese Ausführungen an anderer geeigneter Stelle erfolgen, bspw. unter der Bilanz.

Werden diese Angaben im Lagebericht gemacht, muss im Abschluss unter eindeutiger Bezugnahme auf das Vorliegen einer wesentlichen Unsicherheit (bestandsgefährdendes Risiko) ein entsprechender Verweis auf diese Angaben enthalten sein (vgl. Tz. A4).

1.4. Verantwortung des Abschlussprüfers

10 Der Abschlussprüfer ist dafür verantwortlich, ausreichende geeignete Prüfungsnachweise darüber zu erlangen und zu einer Schlussfolgerung zu kommen, ob die Einschätzung der gesetzlichen Vertreter über die Anwendung des Rechnungslegungsgrundsatzes der Fortführung der Unternehmenstätigkeit bei der Aufstellung des Abschlusses und des Lageberichts angemessen ist. Ferner ist der Abschlussprüfer dafür verantwortlich, auf Grundlage der erlangten Prüfungsnachweise zu einer Schlussfolgerung zu kommen, ob eine wesentliche Unsicherheit über die Fähigkeit des Unternehmens zur Fortführung der Unternehmenstätigkeit besteht.

11 Der Abschlussprüfer ist ferner dafür verantwortlich, nach § 322 Abs. 2 Satz 3 HGB im Bestätigungsvermerk auf Risiken, die den Fortbestand des Unternehmens gefährden, gesondert einzugehen und nach § 321 Abs. 1 Satz 2 und 3 HGB im Prüfungsbericht über bei Durchführung der Abschlussprüfung festgestellte Tatsachen zu berichten, welche den Bestand des geprüften Unternehmens oder des Konzerns gefährden oder seine Entwicklung wesentlich beeinträchtigen können. Bei gesetzlichen Prüfungen von Abschlüssen für allgemeine Zwecke

---

[7] Vgl. *IDW PS 400 n.F.*, Tz. 10 e) b.

von Unternehmen von öffentlichem Interesse i.S. des § 319a Abs. 1 Satz 1 HGB ist ferner Artikel 11 Abs. 2 Buchst. i) EU-APrVO zu beachten.

12 Die inhärenten Grenzen einer Abschlussprüfung[8], wesentliche falsche Darstellungen aufzudecken, sind bei zukünftigen Ereignissen oder Gegebenheiten, die dazu führen können, dass ein Unternehmen seine Unternehmenstätigkeit einstellt, besonders ausgeprägt. Der Abschlussprüfer kann solche zukünftigen Ereignisse oder Gegebenheiten nicht vorhersagen. Folglich kann die Tatsache, dass ein Bestätigungsvermerk keinen Hinweis auf eine wesentliche Unsicherheit über die Fähigkeit des Unternehmens zur Fortführung der Unternehmenstätigkeit enthält, nicht als Garantie für die Fähigkeit des Unternehmens zur Fortführung der Unternehmenstätigkeit angesehen werden (vgl. auch Tz. A12).

1.5. Anwendungszeitpunkt

13 Dieser *IDW Prüfungsstandard* ersetzt den *IDW Prüfungsstandard: Die Beurteilung der Fortführung der Unternehmenstätigkeit im Rahmen der Abschlussprüfung (IDW PS 270)* i.d.F. vom 09.09.2010. Er ist anzuwenden bei Prüfungen von Abschlüssen für Berichtszeiträume, die am oder nach dem 15.12.2017 beginnen, mit der Ausnahme von Rumpfgeschäftsjahren, die vor dem 31.12.2018 enden.[9]

1.6. Ziele des Abschlussprüfers

14 Die Ziele des Abschlussprüfers sind:

a) Ausreichende geeignete Prüfungsnachweise darüber zu erlangen und zu einer Schlussfolgerung zu kommen, ob die Einschätzung der gesetzlichen Vertreter über die Anwendung des Rechnungslegungsgrundsatzes der Fortführung der Unternehmenstätigkeit bei der Aufstellung des Abschlusses angemessen ist

b) auf Grundlage der erlangten Prüfungsnachweise zu einer Schlussfolgerung darüber zu kommen, ob eine wesentliche Unsicherheit im Zusammenhang mit Ereignissen oder Gegebenheiten besteht, die bedeutsame Zweifel an der Fähigkeit des Unternehmens zur Fortführung der Unternehmenstätigkeit aufwerfen können

c) einen Bestätigungsvermerk in Übereinstimmung mit diesem *IDW Prüfungsstandard* und weiteren einschlägigen *IDW Prüfungsstandards*[10] zu erteilen und

d) im Prüfungsbericht in Übereinstimmung mit *IDW PS 450 n.F.*[11] über ggf. festgestellte bestandsgefährdende Tatsachen zu berichten.

---

[8] Vgl. *IDW PS 200*, Tz. 25 f.

[9] Für eine frühere Anwendung vgl. *IDW Prüfungsstandard: Rechnungslegungs- und Prüfungsgrundsätze für die Abschlussprüfung (IDW PS 201)* (Stand: 05.03.2015), Tz. 31a Satz 2.

[10] Vgl. *IDW PS 400 n.F.* Daneben sind ggf. einschlägig der *IDW Prüfungsstandard: Mitteilung besonders wichtiger Prüfungssachverhalte im Bestätigungsvermerk (IDW PS 401)* (Stand: 30.11.2017); *IDW Prüfungsstandard: Modifizierungen des Prüfungsurteils im Bestätigungsvermerk (IDW PS 405)* (Stand: 30.11.2017); *IDW Prüfungsstandard: Hinweise im Bestätigungsvermerk (IDW PS 406)* (Stand: 30.11.2017).

[11] Vgl. *IDW Prüfungsstandard: Grundsätze ordnungsmäßiger Erstellung von Prüfungsberichten (IDW PS 450 n.F.)* (Stand: 15.09.2017).

2. Anforderungen

2.1. Prüfungshandlungen zur Risikobeurteilung und damit zusammenhängende Tätigkeiten

15 Bei der Durchführung der nach *IDW PS 261 n.F.*[12] erforderlichen Prüfungshandlungen zur Risikobeurteilung hat der Abschlussprüfer abzuwägen, ob Ereignisse oder Gegebenheiten vorliegen, die bedeutsame Zweifel an der Fähigkeit des Unternehmens zur Fortführung der Unternehmenstätigkeit aufwerfen können. Dabei hat der Abschlussprüfer festzustellen, ob die gesetzlichen Vertreter bereits eine vorläufige Einschätzung der Fähigkeit des Unternehmens zur Fortführung der Unternehmenstätigkeit vorgenommen haben (vgl. Tz. A5 – A6):

a) Wurde eine solche Einschätzung vorgenommen, hat der Abschlussprüfer diese mit den gesetzlichen Vertretern zu erörtern und festzustellen, ob die gesetzlichen Vertreter Ereignisse oder Gegebenheiten erkannt haben, die einzeln oder insgesamt bedeutsame Zweifel an der Fähigkeit des Unternehmens zur Fortführung der Unternehmenstätigkeit aufwerfen können, und wenn ja, welche Pläne die gesetzlichen Vertreter verfolgen, um diesen Ereignissen oder Gegebenheiten zu begegnen.

b) Wurde eine solche Einschätzung noch nicht vorgenommen, hat der Abschlussprüfer mit den gesetzlichen Vertretern die Grundlage für die beabsichtigte Anwendung des Rechnungslegungsgrundsatzes der Fortführung der Unternehmenstätigkeit zu erörtern und die gesetzlichen Vertreter zu befragen, ob Ereignisse oder Gegebenheiten vorliegen, die einzeln oder insgesamt bedeutsame Zweifel an der Fähigkeit des Unternehmens zur Fortführung der Unternehmenstätigkeit aufwerfen können.

16 Der Abschlussprüfer hat während der gesamten Abschlussprüfung auf Prüfungsnachweise über Ereignisse oder Gegebenheiten zu achten, die bedeutsame Zweifel an der Fähigkeit des Unternehmens zur Fortführung der Unternehmenstätigkeit aufwerfen können (vgl. Tz. A7).

2.2. Beurteilung der Einschätzung der gesetzlichen Vertreter

17 Der Abschlussprüfer hat die von den gesetzlichen Vertretern vorgenommene Einschätzung der Fähigkeit des Unternehmens zur Fortführung der Unternehmenstätigkeit zu beurteilen (vgl. Tz. A8 – A9 und A14 – A15).

18 Bei der Beurteilung der von den gesetzlichen Vertretern vorgenommenen Einschätzung der Fähigkeit des Unternehmens zur Fortführung der Unternehmenstätigkeit hat der Abschlussprüfer denselben Zeitraum zugrunde zu legen, den die gesetzlichen Vertreter ihrer Einschätzung entsprechend den Anforderungen der anzuwendenden Rechnungslegungsgrundsätze oder der Gesetze oder anderen Rechtsvorschriften, falls diese einen längeren Zeitraum festlegen, zugrunde gelegt haben. Wenn die von den gesetzlichen Vertretern vorgenommene Einschätzung der Fähigkeit des Unternehmens zur Fortführung der Unternehmenstätigkeit weniger als zwölf Monate ab dem Abschlussstichtag des zu prüfenden Geschäftsjahres umfasst,

---

[12] Vgl. *IDW Prüfungsstandard: Feststellung und Beurteilung von Fehlerrisiken und Reaktionen des Abschlussprüfers auf die beurteilten Fehlerrisiken (IDW PS 261 n.F.)* (Stand: 15.09.2017), Tz. 10 ff.

hat der Abschlussprüfer die gesetzlichen Vertreter aufzufordern, den ihrer Einschätzung zugrunde liegenden Zeitraum auf mindestens zwölf Monate ab diesem Stichtag auszudehnen (vgl. Tz. A10 – A15; A44).

19 Bei der Beurteilung der Einschätzung der gesetzlichen Vertreter hat der Abschlussprüfer abzuwägen, ob diese Einschätzung alle relevanten Informationen berücksichtigt, die dem Abschlussprüfer im Rahmen der Abschlussprüfung bekannt geworden sind.

2.3. Zeitraum jenseits des der Einschätzung der gesetzlichen Vertreter zugrunde gelegten Zeitraums

20 Der Abschlussprüfer hat die gesetzlichen Vertreter zu befragen, ob ihnen Ereignisse oder Gegebenheiten bekannt sind, die nach dem Zeitraum eintreten werden, auf den sich ihre Einschätzung bezieht, und die bedeutsame Zweifel an der Fähigkeit des Unternehmens zur Fortführung der Unternehmenstätigkeit aufwerfen können (vgl. Tz. A16 – A17).

2.4. Zusätzliche Prüfungshandlungen, wenn Ereignisse oder Gegebenheiten identifiziert wurden, die bedeutsame Zweifel an der Fähigkeit des Unternehmens zur Fortführung der Unternehmenstätigkeit aufwerfen können

21 Falls Ereignisse oder Gegebenheiten identifiziert wurden, die bedeutsame Zweifel an der Fähigkeit des Unternehmens zur Fortführung der Unternehmenstätigkeit aufwerfen können, hat der Abschlussprüfer ausreichende geeignete Prüfungsnachweise zu erlangen, um festzustellen, ob eine wesentliche Unsicherheit im Zusammenhang mit Ereignissen oder Gegebenheiten besteht, die bedeutsame Zweifel an der Fähigkeit des Unternehmens zur Fortführung der Unternehmenstätigkeit aufwerfen können (im Folgenden als „wesentliche Unsicherheit" bezeichnet). Hierbei berücksichtigt der Abschlussprüfer auch Tatbestände und Maßnahmen, die dieser Unsicherheit entgegenwirken. Hierzu hat der Abschlussprüfer zusätzliche Prüfungshandlungen durchzuführen, die Folgendes umfassen müssen (vgl. Tz. A18):

a) Haben die gesetzlichen Vertreter noch keine Einschätzung der Fähigkeit des Unternehmens zur Fortführung der Unternehmensstätigkeit vorgenommen: Aufforderung, diese Einschätzung vorzunehmen

b) Beurteilung der Pläne der gesetzlichen Vertreter für zukünftige Maßnahmen, die ihrer Einschätzung der Fähigkeit zur Fortführung der Unternehmenstätigkeit zugrunde liegen (vgl. Tz. A19). Dabei ist auch zu beurteilen, ob die Folgen dieser Pläne voraussichtlich die Situation verbessern und ob die Pläne der gesetzlichen Vertreter unter den gegebenen Umständen durchführbar sind

c) Hat das Unternehmen eine Liquiditätsprognose aufgestellt und stellt deren Analyse durch den Abschlussprüfer einen bedeutsamen Faktor bei der Berücksichtigung der Auswirkungen von Ereignissen oder Gegebenheiten im Rahmen der Beurteilung der Pläne der gesetzlichen Vertreter für zukünftige Maßnahmen dar (vgl. Tz. A20 – A21):

   i) Beurteilung der Verlässlichkeit der zugrunde liegenden Daten und

   ii) Feststellung, ob die zugrunde liegenden Annahmen ausreichend begründet sind

d) Abwägung, ob nach dem Zeitpunkt, an dem die gesetzlichen Vertreter ihre Einschätzung vorgenommen haben, zusätzliche Tatsachen oder Informationen verfügbar geworden sind

e) Anforderung schriftlicher Erklärungen von den gesetzlichen Vertretern und soweit angebracht von den für die Überwachung Verantwortlichen zu deren Plänen für zukünftige Maßnahmen und zur Durchführbarkeit dieser Pläne (vgl. Tz. A22).

2.5. Schlussfolgerungen des Abschlussprüfers

22 Der Abschlussprüfer hat zu beurteilen, ob ausreichende geeignete Prüfungsnachweise über die Angemessenheit des von den gesetzlichen Vertretern bei der Aufstellung des Abschlusses angewandten Rechnungslegungsgrundsatzes der Fortführung der Unternehmenstätigkeit erlangt wurden. Der Abschlussprüfer hat auch zu einer Schlussfolgerung darüber zu kommen, ob die Anwendung dieses Rechnungslegungsgrundsatzes angemessen ist.

23 Auf der Grundlage der erlangten Prüfungsnachweise hat der Abschlussprüfer zu einer Schlussfolgerung zu kommen, ob nach seinem Ermessen eine wesentliche Unsicherheit im Zusammenhang mit Ereignissen oder Gegebenheiten besteht, die einzeln oder insgesamt bedeutsame Zweifel an der Fähigkeit des Unternehmens zur Fortführung der Unternehmenstätigkeit aufwerfen können.

Eine wesentliche Unsicherheit besteht, wenn ihre möglichen Auswirkungen und die Wahrscheinlichkeit ihres Eintretens so groß sind, dass nach der Beurteilung des Abschlussprüfers eine angemessene Angabe von Art und Auswirkungen der Unsicherheit im Abschluss notwendig ist für (vgl. Tz. A23)

- eine sachgerechte Gesamtdarstellung des Abschlusses (bei Prüfungen von Abschlüssen nach HGB und IFRS: „ein den tatsächlichen Verhältnissen entsprechendes Bild der Vermögens-, Finanz- und Ertragslage"), sofern Rechnungslegungsgrundsätze zur sachgerechten Gesamtdarstellung[13] Anwendung finden, oder

- einen nicht irreführenden Abschluss, sofern Rechnungslegungsgrundsätze zur Ordnungsmäßigkeit Anwendung finden.

2.5.1. Angemessenheit von Angaben im Abschluss und im Lagebericht, wenn Ereignisse oder Gegebenheiten identifiziert wurden und eine wesentliche Unsicherheit besteht

24 Falls der Abschlussprüfer zu der Schlussfolgerung kommt, dass die von den gesetzlichen Vertretern vorgenommene Anwendung des Rechnungslegungsgrundsatzes der Fortführung der Unternehmenstätigkeit unter den gegebenen Umständen angemessen ist, jedoch eine wesentliche Unsicherheit besteht, hat der Abschlussprüfer festzustellen, ob im Abschluss (vgl. Tz. A4; Tz. A24 – A29)

a) die wichtigsten Ereignisse oder Gegebenheiten, die bedeutsame Zweifel an der Fähigkeit des Unternehmens zur Fortführung der Unternehmenstätigkeit aufwerfen können,

---

[13] Vgl. *IDW PS 400 n.F.*, Tz. 10 e) a.

9

und die Pläne der gesetzlichen Vertreter zum Umgang mit diesen Ereignissen oder Gegebenheiten angemessen angegeben sind, und

b) eindeutig angegeben ist, dass eine wesentliche Unsicherheit im Zusammenhang mit Ereignissen oder Gegebenheiten besteht, die bedeutsame Zweifel an der Fähigkeit des Unternehmens zur Fortführung der Unternehmenstätigkeit aufwerfen können, und das Unternehmen daher möglicherweise nicht in der Lage ist, im gewöhnlichen Geschäftsverlauf seine Vermögenswerte zu realisieren sowie seine Schulden zu begleichen oder

im Lagebericht die Angaben nach a) und b) gemacht wurden und im Abschluss unter eindeutiger Bezugnahme auf das Vorliegen einer wesentlichen Unsicherheit (bestandsgefährdendes Risiko) ein entsprechender Verweis auf diese Angaben enthalten ist.

25 Ist Tz. 24 einschlägig und haben die gesetzlichen Vertreter einen Lagebericht aufgestellt und wird dieser in die Prüfung einbezogen, hat der Abschlussprüfer ferner festzustellen, ob der Lagebericht insb. bei der Beurteilung und Erläuterung der voraussichtlichen Entwicklung mit ihren wesentlichen Chancen und Risiken die in Tz. 24 a) und b) geforderten Angaben enthält oder unter eindeutiger Bezugnahme auf das Vorliegen einer wesentlichen Unsicherheit (bestandsgefährdendes Risiko) auf die Angaben gemäß Tz. 24 a) und b) im Abschluss verwiesen wird (vgl. Tz. A26 – A29).

2.5.2. Angemessenheit von Angaben im Abschluss und im Lagebericht, wenn Ereignisse oder Gegebenheiten identifiziert wurden, aber keine wesentliche Unsicherheit besteht

26 Wurden Ereignisse oder Gegebenheiten identifiziert, die bedeutsame Zweifel an der Fähigkeit des Unternehmens zur Fortführung der Unternehmenstätigkeit aufwerfen können, kommt der Abschlussprüfer jedoch aufgrund der erlangten Prüfungsnachweise zu der Schlussfolgerung, dass keine wesentliche Unsicherheit besteht, hat der Abschlussprüfer zu beurteilen, ob angesichts der Anforderungen der maßgebenden Rechnungslegungsgrundsätze[14] der Abschluss angemessene Angaben zu diesen Ereignissen oder Gegebenheiten enthält (vgl. Tz. A30 – A31).

27 Ist Tz. 26 einschlägig und haben die gesetzlichen Vertreter einen Lagebericht aufgestellt, hat der Abschlussprüfer ferner festzustellen, ob angesichts der Anforderungen der maßgebenden Rechnungslegungsgrundsätze die identifizierten Ereignisse oder Gegebenheiten angemessen im Lagebericht dargestellt wurden.

2.6. Auswirkungen auf den Bestätigungsvermerk

2.6.1. Unangemessene Anwendung des Rechnungslegungsgrundsatzes der Fortführung der Unternehmenstätigkeit

28 Wenn der Abschluss unter Anwendung des Rechnungslegungsgrundsatzes der Fortführung der Unternehmenstätigkeit aufgestellt wurde, jedoch nach der Beurteilung des Abschlussprüfers die von den gesetzlichen Vertretern bei der Aufstellung des Abschlusses vorgenommene Anwendung des Rechnungslegungsgrundsatzes der Fortführung der Unternehmenstätigkeit

---

[14] Vgl. *IDW PS 400 n.F.*, Tz. 10 e).

unangemessen ist, hat der Abschlussprüfer sein Prüfungsurteil zum Abschluss in Übereinstimmung mit *IDW PS 405* zu versagen (vgl. Tz. A32– A34).[15]

2.6.2. Angemessene Anwendung des Rechnungslegungsgrundsatzes der Fortführung der Unternehmenstätigkeit, obwohl eine wesentliche Unsicherheit besteht

2.6.2.1. Abschluss bzw. Lagebericht enthalten eine angemessene Angabe über eine wesentliche Unsicherheit

29 Ist die wesentliche Unsicherheit (bestandsgefährdendes Risiko) im Abschluss angemessen angegeben, hat der Abschlussprüfer diesbezüglich ein nicht modifiziertes Prüfungsurteil zum Abschluss abzugeben. In diesem Fall hat der Bestätigungsvermerk einen gesonderten Abschnitt mit der Überschrift „Wesentliche Unsicherheit im Zusammenhang mit der Fortführung der Unternehmenstätigkeit" zu enthalten, um (vgl. Tz. A35 – A38 und A42)

a) auf die Angabe im Abschluss aufmerksam zu machen, in der die in Tz. 24 dargestellten Sachverhalte genannt sind, und

b) darzulegen, dass diese Ereignisse oder Gegebenheiten auf das Bestehen einer wesentlichen Unsicherheit hindeuten, die bedeutsame Zweifel an der Fähigkeit des Unternehmens zur Fortführung der Unternehmenstätigkeit aufwerfen kann, dass das Prüfungsurteil des Abschlussprüfers aufgrund des Sachverhalts nicht modifiziert ist und dass wesentliche Unsicherheiten bestandsgefährdenden Risiken gemäß § 322 Abs. 2 Satz 3 HGB entsprechen.

30 Haben die gesetzlichen Vertreter einen Lagebericht aufgestellt und wird dieser in die Prüfung einbezogen, so gilt die Anforderung der Tz. 29 entsprechend (vgl. Tz. A38).

2.6.2.2. Abschluss bzw. Lagebericht enthalten keine angemessene Angabe über eine wesentliche Unsicherheit

31 Wenn die wesentliche Unsicherheit (bestandsgefährdendes Risiko) im Abschluss nicht angemessen angegeben ist, hat der Abschlussprüfer (vgl. Tz. A39 – A42)

a) ein eingeschränktes bzw. versagtes Prüfungsurteil zum Abschluss – wie nach *IDW PS 405* erforderlich – abzugeben und

b) im Abschnitt „Grundlage für das eingeschränkte (versagte) Prüfungsurteil" des Bestätigungsvermerks darzulegen, dass eine wesentliche Unsicherheit besteht, die bedeutsame Zweifel an der Fähigkeit des Unternehmens zur Fortführung der Unternehmenstätigkeit aufwerfen kann, dass dieser Sachverhalt im Abschluss nicht angemessen angegeben ist und dass wesentliche Unsicherheiten bestandsgefährdenden Risiken gemäß § 322 Abs. 2 Satz 3 HGB entsprechen.

32 Haben die gesetzlichen Vertreter einen Lagebericht aufgestellt und wird dieser in die Prüfung einbezogen, so gelten die Anforderungen der Tz. 31 entsprechend.

---

[15] Vgl. zum Prüfungsurteil zum Lagebericht *IDW PS 350 n.F.*, Tz. 112.

2.6.2.3. Fehlende Bereitschaft der gesetzlichen Vertreter zur Vornahme oder zeitlichen Ausdehnung ihrer Einschätzung

33   Wenn die gesetzlichen Vertreter nicht bereit sind, nach entsprechender Aufforderung durch den Abschlussprüfer ihre Einschätzung der Fähigkeit des Unternehmens zur Fortführung der Unternehmenstätigkeit vorzunehmen oder den ihrer Einschätzung zugrunde liegenden Zeitraum auszudehnen, hat der Abschlussprüfer die Auswirkungen auf seinen Bestätigungsvermerk abzuwägen (vgl. Tz. A43).

2.7.   Kommunikation mit den für die Überwachung Verantwortlichen

34   Der Abschlussprüfer hat sich mit den für die Überwachung Verantwortlichen über festgestellte Ereignisse oder Gegebenheiten auszutauschen, die bedeutsame Zweifel an der Fähigkeit des Unternehmens zur Fortführung der Unternehmenstätigkeit aufwerfen können. Diese Kommunikation mit den für die Überwachung Verantwortlichen hat einzuschließen,

a)   ob die Ereignisse oder Gegebenheiten eine wesentliche Unsicherheit darstellen,

b)   ob die von den gesetzlichen Vertretern bei der Aufstellung des Abschlusses vorgenommene Anwendung des Rechnungslegungsgrundsatzes der Fortführung der Unternehmenstätigkeit angemessen ist,

c)   die Angemessenheit der dazugehörigen Angaben im Abschluss und – falls einschlägig – im Lagebericht und

d)   etwaige Auswirkungen auf den Bestätigungsvermerk.

2.8.   Berichterstattung im Prüfungsbericht

35   Nach § 321 Abs. 1 Satz 3 HGB hat der Abschlussprüfer im Prüfungsbericht über bei Durchführung der Abschlussprüfung festgestellte Tatsachen zu berichten, welche den Bestand des geprüften Unternehmens oder des Konzerns gefährden oder seine Entwicklung wesentlich beeinträchtigen können.[16] Darüber hinaus hat der Abschlussprüfer gemäß § 321 Abs. 1 Satz 2 HGB zur Beurteilung der Lage des Unternehmens im Abschluss und im Lagebericht durch die gesetzlichen Vertreter Stellung zu nehmen, wobei insb. auf die Annahme der Fortführung der Unternehmenstätigkeit und auf die Beurteilung der künftigen Entwicklung des Unternehmens einzugehen ist, wie sie im Abschluss und im Lagebericht ihren Ausdruck gefunden haben.[17]

36   Bei gesetzlichen Prüfungen von Abschlüssen für allgemeine Zwecke von Unternehmen von öffentlichem Interesse ist der Abschlussprüfer gemäß Artikel 11 Abs. 2 Buchst. i) EU-APrVO[18] verpflichtet zur Angabe und Erläuterung von Einschätzungen zu bestimmten im Laufe der Prüfung festgestellten Ereignissen oder Gegebenheiten, die erhebliche Zweifel an der Fähigkeit des Unternehmens zur Fortführung der Unternehmenstätigkeit aufwerfen können, sowie zur Angabe und Erläuterung von Einschätzungen dazu, ob diese Ereignisse oder Gegebenheiten

---

[16]   Vgl. im Einzelnen *IDW PS 450 n.F.*, Tz. 35 ff.

[17]   Vgl. *IDW PS 450 n.F.*, Tz. 28 ff.

[18]   Verordnung (EU) Nr. 537/2014 des Europäischen Parlaments und des Rates vom 16. April 2014 über spezifische Anforderungen an die Abschlussprüfung bei Unternehmen von öffentlichem Interesse und zur Aufhebung des Beschlusses 2005/909/EG der Kommission, ABl. EU Nr. L 158 vom 27.05.2014, S. 77; L 170 vom 11.06.2014, S. 66.

eine wesentliche Unsicherheit darstellen. Ferner hat er eine Zusammenfassung aller Garantien, Patronatserklärungen[19], Hilfszusagen der öffentlichen Hand und anderer unterstützender Maßnahmen in den Prüfungsbericht aufzunehmen, die bei der Beurteilung der Fähigkeit des Unternehmens zur Fortführung seiner Tätigkeit berücksichtigt wurden.[20]

2.9. Bedeutsame Verzögerung bei der Aufstellung des Abschlusses oder Lageberichts

37 Falls bei der Aufstellung des Abschlusses oder Lageberichts durch die gesetzlichen Vertreter nach dem Abschlussstichtag eine bedeutsame Verzögerung eintritt, hat der Abschlussprüfer die Gründe für die Verzögerung zu erfragen. Falls der Abschlussprüfer der Auffassung ist, dass die Verzögerung mit Ereignissen oder Gegebenheiten zusammenhängen könnte, welche die Beurteilung der Fortführung der Unternehmenstätigkeit betreffen, hat der Abschlussprüfer die in Tz. 21 beschriebenen zusätzlichen Prüfungshandlungen durchzuführen und die Auswirkungen auf seine Schlussfolgerung zum Bestehen einer wesentlichen Unsicherheit abzuwägen (vgl. Tz. A44).

3. Anwendungshinweise und sonstige Erläuterungen

Anwendungsbereich [Tz. 1]

A1 *IDW PS 401* behandelt die Verantwortlichkeit des Abschlussprüfers, besonders wichtige Prüfungssachverhalte im Bestätigungsvermerk mitzuteilen. *IDW PS 401* erkennt an, dass Sachverhalte, die bei der Beurteilung der Fortführung der Unternehmenstätigkeit relevant sind,– falls *IDW PS 401* einschlägig ist – als besonders wichtige Prüfungssachverhalte bestimmt sein können und erläutert, dass eine wesentliche Unsicherheit im Zusammenhang mit Ereignissen oder Gegebenheiten, die bedeutsame Zweifel an der Fähigkeit des Unternehmens zur Fortführung der Unternehmenstätigkeit aufwerfen können, ihrer Art nach ein besonders wichtiger Prüfungssachverhalt ist.[21]

Rechnungslegungsgrundsatz der Fortführung der Unternehmenstätigkeit [Tz. 4]

Unternehmen des öffentlichen Sektors (vgl. Tz. 4)

A2 Die von den gesetzlichen Vertretern vorgenommene Anwendung des Rechnungslegungsgrundsatzes der Fortführung der Unternehmenstätigkeit ist auch für Unternehmen des öffentlichen Sektors relevant. Risiken im Zusammenhang mit der Fortführung der Unternehmenstätigkeit können bspw. entstehen, wenn öffentliche Zuwendungen reduziert oder gestrichen oder wenn die Unternehmen privatisiert werden, falls die Zahlungsunfähigkeit einer sie tragenden

---

[19] Die EU-APrVO verwendet aufgrund eines offensichtlichen redaktionellen Versehens den Begriff „Prüfbescheinigung (Comfort Letters)". Inhaltlich sind unter diesem Begriff Patronatserklärungen zu verstehen, vgl. *IDW PS 450 n.F.*, Tz. P35/1.

[20] Vgl. *IDW PS 450 n.F.*, Tz. P35/1.

[21] Vgl. *IDW PS 401*, Tz. 18.

Gebietskörperschaft droht oder falls politische Entscheidungen getroffen werden, die sich auf die von dem Unternehmen erbrachten Dienstleistungen auswirken.

Verantwortung der gesetzlichen Vertreter, die Fähigkeit des Unternehmens zur Fortführung der Unternehmenstätigkeit einzuschätzen [Tz. 5 – 9]

A3   Der Begriff der Risiken, die den Fortbestand des Unternehmens gefährden (bestandsgefährdendes Risiko) nach § 322 Abs. 2 Satz 3 HGB und dem Deutschen Rechnungslegungs Standard Nr. 20: Konzernlagebericht (DRS 20) entspricht dem Begriff der wesentlichen Unsicherheit im Zusammenhang mit Ereignissen oder Gegebenheiten, die einzeln oder insgesamt bedeutsame Zweifel an der Fähigkeit des Unternehmens zur Fortführung der Unternehmenstätigkeit aufwerfen können i.S. dieses *IDW Prüfungsstandards.*

A4   In einer Angabe in einem nach HGB-Grundsätzen aufgestellten Abschluss kann alternativ zum Begriff der wesentlichen Unsicherheit der Begriff des bestandsgefährdenden Risikos verwendet werden. Im Bestätigungsvermerk des Abschlussprüfers sind demgegenüber zwingend beide Begriffe zu verwenden (vgl. Tz. 29).

Prüfungshandlungen zur Risikobeurteilung und damit zusammenhängende Tätigkeiten [Tz. 15 – 16]

Ereignisse oder Gegebenheiten, die bedeutsame Zweifel an der Fähigkeit zur Fortführung der Unternehmenstätigkeit aufwerfen können (vgl. Tz. 15)

A5   Im Folgenden sind Beispiele für Ereignisse oder Gegebenheiten aufgeführt, die einzeln oder insgesamt bedeutsame Zweifel an der Fähigkeit zur Fortführung der Unternehmenstätigkeit aufwerfen können.

Finanzwirtschaftliche Gegebenheiten

- Die Schulden übersteigen das Vermögen oder die kurzfristigen Schulden übersteigen das Umlaufvermögen

- Darlehensverbindlichkeiten mit fester Laufzeit, die fällig werden ohne dass eine realistische Aussicht auf Verlängerung oder auf Rückzahlung besteht

- das Unternehmen verlässt sich in erheblichem Ausmaß auf kurzfristige Darlehen zur Finanzierung langfristiger Vermögenswerte

- Anzeichen für den Entzug finanzieller Unterstützung durch Gläubiger

- vergangenheits- oder zukunftsorientierte Finanzaufstellungen deuten auf negative betriebliche Cashflows hin

- ungünstige Schlüsselfinanzkennzahlen

- erhebliche betriebliche Verluste oder erhebliche Wertbeeinträchtigung bei Vermögenswerten, die zur Erwirtschaftung von Cashflows dienen

- ausstehende oder ausgesetzte Gewinnausschüttungen

- Unfähigkeit, Verbindlichkeiten bei ihrer Fälligkeit zu begleichen

- Unfähigkeit, die Bedingungen von Darlehensvereinbarungen zu erfüllen

- Weigerung von Lieferanten, weiterhin ein Zahlungsziel einzuräumen

- Unfähigkeit, Finanzmittel für wichtige neue Produktentwicklungen oder für andere wichtige Investitionen zu beschaffen

Betriebliche Gegebenheiten

- Absicht der gesetzlichen Vertreter zur Liquidierung des Unternehmens oder zur Einstellung der Geschäftstätigkeit

- Ausscheiden von Führungskräften in Schlüsselfunktionen ohne adäquaten Ersatz

- Verlust von wichtigen Absatz- oder Beschaffungsmärkten, bedeutenden Kunden oder Lieferanten sowie Kündigung von wichtigen Franchise- oder Lizenzverträgen

- Konflikte mit der Belegschaft

- Engpässe bei wichtigen Zulieferungen

- Markteintritt eines sehr erfolgreichen Konkurrenten

Sonstige Gegebenheiten

- Verstöße gegen Eigenkapitalvorschriften oder andere gesetzliche Regelungen, wie z.B. Solvenz- oder Liquiditätsanforderungen für Kreditinstitute

- anhängige Gerichts- oder Aufsichtsverfahren gegen das Unternehmen, die zu Ansprüchen führen können, die wahrscheinlich nicht erfüllbar sind

- Änderungen von Gesetzen oder anderen Rechtsvorschriften sowie politische Entscheidungen, die voraussichtlich nachteilige Auswirkungen für das Unternehmen haben

- unzureichender Versicherungsschutz bei Eintritt einer Katastrophe

Die Bedeutung solcher Ereignisse oder Gegebenheiten kann oft durch andere Faktoren eingegrenzt werden. So kann z.B. den Auswirkungen der Unfähigkeit eines Unternehmens, seinen regulären Zahlungsverpflichtungen nachzukommen, durch Maßnahmen der gesetzlichen Vertreter entgegengewirkt werden. Diese können z.B. vorsehen, Vermögenswerte zu veräußern, Darlehensrückzahlungen neu festzulegen oder zusätzliches Kapital zu beschaffen. Entsprechend kann der Verlust eines Hauptlieferanten durch geeignete alternative Bezugsquellen entschärft werden.

A6 Die nach Tz. 15 geforderten Prüfungshandlungen zur Risikobeurteilung helfen dem Abschlussprüfer festzustellen, ob die von den gesetzlichen Vertretern vorgenommene Anwendung des Rechnungslegungsgrundsatzes der Fortführung der Unternehmenstätigkeit wichtig für die Abschlussprüfung ist, und deren Auswirkung auf die Prüfungsplanung zu bestimmen. Diese Prüfungshandlungen ermöglichen auch zeitgerechte Erörterungen mit den gesetzlichen Vertretern, einschließlich einer Erörterung von deren Plänen und Lösungen etwaiger festgestellter Probleme im Zusammenhang mit der Fortführung der Unternehmenstätigkeit.

Achten auf Prüfungsnachweise über relevante Ereignisse oder Gegebenheiten (vgl. Tz. 16)

A7 Nach _IDW PS 261 n.F._ hat der Abschlussprüfer die getroffene Risikobeurteilung und die weiteren geplanten Prüfungshandlungen entsprechend anzupassen, wenn im Laufe der Abschlussprüfung zusätzliche Prüfungsnachweise erlangt werden, die sich auf seine Risikobeurteilung auswirken.[22] Stellt der Abschlussprüfer im Prüfungsverlauf Ereignisse oder Gegebenheiten mit Relevanz für die Fähigkeit des Unternehmens zur Fortführung der Unternehmenstätigkeit fest, kann dies, zusätzlich zu den Prüfungshandlungen gemäß Tz. 21, sowohl eine Anpassung der Risikobeurteilung als auch von Art, Zeitpunkt und Umfang der weiteren Prüfungshandlungen erfordern.

Beurteilung der Einschätzung der gesetzlichen Vertreter [Tz. 17 – 19]

Einschätzung der gesetzlichen Vertreter sowie Beurteilung durch den Abschlussprüfer (vgl. Tz. 17)

A8   Wie in Tz. 5 erläutert, ist es erforderlich, dass die gesetzlichen Vertreter eine Einschätzung der Fähigkeit des Unternehmens zur Fortführung der Unternehmenstätigkeit vornehmen. Der Abschlussprüfer ist nicht dafür verantwortlich, fehlende Analysen der gesetzlichen Vertreter selbst vorzunehmen. In manchen Fällen hindert das Fehlen einer detaillierten Analyse der gesetzlichen Vertreter zur Unterstützung seiner Beurteilung den Abschlussprüfer jedoch möglicherweise nicht daran, einen Schluss zu ziehen, ob die von den gesetzlichen Vertretern vorgenommene Anwendung des Rechnungslegungsgrundsatzes der Fortführung der Unternehmenstätigkeit unter den gegebenen Umständen angemessen ist. Wenn z.B. das Unternehmen in der Vergangenheit nachhaltige Gewinne erzielt hat, leicht auf finanzielle Mittel zurückgreifen kann und keine bilanzielle Überschuldung droht, können die gesetzlichen Vertreter ihre Beurteilung ohne eine detaillierte Analyse vornehmen. In diesem Fall kann der Abschlussprüfer die Angemessenheit der Einschätzung der gesetzlichen Vertreter ohne Vornahme detaillierter Beurteilungshandlungen beurteilen. Dies setzt voraus, dass seine übrigen Prüfungshandlungen ausreichend sind, um den Abschlussprüfer in die Lage zu versetzen, einen Schluss zu ziehen, ob die Anwendung des Rechnungslegungsgrundsatzes der Fortführung der Unternehmenstätigkeit bei der Aufstellung des Abschlusses unter den gegebenen Umständen angemessen ist.

A9   In anderen Fällen kann sich die nach Tz. 17 erforderliche Beurteilung der von den gesetzlichen Vertretern vorgenommenen Einschätzung u.a. erstrecken auf

*   den von den gesetzlichen Vertretern verfolgten Prozess,

*   die ihrer Einschätzung zugrunde liegenden Annahmen,

*   ihre Pläne für zukünftige Maßnahmen und ob diese Pläne unter den gegebenen Umständen durchführbar sind.

Zeitraum der Einschätzung der gesetzlichen Vertreter (vgl. Tz. 18)

A10   In den IFRS ist durch IAS 1.26 der Zeitraum, für den die gesetzlichen Vertreter alle verfügbaren Informationen berücksichtigen müssen, auf mindestens zwölf Monate ab dem Abschlussstichtag festgelegt. Nach DRS 20.156 beträgt der Zeitraum für die Beurteilung, ob bestandsgefährdende Risiken vorliegen, mindestens ein Jahr gerechnet vom Konzernabschlussstichtag.

---

[22]   *IDW PS 261 n.F.*, Tz. 69.

A11 Für die Auslegung des § 252 Abs. 1 Nr. 2 HGB bei der Aufstellung des Abschlusses und der Abschlussprüfung gilt die einschlägige Rechtsprechung. Darüber hinaus fordert das Insolvenzrecht bei Vorliegen bestimmter wirtschaftlicher Rahmenbedingungen die Erstellung einer insolvenzrechtlichen Fortbestehensprognose durch die gesetzlichen Vertreter. Die aus insolvenzrechtlichen Fortbestehensprognosen erlangten Informationen können bei der Einschätzung der gesetzlichen Vertreter über die Fähigkeit des Unternehmens zur Fortführung der Unternehmenstätigkeit nicht außer Acht gelassen werden. Entsprechendes gilt für die Beurteilung dieser Einschätzung durch den Abschlussprüfer (vgl. auch Tz. A13).

A12 Gemäß § 317 Abs. 4a HGB hat sich die Prüfung nicht darauf zu erstrecken, ob der Fortbestand des geprüften Unternehmens zugesichert werden kann. Die Abschlussprüfung ist nicht darauf ausgerichtet zu prüfen, ob eine Insolvenzantragspflicht i.S. der Insolvenzordnung besteht. Es ist demgegenüber ausschließlich die Aufgabe der gesetzlichen Vertreter, zu beurteilen, ob eine Insolvenzantragspflicht gegeben ist. Erkennt der Abschlussprüfer gleichwohl auf Grundlage seiner Prüfung Anhaltspunkte für eine Insolvenzgefahr, so ist er verpflichtet, die gesetzlichen Vertreter auf ihre insolvenzrechtlichen Verpflichtungen hinzuweisen.

A13 Vor diesem Hintergrund sind folgende Beispiele zu differenzieren:

- Wurden keine Ereignisse oder Gegebenheiten festgestellt, die bedeutsame Zweifel an der Fortführung der Unternehmenstätigkeit aufwerfen können, reicht ein Prognosehorizont von zwölf Monaten ab dem Abschlussstichtag i.d.R. aus. Gleiches gilt, wenn solche Ereignisse oder Gegebenheiten festgestellt wurden und die gesetzlichen Vertreter aufgrund plausibler und begründeter Annahmen darlegen können, dass diese keine wesentliche Unsicherheit darstellen (vgl. Szenario 1 und 2 der Anlage 2).

- Werden Ereignisse oder Gegebenheiten außerhalb des Zwölfmonatszeitraums festgestellt, wird der Abschlussprüfer dies wie in Tz. A16 beschrieben würdigen. Dies gilt auch, wenn die gesetzlichen Vertreter eine drohende Zahlungsunfähigkeit gemäß § 18 InsO beurteilen.

- Beurteilen die gesetzlichen Vertreter das Vorliegen einer Insolvenzantragspflicht aufgrund einer Überschuldung (vgl. § 19 Abs. 2 InsO)[23], und wird in diesem Zusammenhang eine insolvenzrechtliche Fortbestehensprognose für das laufende und das folgende Geschäftsjahr erstellt, wird der Abschlussprüfer gemäß Tz. 18 diesen Prognosehorizont (zwölf Monate ab dem Zeitpunkt der insolvenzrechtlichen Prognose) seiner Beurteilung ebenfalls zugrunde legen.

Spezifische Überlegungen zu kleineren Unternehmen (vgl. Tz. 17 – 18)

A14 In kleineren Unternehmen nehmen die gesetzlichen Vertreter oft keine detaillierte Einschätzung der Fähigkeit des Unternehmens zur Fortführung der Unternehmenstätigkeit vor. Stattdessen stützen sie sich auf eingehende Kenntnisse über die Unternehmenstätigkeit und auf ihre Einschätzung der zukünftigen Entwicklung. Gleichwohl muss der Abschlussprüfer in Übereinstimmung mit den Anforderungen dieses *IDW Prüfungsstandards* die von den gesetzlichen Vertretern vorgenommene Einschätzung der Fähigkeit des Unternehmens zur Fortführung der

---

[23] Vgl. auch den *Entwurf einer Neufassung des IDW Standards: Beurteilung des Vorliegens von Insolvenzeröffnungsgründen (IDW ES 11 n.F.)* (Stand: 08.01.2021).

Unternehmenstätigkeit beurteilen. Bei kleineren Unternehmen kann es angemessen sein, die mittel- und langfristige Finanzierung des Unternehmens mit den gesetzlichen Vertretern zu erörtern. Dies setzt voraus, dass die Überlegungen der gesetzlichen Vertreter durch ausreichende schriftliche Nachweise unterstützt werden und dem Verständnis des Abschlussprüfers von dem Unternehmen nicht widersprechen. Die in Tz. 18 enthaltene Anforderung, die gesetzlichen Vertreter aufzufordern, ihre Einschätzung zu erweitern, kann der Abschlussprüfer z.B. durch Gespräche und Befragungen sowie durch Einsichtnahme in eine unterstützende Dokumentation erfüllen (z.B. eingegangene Aufträge für zukünftige Lieferungen, die auf ihre Durchführbarkeit beurteilt oder anderweitig untermauert werden). Haben die gesetzlichen Vertreter zu beurteilen, ob eine Insolvenzantragspflicht gegeben ist, sind die entsprechenden Ausführungen in Tz. A12 und Tz. A13 (dritter Aufzählungspunkt) relevant.

A15 Die laufende Unterstützung durch Gesellschafter ist häufig wichtig für die Fähigkeit kleinerer Unternehmen zur Fortführung der Unternehmenstätigkeit, insb. wenn sie größtenteils durch Gesellschafterdarlehen finanziert werden. So kann z.B. der Fortbestand eines kleinen Unternehmens, das in finanziellen Schwierigkeiten ist, davon abhängen, dass Gesellschafter gegenüber dem Unternehmen ihr Darlehen zugunsten von Kreditinstituten oder anderen Gläubigern für nachrangig erklären. Alternativ können Gesellschafter mit ihrem persönlichen Vermögen für ein Darlehen bürgen. In solchen Fällen kann es erforderlich sein, dass der Abschlussprüfer geeignete Nachweise über die Nachrangigkeit der Gesellschafterdarlehen bzw. die Bürgschaften erlangt. Wenn ein Unternehmen von zusätzlicher Unterstützung durch Gesellschafter abhängig ist, kann es erforderlich sein, dass der Abschlussprüfer deren Fähigkeit beurteilt, die Verpflichtung aus der Unterstützungsvereinbarung zu erfüllen. Darüber hinaus kann sich der Abschlussprüfer von den Gesellschaftern schriftlich bestätigen lassen, unter welchen Bedingungen sie die Unterstützung gewähren.

Zeitraum jenseits des der Einschätzung der gesetzlichen Vertreter zugrunde gelegten Zeitraums [Tz. 20]

A16 Gemäß Tz. 16 achtet der Abschlussprüfer darauf, ob es bekannte (geplante oder anderweitige) Ereignisse oder Gegebenheiten gibt, die nach dem Zeitraum, den die gesetzlichen Vertreter ihrer Einschätzung zugrunde gelegt haben, eintreten werden und die die Angemessenheit der Anwendung des Rechnungslegungsgrundsatzes der Fortführung der Unternehmenstätigkeit in Zweifel ziehen können. Da der mit den Auswirkungen eines Ereignisses oder einer Gegebenheit verbundene Unsicherheitsgrad zunimmt, je weiter das Ereignis oder die Gegebenheit in der Zukunft liegt, müssen bei der Berücksichtigung von weiter in der Zukunft liegenden Ereignissen oder Gegebenheiten die Anzeichen für Unternehmensfortführungsprobleme bedeutend sein, bevor der Abschlussprüfer die Ergreifung weiterer Maßnahmen zu erwägen hat. Wenn solche Ereignisse oder Gegebenheiten festgestellt werden, kann der Abschlussprüfer es als notwendig ansehen, die gesetzlichen Vertreter aufzufordern, die mögliche Bedeutung des Ereignisses oder der Gegebenheit hinsichtlich ihrer Einschätzung der Fähigkeit des Unternehmens zur Fortführung der Unternehmenstätigkeit zu beurteilen. Unter diesen Umständen finden die in Tz. 21 genannten Prüfungshandlungen Anwendung.

A17 Der Abschlussprüfer ist nicht verpflichtet, andere Prüfungshandlungen als Befragungen der gesetzlichen Vertreter durchzuführen, um Ereignisse oder Gegebenheiten jenseits des von den gesetzlichen Vertretern ihrer Einschätzung zugrunde gelegten Zeitraums festzustellen, die bedeutsame Zweifel an der Fähigkeit des Unternehmens zur Fortführung der Unternehmenstätigkeit aufwerfen können. Wie in Tz. 18 erläutert, darf dieser Zeitraum zwölf Monate ab dem Abschlussstichtag nicht unterschreiten (vgl. auch Tz. 37 und A13).

Zusätzliche Prüfungshandlungen, wenn Ereignisse oder Gegebenheiten identifiziert wurden, die bedeutsame Zweifel an der Fähigkeit des Unternehmens zur Fortführung der Unternehmenstätigkeit aufwerfen können [Tz. 21]

A18 Beispiele für relevante Prüfungshandlungen für die in Tz. 21 enthaltene Anforderung sind:

- Analyse und Erörterung von Cashflow-, Gewinn- und sonstigen relevanten Prognosen mit Führungskräften auf der zuständigen Managementebene

- Analyse und Erörterung des letzten verfügbaren Zwischenabschlusses

- Durchsicht von Kreditgewährungsklauseln und Darlehensverträgen und Feststellung, ob hiergegen verstoßen wurde

- Durchsicht von Protokollen der Sitzungen der Gesellschafter, der für die Überwachung Verantwortlichen und relevanter Ausschüsse auf Hinweise auf Finanzierungsschwierigkeiten

- Befragung der Rechtsberater des Unternehmens zum Bestehen von Rechtsstreitigkeiten und Ansprüchen sowie zur Vertretbarkeit der Einschätzungen der gesetzlichen Vertreter über deren Ausgang und der Schätzung deren finanzieller Auswirkungen

- Einholung von Nachweisen über das Vorhandensein sowie Würdigung der rechtlichen Zulässigkeit und der Durchsetzbarkeit von Vereinbarungen mit nahe stehenden Personen oder sonstigen Dritten über die Bereitstellung oder Aufrechterhaltung finanzieller Unterstützung sowie Beurteilung der finanziellen Fähigkeit dieser Personen, zusätzliche Mittel bereitzustellen

- Beurteilung, wie das Unternehmen plant, unerledigte Aufträge abzuwickeln

- Durchführung von Prüfungshandlungen zu Ereignissen nach dem Abschlussstichtag, um solche Ereignisse festzustellen, die die Fähigkeit des Unternehmens zur Fortführung der Unternehmenstätigkeit beeinträchtigen oder anderweitig beeinflussen

- Einholung von Nachweisen über das Vorhandensein und die Bedingungen von Kreditlinien sowie Würdigung, ob sie in ausreichendem Umfang bestehen

- Einholung und Durchsicht von Unterlagen über etwaige Maßnahmen von Aufsichtsbehörden

- Feststellung, ob die Realisierbarkeit von geplanten Veräußerungen von Vermögenswerten angemessen nachgewiesen wird.

Beurteilung der Pläne der gesetzlichen Vertreter für zukünftige Maßnahmen (vgl. Tz. 21 b))

A19 Die Beurteilung der Pläne der gesetzlichen Vertreter für zukünftige Maßnahmen kann Befragungen der gesetzlichen Vertreter einschließen, z.B. zu ihren Plänen, Vermögenswerte zu verwerten, Darlehen aufzunehmen oder Schulden umzustrukturieren, Ausgaben zu reduzieren oder aufzuschieben oder das Eigenkapital zu erhöhen.

Zeitraum der Einschätzung der gesetzlichen Vertreter (vgl. Tz. 21 c))

A20 Zusätzlich zu den nach Tz. 21 c) erforderlichen Prüfungshandlungen kann der Abschlussprüfer

- die Planzahlen für die letzten vorhergehenden Berichtszeiträume mit den jeweiligen Ist-Ergebnissen vergleichen und

- die Planzahlen für den laufenden Berichtszeitraum mit den bislang erzielten Ergebnissen vergleichen.

A21 Wenn die Annahmen der gesetzlichen Vertreter eine fortgesetzte Unterstützung durch Dritte einschließen (z.B. durch Einräumung der Nachrangigkeit von Darlehen, Verpflichtung zur Aufrechterhaltung oder Bereitstellung zusätzlicher Finanzmittel oder durch Bürgschaften) und eine solche Unterstützung für die Fähigkeit des Unternehmens zur Fortführung der Unternehmenstätigkeit wichtig ist, kann der Abschlussprüfer es für erforderlich halten, hierzu schriftliche Bestätigungen einschließlich der zugrunde liegenden Konditionen von diesen Dritten anzufordern sowie Nachweise über deren Fähigkeit einzuholen, eine solche Unterstützung zu leisten.

Schriftliche Erklärungen (vgl. Tz. 21 e))

A22 Zur Unterstützung der erlangten Prüfungsnachweise kann der Abschlussprüfer es für angemessen erachten, schriftliche Erklärungen einzuholen, die über den in Tz. 21 geforderten Inhalt hinausgehen.

Schlussfolgerungen des Abschlussprüfers [Tz. 22 – 27]

Wesentliche Unsicherheit im Zusammenhang mit Ereignissen oder Gegebenheiten, die bedeutsame Zweifel an der Fähigkeit des Unternehmens zur Fortführung der Unternehmenstätigkeit aufwerfen können (vgl. Tz. 23)

A23 Der Begriff „wesentliche Unsicherheit" wird in IAS 1.25 bei der Behandlung der Unsicherheiten im Zusammenhang mit Ereignissen oder Gegebenheiten verwendet, die bedeutsame Zweifel an der Fähigkeit des Unternehmens zur Fortführung der Unternehmenstätigkeit aufwerfen können und im Abschluss anzugeben sind.

Angemessenheit von Angaben im Abschluss und im Lagebericht, wenn Ereignisse oder Gegebenheiten identifiziert wurden und eine wesentliche Unsicherheit besteht (vgl. Tz. 24 – 25)

A24 Der Abschlussprüfer hat gemäß Tz. 23 eine Schlussfolgerung zu ziehen, ob eine wesentliche Unsicherheit besteht. Diese Verpflichtung besteht unabhängig davon, ob oder wie die anzuwendenden Rechnungslegungsgrundsätze eine wesentliche Unsicherheit definieren.

A25 Gemäß Tz. 24 und 25 hat der Abschlussprüfer festzustellen, ob der Abschluss und – falls einschlägig – der Lagebericht die in Tz. 24 bzw. 25 geforderten Angaben enthalten. Diese Feststellungen sind zusätzlich zu der Feststellung des Abschlussprüfers zu treffen, ob die nach den maßgebenden Rechnungslegungsgrundsätzen erforderlichen Angaben über eine wesentliche Unsicherheit angemessen sind. Angaben im Abschluss, die zusätzlich zu den in Tz. 24

dargelegten Sachverhalten gefordert werden, können im Falle eines IFRS-Abschlusses Angaben zu bedeutsamen von den gesetzlichen Vertretern vorgenommenen Beurteilungen im Rahmen ihrer Einschätzung der Fähigkeit des Unternehmens zur Fortführung der Unternehmenstätigkeit[24] sein.

Die IFRS geben dem Management zusätzliche Hinweise zur Berücksichtigung der Angaben zum Ausmaß der möglichen Auswirkungen der wichtigsten Ereignisse oder Gegebenheiten sowie zu Wahrscheinlichkeit und Zeitpunkt ihres Eintretens.

A26   Für den Konzernlagebericht enthält DRS 20 Folgendes:[25]

- Ein Risiko, dessen Eintritt den Bestand des Konzerns oder eines wesentlichen Konzernunternehmens voraussichtlich gefährden würde, ist als solches zu bezeichnen (DRS 20.148).

- Die wesentlichen Risiken sind einzeln darzustellen. Die bei ihrem Eintritt zu erwartenden Konsequenzen sind zu analysieren und zu beurteilen (DRS 20.149).

- Die Auswirkungen von Risiken sind darzustellen und zu beurteilen. Dabei können die Risiken vor den ergriffenen Maßnahmen zur Risikobegrenzung sowie die Maßnahmen zur Risikobegrenzung dargestellt und beurteilt werden (Bruttobetrachtung). Alternativ können die Risiken dargestellt und beurteilt werden, die nach der Umsetzung von Risikobegrenzungsmaßnahmen verbleiben (Nettobetrachtung). In diesem Fall sind die Maßnahmen der Risikobegrenzung darzustellen (DRS 20.157).

- Die Auswirkungen von Chancen und Risiken dürfen nicht miteinander verrechnet werden. DRS 20.157 bleibt hiervon unberührt (DRS 20.167).

A27   Der Abschlussprüfer hat gemäß Tz. 24 und 25 zu würdigen, ob der Abschluss Angaben zu einer wesentlichen Unsicherheit enthält und ob der Lagebericht in dieser Hinsicht insb. bei der Beurteilung und Erläuterung der voraussichtlichen Entwicklung mit ihren wesentlichen Chancen und Risiken entsprechende Angaben enthält. Es spricht nichts dagegen, wenn zur Vermeidung von Redundanzen Querverweise vom Abschluss auf den Lagebericht oder umgekehrt vorgenommen werden.[26] In diesem Fall hat der Abschlussprüfer gemäß Tz. 24 und 25 festzustellen, ob im Querverweis eindeutig angegeben ist, dass eine wesentliche Unsicherheit (bestandsgefährdendes Risiko) besteht.

A28   Im Fall eines HGB-Abschlusses erfüllen die gesetzlichen Vertreter ihre Pflicht zur Angabe einer wesentlichen Unsicherheit, indem sie die in Tz. 24 a) und b) geforderten Ausführungen unmittelbar im Abschluss machen. In der Regel werden diese Angaben im Anhang erfolgen. Im Fall eines Abschlusses, der nach Rechnungslegungsgrundsätzen zur Ordnungsmäßigkeit aufgestellt wird, können diese Ausführungen an anderer geeigneter Stelle erfolgen, bspw. unter der Bilanz.

Wenn die gesetzlichen Vertreter zusätzlich einen Lagebericht aufgestellt haben, können sie alternativ unter eindeutiger Bezugnahme auf das Vorliegen einer wesentlichen Unsicherheit (bestandsgefährdendes Risiko) auf die entsprechenden Angaben im Lagebericht verweisen.

---

[24]   Vgl. IAS 1.122 i.V.m. IFRIC Update Juli 2014, S. 6.

[25]   Zur Anwendung des DRS 20 auf den Lagebericht nach § 289 HGB vgl. *IDW PS 350 n.F.*, Tz. 5.

[26]   DRS 20.21 erlaubt Verweise auf den (Konzern-)Anhang, sofern es insgesamt eine geschlossene Darstellung gibt.

A29 Die Ausführungen gemäß Tz. 24 a) und b) erläutern die Bedeutung einer wesentlichen Unsicherheit (bestandsgefährdendes Risiko) für die Bilanzierung und Bewertung im Abschluss und können unter Aufnahme entsprechender Querverweise wahlweise im Abschluss selbst oder in der Risikoberichterstattung im Lagebericht vorgenommen werden. Die wirtschaftliche Bedeutung der wesentlichen Unsicherheit (bestandsgefährdendes Risiko) für die voraussichtliche Entwicklung des Unternehmens ist demgegenüber Pflichtbestandteil der Chancen- und Risikoberichterstattung im Lagebericht.

Angemessenheit von Angaben im Abschluss und im Lagebericht, wenn Ereignisse oder Gegebenheiten identifiziert wurden, aber keine wesentliche Unsicherheit besteht (vgl. Tz. 26 – 27)

A30 Selbst wenn keine wesentliche Unsicherheit besteht, hat der Abschlussprüfer gemäß Tz. 26 zu beurteilen, ob der Abschluss angesichts der Anforderungen der anzuwendenden Rechnungslegungsgrundsätze angemessene Angaben zu Ereignissen oder Gegebenheiten enthält, die bedeutsame Zweifel an der Fähigkeit des Unternehmens zur Fortführung der Unternehmenstätigkeit aufwerfen können. So verlangen bspw. die IFRS Angaben über bedeutsame von den gesetzlichen Vertretern vorgenommene Beurteilungen im Rahmen ihrer Einschätzung der Fähigkeit des Unternehmens zur Fortführung der Unternehmenstätigkeit.[27]

A31 In einem HGB-Anhang sind keine Angaben über Ereignisse und Gegebenheiten erforderlich, die bedeutsame Zweifel an der Fähigkeit des Unternehmens zur Fortführung der Unternehmenstätigkeit aufwerfen können, aber keine wesentliche Unsicherheit darstellen. Ereignisse und Gegebenheiten, die nach diesem *IDW Prüfungsstandard* zu würdigen sind, können allerdings gemäß DRS 20 für den Lagebericht selbst dann relevant sein (vgl. Tz. A26), wenn keine wesentliche Unsicherheit vorliegt. Haben bspw. die gesetzlichen Vertreter Ereignisse oder Gegebenheiten identifiziert, die bedeutsame Zweifel an der Fähigkeit des Unternehmens zur Fortführung der Unternehmenstätigkeit aufwerfen können und entsprechende Maßnahmen zur Risikobegrenzung ergriffen, ist es nach DRS 20 erforderlich, sowohl die Ereignisse oder Gegebenheiten als auch die Maßnahmen der gesetzlichen Vertreter im Lagebericht anzugeben. Dies gilt auch dann, wenn nach Berücksichtigung der Maßnahmen zur Risikobegrenzung eine wesentliche Unsicherheit nicht besteht (vgl. Tz. 21).

Wenn der Abschluss in Übereinstimmung mit Rechnungslegungsgrundsätzen zur sachgerechten Gesamtdarstellung aufgestellt ist, beinhaltet die Beurteilung des Abschlussprüfers, ob mit dem Abschluss eine sachgerechte Gesamtdarstellung erreicht wird, Überlegungen zur Darstellung des Abschlusses insgesamt, zum Inhalt und Aufbau des Abschlusses, einschließlich der damit zusammenhängenden Angaben, sowie zur sachgerechten Gesamtdarstellung der zugrunde liegenden Geschäftsvorfälle und Ereignisse.[28] In Abhängigkeit von den Ereignissen und Gegebenheiten kann der Abschlussprüfer feststellen, dass zusätzliche Angaben notwendig sind, um eine sachgerechte Gesamtdarstellung zu erreichen (vgl. § 264 Abs. 2 Satz 2 HGB sowie IAS 1.15). Dies kann z.B. der Fall sein, wenn Ereignisse oder Gegebenheiten identifiziert wurden, die bedeutsame Zweifel an der Fähigkeit des Unternehmens zur Fortführung der Unternehmenstätigkeit aufwerfen können, der Abschlussprüfer jedoch auf der Grundlage der

---

[27] Vgl. IAS 1.122 i.V.m. IFRIC Update Juli 2014, S. 6.

[28] *IDW PS 400 n.F.*, Tz. 17.

erlangten Prüfungsnachweise die Schlussfolgerung zieht, dass keine wesentliche Unsicherheit besteht, und die anzuwendenden Rechnungslegungsgrundsätze nicht ausdrücklich Angaben zu diesen Umständen fordern.

Auswirkungen auf den Bestätigungsvermerk [Tz. 28 – 33]

Unangemessene Anwendung des Rechnungslegungsgrundsatzes der Fortführung der Unternehmenstätigkeit (vgl. Tz. 28)

A32 Wenn der Abschluss unter Anwendung des Rechnungslegungsgrundsatzes der Fortführung der Unternehmenstätigkeit aufgestellt wurde, jedoch nach der Beurteilung des Abschlussprüfers die von den gesetzlichen Vertretern bei der Aufstellung des Abschlusses vorgenommene Anwendung des Rechnungslegungsgrundsatzes der Fortführung der Unternehmenstätigkeit unangemessen ist, gilt die Anforderung in Tz. 28, dass der Abschlussprüfer das Prüfungsurteil zum Abschluss zu versagen hat, unabhängig davon, ob der Abschluss Angaben zur Unangemessenheit der von den gesetzlichen Vertretern vorgenommenen Anwendung des Rechnungslegungsgrundsatzes der Fortführung der Unternehmenstätigkeit enthält. Die Beispiele 3 und 4 der Anlage 1 zu diesem *IDW Prüfungsstandard* enthalten Beispiele für Versagungsvermerke, wenn die Anwendung des Rechnungslegungsgrundsatzes nach Beurteilung des Abschlussprüfers unangemessen ist bzw. wenn der Abschlussprüfer die Angemessenheit der Annahme der Fortführung der Unternehmenstätigkeit nicht beurteilen kann.

A33 Wenn die gesetzlichen Vertreter zu der Einschätzung gelangen, dass die Anwendung des Rechnungslegungsgrundsatzes der Fortführung der Unternehmenstätigkeit unter den gegebenen Umständen nicht angemessen ist, sind sie verpflichtet, den Abschluss unter Abkehr von der Annahme der Fortführung der Unternehmenstätigkeit aufzustellen. Nach § 284 Abs. 2 Nr. 1 HGB bzw. IAS 1.25 ist darüber zu berichten, dass der Abschluss unter Abkehr von dem Rechnungslegungsgrundsatz der Fortführung der Unternehmenstätigkeit aufgestellt wurde, und über die Grundlagen, auf denen der Abschluss nunmehr basiert. Der Abschlussprüfer kann es für sachgerecht oder notwendig erachten, unter Bezugnahme auf die Darstellung im Anhang und – falls einschlägig – im Lagebericht in Übereinstimmung mit *IDW PS 406* darauf hinzuweisen, dass der Abschluss unter Abkehr vom Rechnungslegungsgrundsatz der Fortführung der Unternehmenstätigkeit aufgestellt wurde. Beispiel 5 der Anlage 1 zu diesem *IDW Prüfungsstandard* enthält eine Musterformulierung für einen solchen Hinweis zur Hervorhebung eines Sachverhalts.

A34 Eine Bilanzierung unter Anwendung des Rechnungslegungsgrundsatzes der Fortführung der Unternehmenstätigkeit ist jedenfalls dann unangemessen, wenn die gesetzlichen Vertreter gezwungen sind (d.h. die gesetzlichen Vertreter haben keine realistische Alternative hierzu) oder wenn die Entscheidung getroffen wurde, das gesamte Unternehmen zu liquidieren oder die Geschäftstätigkeit einzustellen. Beispiele für eine i.d.R. erforderliche Abkehr vom Rechnungslegungsgrundsatz der Fortführung der Unternehmenstätigkeit sind, wenn das Management feststellt, dass eine Insolvenzantragspflicht vorliegt, wenn ein Insolvenzantrag gestellt wurde oder ein Insolvenzverfahren über das Vermögen der Gesellschaft eröffnet wurde. In diesen Fällen liegen regelmäßig rechtliche oder tatsächliche Gegebenheiten vor, die einer Fortführung der Unternehmenstätigkeit entgegenstehen.

Da der Rechnungslegungsgrundsatz der Fortführung der Unternehmenstätigkeit an die Geschäftstätigkeit als solche anknüpft, kann im Einzelfall auch angesichts des Vorliegens eines Insolvenzgrundes eine Bilanzierung nach Fortführungswerten zulässig sein, bspw. wenn hinreichend begründet und dokumentiert dargelegt wird, dass die Unternehmenstätigkeit auch nach einer Eröffnung des Insolvenzverfahrens jedenfalls innerhalb des Prognosezeitraums fortgeführt werden wird.[29]

Wenn die Angemessenheit der Anwendung des Rechnungslegungsgrundsatzes der Fortführung der Unternehmenstätigkeit darauf beruht, dass sich Gesellschafter des Unternehmens mit ausreichender Bonität verpflichten, das Unternehmen finanziell zu unterstützen (z.B. durch entsprechende Rangrücktrittserklärungen, Forderungsverzichte mit Besserungsschein oder „harte" Patronatserklärungen) und solche Verpflichtungen bis zum Datum des Bestätigungsvermerks nicht vorliegen, können die gesetzlichen Vertreter ebenfalls nicht davon ausgehen, dass die Anwendung des Rechnungslegungsgrundsatzes der Fortführung der Unternehmenstätigkeit angemessen ist.

Angemessene Anwendung des Rechnungslegungsgrundsatzes der Fortführung der Unternehmenstätigkeit, obwohl eine wesentliche Unsicherheit besteht (vgl. Tz. 29 – 32)

A35   Die Identifizierung einer wesentlichen Unsicherheit ist ein wichtiger Sachverhalt für das Verständnis des Abschlusses durch die Adressaten. Die Verwendung eines gesonderten Abschnitts mit einer Überschrift, die einen Hinweis auf die Tatsache enthält, dass eine wesentliche Unsicherheit im Zusammenhang mit der Fortführung der Unternehmenstätigkeit besteht, macht die Adressaten auf diesen Umstand aufmerksam.

A36   Die Anlage 1 zu diesem *IDW Prüfungsstandard* enthält Beispiele für die in den Bestätigungsvermerk aufzunehmenden Erklärungen, wenn das HGB bzw. die IFRS die maßgebenden Rechnungslegungsgrundsätze sind. Wenn andere Rechnungslegungsgrundsätze als das HGB bzw. die IFRS maßgebend sind, kann es notwendig sein, die in der Anlage zu diesem *IDW Prüfungsstandard* dargestellten beispielhaften Erklärungen anzupassen.

A37   Tz. 29 enthält die Informationen, die unter den jeweils beschriebenen Umständen im Bestätigungsvermerk mindestens darzustellen sind. Der Abschlussprüfer kann in Ergänzung der geforderten Erklärungen weitere Erläuterungen vornehmen und z.B. angeben,

- dass das Bestehen einer wesentlichen Unsicherheit grundlegend für das Verständnis des Abschlusses durch die Adressaten ist[30] oder

- wie der Sachverhalt in der Abschlussprüfung behandelt wurde (vgl. Tz. A1).

Abschluss bzw. Lagebericht enthalten eine angemessene Angabe über eine wesentliche Unsicherheit (vgl. Tz. 29 – 30)

A38   Beispiel 1 der Anlage 1 zu diesem *IDW Prüfungsstandard* enthält ein Beispiel für Erklärungen in einem Bestätigungsvermerk, wenn der Abschlussprüfer ausreichende geeignete Prüfungs-

---

[29] Vgl. BGH-Urteil v. 26.01.2017 – IX ZR 285/14, Rn. 27.

[30] Vgl. *IDW PS 406*, Tz. A4.

nachweise bezüglich der Angemessenheit der von den gesetzlichen Vertretern vorgenommenen Anwendung des Rechnungslegungsgrundsatzes der Fortführung der Unternehmenstätigkeit erlangt hat, aber eine wesentliche Unsicherheit besteht und die Angabe im Abschluss und – falls einschlägig – im Lagebericht angemessen ist. Die Anlage des *IDW PS 400 n.F.* enthält auch Beispielformulierungen im Zusammenhang mit der Fortführung der Unternehmenstätigkeit zur Aufnahme in den Bestätigungsvermerk bei allen Unternehmen, um die jeweiligen Verantwortlichkeiten der für den Abschluss und – falls einschlägig – für den Lagebericht Verantwortlichen und des Abschlussprüfers im Zusammenhang mit der Fortführung der Unternehmenstätigkeit zu beschreiben.

Abschluss bzw. Lagebericht enthalten keine angemessene Angabe über eine wesentliche Unsicherheit (vgl. Tz. 31 – 32)

A39 Beispiele 2 und 3 der Anlage 1 zu diesem *IDW Prüfungsstandard* enthalten Beispiele für einen Bestätigungsvermerk mit eingeschränktem Prüfungsurteil zum Abschluss und zum Lagebericht bzw. für einen Versagungsvermerk, wenn der Abschlussprüfer ausreichende geeignete Prüfungsnachweise bezüglich der Angemessenheit bzw. der Unangemessenheit der von den gesetzlichen Vertretern vorgenommenen Anwendung des Rechnungslegungsgrundsatzes der Fortführung der Unternehmenstätigkeit erlangt hat, aber im Abschluss und im Lagebericht keine angemessene Angabe einer wesentlichen Unsicherheit vorgenommen wurde.

A40 In Situationen mit mehreren für den Abschluss als Ganzes bedeutsamen Unsicherheiten kann der Abschlussprüfer es in äußerst seltenen Fällen für angemessen erachten, anstatt der Aufnahme der gemäß Tz. 29 geforderten Erklärungen die Nichtabgabe eines Prüfungsurteils zum Abschluss und – falls einschlägig – dementsprechend zum Lagebericht zu erklären. *IDW PS 405* enthält Hinweise hierzu.[31]

A41 Der Abschlussprüfer hat gemäß Tz. 31 a) sein Prüfungsurteil zum Abschluss zu modifizieren, wenn die wesentliche Unsicherheit (bestandsgefährdendes Risiko) im Abschluss nicht angemessen angegeben ist. Dies gilt auch dann, wenn der Abschluss nach Rechnungslegungsgrundsätzen zur Ordnungsmäßigkeit aufgestellt ist.

Kommunikation mit Regulatoren (vgl. Tz. 29 – 32)

A42 Wenn es nach Auffassung des Abschlussprüfers eines regulierten Unternehmens notwendig ist, einen Hinweis auf Sachverhalte im Zusammenhang mit der Fortführung der Unternehmenstätigkeit in den Bestätigungsvermerk aufzunehmen, kann der Abschlussprüfer zur Kommunikation mit den maßgebenden Regulierungs-, Vollzugs- oder Aufsichtsbehörden verpflichtet sein (bspw. § 29 Abs. 3 Satz 1 KWG; Artikel 12 Abs. 1 Buchst. b) EU-APrVO).

Fehlende Bereitschaft der gesetzlichen Vertreter zur Vornahme oder zeitlichen Ausdehnung ihrer Einschätzung (vgl. Tz. 33)

---

[31] Vgl. *IDW PS 405*, Tz. 14.

A43 Unter bestimmten Umständen kann der Abschlussprüfer es als notwendig erachten, die gesetzlichen Vertreter aufzufordern, ihre Einschätzung vorzunehmen oder den ihrer Einschätzung zugrunde liegenden Zeitraum auszudehnen. Sind die gesetzlichen Vertreter hierzu nicht bereit, kann ein eingeschränktes Prüfungsurteil oder die Erklärung der Nichtabgabe eines Prüfungsurteils zum Abschluss und – falls einschlägig – dementsprechend zum Lagebericht sachgerecht sein, da es dem Abschlussprüfer möglicherweise nicht möglich ist, ausreichende geeignete Prüfungsnachweise bezüglich der von den gesetzlichen Vertretern vorgenommenen Anwendung des Rechnungslegungsgrundsatzes der Fortführung der Unternehmenstätigkeit bei der Aufstellung des Abschlusses und – falls einschlägig – des Lageberichts zu erlangen (z.B. Prüfungsnachweise zum Vorhandensein von von den gesetzlichen Vertretern implementierten Plänen oder zum Vorhandensein anderer begünstigender Faktoren).

Bedeutsame Verzögerung bei der Aufstellung des Abschlusses oder Lageberichts [vgl. Tz. 37]

A44 Der Abschlussprüfer kann bei einer bedeutsamen Verzögerung bei der Aufstellung des Abschlusses oder Lageberichts eine Ausdehnung des Zeitraums, den die gesetzlichen Vertreter ihrer Einschätzung der Fähigkeit des Unternehmens zur Fortführung der Unternehmenstätigkeit zugrunde legen, als notwendig erachten, um ausreichende geeignete Prüfungsnachweise zu erlangen.

Anlage 1: Beispiele für Bestätigungsvermerke des Abschlussprüfers im Zusammenhang mit der Fortführung der Unternehmenstätigkeit

Den Beispielen ist eine vollständige Beschreibung der jeweils angenommenen Gegebenheiten vorangestellt. Zur besseren Unterscheidbarkeit der Fallvarianten ist in der anschließenden Beispielformulierung der Wortlaut der einzelnen Abschnitte des Bestätigungs- oder Versagungsvermerks vollständig ausformuliert, wenn sich Abweichungen gegenüber den beispielhaften Bestätigungsvermerken ergeben, die bereits in anderen *IDW Prüfungsstandards*, insb. in der Anlage zu *IDW PS 400 n.F.*, enthalten sind. Bestehen keine Abweichungen, wird lediglich auf die Formulierung in den einschlägigen *IDW Prüfungsstandards* verwiesen.

1.   Uneingeschränkter Bestätigungsvermerk, wenn eine wesentliche Unsicherheit besteht und die Angabe im Abschluss und Lagebericht angemessen ist

Für Zwecke dieses beispielhaften Bestätigungsvermerks werden folgende, dem Beispiel 2 in der Anlage des *IDW PS 400 n.F.* entsprechende Gegebenheiten angenommen:

- Der Wirtschaftsprüfer wurde als gesetzlicher Abschlussprüfer des Jahresabschlusses und Lageberichts bestellt. Es handelt sich um die Prüfung eines Jahresabschlusses (bestehend aus Bilanz, Gewinn- und Verlustrechnung [im Fall des § 264 Abs. 1 Satz 2 HGB auch: Kapitalflussrechnung, Eigenkapitalspiegel] sowie Anhang) und Lageberichts eines Unternehmens von öffentlichem Interesse i.S.d. § 319a Abs. 1 Satz 1 HGB, unter Anwendung von Rechnungslegungsgrundsätzen zur sachgerechten Gesamtdarstellung.

- Der Jahresabschluss ist von den gesetzlichen Vertretern in Übereinstimmung mit den für große Kapitalgesellschaften geltenden handelsrechtlichen Vorschriften (Rechnungslegungsgrundsätze für allgemeine Zwecke) aufzustellen.

- Der Lagebericht wurde gemäß § 289b Abs. 1 HGB um eine nichtfinanzielle Erklärung erweitert, die einen besonderen Abschnitt des Lageberichts bildet. Darüber hinaus enthält der Lagebericht in einem gesonderten Abschnitt die Erklärung zur Unternehmensführung (§ 289f HGB). Die Erklärung zur Unternehmensführung enthält die Erklärung zum Deutschen Corporate Governance Kodex nach § 161 AktG. Diese nicht inhaltlich geprüften Lageberichtsangaben sind als „ungeprüft" gekennzeichnet und eindeutig i.S.d. *IDW PS 350 n.F.* von den inhaltlich geprüften Lageberichtsangaben abgegrenzt.
  Der Abschlussprüfer erachtet es für notwendig, im Bestätigungsvermerk darzustellen, dass diese Angaben nicht inhaltlich geprüft wurden und sich daher das Prüfungsurteil zum Lagebericht nicht darauf erstreckt (vgl. *IDW PS 350 n.F.*, Tz. 121 i.V.m. A116–A117).

- Der Lagebericht enthält nicht inhaltlich geprüfte lageberichtsfremde Angaben i.S.d. *IDW PS 350 n.F.*, die ebenfalls als „ungeprüft" gekennzeichnet und eindeutig i.S.d. *IDW PS 350 n.F.* von den inhaltlich geprüften Lageberichtsangaben abgegrenzt sind.
  Der Abschlussprüfer erachtet es für notwendig, im Bestätigungsvermerk darzustellen, dass diese Angaben nicht inhaltlich geprüft wurden und sich daher das Prüfungsurteil

zum Lagebericht nicht darauf erstreckt (vgl. *IDW PS 350 n.F.*, Tz. 120 i.V.m. A116–A117).

- Der Abschlussprüfer ist zu dem Schluss gekommen, dass nicht modifizierte Prüfungsurteile auf der Grundlage der erlangten Prüfungsnachweise angemessen sind.

- Die deutschen handelsrechtlichen und berufsrechtlichen Vorschriften umfassen sämtliche relevanten deutschen Berufspflichten, die bei der Abschlussprüfung einschlägig sind.

- Besonders wichtige Prüfungssachverhalte wurden in Übereinstimmung mit *IDW PS 401* mitgeteilt.

- Der Abschlussprüfer hat sämtliche sonstigen Informationen vor dem Datum des Bestätigungsvermerks erhalten und hat keine wesentliche falsche Darstellung dieser sonstigen Informationen identifiziert.

- Es handelt sich um eine Aktiengesellschaft (Kapitalgesellschaft mit Aufsichtsrat).

- In Ergänzung zur Prüfung des Jahresabschlusses und des Lageberichts hat der Abschlussprüfer nach europäischem Recht erforderliche Pflichtangaben im Bestätigungsvermerk zu machen.

- Die Beschreibung der Verantwortung des Abschlussprüfers erfolgt vollumfänglich direkt im entsprechenden Abschnitt des Bestätigungsvermerks, d.h. ohne Auslagerung eines Teils der Beschreibung in eine Anlage zum Bestätigungsvermerk bzw. auf die IDW Website.

Über die zuvor dargestellten Gegebenheiten hinaus wird folgender Sachverhalt unterstellt:

- Auf der Grundlage der erlangten Prüfungsnachweise ist der Abschlussprüfer zu dem Schluss gekommen, dass eine wesentliche Unsicherheit im Zusammenhang mit Ereignissen oder Gegebenheiten besteht, die bedeutsame Zweifel an der Fähigkeit des Unternehmens zur Fortführung der Unternehmenstätigkeit aufwerfen können. Die Angaben zu dieser wesentlichen Unsicherheit im Jahresabschluss und Lagebericht sind angemessen.

BESTÄTIGUNGSVERMERK DES UNABHÄNGIGEN ABSCHLUSSPRÜFERS

An die ... [*Gesellschaft*]

VERMERK ÜBER DIE PRÜFUNG DES JAHRESABSCHLUSSES UND DES LAGEBERICHTS

Prüfungsurteile

[Formulierung in Übereinstimmung mit Beispiel 2 in der Anlage zu *IDW PS 400 n.F.*]

Grundlage für die Prüfungsurteile

[Formulierung in Übereinstimmung mit Beispiel 2 in der Anlage zu *IDW PS 400 n.F.*]

Wesentliche Unsicherheit im Zusammenhang mit der Fortführung der Unternehmenstätigkeit

Wir verweisen auf Angabe A im Anhang sowie die Angaben in Abschnitt B des Lageberichts, in denen die gesetzlichen Vertreter beschreiben, dass … [bspw. sich die Gesellschaft in einer angespannten Liquiditätssituation befindet]. Wie in Angabe A und Abschnitt B dargelegt, deuten diese Ereignisse und Gegebenheiten [ggf. zusammen mit den anderen dort ausgeführten Sachverhalten] auf das Bestehen einer wesentlichen Unsicherheit hin, die bedeutsame Zweifel an der Fähigkeit der Gesellschaft zur Fortführung der Unternehmenstätigkeit aufwerfen kann und die ein bestandsgefährdendes Risiko im Sinne des § 322 Abs. 2 Satz 3 HGB darstellt. Unsere Prüfungsurteile sind bezüglich dieses Sachverhalts nicht modifiziert.

Besonders wichtige Prüfungssachverhalte in der Prüfung des Jahresabschlusses

Besonders wichtige Prüfungssachverhalte sind solche Sachverhalte, die nach unserem pflichtgemäßen Ermessen am bedeutsamsten in unserer Prüfung des Jahresabschlusses für das Geschäftsjahr vom … [Datum] bis zum … [Datum] waren. Diese Sachverhalte wurden im Zusammenhang mit unserer Prüfung des Jahresabschlusses als Ganzem und bei der Bildung unseres Prüfungsurteils hierzu berücksichtigt; wir geben kein gesondertes Prüfungsurteil zu diesen Sachverhalten ab. Zusätzlich zu dem im Abschnitt „Wesentliche Unsicherheit im Zusammenhang mit der Fortführung der Unternehmenstätigkeit" beschriebenen Sachverhalt haben wir die unten beschriebenen Sachverhalte als die besonders wichtigen Prüfungssachverhalte bestimmt, die in unserem Bestätigungsvermerk mitzuteilen sind.

[Beschreibung jedes besonders wichtigen Prüfungssachverhalts in Übereinstimmung mit IDW PS 401]

Sonstige Informationen

[Formulierung in Übereinstimmung mit *ISA 720 (Revised) (Entwurf-DE)*]

Verantwortung der gesetzlichen Vertreter und des Aufsichtsrats für den Jahresabschluss und den Lagebericht

[Formulierung in Übereinstimmung mit Beispiel 2 in der Anlage zu *IDW PS 400 n.F.*][32]

---

[32] Die Tz. 54 b) und 60 b) iv) des *IDW PS 400 n.F.* fordern Formulierungen im Zusammenhang mit der Fortführung der Unternehmenstätigkeit, die bei allen Unternehmen in den Bestätigungsvermerk aufzunehmen sind, um die jeweiligen Verantwortlichkeiten der für den Abschluss Verantwortlichkeiten und des Abschlussprüfers im Zusammenhang mit der Fortführung der Unternehmenstätigkeit zu beschreiben.

Verantwortung des Abschlussprüfers für die Prüfung des Jahresabschlusses und des Lageberichts

[Formulierung in Übereinstimmung mit Beispiel 2 in der Anlage zu *IDW PS 400 n.F.*]

SONSTIGE GESETZLICHE UND ANDERE RECHTLICHE ANFORDERUNGEN

Übrige Angaben gemäß Artikel 10 EU-APrVO

[Formulierung in Übereinstimmung mit Beispiel 2 in der Anlage zu *IDW PS 400 n.F.*]

VERANTWORTLICHER WIRTSCHAFTSPRÜFER

Der für die Prüfung verantwortliche Wirtschaftsprüfer ist ... [*Name*].

[*Ort der Niederlassung des Abschlussprüfers*]

[*Datum*]

[*Unterschrift*]

Wirtschaftsprüfer

ANLAGE ZUM BESTÄTIGUNGSVERMERK: NICHT INHALTLICH GEPRÜFTE BESTAND-TEILE DES LAGEBERICHTS

[Formulierung in Übereinstimmung mit Beispiel 2 in der Anlage zu *IDW PS 400 n.F.*]

2. **Eingeschränkter Bestätigungsvermerk mit eingeschränktem Prüfungsurteil zum Jahresabschluss und mit eingeschränktem Prüfungsurteil zum Lagebericht, wenn eine wesentliche Unsicherheit besteht und der Abschluss und der Lagebericht aufgrund einer nicht angemessenen Angabe wesentlich falsch dargestellt sind**

Für Zwecke dieses beispielhaften Bestätigungsvermerks werden folgende, dem Beispiel 2 in der Anlage des *IDW PS 400 n.F.* entsprechende Gegebenheiten angenommen:

- Der Wirtschaftsprüfer wurde als gesetzlicher Abschlussprüfer des Jahresabschlusses und Lageberichts bestellt. Es handelt sich um die Prüfung eines Jahresabschlusses (bestehend aus Bilanz, Gewinn- und Verlustrechnung [im Fall des § 264 Abs. 1 Satz 2 HGB auch: Kapitalflussrechnung, Eigenkapitalspiegel] sowie Anhang) und Lageberichts eines Unternehmens von öffentlichem Interesse i.S.d. § 319a Abs. 1 Satz 1 HGB, unter Anwendung von Rechnungslegungsgrundsätzen zur sachgerechten Gesamtdarstellung.

- Der Jahresabschluss ist von den gesetzlichen Vertretern in Übereinstimmung mit den für große Kapitalgesellschaften geltenden handelsrechtlichen Vorschriften (Rechnungslegungsgrundsätze für allgemeine Zwecke) aufzustellen.

- Der Lagebericht wurde gemäß § 289b Abs. 1 HGB um eine nichtfinanzielle Erklärung erweitert, die einen besonderen Abschnitt des Lageberichts bildet. Darüber hinaus enthält der Lagebericht in einem gesonderten Abschnitt die Erklärung zur Unternehmensführung (§ 289f HGB). Die Erklärung zur Unternehmensführung enthält die Erklärung zum Deutschen Corporate Governance Kodex nach § 161 AktG. Diese nicht inhaltlich geprüften Lageberichtsangaben sind als „ungeprüft" gekennzeichnet und eindeutig i.S.d. *IDW PS 350 n.F.* von den inhaltlich geprüften Lageberichtsangaben abgegrenzt.
  Der Abschlussprüfer erachtet es für notwendig, im Bestätigungsvermerk darzustellen, dass diese Angaben nicht inhaltlich geprüft wurden und sich daher das Prüfungsurteil zum Lagebericht nicht darauf erstreckt (vgl. *IDW PS 350 n.F.*, Tz. 121 i.V.m. A116–A117).

- Der Lagebericht enthält nicht inhaltlich geprüfte lageberichtsfremde Angaben i.S.d. *IDW PS 350 n.F.*, die ebenfalls als „ungeprüft" gekennzeichnet und eindeutig i.S.d. *IDW PS 350 n.F.* von den inhaltlich geprüften Lageberichtsangaben abgegrenzt sind.
  Der Abschlussprüfer erachtet es für notwendig, im Bestätigungsvermerk darzustellen, dass diese Angaben nicht inhaltlich geprüft wurden und sich daher das Prüfungsurteil zum Lagebericht nicht darauf erstreckt (vgl. *IDW PS 350 n.F.*, Tz. 120 i.V.m. A116–A117).

- Die deutschen handelsrechtlichen und berufsrechtlichen Vorschriften umfassen sämtliche relevanten deutschen Berufspflichten, die bei der Abschlussprüfung einschlägig sind.

- Besonders wichtige Prüfungssachverhalte wurden in Übereinstimmung mit *IDW PS 401* mitgeteilt.

- Der Abschlussprüfer hat sämtliche sonstigen Informationen vor dem Datum des Bestätigungsvermerks erhalten und hat keine wesentliche falsche Darstellung dieser sonstigen Informationen identifiziert.

31

- Es handelt sich um eine Aktiengesellschaft (Kapitalgesellschaft mit Aufsichtsrat).

- In Ergänzung zur Prüfung des Jahresabschlusses und des Lageberichts hat der Abschlussprüfer nach europäischem Recht erforderliche Pflichtangaben im Bestätigungsvermerk zu machen.

- Die Beschreibung der Verantwortung des Abschlussprüfers erfolgt vollumfänglich direkt im entsprechenden Abschnitt des Bestätigungsvermerks, d.h. ohne Auslagerung eines Teils der Beschreibung in eine Anlage zum Bestätigungsvermerk bzw. auf die IDW Website.

Über die zuvor dargestellten Gegebenheiten hinaus wird folgender Sachverhalt unterstellt:

- Der Abschlussprüfer hat ausreichende geeignete Prüfungsnachweise darüber erlangt, dass die Einschätzung der gesetzlichen Vertreter über die Anwendung des Rechnungslegungsgrundsatzes der Fortführung der Unternehmenstätigkeit angemessen ist. Auf der Grundlage der erlangten Prüfungsnachweise ist der Abschlussprüfer zu dem Schluss gekommen, dass eine wesentliche Unsicherheit im Zusammenhang mit Ereignissen oder Gegebenheiten besteht, die bedeutsame Zweifel an der Fähigkeit des Unternehmens zur Fortführung der Unternehmenstätigkeit aufwerfen können. Die Gesellschaft befindet sich in einer angespannten Liquiditätssituation; der Jahresabschluss und der Lagebericht enthalten jedoch hierzu keine Darlegungen und auch keine Beschreibung dieser Situation als eine wesentliche Unsicherheit bzw. bestandsgefährdendes Risiko.

- Der Jahresabschluss und der Lagebericht sind aufgrund der nicht angemessenen Angabe der wesentlichen Unsicherheit wesentlich falsch dargestellt. Die Auswirkungen dieser nicht angemessenen Angaben auf den Abschluss und den Lagebericht sind nach Einschätzung des Abschlussprüfers wesentlich, aber nicht umfassend.

BESTÄTIGUNGSVERMERK DES UNABHÄNGIGEN ABSCHLUSSPRÜFERS

An die ... [*Gesellschaft*]

VERMERK ÜBER DIE PRÜFUNG DES JAHRESABSCHLUSSES UND DES LAGEBERICHTS

Eingeschränkte Prüfungsurteile

Wir haben den Jahresabschluss der ... [*Gesellschaft*] – bestehend aus der Bilanz zum ... [*Datum*] und der Gewinn- und Verlustrechnung für das Geschäftsjahr vom ... [*Datum*] bis zum ... [*Datum*] [*im Fall des § 264 Abs. 1 Satz 2 HGB*: bestehend aus der Bilanz zum ... [*Datum*], der Gewinn- und Verlustrechnung, der Kapitalflussrechnung und dem Eigenkapitalspiegel für das Geschäftsjahr vom ... [*Datum*] bis zum ... [*Datum*]] sowie dem Anhang, einschließlich der Darstellung der Bilanzierungs- und Bewertungsmethoden – geprüft. Darüber hinaus haben wir den Lagebericht der ... [*Gesellschaft*] für das Geschäftsjahr vom ... [*Datum*] bis zum ... [*Datum*] geprüft. Die in der Anlage genannten Bestandteile des Lageberichts haben wir in Einklang mit den deutschen gesetzlichen Vorschriften nicht inhaltlich geprüft.

Nach unserer Beurteilung aufgrund der bei der Prüfung gewonnenen Erkenntnisse

- entspricht der beigefügte Jahresabschluss mit Ausnahme der Auswirkungen des im Abschnitt „Grundlage für die eingeschränkten Prüfungsurteile" beschriebenen Sachverhalts in allen wesentlichen Belangen den deutschen, für Kapitalgesellschaften geltenden handelsrechtlichen Vorschriften und vermittelt mit Ausnahme dieser Auswirkungen unter Beachtung der deutschen Grundsätze ordnungsmäßiger Buchführung ein den tatsächlichen Verhältnissen entsprechendes Bild der Vermögens- und Finanzlage der Gesellschaft zum … [*Datum*] sowie ihrer Ertragslage für das Geschäftsjahr vom … [*Datum*] bis zum … [*Datum*] und

- vermittelt der beigefügte Lagebericht mit Ausnahme der Auswirkungen des im Abschnitt „Grundlage für die eingeschränkten Prüfungsurteile" beschriebenen Sachverhalts insgesamt ein zutreffendes Bild von der Lage der Gesellschaft. In allen wesentlichen Belangen, mit Ausnahme der Auswirkungen dieses Sachverhalts, steht dieser Lagebericht in Einklang mit einem den deutschen gesetzlichen Vorschriften entsprechenden Jahresabschluss, entspricht den deutschen gesetzlichen Vorschriften und stellt die Chancen und Risiken der zukünftigen Entwicklung zutreffend dar. Unser Prüfungsurteil zum Lagebericht erstreckt sich nicht auf den Inhalt der in der Anlage genannten Bestandteile des Lageberichts.

Gemäß § 322 Abs. 3 Satz 1 HGB erklären wir, dass unsere Prüfung mit Ausnahme der genannten Einschränkungen der Prüfungsurteile zum Jahresabschluss und zum Lagebericht zu keinen Einwendungen gegen die Ordnungsmäßigkeit des Jahresabschlusses und des Lageberichts geführt hat.

Grundlage für die eingeschränkten Prüfungsurteile

Die Gesellschaft befindet sich in einer angespannten Liquiditätssituation, die auf das Bestehen einer wesentlichen Unsicherheit hindeutet, die bedeutsame Zweifel an der Fähigkeit der Gesellschaft zur Fortführung der Unternehmenstätigkeit aufwerfen kann und die ein bestandsgefährdendes Risiko im Sinne des § 322 Abs. 2 Satz 3 HGB darstellt. Im Jahresabschluss und im Lagebericht ist dieser Sachverhalt nicht angemessen angegeben und der Lagebericht enthält nicht die in § 289 Abs. 1 Satz 4 HGB geforderte Beurteilung und Erläuterung dieses Risikos.

Wir haben unsere Prüfung des Jahresabschlusses und des Lageberichts in Übereinstimmung mit § 317 HGB und der EU-Abschlussprüferverordnung (Nr. 537/2014; im Folgenden „EU-APrVO") unter Beachtung der vom Institut der Wirtschaftsprüfer (IDW) festgestellten deutschen Grundsätze ordnungsmäßiger Abschlussprüfung durchgeführt. Unsere Verantwortung nach diesen Vorschriften und Grundsätzen ist im Abschnitt „Verantwortung des Abschlussprüfers für die Prüfung des Jahresabschlusses und des Lageberichts" unseres Bestätigungsvermerks weitergehend beschrieben. Wir sind von dem Unternehmen unabhängig in Übereinstimmung mit den europarechtlichen sowie den deutschen handelsrechtlichen und berufsrechtlichen Vorschriften und haben unsere sonstigen deutschen Berufspflichten in Übereinstimmung mit diesen Anforderungen erfüllt. Darüber hinaus erklären wir gemäß Artikel 10

Abs. 2 Buchst. f) EU-APrVO, dass wir keine verbotenen Nichtprüfungsleistungen nach Artikel 5 Abs. 1 EU-APrVO erbracht haben. Wir sind der Auffassung, dass die von uns erlangten Prüfungsnachweise ausreichend und geeignet sind, um als Grundlage für unsere eingeschränkten Prüfungsurteile zum Jahresabschluss und zum Lagebericht zu dienen.

Besonders wichtige Prüfungssachverhalte in der Prüfung des Jahresabschlusses

Besonders wichtige Prüfungssachverhalte sind solche Sachverhalte, die nach unserem pflichtgemäßen Ermessen am bedeutsamsten in unserer Prüfung des Jahresabschlusses für das Geschäftsjahr vom … [*Datum*] bis zum … [*Datum*] waren. Diese Sachverhalte wurden im Zusammenhang mit unserer Prüfung des Jahresabschlusses als Ganzem und bei der Bildung unseres Prüfungsurteils hierzu berücksichtigt; wir geben kein gesondertes Prüfungsurteil zu diesen Sachverhalten ab. Zusätzlich zu dem im Abschnitt „Grundlage für die eingeschränkten Prüfungsurteile" beschriebenen Sachverhalt haben wir die unten beschriebenen Sachverhalte als die besonders wichtigen Prüfungssachverhalte bestimmt, die in unserem Bestätigungsvermerk mitzuteilen sind.

[Beschreibung jedes besonders wichtigen Prüfungssachverhalts in Übereinstimmung mit IDW PS 401]

Sonstige Informationen

[Formulierung in Übereinstimmung mit *ISA 720 (Revised) (Entwurf-DE)*]

Verantwortung der gesetzlichen Vertreter und des Aufsichtsrats für den Jahresabschluss und den Lagebericht

[Formulierung in Übereinstimmung mit Beispiel 2 in der Anlage zu *IDW PS 400 n.F.*][33]

Verantwortung des Abschlussprüfers für die Prüfung des Jahresabschlusses und des Lageberichts

[Formulierung in Übereinstimmung mit Beispiel 2 in der Anlage zu *IDW PS 400 n.F.*]

---

[33] Die Tz. 54 b) und 60 b) iv) des *IDW PS 400 n.F.* fordern Formulierungen im Zusammenhang mit der Fortführung der Unternehmenstätigkeit, die bei allen Unternehmen in den Bestätigungsvermerk aufzunehmen sind, um die jeweiligen Verantwortlichkeiten der für den Abschluss Verantwortlichkeiten und des Abschlussprüfers im Zusammenhang mit der Fortführung der Unternehmenstätigkeit zu beschreiben.

SONSTIGE GESETZLICHE UND ANDERE RECHTLICHE ANFORDERUNGEN

Übrige Angaben gemäß Artikel 10 EU-APrVO

[Formulierung in Übereinstimmung mit Beispiel 2 in der Anlage zu *IDW PS 400 n.F.*]

VERANTWORTLICHER WIRTSCHAFTSPRÜFER

Der für die Prüfung verantwortliche Wirtschaftsprüfer ist … [*Name*].

[*Ort der Niederlassung des Abschlussprüfers*]

[*Datum*]

[*Unterschrift*]

Wirtschaftsprüfer

ANLAGE ZUM BESTÄTIGUNGSVERMERK: NICHT INHALTLICH GEPRÜFTE BESTAND-TEILE DES LAGEBERICHTS

[Formulierung in Übereinstimmung mit Beispiel 2 in der Anlage zu *IDW PS 400 n.F.*]

3. Versagungsvermerk aufgrund einer gesetzlichen Abschlussprüfung, wenn die Anwendung des Rechnungslegungsgrundsatzes der Fortführung der Unternehmenstätigkeit nach Beurteilung des Abschlussprüfers unangemessen ist (Einwendung i.S.v. *IDW PS 405*, Tz. 7 a))

Für Zwecke dieses beispielhaften Versagungsvermerks werden folgende, dem Beispiel 1.1 in der Anlage des *IDW PS 400 n.F.* entsprechende Gegebenheiten angenommen:

- Der Wirtschaftsprüfer wurde als gesetzlicher Abschlussprüfer des Jahresabschlusses und Lageberichts bestellt. Es handelt sich um die Prüfung eines Jahresabschlusses (bestehend aus Bilanz, Gewinn- und Verlustrechnung sowie Anhang) und Lageberichts eines Unternehmens, das kein Unternehmen von öffentlichem Interesse i.S. des § 319a Abs. 1 Satz 1 HGB ist, unter Anwendung von Rechnungslegungsgrundsätzen zur sachgerechten Gesamtdarstellung.

- Der Jahresabschluss ist von den gesetzlichen Vertretern in Übereinstimmung mit den für mittelgroße oder große Kapitalgesellschaften geltenden handelsrechtlichen Vorschriften (Rechnungslegungsgrundsätze für allgemeine Zwecke) aufzustellen.

- Der Lagebericht enthält gemäß § 289f Abs. 4 HGB in einem gesonderten Abschnitt eine Erklärung zur Unternehmensführung, die aus Angaben zur Frauenquote besteht. Diese nicht inhaltlich geprüften Lageberichtsangaben sind als „ungeprüft" gekennzeichnet und eindeutig i.S.d. *IDW PS 350 n.F.* von den inhaltlich geprüften Lageberichtsangaben abgegrenzt.
  Der Abschlussprüfer erachtet es für notwendig, im Bestätigungsvermerk darzustellen, dass diese Angaben nicht inhaltlich geprüft wurden und sich daher das Prüfungsurteil zum Lagebericht nicht darauf erstreckt (vgl. *IDW PS 350 n.F.*, Tz. 121 i.V.m. A117).

- Der Lagebericht enthält keine lageberichtsfremden Angaben i.S.d. *IDW PS 350 n.F.*

- Die deutschen handelsrechtlichen und berufsrechtlichen Vorschriften umfassen sämtliche relevanten deutschen Berufspflichten, die bei der Abschlussprüfung einschlägig sind.

- Eine Pflicht, besonders wichtige Prüfungssachverhalte in Übereinstimmung mit *IDW PS 401* mitzuteilen, besteht nicht.

- Der Abschlussprüfer hat sämtliche sonstigen Informationen vor dem Datum des Bestätigungsvermerks erhalten und hat keine wesentliche falsche Darstellung dieser sonstigen Informationen identifiziert.

- Es handelt sich um eine GmbH mit einem gesetzlichen Aufsichtsrat nach DrittelbG.

- Die Beschreibung der Verantwortung des Abschlussprüfers erfolgt vollumfänglich direkt im entsprechenden Abschnitt des Bestätigungsvermerks, d.h. ohne Auslagerung eines Teils der Beschreibung in eine Anlage zum Bestätigungsvermerk bzw. auf die IDW Website.

Über die zuvor dargestellten Gegebenheiten hinaus wird folgender Sachverhalt unterstellt:

- Die gesetzlichen Vertreter haben den Abschluss unter Anwendung des Rechnungslegungsgrundsatzes der Fortführung der Unternehmenstätigkeit aufgestellt. Nach Beurteilung des Abschlussprüfers setzt die Angemessenheit der Anwendung des Rechnungslegungsgrundsatzes der Fortführung der Unternehmenstätigkeit eine finanzielle Unterstützung des Unternehmens z.B. durch den Gesellschafter voraus. Bis zum Datum dieses Bestätigungsvermerks wurde eine entsprechende Zusage nicht vorgelegt. Andere Finanzierungsmöglichkeiten, bspw. bei Kreditinstituten, bestehen derzeit nicht. Der Abschlussprüfer ist daher zu dem Schluss gekommen, dass die Anwendung des Rechnungslegungsgrundsatzes der Fortführung der Unternehmenstätigkeit unangemessen ist. Dieser Sachverhalt hat umfassende Bedeutung auch für die Beurteilbarkeit der im Lagebericht erfolgten Darstellung der Lage der Gesellschaft sowie der Darstellung der Chancen und Risiken der zukünftigen Entwicklung.

VERSAGUNGSVERMERK DES UNABHÄNGIGEN ABSCHLUSSPRÜFERS

An die … [*Gesellschaft*]

Versagte Prüfungsurteile

Wir haben den Jahresabschluss der … [*Gesellschaft*] – bestehend aus der Bilanz zum … [*Datum*] und der Gewinn- und Verlustrechnung für das Geschäftsjahr vom … [*Datum*] bis zum … [*Datum*] sowie dem Anhang, einschließlich der Darstellung der Bilanzierungs- und Bewertungsmethoden – geprüft. Darüber hinaus haben wir den Lagebericht der … [*Gesellschaft*] für das Geschäftsjahr vom … [*Datum*] bis zum … [*Datum*] geprüft. Die Erklärung zur Unternehmensführung nach § 289f Abs. 4 HGB (Angaben zur Frauenquote) haben wir in Einklang mit den deutschen gesetzlichen Vorschriften nicht inhaltlich geprüft.

Nach unserer Beurteilung aufgrund der bei der Prüfung gewonnenen Erkenntnisse

- entspricht der beigefügte Jahresabschluss wegen der Bedeutung des im Abschnitt „Grundlage für die versagten Prüfungsurteile" beschriebenen Sachverhalts nicht den deutschen, für Kapitalgesellschaften geltenden handelsrechtlichen Vorschriften und vermittelt kein unter Beachtung der deutschen Grundsätze ordnungsmäßiger Buchführung den tatsächlichen Verhältnissen entsprechendes Bild der Vermögens- und Finanzlage der Gesellschaft zum … [*Datum*] sowie ihrer Ertragslage für das Geschäftsjahr vom … [*Datum*] bis zum … [*Datum*] und

- vermittelt der beigefügte Lagebericht wegen der Bedeutung des im Abschnitt „Grundlage für die versagten Prüfungsurteile" beschriebenen Sachverhalts insgesamt kein zutreffendes Bild von der Lage der Gesellschaft, steht nicht in Einklang mit einem den deutschen gesetzlichen Vorschriften entsprechenden Jahresabschluss, entspricht nicht den deutschen gesetzlichen Vorschriften und stellt die Chancen und Risiken der zukünftigen Entwicklung nicht zutreffend dar. Unser Prüfungsurteil zum Lagebericht erstreckt sich nicht auf den Inhalt der oben genannten Erklärung zur Unternehmensführung.

Gemäß § 322 Abs. 3 Satz 1 HGB erklären wir, dass unsere Prüfung zu den genannten Einwendungen gegen die Ordnungsmäßigkeit des Jahresabschlusses und des Lageberichts geführt hat, und versagen daher den Bestätigungsvermerk.

Grundlage für die versagten Prüfungsurteile

Wie in Angabe A des Anhangs und in Angabe B des Lageberichts dargelegt, sind die Finanzierungsvereinbarungen der Gesellschaft ausgelaufen und der ausstehende Betrag war am … [*Datum*] fällig. Das Unternehmen war bislang nicht in der Lage, eine Prolongation zu erzielen oder eine Ersatzfinanzierung zu erhalten. Die gesetzlichen Vertreter haben den Jahresabschluss unter der Annahme der Fortführung der Unternehmenstätigkeit aufgestellt und berufen sich hierbei auf die finanzielle Unterstützung durch das Mutterunternehmen, die … [*Gesellschaft*], haben uns jedoch bis zum Datum dieses Versagungsvermerks eine entsprechende Zusage nicht vorgelegt. Dementsprechend ist die Anwendung des Rechnungslegungsgrundsatzes der Fortführung der Unternehmenstätigkeit nicht angemessen.

Dieser Sachverhalt hat umfassende Bedeutung auch für die im Lagebericht erfolgte Darstellung der Lage der Gesellschaft sowie die Darstellung der Chancen und Risiken der zukünftigen Entwicklung.

Wir haben unsere Prüfung des Jahresabschlusses und des Lageberichts in Übereinstimmung mit § 317 HGB unter Beachtung der vom Institut der Wirtschaftsprüfer (IDW) festgestellten deutschen Grundsätze ordnungsmäßiger Abschlussprüfung durchgeführt. Unsere Verantwortung nach diesen Vorschriften und Grundsätzen ist im Abschnitt „Verantwortung des Abschlussprüfers für die Prüfung des Jahresabschlusses und des Lageberichts" unseres Versagungsvermerks weitergehend beschrieben. Wir sind von dem Unternehmen unabhängig in Übereinstimmung mit den deutschen handelsrechtlichen und berufsrechtlichen Vorschriften und haben unsere sonstigen deutschen Berufspflichten in Übereinstimmung mit diesen Anforderungen erfüllt. Wir sind der Auffassung, dass die von uns erlangten Prüfungsnachweise ausreichend und geeignet sind, um als Grundlage für unsere versagten Prüfungsurteile zum Jahresabschluss und zum Lagebericht zu dienen.

Sonstige Informationen

[Formulierung in Übereinstimmung mit *ISA 720 (Revised) (Entwurf-DE)*]

Verantwortung der gesetzlichen Vertreter und des Aufsichtsrats für den Jahresabschluss und den Lagebericht

[Formulierung in Übereinstimmung mit Beispiel 1.1 in der Anlage zu *IDW PS 400 n.F.*]

Verantwortung des Abschlussprüfers für die Prüfung des Jahresabschlusses und des Lageberichts

[Formulierung in Übereinstimmung mit Beispiel 1.1 in der Anlage zu *IDW PS 400 n.F.*]

[*Ort der Niederlassung des Abschlussprüfers*]

[*Datum*]

[*Unterschrift*]

Wirtschaftsprüfer

4. Versagungsvermerk aufgrund einer gesetzlichen Abschlussprüfung, wenn die Angemessenheit der Annahme der Fortführung der Unternehmenstätigkeit nicht beurteilt werden kann (Prüfungshemmnis)

Für Zwecke dieses beispielhaften Versagungsvermerks werden folgende, dem Beispiel 1.1 in der Anlage des *IDW PS 400 n.F.* entsprechende Gegebenheiten angenommen:

- Der Wirtschaftsprüfer wurde als gesetzlicher Abschlussprüfer des Jahresabschlusses und Lageberichts bestellt. Es handelt sich um die Prüfung eines Jahresabschlusses (bestehend aus Bilanz, Gewinn- und Verlustrechnung sowie Anhang) und Lageberichts eines Unternehmens, das kein Unternehmen von öffentlichem Interesse i.S. des § 319a Abs. 1 Satz 1 HGB ist, unter Anwendung von Rechnungslegungsgrundsätzen zur sachgerechten Gesamtdarstellung.

- Der Jahresabschluss ist von den gesetzlichen Vertretern in Übereinstimmung mit den für mittelgroße oder große Kapitalgesellschaften geltenden handelsrechtlichen Vorschriften (Rechnungslegungsgrundsätze für allgemeine Zwecke) aufzustellen.

- Der Lagebericht enthält gemäß § 289f Abs. 4 HGB in einem gesonderten Abschnitt eine Erklärung zur Unternehmensführung, die aus Angaben zur Frauenquote besteht. Diese nicht inhaltlich geprüften Lageberichtsangaben sind als „ungeprüft" gekennzeichnet und eindeutig i.S.d. *IDW PS 350 n.F.* von den inhaltlich geprüften Lageberichtsangaben abgegrenzt.
  Der Abschlussprüfer erachtet es für notwendig, im Bestätigungsvermerk darzustellen, dass diese Angaben nicht inhaltlich geprüft wurden und sich daher das Prüfungsurteil zum Lagebericht nicht darauf erstreckt (vgl. *IDW PS 350 n.F.*, Tz. 121 i.V.m. A117).

- Der Lagebericht enthält keine lageberichtsfremden Angaben i.S.d. *IDW PS 350 n.F.*

- Die deutschen handelsrechtlichen und berufsrechtlichen Vorschriften umfassen sämtliche relevanten deutschen Berufspflichten, die bei der Abschlussprüfung einschlägig sind.

- Eine Pflicht, besonders wichtige Prüfungssachverhalte in Übereinstimmung mit *IDW PS 401* mitzuteilen, besteht nicht.

- Es handelt sich um eine GmbH mit einem gesetzlichen Aufsichtsrat nach DrittelbG.

- Die Beschreibung der Verantwortung des Abschlussprüfers erfolgt vollumfänglich direkt im entsprechenden Abschnitt des Bestätigungsvermerks, d.h. ohne Auslagerung eines Teils der Beschreibung in eine Anlage zum Bestätigungsvermerk bzw. auf die IDW Website.

Über die zuvor dargestellten Gegebenheiten hinaus wird folgender Sachverhalt unterstellt:

- Die gesetzlichen Vertreter haben den Jahresabschluss unter der Annahme der Fortführung der Unternehmenstätigkeit aufgestellt. Sie berufen sich hierbei auf die finanzielle Unterstützung durch den Gesellschafter und haben dem Abschlussprüfer eine entsprechende Zusage vorgelegt. Der Abschlussprüfer konnte jedoch keine ausreichenden geeigneten Prüfungsnachweise dafür erlangen, dass der Gesellschafter zu der erforderlichen finanziellen Unterstützung in der Lage ist. [Variante: Der Abschlussprüfer hat zu den der Liquiditätsplanung zugrunde liegenden Annahmen der gesetzlichen Vertreter keine ausreichenden geeigneten Prüfungsnachweise erlangen können.] Auf dieser

Grundlage ist der Abschlussprüfer zu dem Schluss gekommen, dass die möglichen Auswirkungen dieses Prüfungshemmnisses, ausreichende geeignete Prüfungsnachweise zu erlangen, wesentlich und umfassend sind und daher die Nichtabgabe eines Prüfungsurteils zum Jahresabschluss sowie auch zum Lagebericht zu erklären ist. Dieser Sachverhalt hat umfassende Bedeutung auch für die Beurteilbarkeit der im Lagebericht erfolgten Darstellung des Geschäftsverlaufs und der Lage der Gesellschaft sowie der Darstellung der Chancen und Risiken der zukünftigen Entwicklung.

- Wegen der Erklärung der Nichtabgabe eines Prüfungsurteils zum Jahresabschluss und zum Lagebericht aufgrund von Prüfungshemmnissen gilt Folgendes
  - Sachlogisch entfällt die Klarstellung, dass sich das Prüfungsurteil nicht auf die nicht inhaltlich geprüften Angaben erstreckt.
  - Der Abschlussprüfer darf gemäß *IDW PS 405*, Tz. 56 keinen Abschnitt zu sonstigen Informationen aufnehmen.

VERSAGUNGSVERMERK DES UNABHÄNGIGEN ABSCHLUSSPRÜFERS

An die … [*Gesellschaft*]

Erklärung der Nichtabgabe von Prüfungsurteilen

Wir waren beauftragt, den Jahresabschluss der … [*Gesellschaft*] – bestehend aus der Bilanz zum … [*Datum*] und der Gewinn- und Verlustrechnung für das Geschäftsjahr vom … [*Datum*] bis zum … [*Datum*] sowie dem Anhang, einschließlich der Darstellung der Bilanzierungs- und Bewertungsmethoden – zu prüfen. Darüber hinaus waren wir beauftragt, den Lagebericht der … [*Gesellschaft*] für das Geschäftsjahr vom … [*Datum*] bis zum … [*Datum*] zu prüfen. Die Erklärung zur Unternehmensführung nach § 289f Abs. 4 HGB (Angaben zur Frauenquote) haben wir in Einklang mit den deutschen gesetzlichen Vorschriften nicht inhaltlich geprüft.

Wir geben keine Prüfungsurteile zu dem beigefügten Jahresabschluss und dem beigefügten Lagebericht ab. Aufgrund der Bedeutung des im Abschnitt „Grundlage für die Erklärung der Nichtabgabe von Prüfungsurteilen" beschriebenen Sachverhalts sind wir nicht in der Lage gewesen, ausreichende geeignete Prüfungsnachweise als Grundlage für Prüfungsurteile zum Jahresabschluss und zum Lagebericht zu erlangen, und versagen daher den Bestätigungsvermerk.

Grundlage für die Erklärung der Nichtabgabe von Prüfungsurteilen

Die Gesellschaft befindet sich einer angespannten Liquiditätssituation. Die gesetzlichen Vertreter haben den Jahresabschluss unter der Annahme der Fortführung der Unternehmenstätigkeit aufgestellt. Sie berufen sich hierbei auf die finanzielle Unterstützung durch den Gesellschafter und haben uns eine entsprechende Zusage vorgelegt. Wir haben jedoch keine ausreichenden geeigneten Prüfungsnachweise dafür erlangen können, dass der Gesellschafter zu der erforderlichen finanziellen Unterstützung in der Lage ist. [Variante: Sie haben dieser

Einschätzung eine Liquiditätsplanung zugrunde gelegt. Wir haben keine ausreichenden geeigneten Prüfungsnachweise zu den der Liquiditätsplanung zugrunde liegenden Annahmen der gesetzlichen Vertreter erlangen können.] Wir waren daher nicht in der Lage, Schlussfolgerungen über die Angemessenheit des von den gesetzlichen Vertretern angewandten Rechnungslegungsgrundsatzes der Fortführung der Unternehmenstätigkeit zu ziehen.

Dieser Sachverhalt hat umfassende Bedeutung auch für die Beurteilbarkeit der im Lagebericht erfolgten Darstellung des Geschäftsverlaufs und der Lage der Gesellschaft sowie der Darstellung der Chancen und Risiken der zukünftigen Entwicklung.

Verantwortung der gesetzlichen Vertreter und des Aufsichtsrats für den Jahresabschluss und den Lagebericht

[Formulierung in Übereinstimmung mit Beispiel 1.1 in der Anlage zu *IDW PS 400 n.F.*]

Verantwortung des Abschlussprüfers für die Prüfung des Jahresabschlusses und des Lageberichts

Es liegt in unserer Verantwortung, eine Prüfung des Jahresabschlusses und des Lageberichts in Übereinstimmung mit § 317 HGB unter Beachtung der vom Institut der Wirtschaftsprüfer (IDW) festgestellten deutschen Grundsätze ordnungsmäßiger Abschlussprüfung bzw. Lageberichtsprüfung durchzuführen. Des Weiteren liegt es in unserer Verantwortung, einen Bestätigungsvermerk zu erteilen. Aufgrund des im Abschnitt „Grundlage für die Erklärung der Nichtabgabe von Prüfungsurteilen" beschriebenen Sachverhalts sind wir nicht in der Lage gewesen, ausreichende geeignete Prüfungsnachweise als Grundlage für Prüfungsurteile zu diesem Jahresabschluss und diesem Lagebericht zu erlangen.

Wir sind von dem Unternehmen unabhängig in Übereinstimmung mit den deutschen handelsrechtlichen und berufsrechtlichen Vorschriften und haben unsere sonstigen deutschen Berufspflichten in Übereinstimmung mit diesen Anforderungen erfüllt.

[*Ort der Niederlassung des Abschlussprüfers*]

[*Datum*]

[*Unterschrift*]

Wirtschaftsprüfer

5. Uneingeschränkter Bestätigungsvermerk, wenn die gesetzlichen Vertreter den Jahresabschluss unter Abkehr vom Rechnungslegungsgrundsatz der Fortführung der Unternehmenstätigkeit aufgestellt haben

Für Zwecke dieses beispielhaften Bestätigungsvermerks des Abschlussprüfers werden folgende, dem Beispiel 1.1 in der Anlage des *IDW PS 400 n.F.* entsprechende Gegebenheiten angenommen:

- Der Wirtschaftsprüfer wurde als gesetzlicher Abschlussprüfer des Jahresabschlusses und Lageberichts bestellt. Es handelt sich um die Prüfung eines Jahresabschlusses (bestehend aus Bilanz, Gewinn- und Verlustrechnung sowie Anhang) und Lageberichts eines Unternehmens, das kein Unternehmen von öffentlichem Interesse i.S. des § 319a Abs. 1 Satz 1 HGB ist, unter Anwendung von Rechnungslegungsgrundsätzen zur sachgerechten Gesamtdarstellung.

- Der Jahresabschluss ist von den Liquidatoren in Übereinstimmung mit den für mittelgroße oder große Kapitalgesellschaften geltenden handelsrechtlichen Vorschriften (Rechnungslegungsgrundsätze für allgemeine Zwecke) aufzustellen.

- Der Lagebericht enthält gemäß § 289f Abs. 4 HGB in einem gesonderten Abschnitt eine Erklärung zur Unternehmensführung, die aus Angaben zur Frauenquote besteht. Diese nicht inhaltlich geprüften Lageberichtsangaben sind als „ungeprüft" gekennzeichnet und eindeutig i.S.d. *IDW PS 350 n.F.* von den inhaltlich geprüften Lageberichtsangaben abgegrenzt.
  Der Abschlussprüfer erachtet es für notwendig, im Bestätigungsvermerk darzustellen, dass diese Angaben nicht inhaltlich geprüft wurden und sich daher das Prüfungsurteil zum Lagebericht nicht darauf erstreckt (vgl. *IDW PS 350 n.F.*, Tz. 121 i.V.m. A117).

- Der Lagebericht enthält keine lageberichtsfremden Angaben i.S.d. *IDW PS 350 n.F.*

- Der Abschlussprüfer ist zu dem Schluss gekommen, dass nicht modifizierte Prüfungsurteile auf der Grundlage der erlangten Prüfungsnachweise angemessen sind.

- Die deutschen handelsrechtlichen und berufsrechtlichen Vorschriften umfassen sämtliche relevanten deutschen Berufspflichten, die bei der Abschlussprüfung einschlägig sind.

- Eine Pflicht, besonders wichtige Prüfungssachverhalte in Übereinstimmung mit *IDW PS 401* mitzuteilen, besteht nicht.

- Der Abschlussprüfer hat sämtliche sonstigen Informationen vor dem Datum des Bestätigungsvermerks erhalten und hat keine wesentliche falsche Darstellung dieser sonstigen Informationen identifiziert.

- Es handelt sich um eine GmbH mit einem gesetzlichen Aufsichtsrat nach DrittelbG.

- Die Beschreibung der Verantwortung des Abschlussprüfers erfolgt vollumfänglich direkt im entsprechenden Abschnitt des Bestätigungsvermerks, d.h. ohne Auslagerung eines Teils der Beschreibung in eine Anlage zum Bestätigungsvermerk bzw. auf die IDW Website.

Über die zuvor dargestellten Gegebenheiten hinaus wird folgender Sachverhalt unterstellt:

> - Die Gesellschafter haben (nach dem Abschlussstichtag) beschlossen, das Unternehmen innerhalb der ersten sechs Monate des neuen Geschäftsjahres zu liquidieren. Die Liquidatoren haben den Abschluss daher unter Abkehr vom Rechnungslegungsgrundsatz der Fortführung der Unternehmenstätigkeit aufgestellt.
> - Der Abschlussprüfer erachtet es für notwendig, unter Bezugnahme auf die Darstellung im Anhang und im Lagebericht in Übereinstimmung mit *IDW PS 406* darauf hinzuweisen, dass der Abschluss unter Abkehr vom Rechnungslegungsgrundsatz der Fortführung der Unternehmenstätigkeit aufgestellt wurde.

BESTÄTIGUNGSVERMERK DES UNABHÄNGIGEN ABSCHLUSSPRÜFERS

An die ... [*Gesellschaft*]

Prüfungsurteile

[Formulierung in Übereinstimmung mit Beispiel 1.1 in der Anlage zu *IDW PS 400 n.F.*]

Grundlage für die Prüfungsurteile

[Formulierung in Übereinstimmung mit Beispiel 1.1 in der Anlage zu *IDW PS 400 n.F.*]

Hervorhebung eines Sachverhalts

Wir verweisen auf die Ausführungen der Liquidatoren in Angabe A des Anhangs und Angabe B des Lageberichts, welche den Beschluss zur Liquidation der Gesellschaft und die darauf basierende Bilanzierung zu Liquidationswerten aufgrund der Abkehr vom Rechnungslegungsgrundsatz der Fortführung der Unternehmenstätigkeit beschreiben. Unsere Prüfungsurteile zum Jahresabschluss und zum Lagebericht sind diesbezüglich nicht modifiziert.

Sonstige Informationen

[statt "gesetzliche Vertreter" sind die Liquidatoren zu nennen, i.Ü. Formulierung in Übereinstimmung mit *ISA 720 (Revised) (Entwurf-DE)*]

Verantwortung der Liquidatoren und des Aufsichtsrats für den Jahresabschluss und den Lagebericht

Die Liquidatoren sind verantwortlich für die Aufstellung des Jahresabschlusses, der den deutschen, für Kapitalgesellschaften geltenden handelsrechtlichen Vorschriften in allen wesentlichen Belangen entspricht, und dafür, dass der Jahresabschluss unter Beachtung der deutschen Grundsätze ordnungsmäßiger Buchführung ein den tatsächlichen Verhältnissen entsprechendes Bild der Vermögens-, Finanz- und Ertragslage der Gesellschaft vermittelt. Ferner sind die Liquidatoren verantwortlich für die internen Kontrollen, die sie in Übereinstimmung mit den deutschen Grundsätzen ordnungsmäßiger Buchführung als notwendig bestimmt haben, um die Aufstellung eines Jahresabschlusses zu ermöglichen, der frei von wesentlichen – beabsichtigten oder unbeabsichtigten – falschen Darstellungen ist.

Bei der Aufstellung des Jahresabschlusses sind die Liquidatoren dafür verantwortlich, die Fähigkeit der Gesellschaft zur geordneten Liquidation der Unternehmenstätigkeit zu beurteilen. Des Weiteren haben sie die Verantwortung, Sachverhalte im Zusammenhang mit der geordneten Liquidation, sofern einschlägig, anzugeben. Darüber hinaus sind sie dafür verantwortlich, auf der Grundlage der Abkehr vom Rechnungslegungsgrundsatz der Fortführung der Unternehmenstätigkeit zu bilanzieren, sofern der Fortführung der Unternehmenstätigkeit tatsächliche oder rechtliche Gegebenheiten entgegenstehen.

Außerdem sind die Liquidatoren verantwortlich für die Aufstellung des Lageberichts, der insgesamt ein zutreffendes Bild von der Lage der Gesellschaft vermittelt sowie in allen wesentlichen Belangen mit dem Jahresabschluss in Einklang steht, den deutschen gesetzlichen Vorschriften entspricht und die Chancen und Risiken der zukünftigen Entwicklung zutreffend darstellt. Ferner sind die Liquidatoren verantwortlich für die Vorkehrungen und Maßnahmen (Systeme), die sie als notwendig erachtet haben, um die Aufstellung eines Lageberichts in Übereinstimmung mit den anzuwendenden deutschen gesetzlichen Vorschriften zu ermöglichen und um ausreichende geeignete Nachweise für die Aussagen im Lagebericht erbringen zu können.

Der Aufsichtsrat ist verantwortlich für die Überwachung des Rechnungslegungsprozesses der Gesellschaft zur Aufstellung des Jahresabschlusses und des Lageberichts.

Verantwortung des Abschlussprüfers für die Prüfung des Jahresabschlusses und des Lageberichts

[*statt "gesetzliche Vertreter" sind die Liquidatoren zu nennen, i.Ü. Formulierung in Übereinstimmung mit Beispiel 1.1 in der Anlage zu IDW PS 400 n.F., mit Ausnahme der nachfolgenden Passage*]

• ziehen wir Schlussfolgerungen darüber, ob die Aufstellung des Jahresabschlusses durch die Liquidatoren unter Abkehr von der Annahme der Fortführung der Unternehmenstätigkeit angemessen ist, sowie, auf der Grundlage der erlangten Prüfungsnachweise, ob eine wesentliche Unsicherheit im Zusammenhang mit Ereignissen oder Gegebenheiten besteht, die bedeutsame Zweifel an der Fähigkeit der Gesellschaft zur geordneten Liquidation der Unternehmenstätigkeit aufwerfen können. Falls wir zu dem Schluss kommen, dass eine wesentliche Unsicherheit besteht, sind wir verpflichtet, im Bestätigungsvermerk auf die dazugehörigen Angaben im Jahresabschluss und im Lagebericht aufmerksam zu machen oder, falls diese Angaben unangemessen sind, unsere Prüfungsurteile zu modifizieren. Wir ziehen unsere Schlussfolgerungen auf der Grundlage der bis zum Datum unseres Bestätigungsvermerks erlangten Prüfungsnachweise. Zukünftige Ereignisse oder Gegebenheiten können jedoch dazu führen, dass die Gesellschaft die geordnete Liquidation ihrer Unternehmenstätigkeit nicht mehr fortführen kann.

[*Ort der Niederlassung des Abschlussprüfers*]

[*Datum*]

[*Unterschrift*]

Wirtschaftsprüfer

Anlage 2: Szenarien zur Anwendbarkeit der Anforderungen des IDW PS 270 n.F.

(vgl. Tz. A13)

Bei der Anwendbarkeit der Anforderungen zu den Schlussfolgerungen des Abschlussprüfers und den Auswirkungen auf den Bestätigungsvermerk sind die folgenden Szenarien zu unterscheiden:

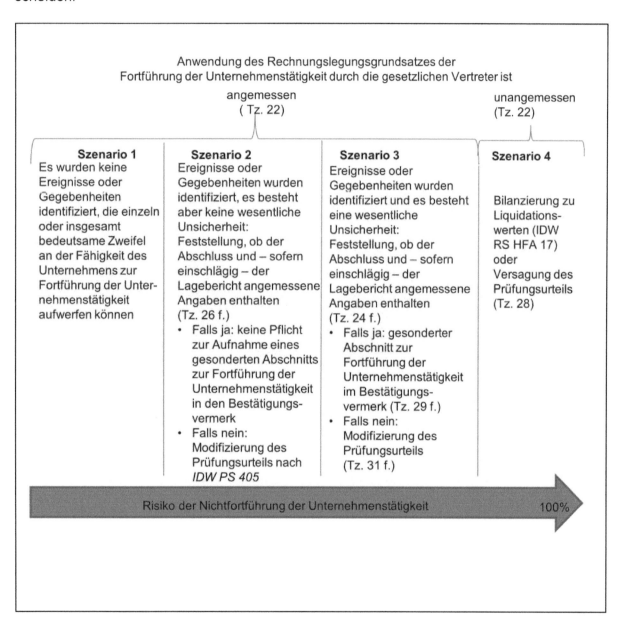

Abb. 1: Szenarien zur Anwendbarkeit der Anforderungen des *IDW PS 270 n.F.*

IDW Stellungnahme zur Rechnungslegung: Auswirkungen einer Abkehr von der Going-Concern-Prämisse auf den handelsrechtlichen Jahresabschluss (IDW RS HFA 17)

(Stand: 11.07.2018)

IDW Stellungnahme zur Rechnungslegung:
Auswirkungen einer Abkehr von der Going-Concern-Prämisse auf den handelsrechtlichen Jahresabschluss
(IDW RS HFA 17)

(Stand: 11.07.2018)[1]

1. Grundlagen

1 Nach § 252 Abs. 1 Nr. 2 HGB ist bei der Bewertung von der Fortführung der Unternehmenstätigkeit (Going-Concern) auszugehen, sofern dem nicht tatsächliche oder rechtliche Gegebenheiten entgegenstehen. Entsprechendes gilt nach den Grundsätzen ordnungsmäßiger Buchführung für den Bilanzansatz und den Ausweis von Vermögensgegenständen, Schulden, Rechnungsabgrenzungsposten und Sonderposten (z.B. latente Steuern) sowie für die Angaben im Anhang.

2 Die Einschätzung, unter welchen Voraussetzungen von der Annahme des Going-Concern abzuweichen ist, und die für den Fall zu beachtenden Angabepflichten, dass eine wesentliche Unsicherheit im Zusammenhang mit Ereignissen oder Gegebenheiten besteht, die einzeln oder insgesamt bedeutsame Zweifel an der Fähigkeit des Unternehmens zur Fortführung der Unternehmenstätigkeit aufwerfen können (bestandsgefährdendes Risiko) sind Gegenstand des *IDW PS 270 n.F.*[2]. Die vorlie-

---

[1] Verabschiedet vom Hauptfachausschuss (HFA) am 10.06.2011. Änderungen durch den HFA nach Abstimmung mit dem Fachausschuss Sanierung und Insolvenz (FAS) am 08.09.2016. Änderung in Tz. 2 im Zuge der Verabschiedung des *IDW Prüfungsstandards: Die Beurteilung der Fortführung der Unternehmenstätigkeit im Rahmen der Abschlussprüfung (IDW PS 270 n.F.)* (Stand: 11.07.2018) durch den HFA am 11.07.2018.

[2] *IDW Prüfungsstandard: Die Beurteilung der Fortführung der Unternehmenstätigkeit im Rahmen der Abschlussprüfung (IDW PS 270 n.F.)* (Stand: 11.07.2018).

gende *IDW Stellungnahme zur Rechnungslegung* befasst sich mit der Frage, welche Auswirkungen sich im Falle einer Abkehr von der Going-Concern-Prämisse für den handelsrechtlichen Jahresabschluss und Lagebericht ergeben. Die Aussagen über Ansatz- und Bewertungsgrundsätze gelten nicht unmittelbar bei der Aufstellung eines stichtagsbezogenen Überschuldungsstatus.[3]

3   Die in dieser *IDW Stellungnahme zur Rechnungslegung* dargelegten Grundsätze gelten auch für Gesellschaften, die sich in der Abwicklung bzw. Liquidation oder in der Insolvenz befinden, es sei denn, es liegen hinreichende Anhaltspunkte dafür vor, dass trotz dieser rechtlichen Gegebenheiten von einer Fortführung der Unternehmenstätigkeit auszugehen ist. Gesellschaften haben in der Abwicklung bzw. Liquidation die Regelungen des § 71 Abs. 2 Satz 3 GmbHG bzw. § 270 Abs. 2 Satz 3 AktG zu beachten. Danach sind Vermögensgegenstände des Anlagevermögens wie Umlaufvermögen zu bewerten, soweit ihre Veräußerung innerhalb eines übersehbaren Zeitraums beabsichtigt ist oder diese Vermögensgegenstände nicht mehr dem Geschäftsbetrieb dienen.

4   Bei der Rechnungslegung einer werbenden Gesellschaft werden Bilanzansatz und Bewertung wesentlich durch den Grundsatz der periodengerechten Gewinnermittlung geprägt. Mit dem Wegfall der Fortführungsannahme tritt die Aufwands- und Ertragsperiodisierung in den Hintergrund. Das primäre Ziel der Rechnungslegung besteht nunmehr in der Feststellung des zum Abschlussstichtag vorhandenen Reinvermögens des Unternehmens unter Berücksichtigung des besonderen Umstands, dass die Beendigung des Geschäftsbetriebs absehbar ist. Für den Bilanzansatz folgt daraus, dass nur noch bis zum Zeitpunkt der Beendigung des Geschäftsbetriebs verwertbare Vermögensgegenstände zu aktivieren und neben den bislang zu passivierenden Schulden auch solche Verpflichtungen zu berücksichtigen sind, die durch die Abkehr von der Going-Concern-Prämisse verursacht wurden. Die Bewertung der Vermögensgegenstände hat unter Veräußerungsgesichtspunkten zu erfolgen.

5   Durch das primäre Ziel einer sachgerechten Ermittlung des Reinvermögens des Unternehmens wird das handelsrechtliche Vorsichtsprinzip weder aufgehoben noch abgeschwächt. Vorbehaltlich der besonderen Bewertungsvorgaben für sog. Deckungsvermögen (§ 253 Abs. 1 Satz 4 HGB)[4] sowie für Finanzinstrumente des Handelsbestands bei Kreditinstituten (§ 340e Abs. 3 Satz 1 HGB)[5] dürfen Gewinne auch nach einem Wegfall der Annahme der Unternehmensfortführung nur berücksichtigt werden, wenn sie zum Abschlussstichtag realisiert sind; Wertansätze, welche die fortgeführten Anschaffungs- bzw. Herstellungskosten der Vermögensgegenstände übersteigen, sind daher – abgesehen von den genannten Ausnahmen – nicht zulässig.

---

[3]   Vgl. *IDW Standard: Beurteilung des Vorliegens von Insolvenzeröffnungsgründen (IDW S 11)* (Stand: 29.01.2015).

[4]   Vgl. *IDW Stellungnahme zur Rechnungslegung: Handelsrechtliche Bilanzierung von Altersversorgungsverpflichtungen (IDW RS HFA 30)* (Stand: 10.06.2011), Tz. 67 – 70.

[5]   Vgl. *IDW Stellungnahme zur Rechnungslegung: Bilanzierung von Finanzinstrumenten des Handelsbestands bei Kreditinstituten (IDW RS BFA 2)* (Stand: 03.03.2010), Tz. 32 – 61.

2. Bilanzansatz

2.1. Bilanzierung aufgrund wirtschaftlichen Eigentums

6 Vermögensgegenstände, an denen lediglich das wirtschaftliche Eigentum, nicht aber das rechtliche Eigentum besteht, sind weiterhin im Abschluss des Unternehmens anzusetzen, sofern nach den Vertragsbedingungen des jeweiligen Einzelfalls und der voraussichtlichen Weiternutzung des Vermögensgegenstands davon auszugehen ist, dass das Unternehmen auch weiterhin als wirtschaftlicher Eigentümer des Vermögensgegenstands anzusehen ist.

2.2. Immaterielle Vermögensgegenstände des Anlagevermögens

7 Für bestimmte firmenwertähnliche selbst geschaffene immaterielle Vermögensgegenstände des Anlagevermögens enthält § 248 Abs. 2 Satz 2 HGB ein Aktivierungsverbot. Dieses Aktivierungsverbot des § 248 Abs. 2 Satz 2 HGB erstreckt sich auch auf solche in vorherigen Geschäftsjahren selbst geschaffenen immateriellen Vermögensgegenstände des Anlagevermögens, die nunmehr zur Veräußerung vorgesehen sind.

Wird ein bislang für die dauerhafte eigene Nutzung vorgesehener immaterieller Vermögensgegenstand, dessen Herstellung in vorherigen Geschäftsjahren begonnen wurde, im laufenden Geschäftsjahr oder später fertiggestellt, wurde in vorherigen Geschäftsjahren das Aktivierungswahlrecht nach § 248 Abs. 2 Satz 1 HGB nicht ausgeübt und ist der Vermögensgegenstand aufgrund der Änderung seiner Zweckbestimmung nunmehr dem Umlaufvermögen zuzuordnen, sind die Herstellungskosten begrenzt auf die Aufwendungen des laufenden Geschäftsjahres und der folgenden Geschäftsjahre, die bis zur Fertigstellung des Vermögensgegenstands angefallen sind oder noch anfallen werden.

8 Der Ansatz eines originären Geschäfts- oder Firmenwerts ist auch bei Wegfall der Going-Concern-Annahme in einem handelsrechtlichen Jahresabschluss nicht zulässig.

2.3. Rechnungsabgrenzungsposten

9 Soweit der Ansatz von Rechnungsabgrenzungsposten nach § 250 Abs. 1 und 2 HGB auf dem Abschluss gegenseitiger Verträge basiert, bei denen Leistung und Gegenleistung ihrer Natur nach zeitraumbezogen sind, aber zeitlich auseinander fallen, setzt die fortgeführte Aktivierung voraus, dass der Vertrag trotz beabsichtigter Einstellung des Geschäftsbetriebs erfüllt wird. Ist dies nicht der Fall, sind die Rechnungsabgrenzungsposten erfolgswirksam aufzulösen. Sofern aufgrund der Kündigung bzw. Aufhebung der den Rechnungsabgrenzungsposten zugrunde liegenden Verträge Rückforderungsansprüche bzw. Rückzahlungsverpflichtungen oder Verpflichtungen zur Leistung von Vertragsstrafen gegenüber Dritten bestehen, sind diese unter den sonstigen Vermögensgegenständen bzw. sonstigen Verbindlichkeiten oder Rückstellungen zu bilanzieren. Die Aktivierung eines sonstigen Vermögensge-

genstands setzt die rechtliche Durchsetzbarkeit und Werthaltigkeit des Rückforderungsanspruchs voraus.

10   Ein nach § 250 Abs. 3 HGB aktiviertes Disagio ist insoweit auszubuchen, als die korrespondierende Verbindlichkeit vorzeitig zurückgezahlt wird. Etwaige Rückforderungsansprüche gegenüber den Gläubigern gehören zu den sonstigen Vermögensgegenständen.

2.4.   Sonderposten mit Rücklageanteil *[entfallen]*

11   [entfallen]

2.5.   Sonderposten für erhaltene nicht rückzahlbare Zuwendungen

12   Grundsätzlich nicht rückzahlungspflichtige öffentliche Zuwendungen sehen oft eine Rückzahlungsverpflichtung des Empfängers vor, wenn dieser bestimmte Bindungsfristen nicht einhält. Eine Passivierung der Rückzahlungsverpflichtung während der Bindungsfrist ist dann geboten, wenn die Nichteinhaltung der Bindungsfrist (z.B. durch Veräußerung des bezuschussten Vermögensgegenstands innerhalb der Bindungsfrist) feststeht, beabsichtigt oder zu erwarten ist.[6] Ein bislang passivierter Sonderposten für erhaltene öffentliche Zuschüsse ist in solchen Fällen aufzulösen. Der den Buchwert des bisher bilanzierten Sonderpostens für erhaltene öffentliche Zuschüsse übersteigende Anteil der Rückzahlungsverpflichtung ist erfolgswirksam zu berücksichtigen.

2.6.   Rückstellungen

13   In einen nicht auf der Going-Concern-Prämisse basierenden Jahresabschluss sind zusätzlich alle Verpflichtungen aufzunehmen, die der zu erwartenden Einstellung der Unternehmenstätigkeit zwangsläufig folgen und denen sich der Bilanzierende voraussichtlich nicht entziehen kann. Dies gilt auch dann, wenn diese Verpflichtungen rechtlich noch nicht entstanden sind. Im Zusammenhang mit einer voraussichtlichen Einstellung der Unternehmenstätigkeit können insb. die folgenden Verpflichtungen zu berücksichtigen sein:

- Vertragsstrafen aufgrund der nicht mehr zu erwartenden Erfüllung von Verträgen und Rückstellungen für drohende Verluste aus zu erfüllenden Verträgen, bei denen der Bilanzierende die ihm zukommende Leistung nicht mehr verwerten kann

- Abfindungen für Mitarbeiter

- Rückbau- und Abbruchverpflichtungen

- Verpflichtungen aus der Beseitigung von Altlasten.

13a   Soweit sich bei schwebenden Geschäften Leistung und Gegenleistung in einem ausgeglichenen Verhältnis gegenüberstehen (z.B. künftige Vergütung des Insol-

---

[6]   Vgl. *IDW Stellungnahme des Hauptfachausschusses 1/1984 i.d.F. 1990: Bilanzierungsfragen bei Zuwendungen, dargestellt am Beispiel finanzieller Zuwendungen der öffentlichen Hand*, Abschn. 2.c).

venzverwalters oder künftige Löhne und Gehälter, soweit eine Arbeitsleistung noch erbracht wird), ist hierfür keine Rückstellung zu bilden.[7]

14   Zur Gewährleistung eines vollständigen Schuldenausweises sind Pensionsrückstellungen auch für mittelbare Pensionsverpflichtungen, für Altzusagen i.S.v. Artikel 28 Abs. 1 EGHGB sowie für den nach Artikel 67 Abs. 1 Satz 1 EGHGB noch zu verteilenden Unterschiedsbetrag vollständig zu passivieren. Die Inanspruchnahme des Passivierungswahlrechts kann bei Wegfall der Going-Concern-Prämisse nicht mehr mit der pauschalen Annahme gerechtfertigt werden, dass den künftigen Pensionszahlungen hinreichende Erträge aus der künftigen Geschäftstätigkeit gegenüberstehen.

2.7.   Latente Steuern

15   Da sich ein Wegfall der Going-Concern-Prämisse regelmäßig auf den Grad der Wahrscheinlichkeit für die Entstehung einer künftigen Steuerbe- oder -entlastung aus dem Abbau von Differenzen i.S.d. § 274 Abs. 1 Satz 1 HGB auswirkt, sind etwaige, angesetzte aktive und/oder passive latente Steuern in Anbetracht einer bevorstehenden Abwicklung bzw. Liquidation besonders kritisch hinsichtlich ihrer Bewertung zu überprüfen. Dies gilt insb. für nach § 274 Abs. 1 Satz 4 i.V.m. Satz 2 HGB aktivierte latente Steuern für Vorteile aus steuerlichen Verlust-, Zins- oder vergleichbaren sonstigen Vorträgen.

16   Nichtkapitalgesellschaften sowie kleine Kapitalgesellschaften und kleine haftungsbeschränkte Personenhandelsgesellschaften i.S.d. § 264a Abs. 1 HGB fallen nicht unter den Pflichtanwendungsbereich des § 274 HGB. Unbeschadet dessen haben diese Unternehmen passive latente Steuern in Form einer Rückstellung anzusetzen, soweit die Tatbestandsvoraussetzungen des § 249 Abs. 1 Satz 1 HGB erfüllt sind.[8] Nach dem Wegfall der Going-Concern-Prämisse sind bei der Bemessung der Rückstellung auch solche passivischen Differenzen zu berücksichtigen, die bislang als quasi-permanent zu betrachten waren, wenn sich das Unternehmen aufgrund einer bevorstehenden Abwicklung bzw. Liquidation der aus dem Abbau der Differenz resultierenden künftigen Steuerbelastung nicht mehr entziehen kann.

2.8.   Gesellschafterdarlehen

17   Nach § 39 Abs. 1 Nr. 5 InsO sind im Fall der Insolvenz zwar grundsätzlich sämtliche Forderungen auf Rückgewähr eines Gesellschafterdarlehens nachrangig aus der Insolvenzmasse zu befriedigen, dies ändert jedoch nichts daran, dass die Gesellschafterdarlehen in der Handelsbilanz als Verbindlichkeiten zu passivieren sind.

---

[7]   Für Einzelheiten zur Bildung von Drohverlustrückstellungen vgl. *IDW Stellungnahme zur Rechnungslegung: Zweifelsfragen zum Ansatz und zur Bewertung von Drohverlustrückstellungen (IDW RS HFA 4)* (Stand: 29.11.2012.

[8]   Vgl. *IDW Stellungnahme zur Rechnungslegung: Handelsrechtliche Rechnungslegung bei Personenhandelsgesellschaften (IDW RS HFA 7)* (Stand: 06.02.2012), Tz. 26.

3. Bewertung

3.1. Allgemeine Grundsätze

18 Nach dem Wegfall der Going-Concern-Prämisse stehen Vermögensgegenstände nicht mehr primär für eine nutzenbringende Verwendung im Rahmen der bislang üblichen Geschäftätigkeit zur Verfügung. Im Vordergrund steht nun die Zerschlagung des Unternehmens. Die Bewertung der Vermögensgegenstände richtet sich daher im Wesentlichen nach den Verhältnissen des Absatzmarktes. Auch nach Wegfall der Fortführungsannahme sind Schulden zu ihrem Erfüllungsbetrag (§ 253 Abs. 1 Satz 2 HGB), d.h. mit dem bei Fälligkeit zur Tilgung der Schuld voraussichtlich aufzubringenden Geldbetrag anzusetzen. Dabei ist zu berücksichtigen, dass in einer wirtschaftlich kritischen Situation des Unternehmens Schulden möglicherweise vorzeitig fällig gestellt werden. Dies ist insb. auch bei der Ermittlung des nach vernünftiger kaufmännischer Beurteilung erforderlichen Erfüllungsbetrags von Rückstellungen sowie der Bestimmung des der voraussichtlichen Restlaufzeit entsprechenden Abzinsungszinssatzes für Zwecke der grundsätzlich gemäß § 253 Abs. 2 Satz 1 HGB gebotenen Diskontierung der Rückstellung zu beachten.

19 Zwar wird die Rechnungslegung nach dem Wegfall der Going-Concern-Annahme durch die Zielsetzung dominiert, das zum Abschlussstichtag vorhandene Reinvermögen des Unternehmens darzustellen, für die Bewertung der Vermögensgegenstände und Schulden ist jedoch weiterhin der durch die allgemeinen handelsrechtlichen Vorschriften gesetzte Rahmen zu beachten. Hierzu gehört insb. das Vorsichtsprinzip (einschließlich Anschaffungskosten-, Realisations- und Imparitätsprinzip).

20 Aufgrund des Vorsichtsprinzips sind die unter Liquidationsgesichtspunkten zu ermittelnden Zeitwerte der Vermögensgegenstände (abgesehen von den in Tz. 5 genannten Ausnahmen) nur insoweit zu berücksichtigen, als sie die fortgeführten Anschaffungskosten/Herstellungskosten nicht überschreiten. Bei der Ermittlung der Zeitwerte der Vermögensgegenstände ist die voraussichtliche Dauer der Abwicklung bzw. Liquidation zu berücksichtigen. Besteht bspw. die Absicht einer kurzfristigen Zerschlagung des Unternehmens, ist ggf. mit entsprechend niedrigeren erzielbaren Veräußerungserlösen zu rechnen.

21 Der Wegfall der Fortführungsannahme fällt nicht notwendigerweise mit der Verpflichtung zur Aufstellung einer (handels-/gesellschaftsrechtlichen) Sonderbilanz (z.B. Abwicklungs-/Liquidations-Eröffnungsbilanz gemäß § 71 Abs. 1 GmbHG, § 270 Abs. 1 AktG) zusammen. Im Übrigen wird sich auch der Zeitpunkt, von dem an nicht mehr von einer Fortführung der Unternehmenstätigkeit ausgegangen werden kann, von seltenen Ausnahmefällen abgesehen, kalendermäßig nicht exakt bestimmen lassen. Daher sind die Vermögensänderungen, die sich durch den Wegfall der Fortführungsprämisse ergeben, als laufende Geschäftsvorfälle im Jahresabschluss zu erfassen, sofern bei dessen Aufstellung vom Wegfall der Fortführungsannahme auszugehen ist. Es gilt somit der Grundsatz der Bilanzidentität gemäß § 252 Abs. 1 Nr. 1 HGB.

22 Der Einzelbewertungsgrundsatz gemäß § 252 Abs. 1 Nr. 3 HGB gilt – vorbehaltlich der §§ 252 Abs. 2, 254 Satz 1 HGB – auch bei Wegfall der Fortführungsannahme.

Mehrerlöse, die bei einer geschlossenen Veräußerung des gesamten Unternehmens oder von Unternehmensteilen aufgrund von Verbundeffekten zu erwarten sind, dürfen bei der Bewertung, insb. der Ermittlung niedrigerer beizulegender Werte gemäß § 253 Abs. 3 und 4 HGB für einzelne Vermögensgegenstände nicht berücksichtigt werden. Die Realisierung von Gewinnen aufgrund von Erlösen, welche die Anschaffungskosten übersteigen (ggf. abzüglich übernommener Verbindlichkeiten), erfolgt (abgesehen von den in Tz. 5 genannten Ausnahmen) erst beim Abgang der betroffenen Vermögensgegenstände.

23 Rückstellungen für Aufwendungen, die aus der Einstellung der Unternehmenstätigkeit resultieren, dürfen nicht mit zu erwartenden Erlösen aus der Einstellung der Unternehmenstätigkeit saldiert werden. Eine Verrechnung würde zudem gegen das grundsätzliche Saldierungsverbot des § 246 Abs. 2 Satz 1 HGB verstoßen.

24 Auch bei einem Wegfall der Fortführungsannahme ist für die Bewertung der einzelnen Vermögensgegenstände und Schulden das Stichtagsprinzip gemäß § 252 Abs. 1 Nr. 3 HGB zu beachten.

25 Sofern der Wegfall der Going-Concern-Prämisse bis zum Zeitpunkt der Aufstellung des Jahresabschlusses bekannt wird, ist dies bei der Bewertung der Bilanzposten zu berücksichtigen. Dies gilt nicht nur für einen nach dem Abschlussstichtag gefassten Liquidationsbeschluss oder gestellten Insolvenzantrag, der grundsätzlich zu einer Aufgabe der Going-Concern-Prämisse führt, sondern auch in den Fällen, in denen das Ereignis nach dem Abschlussstichtag (z.B. ein Katastrophenfall) nicht eine am Abschlussstichtag bereits latent vorhandene Situation offenlegt.[9] Andernfalls wäre eine Bewertung unter der Annahme der Unternehmensfortführung möglich, und es würde der Eindruck vermittelt werden, dass auf der Grundlage des Jahresabschlusses Gewinnausschüttungs- oder Entnahmerechte geltend gemacht werden können, obwohl bei der Aufstellung des Jahresabschlusses bereits feststeht, dass das Unternehmen den maßgeblichen Prognosezeitraum nicht überdauern wird.

26 Der Wegfall der Fortführungsannahme ist ein begründeter Ausnahmefall i.S.v. § 252 Abs. 2 HGB, der eine Abweichung von den Grundsätzen der Ansatz- und der Bewertungsstetigkeit nach §§ 246 Abs. 3 Satz 1, 252 Abs. 1 Nr. 6 HGB rechtfertigt. Ungeachtet der Tatsache, dass es nicht zu einer völligen Neubewertung der Vermögensgegenstände und Schulden kommt, kann durch eine gezielte Ausübung von Bewertungswahlrechten der Einblick in die Vermögenslage verbessert werden. Namentlich kommen hierfür die Wahlrechte im Bereich der Herstellungskostenbewertung (§ 255 Abs. 2 und 3 HGB) in Betracht.

3.2. Einzelfragen

27 Die Fortführung eines in früheren Jahren aktivierten Geschäfts- oder Firmenwerts in einem nicht auf der Going-Concern-Prämisse basierenden Abschluss ist nur zulässig, sofern entsprechende Verwertungserlöse zu erwarten sind. Andernfalls ist der

---

[9] Vgl. *IDW PS 270*, Tz. 31, 48.

Geschäfts- oder Firmenwert gemäß § 253 Abs. 3 Satz 3 HGB außerplanmäßig abzuschreiben.

28   Immaterielle Vermögensgegenstände des Anlagevermögens und Sachanlagen sind nur noch dann weiterhin planmäßig abzuschreiben, wenn sie voraussichtlich über einen längeren Abwicklungszeitraum betrieblich genutzt werden. Wird dabei die bislang zugrunde liegende Nutzungsdauer der Vermögensgegenstände korrigiert, ist eine Berichtigung des Abschreibungsplans notwendig. Gegebenenfalls sind zusätzliche außerplanmäßige Abschreibungen auf den niedrigeren beizulegenden Wert vorzunehmen.

29   Gemäß Artikel 67 Abs. 4 Satz 1 EGHGB dürfen niedrigere Wertansätze von Vermögensgegenständen, die auf Abschreibungen nach den §§ 254, 279 Abs. 2 HGB i.d.F. vor Inkrafttreten des BilMoG beruhen, die in Geschäftsjahren vorgenommen wurden, die vor dem 01.01.2010 begonnen haben, unter Anwendung der maßgeblichen Vorschriften des HGB a.F. fortgeführt werden.[10] Dieses Fortführungswahlrecht gilt nicht für dementsprechende niedrigere Wertansätze, für welche die umgekehrte Maßgeblichkeit (§ 5 Abs. 1 Satz 2 EStG i.d.F. vor Inkrafttreten des BilMoG) nicht aufgrund des BilMoG weggefallen ist, sondern weil eine unbeschränkt steuerpflichtige Kapitalgesellschaft, Erwerbs- oder Wirtschaftsgenossenschaft (einschließlich der Societas Cooperativa Europaea) oder ein Versicherungs- oder Pensionsfondsverein auf Gegenseitigkeit abgewickelt bzw. liquidiert wird. Die korrespondierenden Abschreibungen sind mithin im Falle der Abwicklung bzw. Liquidation rückgängig zu machen.

30   Da nach einem Wegfall der Going-Concern-Annahme mit der Kündigung einer seitens des Unternehmens abgeschlossenen Rückdeckungsversicherung gerechnet werden muss, ist der bestehende Rückdeckungsversicherungsanspruch fortan in Höhe des aktuellen Rückkaufswerts der Versicherung anzusetzen, höchstens jedoch in Höhe der fortgeführten Anschaffungskosten des Anspruchs.

31   Rückstellungen, die bislang nach Maßgabe der wirtschaftlichen Verursachung des Aufwands angesammelt wurden,[11] sind nach einem Wegfall der Going-Concern-Annahme mit dem vollen nach vernünftiger kaufmännischer Schätzung erforderlichen Erfüllungsbetrag der bestehenden rechtlichen Verpflichtung anzusetzen. Damit wird zum einen dem vollständigen Schuldenausweis und zum anderen der voraussichtlich fehlenden Alimentierung der Aufwendungen durch künftige Erträge Rechnung getragen. Zur Diskontierung der Rückstellungen vgl. Tz. 18.

32   Bei der Bewertung von Altersversorgungsverpflichtungen ist für Pensionsanwartschaften der Barwert der Anwartschaft zugrunde zu legen, wenn aufgrund des Wegfalls der Fortführungsannahme eine künftige Gegenleistung des Versorgungsberechtigten nicht mehr zu erwarten ist. Minderungen der Pensionsansprüche der Versorgungsberechtigten aufgrund der eingetretenen Notlage des Unternehmens dür-

---

[10] Vgl. *IDW Stellungnahme zur Rechnungslegung: Übergangsregelungen des Bilanzrechtsmodernisierungsgesetzes (IDW RS HFA 28)* (Stand: 09.09.2010), Tz. 3, 19.

[11] Vgl. *IDW Stellungnahme zur Rechnungslegung: Einzelfragen zur handelsrechtlichen Bilanzierung von Verbindlichkeitsrückstellungen (IDW RS HFA 34)* (Stand: 03.06.2015), Tz. 18 ff.

fen erst berücksichtigt werden, wenn entsprechende Vereinbarungen getroffen sind oder die rechtlichen Voraussetzungen für eine Kürzung der Pensionsansprüche erfüllt sind. Soweit von der Entlassung von Versorgungsberechtigten ausgegangen wird, deren Pensionsansprüche noch nicht unverfallbar sind und durch die Entlassung entfallen, braucht dafür eine Rückstellung nicht mehr angesetzt zu werden.

4. Ausweis

33 Für den Ausweis der Bilanzposten und der Posten der Gewinn- und Verlustrechnung gelten auch bei einem Wegfall der Going-Concern-Prämisse die allgemeinen Vorschriften des HGB. Auch wenn Vermögensgegenstände des Anlagevermögens unter Veräußerungsgesichtspunkten zu bewerten waren, sind sie weiterhin in der Bilanz dem Anlagevermögen zuzuordnen. Eine Umgliederung in das Umlaufvermögen würde zu Informationsverlusten und damit zu einem Verstoß gegen den Grundsatz der Bilanzklarheit führen. Dies gilt auch in den Fällen, in denen nach § 71 Abs. 2 Satz 3 GmbHG bzw. § 270 Abs. 2 Satz 3 AktG Vermögensgegenstände des Anlagevermögens wie Umlaufvermögen zu bewerten sind.

34 Soweit aufgrund der Abkehr von der Going-Concern-Annahme außerplanmäßige Abschreibungen auf Vermögensgegenstände des Anlagevermögens vorgenommen wurden, ist es sachgerecht, diese im Anlagenspiegel in einer gesonderten Spalte auszuweisen. Dem Abschlussadressaten wird hierdurch insb. der Vergleich mit den Zahlen des Vorjahres erleichtert.

35 Aufgrund der Fortgeltung des § 266 HGB ergibt sich bei einer Abkehr von der Going-Concern-Prämisse keine abweichende Darstellung des Eigenkapitals. So ist es insb. unzulässig, sämtliche in § 266 Abs. 3 A. HGB aufgeführten Eigenkapitalposten zusammenzufassen.

36 Im Verbindlichkeitenspiegel gemäß §§ 268 Abs. 5 Satz 1, 285 Nr. 1 Buchst. a HGB ist der Betrag derjenigen Verbindlichkeiten, die zwar eine Restlaufzeit von mehr als einem Jahr haben, bei denen aber für den Fall einer wirtschaftlich kritischen Situation des Unternehmens Sonderkündigungsrechte bestehen, gesondert auszuweisen. Wurden die Laufzeiten von Verbindlichkeiten bereits verkürzt, so ist dem bei der Zuordnung der Verbindlichkeiten zu den jeweiligen Restlaufzeitenkategorien entsprechend Rechnung zu tragen.

37 Die Erfolgswirkung aus Änderungen der Bilanzierung und Bewertung, die durch die Abkehr von der Going-Concern-Prämisse begründet sind, ist entweder unter den sonstigen betrieblichen Erträgen oder unter den sonstigen betrieblichen Aufwendungen auszuweisen. Entsprechend ihrer außergewöhnlichen Bedeutung sind der Betrag und die Art dieser Erfolgswirkungen nach § 285 Nr. 31 HGB im Anhang anzugeben.[12]

38 [entfallen]

5. Anhang und Lagebericht

39 Auch bei einem Wegfall der Fortführungsannahme besteht der Jahresabschluss einer Kapitalgesellschaft aus Bilanz, Gewinn- und Verlustrechnung sowie Anhang, die eine Einheit bilden. Sofern die Anwendung der Grundsätze ordnungsmäßiger Buchführung, insb. die Beachtung des Anschaffungskostenprinzips, dazu führt, dass kein den tatsächlichen Verhältnissen entsprechendes Bild der Vermögenslage nach § 264 Abs. 2 Satz 1 HGB vermittelt wird, sind im Anhang zusätzliche Angaben zu machen (§ 264 Abs. 2 Satz 2 HGB). Enthält die Bilanz aufgrund von erwarteten Veräußerungswerten der Vermögensgegenstände, die höher sind als die fortgeführten Anschaffungs- oder Herstellungskosten, erhebliche stille Reserven, sollten die Veräußerungswerte neben den korrespondierenden Buchwerten im Anhang angegeben werden, um dem Abschlussadressaten eine Einschätzung des Reinvermögens der Gesellschaft zu ermöglichen. Können Veräußerungswerte nicht eindeutig bestimmt werden, sollten Bandbreiten sachgerechter Schätzwerte angegeben werden.

40 Wurde nach § 252 Abs. 2 HGB aufgrund des Wegfalls der Going-Concern-Annahme der Grundsatz der Ansatz- und/oder der Bewertungsstetigkeit zulässigerweise durchbrochen, so ist dies nach § 284 Abs. 2 Nr. 2 HGB im Anhang anzugeben und zu begründen. Ferner ist der Einfluss der Änderungen auf die Vermögens-, Finanz- und Ertragslage gesondert darzustellen.[13] Die nunmehr auf die Posten der Bilanz und Gewinn- und Verlustrechnung angewandten Bilanzierungs- und Bewertungsme-

---

[12] Bei Jahresabschlüssen für Geschäftsjahre, die vor dem 31.12.2015 beginnen, ist wie folgt zu differenzieren: Änderungen der Bilanzierung und Bewertung in einem Abschluss einer werbenden Gesellschaft, die durch die Abkehr von der Going-Concern-Prämisse begründet sind, sind als außerhalb der gewöhnlichen Geschäftstätigkeit angefallene Ereignisse anzusehen. Folglich sind deren Erfolgswirkungen unter den Posten „außerordentliche Erträge" und „außerordentliche Aufwendungen" auszuweisen. Entsprechend der Bedeutung der außerordentlichen Posten und aus Gründen der Klarheit und Übersichtlichkeit sind die Posten i.S.d. § 265 Abs. 5 Satz 1 HGB weiter zu untergliedern oder entsprechende Ausführungen im Anhang zu machen. Demgegenüber sind Erfolgswirkungen aus der Abkehr von der Going-Concern-Prämisse im Rahmen der Rechnungslegung der Gesellschaft während der Abwicklung bzw. Liquidation nicht i.S.d. § 277 Abs. 4 Satz 1 HGB i.d.F. bis zum Inkrafttreten des BilRUG außerhalb der gewöhnlichen Geschäftstätigkeit angefallen, da das Ziel der Abwicklung bzw. Liquidation gerade die Beendigung der Unternehmenstätigkeit ist. Dementsprechend sind diese Erfolgswirkungen in der Gewinn- und Verlustrechnung nicht unter den außerordentlichen Aufwendungen und Erträgen auszuweisen. Zur Verbesserung der Klarheit und Übersichtlichkeit des Ausweises sind die Posten der sonstigen betrieblichen Erträge und Aufwendungen zu untergliedern, um die besonderen Ergebniswirkungen von Maßnahmen zur Einstellung der Geschäftstätigkeit zu verdeutlichen oder entsprechende Ausführungen im Anhang zu machen.

[13] Vgl. *IDW Stellungnahme zur Rechnungslegung: Ansatz- und Bewertungsstetigkeit im handelsrechtlichen Jahresabschluss (IDW RS HFA 38)* (Stand: 10.06.2011), Tz. 18 ff.

thoden sind nach § 284 Abs. 2 Nr. 1 HGB im Anhang anzugeben und hinreichend zu erläutern.

41   Sofern von der Unternehmensfortführung nicht mehr ausgegangen werden kann, ist dies in der Lageberichterstattung deutlich und unter Nennung der Gründe bzw. der Anhaltspunkte darzustellen. Zu erläutern ist insb., von welchem Zeitraum, in dem das Vermögen liquidiert und die Schulden beglichen werden sollen, die gesetzlichen Vertreter ausgehen. Ferner sind die geplanten Modalitäten der Einstellung des Geschäftsbetriebs (z.B. Zerschlagung im Einzelnen bzw. Verkauf einzelner Geschäftsbereiche) mit ihren voraussichtlichen finanziellen Auswirkungen darzustellen.

6.   Besonderheiten im Konzern

42   Ist ein Unternehmen als Mutterunternehmen gemäß § 290 HGB bzw. § 11 PublG zur Aufstellung eines Konzernabschlusses verpflichtet, besteht diese Pflicht auch nach dem Wegfall der Going-Concern-Annahme fort.

43   Ist die Going-Concern-Prämisse bei einem Mutterunternehmen weggefallen, bedeutet dies nicht, dass der gesamte Konzernabschluss unter Abkehr von der Going-Concern-Annahme aufzustellen ist. Auf die Konzernunternehmen, bei denen die Prämisse des Going-Concern aufrechtzuhalten ist, sind gemäß § 308 HGB einheitliche Bewertungsmethoden anzuwenden. Ist bei mehreren einbezogenen Konzernunternehmen die Going-Concern-Prämisse weggefallen, sind für diese gemäß § 308 HGB ebenfalls einheitliche Bewertungsmethoden anzuwenden. Die im Konzernabschluss angewandten Bewertungsmethoden sind im Konzernanhang zu erläutern (§ 313 Abs. 1 Satz 2 Nr. 1 HGB).

44   Tochterunternehmen im Insolvenzverfahren unterliegen dem Einbeziehungswahlrecht nach § 296 Abs. 1 Nr. 1 HGB, da erhebliche und andauernde Beschränkungen die Ausübung der Rechte des Mutterunternehmens in Bezug auf das Vermögen des Tochterunternehmens nachhaltig beeinflusst. Dies gilt bereits im Antragsverfahren, weil bereits dann der Insolvenzzweck der bestmöglichen Befriedigung der Gläubiger dem Gesellschafterinteresse vorgeht.[14]

45   Bei einer Abwicklung bzw. Liquidation eines Tochterunternehmens werden die Verfügungsrechte des Mutterunternehmens in Bezug auf das Vermögen des Tochterunternehmens durch § 73 GmbHG bzw. § 272 AktG insoweit begrenzt, als nach der Auflösung bis zum Ablauf des Sperrjahres bzw. der späteren Tilgung oder Sicherstellung der Schulden keine Gewinn- bzw. Vermögensverteilung vorgenommen werden darf.

Da das Ende einer Abwicklung bzw. Liquidation abzusehen ist und das Mutterunternehmen dann auch wieder über das gesamte Reinvermögen des Tochterunternehmens verfügen kann, kommt eine Inanspruchnahme des Einbeziehungswahlrechts nach § 296 Abs. 1 Nr. 1 HGB grundsätzlich nicht in Betracht. Eine Einbeziehung kann jedoch dann unterbleiben, wenn bereits zu Beginn feststeht, dass das Mutter-

---

[14]   Vgl. *IDW Rechnungslegungshinweis: Externe (handelsrechtliche) Rechnungslegung im Insolvenzverfahren (IDW RH HFA 1.012)* (Stand: 11.09.2015), Tz. 29 ff.

unternehmen am Ende der Abwicklung bzw. Liquidation keine wesentliche Auskehrung zu erwarten hat.

IDW Rechnungslegungshinweis: Externe (handelsrechtliche) Rechnungslegung im Insolvenzverfahren (IDW RH HFA 1.012)

(Stand: 06.12.2018)

IDW Rechnungslegungshinweis:
Externe (handelsrechtliche) Rechnungslegung
im Insolvenzverfahren
(IDW RH HFA 1.012)

Stand: 06.12.2018[1]

1. Vorbemerkungen

1   Das Institut der Wirtschaftsprüfer in Deutschland e.V. (IDW) legt in diesem *IDW Rechnungslegungshinweis* zusammen mit *IDW RH HFA 1.010*[2] und *IDW RH HFA 1.011*[3] die Berufsauffassung der Wirtschaftsprüfer dar, welche Anforderungen sich aus den Rechnungslegungspflichten von Unternehmen während ihrer Insolvenz ergeben.

---

[1] Verabschiedet vom Fachausschuss Recht (FAR) und vom Hauptfachausschuss (HFA) am 13.06.2008. Änderungen durch den HFA nach Abstimmung mit dem Fachausschuss Sanierung und Insolvenz (FAS) am 10.06.2011, am 26.02.2014, am 11.09.2015 und am 06.12.2018.

[2] *IDW Rechnungslegungshinweis: Bestandsaufnahme im Insolvenzverfahren (IDW RH HFA 1.010)* (Stand: 13.06.2008).

[3] *IDW Rechnungslegungshinweis: Insolvenzspezifische Rechnungslegung im Insolvenzverfahren (IDW RH HFA 1.011)* (Stand: 13.06.2008).

2   Die in diesem *IDW Rechnungslegungshinweis* beschriebenen Rechnungslegungspflichten werden von Wirtschaftsprüfern bei der Erstellung der externen (handelsrechtlichen) Rechnungslegung sowie bei deren Prüfung und prüferischen Durchsicht zugrunde gelegt. Dieser *IDW Rechnungslegungshinweis* kann darüber hinaus auch anderen Beteiligten, z.B. dem Insolvenzverwalter oder den Mitgliedern des Gläubigerausschusses, Hinweise zur Konkretisierung ihrer gesetzlichen Rechte und Pflichten geben.

2.   Ziele der externen Rechnungslegung im Insolvenzverfahren

3   Die externe Rechnungslegung dient im Gegensatz zur internen Rechnungslegung der Information der Öffentlichkeit. Als Informationsadressaten kommen insb. in Betracht

- potenzielle Erwerber,
- (potenzielle) Kreditgeber,
- (potenzielle) Lieferanten und Abnehmer sowie
- der Fiskus.

Darüber hinaus dient die externe Rechnungslegung auch der Information der Adressaten der internen Rechnungslegung (Gläubiger, Schuldner, Insolvenzgericht).

3.   Pflicht zur handelsrechtlichen Rechnungslegung im Insolvenzverfahren

4   Die höchstrichterliche Rechtsprechung[4] hat den Insolvenzverwalter seit jeher verpflichtet, neben den internen insolvenzrechtlichen Rechnungslegungspflichten auch nach handelsrechtlichen Grundsätzen Bücher zu führen und auf jeden Abschlussstichtag Bilanzen aufzustellen.

5   Die Insolvenzordnung verpflichtet den Insolvenzverwalter in § 155 Abs. 1 InsO, die handels- und steuerrechtlichen Rechnungslegungspflichten des Schuldners zu erfüllen, soweit sie die Insolvenzmasse betreffen.[5] Das gilt für die handels- und steuerrechtlichen Buchführungspflichten nach Insolvenzeröffnung sowie vor Insolvenzeröffnung, soweit diese bis zum Zeitpunkt der Eröffnung des Insolvenzverfahrens noch nicht erfüllt wurden.

4.   Handelsrechtliche Rechenwerke in der Insolvenz

4.1.   Grundlagen

6   Die Verpflichtung zur handelsrechtlichen Rechnungslegung besteht nach § 155 Abs. 1 Satz 1 InsO nur für solche Schuldner, für die bereits vor Verfahrenseröffnung die allgemeinen Vorschriften zur handelsrechtlichen Rechnungslegung Anwendung fanden. Der handelsrechtlichen Buchführungspflicht unterliegen nach §§ 238 ff. HGB nur Kaufleute nach §§ 1 ff. HGB. Auf Nichtkaufleute ist § 155 InsO folglich nicht anzuwenden.

7   Der Insolvenzverwalter ist verpflichtet, die Handelsbücher des Schuldners fortzuführen (§ 238 HGB), auf den Zeitpunkt der Verfahrenseröffnung eine handelsrechtliche Eröffnungsbilanz

---

[4]   RFH v. 22.06.1938, RStBl. 1938 S. 669; RFH v. 05.03.1940, RStBl. 1940 S. 716; BFH v. 08.06.1972, BStBl. II 1972 S. 784; ebenso BGH v. 29.05.1979 – VI ZR 104/78, ZIP 1980, S. 25.

[5]   Insbesondere ist das steuerliche Sonderbetriebsvermögen nicht Teil der Insolvenzmasse.

(nebst Erläuterungsbericht, soweit es sich nicht um eine Personenhandelsgesellschaft mit mindestens einer natürlichen Person als unmittelbarem oder mittelbarem persönlich haftenden Gesellschafter handelt) aufzustellen und für den Schluss eines jeden Geschäftsjahres eine Bilanz und eine Gewinn- und Verlustrechnung anzufertigen (§ 242 HGB)[6] bzw. im Falle von Kapitalgesellschaften und Personenhandelsgesellschaften i.S.d. § 264a Abs. 1 HGB einen Jahresabschluss nebst Lagebericht aufzustellen (Aufstellungskompetenz) und gemäß § 245 HGB zu unterzeichnen. Im Übrigen gelten die größenklassenabhängigen Erleichterungen (z.B. nach § 264 Abs. 1 Satz 5 HGB).

8 Die Feststellungskompetenz für den Jahresabschluss liegt beim Insolvenzverwalter.

4.2.   Neues Geschäftsjahr

9 Gemäß § 155 Abs. 2 Satz 1 InsO beginnt mit der Eröffnung des Insolvenzverfahrens ein neues Geschäftsjahr. Hieraus wird in der Begründung zum Regierungsentwurf der Insolvenzordnung die Verpflichtung zur Aufstellung einer handelsrechtlichen Eröffnungsbilanz abgeleitet.[7] Das neue Geschäftsjahr dauert ab Insolvenzeröffnung in Anwendung von § 240 Abs. 2 Satz 2 HGB höchstens zwölf Monate. Es darf aber auch verkürzt werden zu einem weiteren Rumpfgeschäftsjahr. Das vor Insolvenzeröffnung abschließende Geschäftsjahr ist immer ein Rumpfgeschäftsjahr, falls das Datum der Insolvenzeröffnung nicht zufällig auf das Ende des regulären Geschäftsjahres fällt.

10 Der Insolvenzverwalter ist befugt, auf den satzungsmäßigen Stichtag zurückzukehren. Bei Kapitalgesellschaften ist zu beachten, dass dies eine Anmeldung zur Eintragung in das Handelsregister oder eine sonstige Mitteilung an das Registergericht voraussetzt.[8] Wegen des Grundsatzes der Registerwahrheit ist bei diesen Gesellschaften eine Eintragung in das Handelsregister zu verlangen.[9] Diese kann aber auch zu einem späteren Zeitpunkt geschehen, wenn das Registergericht durch eine sonstige Mitteilung informiert wurde. Diese Mitteilung muss innerhalb von zwölf Monaten ab Insolvenzeröffnung erfolgen.[10]

11 Wird das Unternehmen nach Beendigung des Insolvenzverfahrens fortgeführt, greift wieder die Satzungsregelung zur Lage des Geschäftsjahres für die werbende Gesellschaft, sodass die Rückkehr zum ursprünglichen Geschäftsjahresrhythmus automatisch erfolgt und insoweit ein neues Rumpfgeschäftsjahr beginnt. Soll das von der Satzung abweichende Geschäftsjahr nach Aufhebung des Insolvenzverfahrens beibehalten werden, ist dies durch einen satzungsändernden Gesellschafterbeschluss herbeizuführen.

4.3.   Schlussbilanz der werbenden Gesellschaft

12 Als abschließende Rechnungslegung der werbenden Gesellschaft für den verkürzten Zeitraum zwischen dem Schluss des letzten regulären Geschäftsjahres und dem Zeitpunkt der Insolvenzeröffnung ist auf das Ende des Tages vor Insolvenzeröffnung ein Jahresabschluss

---

6   Vgl. Begründung zu § 174 InsO i.d.F. RegE InsO 1992 (= § 155 InsO), BT-Drucks. 12/2443, S. 172.
7   Vgl. BGH v. 14.10.2014 – II ZB 20/13, DStR 2015, S. 178, Tz. 13.
8   Vgl. Fußnote 7.
9   Vgl. BGH v. 14.10.2014 – II ZB 20/13, DStR 2015, S. 178, Tz. 15 bis16, sowie Tz. 22 bis 23.
10   Vgl. BGH v. 14.10.2014 – II ZB 20/13, DStR 2015, S. 178, Tz. 22 bis 23.

(sog. Schlussbilanz der werbenden Gesellschaft) aufzustellen, der ggf. um einen Lagebericht zu ergänzen ist.

13 Die Pflicht zur Aufstellung der o.g. Schlussbilanz und ggf. eines Lageberichts ergibt sich aus den allgemeinen Rechnungslegungsgrundsätzen der §§ 238, 242 Abs. 1 Satz 1 und 264 HGB. Die Grundsätze ordnungsmäßiger Buchführung verpflichten den Insolvenzverwalter auch zur lückenlosen Rechnungslegung und Dokumentation sämtlicher Geschäftsvorfälle der Rechnungsperioden vor Eröffnung des Insolvenzverfahrens, soweit diese Pflichten noch nicht erfüllt wurden. Dazu gehört auch die Ermittlung des Gewinns bzw. Verlustes dieser Rechnungsperioden.

14 Die Verpflichtung zur Aufstellung der Schlussbilanz für das Rumpfgeschäftsjahr der werbenden Gesellschaft sowie für alle weiteren noch nicht aufgestellten Jahresabschlüsse und ggf. Lageberichte bzw. Konzernabschlüsse und -lageberichte liegt beim Insolvenzverwalter anstelle des gesetzlichen Vertreters des insolventen Unternehmens, da die Verwaltungs- und Verfügungsbefugnis der Gesellschaftsorgane über die Insolvenzmasse auf den Insolvenzverwalter übergegangen ist (§ 80 Abs. 1 InsO).

15 Die abschließende Rechnungslegung der werbenden Gesellschaft ist nach den allgemeinen Bilanzierungsvorschriften des HGB aufzustellen. Zur Frage, wann ein Abweichen von der Going-Concern-Prämisse geboten ist und welche Folgen sich daraus ergeben, wird auf *IDW PS 270*[11] verwiesen. Im Falle des Wegfalls der Fortführungsannahme richten sich die Bilanzierung und Bewertung nach *IDW RS HFA 17*[12]. Die Going-Concern-Prämisse kann nur dann weiterhin zugrunde gelegt werden, wenn hinreichende Anhaltspunkte dafür vorliegen, dass trotz Eröffnung des Insolvenzverfahrens von einer Fortführung der Unternehmenstätigkeit auszugehen ist. Grundlage für die Beurteilung ist das vom Insolvenzverwalter verfolgte Fortführungskonzept.[13]

4.4. Handelsrechtliche Eröffnungsbilanz und Erläuterungsbericht

16 Die Pflicht zur Aufstellung einer handelsrechtlichen Eröffnungsbilanz leitet sich aus § 155 Abs. 1 i.V.m. Abs. 2 InsO ab. Hiernach hat der Insolvenzverwalter auf den Beginn des Tages der Insolvenzeröffnung die handelsrechtliche Eröffnungsbilanz aufzustellen.[14]

17 Der Insolvenzverwalter ist verpflichtet, ein Inventar anzufertigen. Sämtliche Vermögensgegenstände sind durch eine körperliche Bestandsaufnahme und die Schulden durch Buchinventur nach den Grundsätzen ordnungsmäßiger Inventur zu erfassen, um dem Zweck der vollständigen Vermögensermittlung gerecht zu werden. Dazu ist eine umfassende Stichtagsinventur erforderlich. Zur Bestandsaufnahme im Insolvenzverfahren sowie insb. zur Anwendung von Inventurvereinfachungsverfahren wird auf *IDW RH HFA 1.010* verwiesen.

---

[11] *IDW Prüfungsstandard: Die Beurteilung der Fortführung der Unternehmenstätigkeit im Rahmen der Abschlussprüfung (IDW PS 270 n.F.) (Stand: 11.07.2018).*

[12] *IDW Stellungnahme zur Rechnungslegung: Auswirkungen einer Abkehr von der Going-Concern-Prämisse auf den handelsrechtlichen Jahresabschluss (IDW RS HFA 17) (Stand: 11.07.2018).*

[13] Vgl. *IDW RS HFA 17*, Tz. 3.

[14] Vgl. Fußnote 6.

18 Bilanzierung und Bewertung in der Eröffnungsbilanz stimmen mit der Bilanzierung und Bewertung in der Schlussbilanz der werbenden Gesellschaft überein.

19 Der Insolvenzverwalter stimmt die Eröffnungsbilanz mit dem Verzeichnis der Massegegenstände nach § 151 InsO und dem Gläubigerverzeichnis nach § 152 InsO ab.[15]

20 Die handelsrechtliche Eröffnungsbilanz ist nicht gleichzusetzen mit der Vermögensübersicht gemäß § 153 InsO. Die Vermögensübersicht unterscheidet sich im Ansatz und in der Bewertung der Vermögensgegenstände und Schuldposten von den handelsrechtlichen Abschlussbestandteilen. Während bspw. in der Vermögensübersicht die handelsrechtlichen Bilanzierungs- und Bewertungsgrundsätze für Vermögensgegenstände nicht zu beachten sind, ist deren Beachtung auch in der Insolvenz für die handelsrechtlichen Abschlussbestandteile zwingend geboten.

21 Der Eröffnungsbilanz ist ein die Bilanz erläuternder Bericht beizufügen (Erläuterungsbericht). Diese Verpflichtung ergibt sich für Kapitalgesellschaften aus der analogen Anwendung von § 270 Abs. 1 AktG bzw. § 71 Abs. 1 GmbHG, die für die Liquidationseröffnungsbilanz gleichzeitig einen erläuternden Bericht fordern. Die Insolvenzordnung sieht zwar in § 155 InsO eine Pflicht zur Aufstellung eines Erläuterungsberichts nicht ausdrücklich vor, die Begründung zu § 155 InsO verweist in diesem Zusammenhang jedoch auf § 270 AktG bzw. § 71 GmbHG.[16] Für Personenhandelsgesellschaften i.S.d. § 264a Abs. 1 HGB kann dagegen ein Erläuterungsbericht nicht zwingend gefordert werden. Aufgrund der weitgehenden insolvenz- und haftungsrechtlichen Gleichstellung von Personenhandelsgesellschaften, bei denen kein persönlich haftender Gesellschafter eine natürliche Person ist, erscheint die Aufstellung eines Erläuterungsberichts indes auch bei diesen Gesellschaften sachgerecht.

22 Eine Erläuterung sämtlicher Bilanzposten ist nicht erforderlich. Für den Erläuterungsbericht ist es ausreichend, die wesentlichen Posten darzustellen, die in ihrer Höhe bedeutsam sind und die auf das Insolvenzergebnis erhebliche Auswirkungen haben. Hierzu zählen insb. die wesentlichen Anlagegegenstände, Grundstücke und Beteiligungen.

23 Darüber hinaus enthält der Erläuterungsbericht Ausführungen zum Verfahrensstand, zur erwarteten Dauer des Verfahrens sowie zu den geplanten bzw. bereits ergriffenen Maßnahmen.

4.5. Handelsrechtliche Jahresabschlüsse während des Insolvenzverfahrens

24 Während der Dauer des Insolvenzverfahrens ist der Insolvenzverwalter verpflichtet, zu jedem Geschäftsjahresende eine Bilanz, eine Gewinn- und Verlustrechnung und für Kapitalgesellschaften und Personenhandelsgesellschaften i.S.d. § 264a Abs. 1 HGB ggf. zusätzlich einen Anhang und einen Lagebericht aufzustellen.

25 Die Umstellung des Geschäftsjahres auf das Insolvenzgeschäftsjahr gilt auch für die steuerliche Rechnungslegung. Die Zustimmung des Finanzamts gemäß § 4a Abs. 1 Satz 2 Nr. 2 Satz 2 EStG ist nicht erforderlich.

---

[15] Vgl. *IDW RH HFA 1.010*.

[16] Vgl. Fußnote 6; vgl. z.B. für die GmbH § 60 Abs. 1 Nr. 4 i.V.m. § 71 GmbHG; vgl. z.B. für die AG § 262 Abs. 1 Nr. 3 i.V.m. § 270 AktG.

4.6. Handelsrechtliche Schlussbilanz

26 Mit Beendigung des Insolvenzverfahrens durch Aufhebung (§ 200 oder § 258 InsO) oder Einstellung (§§ 207 ff. InsO) schließt das letzte Geschäftsjahr in der Insolvenz ab. Der Insolvenzverwalter muss eine handelsrechtliche Schlussbilanz, eine Gewinn- und Verlustrechnung sowie für Kapitalgesellschaften und Personenhandelsgesellschaften i.S.d. § 264a Abs. 1 HGB ggf. zusätzlich einen Anhang sowie einen Lagebericht gemäß § 242 HGB bzw. § 264 HGB aufstellen.

27 Bei der handelsrechtlichen Schlussbilanz handelt es sich um ein Rechenwerk der externen Rechnungslegung, das die periodische Rechnungslegung des insolventen Unternehmens abschließt. Die Verpflichtung zur Aufstellung der Schlussbilanz ergibt sich aus den allgemeinen Rechnungslegungsregeln des § 155 InsO i.V.m. §§ 238 ff. HGB, denen zufolge keine Periode innerhalb der Gesellschaftsexistenz ohne handelsrechtliche Rechnungslegung bleiben darf. Die Schlussbilanz ist nicht mit der Schlussrechnung des Insolvenzverwalters zu verwechseln, deren Erstellung zu seinen internen Pflichten gehört.

28 Stichtag für die Aufstellung der Schlussbilanz ist der Tag des Beschlusses über die Aufhebung oder die Einstellung des Verfahrens.[17] Für die Aufstellung der Schlussbilanz des Unternehmens ist der Insolvenzverwalter verantwortlich. Wird das Unternehmen nach Beendigung des Insolvenzverfahrens fortgeführt, sind die gesetzlichen Vertreter des Unternehmens zur Aufstellung der Schlussbilanz wie auch der Eröffnungsbilanz[18] verpflichtet.[19]

4.7. Aufstellung von Konzernabschlüssen in der Insolvenz

29 Die Konzernrechnungslegungsvorschriften (§§ 290 ff. HGB, §§ 11 ff. PublG) gelten in der Insolvenz unverändert fort.[20] Der Insolvenzverwalter hat folglich zu den verschiedenen Abschlussstichtagen im Insolvenzverfahren Konzernabschlüsse und Konzernlageberichte aufzustellen, falls die Voraussetzungen des § 290 Abs. 1 oder Abs. 2 HGB bzw. § 11 PublG vorliegen und keine Befreiungstatbestände gemäß §§ 290 Abs. 5, 291, 292 oder 293 HGB Anwendung finden.

30 Gemäß § 290 Abs. 2 Nr. 1-3 HGB wird von einer beherrschenden Einflussnahme und damit von einem Mutter-Tochter-Verhältnis u.a. dann unwiderlegbar ausgegangen, wenn das Mutterunternehmen die Mehrheit der Stimmrechte hält, das Recht besteht, die die Finanz- und Geschäftspolitik bestimmenden Verwaltungs-, Leitungs- oder Aufsichtsorgane zu bestellen, oder einen beherrschenden Einfluss aufgrund eines abgeschlossenen Beherrschungsvertrags ausüben kann. Ob auch im Falle der Insolvenz eines (bisherigen) Tochterunternehmens weiterhin die Möglichkeit zur Ausübung beherrschenden Einflusses i.S.d. § 290 Abs. 2 HGB besteht, ist grundsätzlich in jedem Einzelfall zu beurteilen.

31 Gemäß § 296 Abs. 1 Nr. 1 HGB besteht trotz eines Mutter-Tochter-Verhältnisses ein Einbeziehungswahlrecht, wenn erhebliche und andauernde Beschränkungen die Ausübung der

---

[17] Vgl. BGH v. 15.07.2010 – IX ZB 229/07, NZI 2010, S. 741, Tz. 5.

[18] Zur Aufstellung einer Eröffnungsbilanz nach Beendigung des Insolvenzverfahrens vgl. Fußnote 6.

[19] Bezüglich der Frage der Rückkehr zum ursprünglichen Abschlussstichtag vgl. Tz. 9 f.

[20] Zur Aufstellung von Konzernabschlüssen nach dem Wegfall der Going-Concern-Annahme vgl. *IDW RS HFA 17*, Tz. 42 ff.

Rechte des Mutterunternehmens in Bezug auf das Vermögen oder die Geschäftsführung des Tochterunternehmens nachhaltig beeinträchtigen. Mit der Eröffnung des Insolvenzverfahrens unterliegt das Tochterunternehmen dem Einbeziehungswahlrecht nach § 296 Abs. 1 Nr. 1 HGB, da erhebliche und andauernde Beschränkungen die Ausübung der Rechte des Mutterunternehmens in Bezug auf das Vermögen des Tochterunternehmens nachhaltig beeinflussen.[21] Dies gilt bereits im Antragsverfahren, weil bereits dann der Insolvenzzweck der bestmöglichen Befriedigung der Gläubiger dem Gesellschafterinteresse vorgeht.

32   Das Vorliegen von Tatbeständen zur Befreiung von der Konzernrechnungslegungspflicht ist im Einzelfall zu beurteilen. Gegebenenfalls können zudem durch insolvenzbedingte Abwertungen, Teilverkäufe etc. die Größenkriterien nach § 293 HGB unterschritten werden.

4.8.   Fristen für die Aufstellung und Offenlegung der handelsrechtlichen Rechenwerke

33   Nach § 155 Abs. 2 Satz 2 InsO werden die für die Aufstellung und Offenlegung eines Jahresabschlusses und ggf. cincs Lageberichts vorgesehenen gesetzlichen Fristen um einen Zeitraum von der Insolvenzeröffnung bis zum Berichtstermin verlängert (§ 29 Abs. 1 Nr. 1 InsO). Dem Insolvenzverwalter soll damit die bei Verfahrensbeginn stattfindende Doppelbelastung erspart bleiben, die bei gleichzeitiger Erstellung der internen und der externen Rechenwerke zwangsläufig entstehen würde. Die Frist zur Aufstellung und zur Offenlegung der Schlussbilanz der werbenden Gesellschaft sowie der handelsrechtlichen Eröffnungsbilanz (ggf. nebst Erläuterungsbericht) verlängert sich folglich um sechs Wochen bis zu drei Monaten.

5.   Anwendung der allgemeinen Bilanzierungs- und Bewertungsgrundsätze in der Insolvenz

34   Die Vorschriften der §§ 238 ff. HGB und ggf. der §§ 264 ff. HGB gelten in der Insolvenz weiter und werden nicht durch spezifische Regelungen der Insolvenzordnung ersetzt. Vielmehr ist die Insolvenz als ansatz-, bewertungs- und ausweisrelevanter Tatbestand im Rahmen der handelsrechtlichen Bilanzierung und Bewertung zu würdigen. Auch die Einstellung des Geschäftsbetriebs vor Eröffnung des Insolvenzverfahrens oder das Vorliegen von Massearmut (§ 207 InsO) entbinden grundsätzlich nicht von diesen Pflichten.

35   Für Gesellschaften in der Insolvenz kann im Allgemeinen nicht mehr von der Going-Concern-Prämisse ausgegangen werden, es sei denn, es liegen hinreichende Anhaltspunkte dafür vor, dass trotz dieser rechtlichen Gegebenheiten im Einzelfall von einer Fortführung der Unternehmenstätigkeit auszugehen ist.

36   Die Auswirkungen einer Abkehr von der Going-Concern-Prämisse für die Bilanzierung und Bewertung sind in *IDW RS HFA 17* dargestellt. *IDW RS HFA 17* ist daher ergänzend zu diesem *IDW Rechnungslegungshinweis* heranzuziehen.

---

[21] Vgl. *IDW RS HFA 17*, Tz. 44.

6.   Handelsrechtliche Rechnungslegungspflichten bei Massearmut

37   Nach überwiegender Auffassung in der Literatur lässt die Massearmut (§ 207 InsO) eines Insolvenzverfahrens die öffentlich-rechtliche Pflicht zur Rechnungslegung des Insolvenzverwalters unberührt; dies wird auch durch die BGH-Rechtsprechung zum Auslagenersatzanspruch des Insolvenzverwalters bestätigt.[22] Durch Erfüllung dieser Pflichten wird im Schuldenbereinigungsverfahren sichergestellt, dass das Unternehmen geordnet aus dem Markt ausscheidet. Die Insolvenzordnung enthält auch keine Erleichterungsvorschriften für die handelsrechtliche Rechnungslegung des Insolvenzverwalters bei Massearmut, sodass § 155 Abs. 1 InsO auch bei Massearmut bis zur Verfahrenseinstellung uneingeschränkte Geltung hat. Die handelsrechtlichen Rechnungslegungspflichten bei Massearmut schließen die Pflicht zur Aufstellung einer Schlussbilanz der werbenden Gesellschaft ein.

7.   Prüfungs- und Offenlegungspflichten für handelsrechtliche Abschlüsse in der Insolvenz

7.1.   Prüfungspflichten für handelsrechtliche Abschlüsse

38   Gegenstand und Umfang der Prüfungspflicht für handelsrechtliche Abschlüsse in der Insolvenz der Kapitalgesellschaften richten sich nach § 155 Abs. 3 InsO i.V.m. § 270 Abs. 3 AktG analog und § 71 Abs. 3 i.V.m. Abs. 2 Satz 2 GmbHG analog. Die handelsrechtlichen Prüfungspflichten nach §§ 316 ff. HGB sind hiernach auf die externe Rechnungslegung im Insolvenzverfahren entsprechend anzuwenden. Dies gilt auch für Personenhandelsgesellschaften i.S.d. § 264a Abs. 1 HGB.

39   Der Insolvenzverwalter muss erklären, dass er dem Abschlussprüfer alle relevanten Informationen zur Verfügung gestellt hat und dass alle Geschäftsvorfälle erfasst und im Abschluss bzw. Lagebericht wiedergegeben sind.[23] Andernfalls ist der Bestätigungsvermerk zu versagen.[24]

40   Gegenstand der Prüfungspflicht sind danach bei mittelgroßen und großen Kapitalgesellschaften bzw. Personenhandelsgesellschaften i.S.d. § 264a Abs. 1 HGB die Schlussbilanz und Gewinn- und Verlustrechnung der werbenden Gesellschaft sowie der ggf. zugehörige Anhang und Lagebericht, die Eröffnungsbilanz, der erläuternde Bericht zur Eröffnungsbilanz, die Jahresabschlüsse einschließlich Anhänge und Lageberichte und die Schlussbilanz des insolventen Unternehmens. Gegenstand der Prüfung sind ferner vom Insolvenzverwalter ggf. aufzustellende Konzernabschlüsse und Konzernlageberichte.

41   Die Bestellung des Abschlussprüfers erfolgt auf Antrag des Insolvenzverwalters durch das Registergericht. Ist für ein vor der Eröffnung des Insolvenzverfahrens endendes Geschäftsjahr ein Abschlussprüfer wirksam bestellt, so wird – jedenfalls in den Fällen der gesetzlichen Abschlussprüfung – die Wirksamkeit dieser Bestellung durch die Eröffnung nicht berührt (§ 155 Abs. 3 Satz 2 InsO).[25]

---

[22]   Vgl. BGH v. 22.07.2004 - IX ZB 161/03, WPg 2004, S. 1091.

[23]   Vgl. *Neufassung des IDW Prüfungsstandards: Erklärungen der gesetzlichen Vertreter gegenüber dem Abschlussprüfer (IDW PS 303 n.F.)* (Stand: 09.09.2009), Tz. 25.

[24]   Vgl. *IDW PS 303 n.F.*, Tz. 27.

[25]   Vgl. BGH v. 08.05.2018 – II / ZB 17/17.

42 § 270 Abs. 3 AktG sowie § 71 Abs. 3 GmbHG sehen für den Fall der Liquidation eine Befreiung von der Prüfungspflicht vor, wenn die Verhältnisse der Gesellschaft so überschaubar sind, dass eine Prüfung im Interesse der Gläubiger und der Gesellschafter nicht geboten erscheint.[26] Gemäß der Begründung zum Regierungsentwurf der Insolvenzordnung gilt diese Befreiungsmöglichkeit auch für Jahresabschlüsse nach Eröffnung des Insolvenzverfahrens.[27] Diese Befreiungsmöglichkeit gilt in analoger Anwendung auch für die Eröffnungsbilanz, den Erläuterungsbericht und den Konzernabschluss nebst Konzernlagebericht. Die Befreiung erfolgt auf Antrag des Insolvenzverwalters durch das Registergericht. Der Insolvenzverwalter sollte in Abstimmung mit den Gläubigern, für die die Jahresabschlussprüfung eine zusätzliche Kontrollinstanz darstellt, den Befreiungsantrag stellen.

43 Die Befreiung von der Prüfungspflicht wird insb. zum Ende der Abwicklung möglich sein, wenn der größte Teil der Vermögensgegenstände veräußert ist, sodass die Aktivseite im Wesentlichen nur noch das Anderkonto und die Passivseite im Wesentlichen nur noch die zur Insolvenztabelle angemeldeten Forderungen enthält.

44 Eine Befreiung von der Prüfungspflicht wird folglich insb. für den letzten Jahresabschluss (nebst Lagebericht) und die Schlussbilanz in Betracht kommen. Bei einer Unternehmensfortführung in der Insolvenz wird eine Befreiung von der Prüfungspflicht dagegen i.d.R. nicht möglich sein.

7.2. Offenlegungspflichten für handelsrechtliche Abschlüsse

45 Für die Offenlegung der handelsrechtlichen Jahres- und Konzernabschlüsse sowie ggf. der Lageberichte bzw. Konzernlageberichte in der Insolvenz sind wie bei der Prüfungspflicht die allgemeinen Grundsätze zu beachten.

46 Der Abschluss des Rumpfgeschäftsjahres und ggf. der Lagebericht des werbenden Unternehmens, die Eröffnungsbilanz ggf. nebst Erläuterungsbericht, die Jahresabschlüsse und ggf. Lageberichte und der Abschluss und ggf. Lagebericht zum Zeitpunkt der Beendigung des Insolvenzverfahrens sowie ggf. die Konzernabschlüsse und Konzernlageberichte unterliegen der Verpflichtung zur Offenlegung nach §§ 325 ff. HGB durch den Insolvenzverwalter.[28] Dies ergibt sich aus § 155 Abs. 2 Satz 2 InsO i.V.m. § 270 Abs. 2 Satz 2 AktG analog, § 71 Abs. 2 Satz 2 GmbHG analog. Die Erleichterungsvorschriften bei der Offenlegung für Kleinst- und sonstige kleine (§ 326 HGB) sowie mittelgroße (§ 327 HGB) Kapitalgesellschaften und Personenhandelsgesellschaften i.S.d. § 264a Abs. 1 HGB sind anwendbar.

8. Besonderheiten im eigenverwalteten Verfahren

47 Die vorangehenden Ausführungen gelten grundsätzlich auch für Verfahren in Eigenverwaltung nach §§ 270 ff. InsO.

---

[26] Vgl. LG Dresden v. 22.11.1994 – 49 T 97/94, ZIP 1995, S. 233.

[27] Vgl. Fußnote 6; vgl. OLG München v. 09.01.2008 – 31 Wx 66/07, ZIP 2008, S. 219.

[28] Vgl. aber zur Sanktionierung eines nicht offengelegten Abschlusses LG Bonn v. 13.11.2008 – 30 T 275/08, ZIP 2009, S. 332.

48 Zu beachten ist, dass im Falle der Eigenverwaltung das Verwaltungs- und Verfügungsrecht beim Schuldner und die jeweiligen Pflichten (insb. zur Rechnungslegung, zur Feststellung des Jahresabschlusses sowie zur Offenlegung) bei den bisherigen Organen verbleiben.[29]

49 § 155 InsO differenziert nicht zwischen Eigen- und Fremdverwaltung, sodass mit Eröffnung des Insolvenz(plan)verfahrens grundsätzlich ein neues, zwölf Monate umfassendes Geschäftsjahr beginnt. Die Rückkehr zum satzungsmäßigen Abschlussstichtag stellt keine Satzungsänderung dar und erfordert auch keinen Gesellschafterbeschluss, weil die Gesellschafter durch die Rückkehr zu diesem Stichtag nicht in ihren Rechten beeinträchtigt werden und lediglich der Zustand wiederhergestellt wird, der vor Eröffnung des Insolvenzverfahrens bestand.[30] Die Rückkehr zum satzungsmäßigen Abschlussstichtag obliegt damit anstelle des Insolvenzverwalters den gesetzlichen Vertretern. Bei Kapitalgesellschaften ist für die wirksame Rückkehr zum satzungsmäßigen Stichtag eine Anmeldung zur Eintragung in das Handelsregister oder eine sonstige Mitteilung an das Registergericht erforderlich (vgl. Tz. 10).

50 Nach Aufhebung des Verfahrens gilt Tz. 11 entsprechend.

51 Im Falle eines insolventen Tochterunternehmens gilt regelmäßig auch bei einer Eigenverwaltung das Einbeziehungswahlrecht nach § 296 Abs. 1 Nr. 1 HGB (vgl. Tz. 29 ff.), da der Schuldner sein Handeln ausschließlich am Interesse der Gläubiger auszurichten hat und dies dem Individualinteresse (auch dem des Mutterunternehmens) vorgeht.

52 Erfüllen die gesetzlichen Vertreter des Schuldners ihre handels- und steuerrechtlichen Pflichten nicht, hat der Sachwalter dies dem Gläubigerausschuss und dem Insolvenzgericht anzuzeigen.

---

[29] Für die Bestellung des Abschlussprüfers im Falle der Eigenverwaltung vgl. Tz. 41 sowie BGH v. 08.05.2018 – II / ZB 17/17, Tz. 7, wonach die Bestellung ausschließlich durch das Amtsgericht auf Antrag der Schuldnerin erfolgt.

[30] Vgl. BGH v. 14.10.2014 – II ZB 20/13, DStR 2015, S. 178, Tz. 11 bis 12.